Delaware Mortality Schedules 1850-1880

Delaware Insanity Schedule 1880 Only

— Linda L. Green —

WILLOW BEND BOOKS
2006

WILLOW BEND BOOKS
AN IMPRINT OF HERITAGE BOOKS, INC.

Books, CDs, and more—Worldwide

For our listing of thousands of titles see our website
at
www.HeritageBooks.com

Published 2006 by
HERITAGE BOOKS, INC.
Publishing Division
65 East Main Street
Westminster, Maryland 21157-5026

Copyright © 2006 Linda L. Green

All rights reserved. No part of this book may be reproduced or transmitted in any form or by any means, electronic or mechanical, including photocopying, recording or by any information storage and retrieval system without written permission from the author, except for the inclusion of brief quotations in a review.

International Standard Book Number: 978-0-7884-3825-5

Introduction

The mortality schedule provides the names of those who passed away by a certain date. These names are not shown on the U.S. Federal Census. Thus, you might try checking the mortality schedules for your missing relatives.

Linda L. Green
13950 Ruler Court
Woodbridge, VA 22193

Table of Contents

Each entry has a separate index at the end.

County

Pages

Sussex 1860 Retake	1
Kent 1870 Retake	8
New Castle 1870 Retake	12
Sussex 1870 Retake	15
New Castle 1870 Odd Page	22
Kent 1850	25
New Castle 1850	36
Sussex 1850	55
Kent 1860	64
New Castle 1860	72
Sussex 1860	92
Kent 1870	103
New Castle 1870	117
Sussex 1870	143
Kent 1880	158
New Castle 1880	173
Sussex 1880	243

INSANITY SCHEDULES FOR 1880

Kent, New Castle and Sussex Counties for 1880	263
Insanity Schedule Index	278

Delaware 1860 Mortality Schedule
Sussex Retake

The Delaware Mortality Schedule was filmed by the Delaware Department of State, Division of Historical and Cultural Affairs. The first sections of the microfilm are retakes (refilming of bad frames). Because of retakes duplicate entries could result, so separate indexes will be created for all retake sections and regular sections. There are eleven columns of information on this 1860 mortality schedule. All eleven are listed below:

1. Name of Every Person Who Died during year ending 1 June 1860 whose usual place of abode at time of death was in this family.
2. Age
3. Sex
4. Free or Slave
5. Color: White (W), Black (B), Mulatto (M)
6. Married or Widowed
7. Place of Birth
8. Month in Which Person Died
9. Profession, Occupation or Trade
10. Disease or Cause of Death
11. Number of Days Ill

These columns are shown as following example: John Doe, 1, M, -, -, -, DE, Apr., -, Inflammation of Lungs, 2 weeks. The dash is used when the column was left blank or is not legible.

Clarence Jefferson, 1, M, -, -, -, DE, Apr, -, Inflammation of Lungs, 2 weeks
Sally Messick, 47, F, -, -, W, DE, June, Seamstress, Cancer in Breast, 3 months
Francis B. Rogers, 6/12, M, -, -, -, DE, May, -, Whooping Cough, 6 weeks
Margaret W. Cullen, 62, F, -, -, M, DE, May, -, Pneumonia, 4 months
Amelia Hammond, 92, F, -, -, W, DE, Mar., -, Old Age, -
Charles Collins, 35, M, B, F, M, DE, Mar, Laborer, Consumption, 2 months
Gardiner William, 6/12, M, -, -, -, DE, Jul, -, teething, 1 month
Samuel Mifflin, 16 M, B, F, -, DE, Dec, Apprentice, Rupture, 2 months
Mary Maull, 71, F, -, -, -, M, DE, Jul, -, Dropsy, 6 months
James Maull, 88, M, -, -, W, DE, Nov, -, Old Age, -
----- Lynch, 2/12, F, -, -, -, DE, June, -, Unk., 1 month
----- Lynch, 3/12, M. -, -, -, DE, Jul, -, Unk., 1 month
----- Reynolds, 3 days, F, -, -, -, DE, May, -, Unk., -
Henry Carey, 48, M, -, -, M, DE, Ap., Farmer, Palsy, Sudden
Wilhelmina Sharp, 7, F, -, -, M, DE, Feb, -, Pneumonia, 2 weeks
Catharine Copes, 30, F, -, -, M, DE, June, -, Inflammation of Lungs, 1 week
David H. Carey, 9, M, -, -, -, DE, Jul, -, Liver Disease, 2 weeks
Wm. Messick, 60, M, -, -, M, DE, Jul, Farmer, Consumption, 3 months
Sarah A. Mosely, 25, F, M, F, W, DE, Sept, -, Consumption, 2 years
Burton Hart, 56, M, -, -, M, DE, Jul, Farmer, Mortification, 1 week

Peter Reed, 70, M, -, -, -, DE, Dec, Farmer, Consumption, 3 years
Nancy Torbert, 63, F, -, -, W, DE, Mar, -, Inflammation of Stomach, 1 week
Wm. Phillips, 1, M, -, -, -, DE, Jul, -, Unk., 1 week
Nancy Prettyman, 70, F, -, -, W, DE, Jul, -, Cancer, 5 years
Sarah Bebee, 45, F, -, -, W, DE, Sept, -, Unk., 1 month
Sarah Prettyman, 50, F, -, -, -, DE, Nov, -, Cancer 5 years
Daniel Smith, 60, M, -, -, -, DE, Sept, -, Cancer, 5 years
John Russel, 45, M, -, -, -, DE, Sept, -, Consumption, 2 years
Nehemiah Spencer, 60, M, -, -, -, NY, Nov, -, Consumption, 2 years
Joseph Williams, 40, M, -, -, -, NJ, June, -, Suicide, Sudden
John Feast, 65, M, -, -, DE, June, -, Unk., 2 months
Sanil Redden, 25, M, B, -, -, DE, Mar, -, Consumption, 2 years
Sarah Chipman, 5, F, B, -, -, DE, Mar, -, Burn, 1 year
Jessy Hudson, 70, F, B, -, -, DE, Apr, -, Old Age, -
Elisa A. Wilson, 2, F, -, -, -, DE, Feb, -, Croup, 14 days
Mary Wilson, 70, F, -, -, M, DE, Feb, -, Dropsy, 1 year
Henry Lingo, 5, M, -, -, -, DE, Oct, -, Chicken Pox, 1 week
Kendal B. Wilson, 17, M, -, -, -, DE, Dec, -, Typhoid, 2 months
Elizabeth Calhoon, 31, F, -, -, M, DE, May, -, Childbirth, 1 day
Sally A. Pettyjohn, 1, F, -, -, -, DE, Mar, -, Pneumonia, 1 week
Arthur Dodd, 75, F, -, -, W, DE, Oct, -, Old Age, -
Margaret Hudson, 76, F, -, -, W, DE, May, -, Dropsy, 6 months
Nancy Burton, 60, F, B, F, M, DE, Apr, -, Dropsy, 6 months
Amy R. Wilkins, 2, F, -, -, -, DE, June, -, Dysentery, 1 week
Matilda Warren, 28, F, -, -, -, DE, Mar, -, Typhoid, 3 weeks
Sarah Young, 38, F, B, F, M, DE, Sept, -, Consumption, 2 years
Julie Dunbar, 45, F, -, -, M, England, Mar, -, Unk., 3 months
Eli H. Davidson, 42, M, -, -, M, DE, Jan, Farmer, Sore Throat, 3 days
Sarah Betts, 66, F, -, -, W, DE, Sept, -, Dropsy, 2 years
Delphina Betts, 2, F, -, -, -, DE, Sept, - Croup, 3 days
Wm. E. Vent, 5, M, -, -, -, DE, Nov, -, Croup, 2 days
Catharine Surirthers, 34, F, -, -, M, DE, Feb, -, Childbirth, 1 day
James C. B. Stuart, 3, M, -, -, -, DE, Aug, -, Paralysis, 8 hours
John Ellingsworth, 21, M, -, -, -, DE, May, Sailor, Smallpox, 13 days
Joseph H. Carey, 29, M, -, -, W, DE, Aug, Merchant, Consumption, 2 years
Patience Magee, 40, F, -, -, M, DE, Nov, -, Consumption, 2 years
John Primrose, 44, M, -, -, M, DE, Apr., Laborer, Unk., 1 day
Joseph Fowler, 1, M, -, -, -, DE, Apr, -, Unk., 3 days
Sarah Waples, 53, F, -, -, DE, Feb, -, Pneumonia, 10 days
Sally Waples, 23, F, -, -, M, DE, Feb, -, Consumption, 2 years
Edward Lindal, 3/12, M, -, -, -, DE, Jul, -, Pleurisy, 1 month
John L. Boyer, 4, M, B, F, -, DE, Nov, -, Gravel, 6 months
David Hudson, 11/12, M, -, -, -, DE, Oct, -, Hives, 2 hours
Wm. H. Bets, 5 ½, M, -, -, -, DE, Jul, -, Brain Fever, -
Celia Stayton, 56, F, -, -, W, DE, Jul, -, Cancer of Leg, -
Edith Shockley, 14, F, B, F, -, DE, Aug, -, Typhoid, -

Benj. F. Donovan, 6, M, -, -, -, DE, Apr, -, Liver Disease, -
Thomas H. Richards, 1, M, -, -, -, DE, Aug, -, Unk, -
Georgiane Richards, 7/12, F, -, -, -, DE, Apr, -, Croup, -
Georgiana Roach, 1, F, -, -, -, DE Apr, -, Croup, -
Joseph Melman, 7, M, -, -, -, DE, Oct, -, Inflammation of Lungs, -
Joshua V. Sharp, 4/12, M, -, -, -, DE, May, -, Typhoid, -
Mary Hays, 70, F, -, -, M, DE, Apr, -, Inflammation of Lungs
Anna Hays, 11/12, F, -, -, -, DE, June, -, Inflammation of Lungs
Frank Johnson, 2, M, -, -, -, DE, Jul, -, Drowned, -
John Williams, 35, M, B, -, W, DE, Sept, Farmer, Consumption, -
Lemuel D. Shockley, 20, M, -, -, DE, -, -, Miller, Typhoid, -
Amelia A. Shockley, 19, F, -, -, -, DE, Nov, -, Childbirth, -
Jessafry Clendaniel, 6, F, -, -, -, DE, May, -, Scarlet Fever, -
Hester Miller, 63, F, B, F, W, DE, Mar, -, Unk., -
Ellen Watson, 28, F, -, -, -, DE, Jul, -, Rose, -
Mary Reed, 67, F, -, -, W, DE, Aug, -, Typhoid, -
Priscilla Daniel, 70, F,- , -, M, DE, June, -, Palsey, -
Margaret Shepherd, 19, F, -, -, M, DE, Aug, -, Childbirth, -
Joseph Shepherd 11/12, M, -, -, -, DE, May, -, Dysentery, -
George Bennett, 78, M, -, -, M, DE June, Farmer, Gravel, -
John Ratcliff, 5/12, M, -, -, -, DE, June, -, Dysentery, -
Ida Truitt, 2, F, -, -, -, DE, June, -, Scarlet Fever, -
Florence Black, 2, F, -, -, -, DE, Sept, -, Measles, -
George F. Carlisle, 12, M, -, -, -, DE, Aug, -, Spinal Disease, -
Mary Ward, 36, F, -, -, M, DE, Feb, -, Consumption, -
Frank Ward, 1, M, -, -, -, DE, Jul, -, Consumption, -
James Ward, 2/12, M, -, -, -, DE, Apr, -, Consumption, -
Jarsheba Shockley, 10, F, -, -, -, DE, Aug, -, Typhoid, -
Wm. Roberts, 1, M, -, -, -, DE, Jul, -, Unk, -
Infant No Name, 2/12, M, M, -, -, DE, Oct, -, Unk, Unk
Caroline Stuart, 2, F, M -, -, DE, Sept, Spasms, 1 day
Polley Blackston, 88, F, B, S, -, Unk, June, Housework, Old Age, -
Annis Hooper, 60, F, B, -, M, DE, May, Washwoman, Palsey, 2 days
Wm. M. Phillips, 5/12, M, -, -, -, DE, Aug, -, Inflammation of Bowels, 3, days
Rhoda Betts, 50, F, B, -, M, DE, Apr, Midwife, Paralytic, 3 weeks
Eliza Bradley, 1, F, B, -, -, DE, Aug, -, Worms, 3 months
Wm. E. Marvile, 47, M, -, -, -, DE, Oct, Wheelwright, Erysephilas, 6 weeks
Mary M. Brown, 1, F, -, -, -, DE, Aug, -, Cutting Teeth, 2 weeks
Mary A. Holt, 41, F, -, -, -, DE, Dec, Housework, Childbirth, 2 days
John Flowers, 1, M, -, -, M, DE, Mar, -, Absess, 1 day
Ella P. Hooper, 5, F, -, -, -, DE, Jan, -, Dysentery, 3 weeks
Henry Kay, 6/12, M, -, -, -, DE, Aug, -, Cholera, 3---
Alice Kay, 1/52, F, -, -, -, DE, May, -, Inflammation of Bowels, 1 day
Sidney Gladden, 19, M, -, -, -, CT, Feb, Oystershucker, Inflammation of Bowels, 5 days

Orlander R. Martin, 45, M, -, -, DE, Mar, Seaman, Inflammation of Bowels, 5 days
Andrew Morris, 2/12, M, -, -, -, DE, May, -, Unk, 3 days
Pheba Jackson, 84, F, -, -, W, DE, May, Housework, Palsey, Sudden
Sussan Callack, 50, F, B, S, -, DE, May, Servant, Dropsey, 4 years
Isaac Neal, 2/12, M, B, S, -, DE, June, -, Unk, Sudden
Henry Neal, 9/12, M, B, S. -, DE, Feb, -, Unk, 1 week
Wm. M. Cannon, 50, M, -, -, M, DE, Jan, Farmer, Drank something, 3 weeks
Isabelle Eskridge, 11, F, -, -, -, DE, Aug, -, Taking Worm Syrup, 9 years
Infant No Name, 1/365, M, -, -, -, DE, Jul, -, Unk, 1 day
Eliza Gordey, 34, F, -, -, -, DE, May, -, Fitts, Sudden
Peter E. Cannon, 9/12, M, -, -, -, DE, Aug, -, Inflammation of Brain, 3 months
Elizah Betts, 20, F, B, S. -, DE, Jul, Farm Labor, Typhoid, 2 weeks
Wilbert Ross, 1, M, B, -, -, DE, Nov, -, Croup, 3 weeks
Mary C. Laws, 4/12, F, B. -, -, DE, Oct, -, Unk, 3 weeks
Joshua Lerman, 24, M., -, -, M, DE, Apr, Brakeman RR, RR Accident, 2 hours
Belle Bradley, 17, F, B, -, -, DE, Aug, Housework, Typhoid, 9 days
Jas. P. Melson, 2/12, M, -, -, -, DE, Jan, -, Cold, 2 weeks
Ann N. Cannon, 36, F, B, -, -, -, DE, Jan, Housework, Typhoid, 8 weeks
Sarah L. Harvey, 8/12, F, -, -, -, DE, Jul, -, Bronchitis, 1 month
Mary S. Wright, 6/12, F, -, -, -, DE, Aug, -, Unk, 5 days
William F. Todd, 19, M, -, -, -, DE, Aug, Farm Laborer, Inflammation of Bladder, 3 days
Wilmer Smith, 1, M, -, -, -, DE, Aug, -, Liver Disease, 6 months
Mary Kinnamer, 61, F, -, -, W, DE, Jan, -, Disease of Throat, 3 days
Infant No Name, 3/365, M, B, -, -, DE, Mar, -, Unk, 6 days
George Nichols, 28, M, B, -, M, DE, Feb, Day Laborer, Inflammation Rheumats, 2 months
George Nichols, 4, M, B, -, DE, Aug, -, Drowned in Well, Sudden
William Boston, 21, M, B, -, -, DE, Apr, Day Laborer, Dropsey, 9 weeks
James Boston, 12, M, B, -, -, DE, Mar, -, Liver Disease, 2 months
Mary E. Williams, 45, F, -, -, M, MD, Mar, -, Consumption, 4 years
James R. Collinson, 9/365, M, -, -, -, DE, Jan, -, Spasms, 4 days
Charlotte Redd, 8/12, F, M, S, -, DE, May, -, Typhoid, 2 weeks
George B. Carry, 1, M, B, -, -, Dec, Jan, -, Cold on Bowels, 4 days
Infant No Name, 6/365, M, B, S, -, DE, Jan, -, Unk, 6 days
Lansa Kashaw, 1/12, F, M, -, -, DE, Apr, -, Unk, Sudden
George T. Conaway, 6/12, M, -, -, -, DE, Sept, -, Spasms, 2 weeks
John Gibbons, 2/12, M, -, -, -, DE, Jul, -, Dysentery, 2 weeks
Infant No Name, 1/12, -, -, -, DE, Jan, -, Jaundice, 1 week
Elizabeth Fleetwood, 25, F, -, -, -, DE, Mar, Housework, Cold, 2 weeks
Annie C. R. Jones, 3, F, -, -, -, DE, Apr, -, Typhoid and Inflammation of Lungs, 3 weeks
Eliza L. Messick, 11/12, F, -, -, -, DE, Jan, -, Thrush, 2 weeks
Mary Dickerson, 67, F, -, -, W, DE, Sept, Housework, Dyspepsia, 7 months
John W. Polk, 11/12, M, B, -, -, DE, Aug, -, Teething, 1 week

Mary Sharp, 43, F, -, -, M, DE, Feb, Housework, Dyspepsia, 6 months
Daniel Morgan, 14, M, -, -, -, DE, Feb, -, Inflammation of Lungs, 2 weeks
Elisha Jonson, 70, M, -, -, W, DE, Nov, Farmer, Inflammation of Lungs, 5 days
Ezekiel Willey, 30, M, -, -, M, DE, Dec, Farmer, Thrown from Horse, 2 days
Asbury B. Oday, 1, M, -, -, -, DE, Nov, -, Disease of Throat, 2 weeks
Warren Fowler, 52, M, -, -, M, DE, June, Farmer, Consumption of Lungs, 8 weeks
Purnel Tatman, 64, M, -, -, M, DE, Mar, Farmer, Killed in Fight, Sudden
Infant, 2/12, F, -, -, -, DE, June, -, Unk, 3 days
Leah Copes, 100, F, B, -, W, DE, Mar, Housework, Old Age, -
Sarah Scott, 40, F, -, -, -, DE, May, -, Tumor on Neck, 2 months

Index Sussex County 1860 Retake

Anon, 4
Bebee, 2
Bennett, 3
Bets, 2
Betts, 2-4
Black, 3
Blackston, 3
Boston, 4
Boyer, 2
Bradley, 3-4
Brown, 3
Burton, 2
Calhoon, 2
Callack, 4
Cannon, 4
Carey, 1-2
Carlisle, 3
Carry, 4
Chipman, 2
Clendaniel, 3
Collins, 1
Collinson, 4
Conaway, 4
Copes, 1, 5
Cullen, 1
Daniel, 3
Davidson, 2
Dickerson, 4
Dodd, 2
Donovan, 3
Dunbar, 2
Ellingsworth, 2
Eskridge, 4
Feast, 2
Fleetwood, 4
Flowers, 3
Fowler, 2, 5
Gibbons, 4
Gladden, 3
Gordey, 4
Hammond, 1
Hart, 1
Harvey, 4

Hays, 3
Holt, 3
Hooper, 3
Hudson, 2
Infant No Name, 3-4
Infant, 5
Jackson, 4
Jefferson, 1
Johnson, 3
Jones, 4
Jonson, 5
Kashaw, 4
Kay, 3
Kinnamer, 4
Laws, 4
Lerman, 4
Lindal, 2
Lingo, 2
Lynch, 1
Magee, 2
Martin, 4
Marvile, 3
Maull, 1
Melman, 3
Melson, 4
Messic, 1
Messick, 4
Mifflin, 1
Miller, 3
Morgan, 5
Morris, 4
Mosely, 1
Neal, 4
Nichols, 4
Oday, 5
Pettyjohn, 2
Phillips, 2-3
Polk, 4
Prettyman, 2
Primrose, 2
Ratcliff, 3
Redd, 4
Redden, 2

Reed, 2-3
Reynolds, 1
Richards, 3
Roach, 3
Roberts, 3
Rogers, 1
Ross, 4
Russel, 2
Scott, 5
Sharp, 1, 3, 5
Shepherd, 3
Shockley, 2-3
Smith, 2, 4
Spencer, 2
Stayton, 2
Stuart, 2-3
Surirthers, 2

Tatman, 5
Todd, 4
Torbert, 2
Truitt, 3
Vent, 2
Waples, 2
Ward, 3
Warren, 2
Watson, 3
Wilkins, 2
Willey, 5
William, 1
Williams, 2-4
Wilson, 2
Wright, 4
Young, 2

Delaware 1870 Mortality Schedule
Kent County Retake

The Delaware Mortality Schedule was filmed by the Delaware Department of State, Division of Historical and Cultural Affairs. The first sections of the microfilm are retakes (refilming of bad frames). Because of retakes duplicate entries could result, so separate indexes will be created for all retake sections and regular sections. There are twelve columns of information on this 1870 mortality schedule. All twelve are listed below:

1. Number of Family as Given in Second Column of Schedule 1
2. Name of Every Person Who Died During the Dear ending June 1, 1870 Whose Place of Abode at Time of Death was in this Family
3. Age Last Birthday, if Under One Year Give Months in Fraction
4. Sex
5. Color, White (W), Black (B), Mulatto (M), Chinese (CH), Indian (I)
6. Married or Widowed
7. Place of Birth, Naming the State or Territory of US or Country if Foreign Born
8. Father, Foreign Birth
9. Mother, Foreign Birth
10. Months in which Person Died
11. Profession, Occupation or Trade
12. Disease or Cause of Death

35, Dewoody, Hary, 5, M, W, -, PA, -, -, Oct, At Home, Diphtheria
4, Collins, William H., 50, M, W, M, DE, -, -, Sept, Farmer, Dropsey
21, Richardson, Mary E., 25, F, W. -, DE, -, -, Apr, -, Consumption
28, Hirons, John F., 1, M, W, -, DE, -, -, Apr, -, Pneumonia
29, McConaughey, Rebecca S., 39, F, W, M, MD, -, -, Dec, At Home, Dropsey
51, Stidam, David, 1 day, M, W, -, DE, -, -, Jan, At Home, Unk
68, Jacobs, Harry, 8, M, W, -, MD, -, -, Aug, At Home, Drowned
80, Reynolds, Annie E., 21, F, W, -, DE, -, -, Aug, At Home, Consumption
98, Jones, Jeremiah, 9, M, W, -, DE, -, -, June, At Home, Fell from Tree-accident
99, Adams, Amelia, 16, F, B, -, DE, -, -, Oct, Domestic Servant, Consumption
99 Adams, Nancy, 21, F, B, -, DE, -, -, Nov, Domestic Servant, Consumption
101, Harris, Amelia, 7/12, F, B, -, DE, -, -, Nov, At Home, Consumption
104, Faisons, Rebecca, 40, F, W, M, DE, -, -, Feb, At Home, Disease of Heart
106, Miller, Juda, 80, F, B, W, DE, -, - Mar, At Home, Disease of Heart
107, Ford, Unity, 81, F, W, W, DE, -, -, Mar, At Home, Consumption
115, Register, Isaac, 60, M, W, M, DE, -, -, May, Farmer, Delerium
125 Coverdale, Henry, 1 day, M, W, -, DE, -, At Home, Unk
130, Jones Francis, 1/12, M, W, -, DE, -, -, Feb, At Home, Rose
136, Timmons, Elizabeth, 16, F, W, -, DE, -, -, Oct, Domestic Servant, Pneumonia

144, Gibson, Lydia, 30, F, B, M, DE, -, -, Feb, At Home, Consumption
144, Gibson, Frank, 9/12, M, B, -, DE, -, -, Feb, At Home, Consumption
144, Gibson, Mary, 3, F, B, -, DE, -, -, Mar, At Home, Consumption
144, Heath, William, 3, M, B. -, DE, -, -, Mar, At Home, Consumption
145, Collins, John R., 25, M, W, W, DE, -, -, Dec, Farmer, Typhoid
146, Lattamous, Charles, 1, M, W, -, DE, -, -, May, At Home, Unk
167, Cheesman, Joel, 49, M, W, M, DE, -, -, Nov, Farm Laborer, Pneumonia
172, Whitaker, Mary E., 3, F, B, -, DE, -, -, May, At Home, Worms
173, Denny, William, 10/12, M, W, -, DE, -, -, Dec, At Home, Cholera
176, Davis, Alfred, 5, M, W, -, DE, -, -, Apr, At Home, Scarlet Fever
176, McRea, Ann, 81, F, W, -, DE, -, -, May, -, Apoplexy
187, Garner, Mary E., 26, F, B, M, MD, -, -, Jul, Keeping House, White Swelling
215, Beamer, Charles, 1 day, M, W, -, DE, -, -, Apr, At Home, Unk
236, Beddle, James, 21, M, W, M, DE, -, -, Mar, Farm Laborer, Pneumonia
239, Ford, Presley, 61, M, W, M, DE, -, -, Sept, Farmer, Gravel
250, Rapp, Jacob, 1/12, M, W, -, DE, 1, 1, Dec, At Home, Unk
266, Bacon, Hannah F., 18, F, W, -, DE, -, -, Aug, At Home, Typhoid
317, Allee, John N., 34, M, W, -, DE, -, -, Jul, Farm Laborer, Consumption
332, Ransom, Florence, 3/12, F, W, -, DE, -, -, Apr, At Home, Whooping Cough
350, Jones, Jemima, 1/12, F, W, -, DE, -, -, June, At Home, Unk
353, Middleton, Eloner, 75, F, W, W, NJ, -, -, Dec, Domestic Servant, Pneumonia
354, Coff, Sussan E., 1, F, B, -, DE, -, -, Aug, At Home, Catarh in Brest
392, Cloud, James, 65, M, W, W, DE, -, -, Dec, Farm Laborer, Consumption
427, Primrose, Harry J., 1, M, W, -, DE, -, -, Mar, At Home, Pneumonia
450, Turner, Isaac, 9, M, W, -, DE, -, -, June, At Home, Lock Jaw
457, Benjamin, Annie, 13, F, W, -, MD, -, -, Apr, At Home, Burned to Death
464, Clements, Catharine B., 55, F, W, M, DE, -, -, Nov, Keeping House, Pneumonia
467, Cathcart, David, 1/12, M, W, -, DE, -, -, Jan, At Home, Spine Disease
487, Newman, George, 1, M, W, -, DE, -, -, Jul, At Home, Dysentery
487, Newman, Mary, 1/12, F, W, -, DE, -, -, Apr, At Home, Strangled-accident
539, Pratt, Henry, 81, M, W, M, DE, -, -, May, -, Asthma
541, Honton, Mortimer, 5/12, M, W, -, DE, -, -, Oct, At Home, Erysipelas
553, Smith, Joseph S., 24, M, W, -, DE, -, -, Apr, Clerk in Store, Consumption
570, Davis, George, 12, M, W, -, DE, -, -, May, Attending School, Cholera
589, Burgess, William, 75, M, W, W, DE, -, -, Oct, -, Paralysis
591, Walton, Nathan, 100, M, B, M, DE, -, -, May, Laborer, Paralysis
597, Karger, M___, 9/12, M, W, -, DE, -, -, Mar, At Home, Pneumonia
617, Glatt, Pauline, 2, F, W, -, DE, -, -, Mar, At Home, Brain Fever
663, Walden, Oscar J., 2/12, M, W, -, DE, -, -, Feb, At Home, Whooping Cough
648, Demby, Florence, 1, F, W, -, DE, -, -, Oct, At Home, Malignant Sore Throat
657, Dickinson, William, 1 day, M, W, -, DE, -, -, May, At Home, Unk
668, Mallalieu, John, 53, M, W, M, English, 1, 1, Dec, Clock Mfg., Heart Disease
672, Rausdem(Rausdon), Byron P., 7/12, M, W, -, PA, -, -, Jan, At Home, Unk
675, Lee, Elenora, 8, F, W, -, MD, -, -, Aug, At Home, Typhoid
681, Lockwood, Martha, 49, F, W, -, DE, -, -, Mar, Keeping House, Pneumonia

687, Scout, Henry D., 59, M, W, M, De, -, -, Apr, Grocer Ret., Consumption
706, Reynolds, Elva, 1, F, W, -, DE, -, -, Feb, At Home, Scrofula(Serofula)
708, White, Elizabeth, 4, F, W, -, DE, -, -, Apr, At Home, Consumption
710, Davis, Jesse S., 2/12, M, W, -, DE, -, -, Aug, At Home, Unk
733, Price, Annie F., 2, F, B., -, DE, -, -, Feb, At Home, Catarah of Breast
739, Downing, Susan, 2/12, F, W, -, DE, -, -, May, At Home, Heart Disease
745, Toomey, Elizabeth, 75, F, B, -, DE, -, -, May, -, Dropsey
748, Raisen, Ella, 8/12, F, B, -, DE, -, -, Apr, At Home, Whooping Cough
735, Jackson, William, -, M, B, -, DE, -, -, Feb, At Home, Still Born

Index Kent County 1870 Retake

Adams, 8
Allee, 9
Bacon, 9
Beamer, 9
Beddle, 9
Benjamin, 9
Burgess, 9
Cathcart, 9
Cheesman, 9
Clements, 9
Cloud, 9
Coff, 9
Collins, 8-9
Coverdale, 8
Davis, 9-10
Demby, 9
Denny, 9
Dewoody, 8
Dickinson, 9
Downing, 10
Faisons, 8
Ford, 8-9
Garner, 9
Gibson, 9
Glatt, 9
Harris, 8
Heath, 9
Hirons, 8
Honton, 9
Jackson, 10
Jacobs, 8
Jones, 8-9

Karger, 9
Lattamous, 9
Lee, 9
Lockwood, 9
Mallalieu, 9
McConaughey, 8
McRea, 9
Middleton, 9
Miller, 8
Newman, 9
Pratt, 9
Price, 10
Primrose, 9
Raisen, 10
Ransom, 9
Rapp, 9
Rausdem, 9
Rausdon, 9
Register, 8
Reynolds, 8, 10
Richardson, 8
Scout, 10
Smith, 9
Stidam, 8
Timmons, 8
Toomey, 10
Turner, 9
Walden, 9
Walton, 9
Whitaker, 9
White, 10

Delaware 1870 Mortality Schedule
New Castle Retake

The Delaware Mortality Schedule was filmed by the Delaware Department of State, Division of Historical and Cultural Affairs. The first sections of the microfilm are retakes (refilming of bad frames). Because of retakes duplicate entries could result, so separate indexes will be created for all retake sections and regular sections. There are twelve columns of information on this 1870 mortality schedule. All twelve are listed below:

1. Number of Family as Given in Second Column of Schedule 1
2. Name of Every Person Who Died During the Dear ending June 1, 1870 Whose Place of Abode at Time of Death was in this Family
3. Age Last Birthday, if Under One Year Give Months in Fraction
4. Sex
5. Color, White (W), Black (B), Mulatto (M), Chinese (CH), Indian (I)
6. Married or Widowed
7. Place of Birth, Naming the State or Territory of US or Country if Foreign Born
8. Father, Foreign Birth
9. Mother, Foreign Birth
10. Months in which Person Died
11. Profession, Occupation or Trade
12. Disease or Cause of Death

35, Zebley, James J., 3/12, M, W, -, DE, -, -, Jul, At Home, Cholera
40, Ray, Susan E., 7/12, F, W, -, DE, -, -, Mar, At Home, Hydrophalsey
49, Palmer, Ebenezer, 62, M, W, -, DE, -, -, Feb, Sailor, Hydrophalsey
1, Janvier, Minnie, 1/12, F, W, -, DE, -, -, Nov, -, Unk
54, Waugh, John, 75, M, W, W, DE, -, 1, Apr, Carpenter, Consumption
67, Redmaler, Anna M., 8, F, W, -, DE, 1, 1, Jul, -, Tyohoid
92, Shaw, Daniel, 77, M, W, M, NJ, -, -, Aug, Farmer, Dropsey
102, Wilson, John, 9, M. W, -, MD, -, -, Aug, -, Drowned
108, Thompson, Dorcas, 90, F, B, -, MD, -, -, Dec, Domestic Servant, Old Age
109, Fluery, Elizabeth, 90, F, W, W, France, 1, 1, Jul, -, Old Age
173, Kenether, 2/12, F, W, -, DE, 1, -, June, -, Sore Mouth
196, Walker, George W., 57, M, W, M, MD, -, -, Mar, Farmer, Paralysis
200, Dickerson, Mary E, 11/12, F, W, -, MD, -, -, Nov, -, Intermitting Fever
210, Scott, Cora, 1, F, W, -, MD, -, -, Mar, -, Catarrah in Breast
219, Chambers, Isaac, 32, M, B, M, MD, -, -, Jan, Coachman, Consumption
238, Johns, Lydia, 69, F, W, W, DE, -, -, Aug, -, Cancer in Mouth
243, Correden, Lanear, 69, F, W, W, DE, -, -, May, -, Heart Disease
265, Stevenson, Susanna, 58, F, M, M, MD, -, -, Dec, -, Consumption
267, Guy, Martha, 9, F, B, -, DE, -, -, Oct, -, Cramp Colic

282, Christian, Mary A., 38, F, W, M, Ger, 1, 1, Apr, -, Pneumonia
290, Ellet, Julia, 18, F, B, M, DE, -, -, Jan, -, Consumption
290 Ellet, Julia, 1/12, F, B, -, De, -, -, Jul, -, Unk
290 Greenage, John, 56, M, B, M, MD, -, -, Dec, -, Diptheria
293, Chandler, Georgiane, 13, F, B, -, DE, -, -, Jul, -, Pneumonia
293, Chandler, Ellen, 11, F, B, -, DE, -, -, Aug, -, Consumption
299, Griffith, Mary E., 4/12, F, W, -, DE, -, -, Dec, -, Unk
327, Brooks, Robert, 1, M, W, -, DE, -, -, June, -, Consumption
357, Griffith, John J., 23, M, W, MD, -, -, June, -, Congestion of Brain
286, Nickols, Mary J., 30, F, B, M, DE, -, -, Mar, -, Childbirth
390, Rambo, Samuel, 72, M, W, M, PA, -, -, Apr, Farmer, Pneumonia
401, Loans, James, 9, M, B, -, DE, -, -, Aug, -, Scorfula
407, Barton, Thomas, 82, M, W, M, MD, -, -, Mar, Baptist Clergy, Dropsey

Index New Castle County Retake 1870

Barton, 13
Brooks, 13
Chambers, 12
Chandler, 13
Christian, 13
Correden, 12
Dickerson, 12
Ellet, 13
Fluery, 12
Greenage, 13
Griffith, 13
Guy, 12
Janvier, 12
Johns, 12
Kenether, 12
Loans, 13
Nickols, 13
Palmer, 12
Rambo, 13
Ray, 12
Redmaler, 12
Scott, 12
Shaw, 12
Stevenson, 12
Thompson, 12
Walker, 12
Waugh, 12
Wilson, 12
Zebley, 12

Delaware 1870 Mortality Schedule
Sussex County Retake

The Delaware Mortality Schedule was filmed by the Delaware Department of State, Division of Historical and Cultural Affairs. The first sections of the microfilm are retakes (refilming of bad frames). Because of retakes duplicate entries could result, so separate indexes will be created for all retake sections and regular sections. There are twelve columns of information on this 1870 mortality schedule. All twelve are listed below:

1. Number of Family as Given in Second Column of Schedule 1
2. Name of Every Person Who Died During the Dear ending June 1, 1870 Whose Place of Abode at Time of Death was in this Family
3. Age Last Birthday, if Under One Year Give Months in Fraction
4. Sex
5. Color, White (W), Black (B), Mulatto (M), Chinese (CH), Indian (I)
6. Married or Widowed
7. Place of Birth, Naming the State or Territory of US or Country if Foreign Born
8. Father, Foreign Birth
9. Mother, Foreign Birth
10. Months in which Person Died
11. Profession, Occupation or Trade
12. Disease or Cause of Death

22, Hirons, Lastainid, 65, F, W, W, DE, -, -, Feb, Keeping House, Pericardium
23, Jones, John W., 19, M, W, -, DE, -, -, Dec, Sailor, Died from Gun
27, Hastings, Mary J., 3/12, F, W, -, DE, -, -, May, -, Cholera
31, Collins, Lurencie, 39, F, W, M, DE, -, -, Sept, Keeping House, Consumption
31, Collins, Margaret E., 5/12, F, W, -, DE, -, -, Oct, -, Cholera
401, Wolford, Rhoda, 80, F, B, W, MD, -, -, May, Keeping House, Pericardium
35, Phillips, Ugen, 9/12, M, W, -, DE, -, -, Feb, -, Cholera
38, Hitchens, John W., 9/12, M, B, -, DE, -, -, Jul, -, Cholera
49, Oneal, Polley, 50, F, W, M, DE, -, -, Apr, Keeping House, Consumption
49, Oneal, James, 9/12, M, W, -, DE, -, -, Mar, -, Cholera
61, Cooper, William P., 55 M, W, M, DE, -, -, Apr, Farmer, Dropsey of Heart
71, Adams, Mary, 5, F, W, -, DE, -, -, June, -, Unk
70, Collins, Aleta E., 2, F, W, -, DE, -, -, May, -, Unk
104, Phillips, Elender, 68, F, W, M, MD, -, -, Feb, Keeping House, Dropsey of Heart
127, Moore, Albert, 20, M, B, DE, -, -, Jul, Sailor, Consumption
134, Hastings, Isaac, 58, M, W, -, DE, -, -, Jul, Farmer, Canser
154, Boyce, George, 9, M, W, -, DE, -, -, Apr, Laborer, Died by Fall
170, Boyce, Auther, 1, M, W, -, DE, -, -, Sept, -, Cholera
175, Ralph, Samuel, 36, M, W, M, DE, -, -, Oct, Laborer, Canser on Stomach

175, Ralph, Marthe, 32, F, W, M, DE, -, -, Dec, Keeping House, Consumption
192, Culve, Lyda A., 27, F, W, -, DE, -, -, May, Keeping House, Consumption
250, Callaway, Leven W., 19, M, W, -, DE, -, -, Oct, Laborer, Typhoid
253, Hastings, John H., 2/12, M, W, -, DE, -, -, Aug, -, Unk
270, Thompson, Mary, 6/12, F, W, DE, -, -, Mar, -, Unk
293, Culver, Gordy, 40, M, W, M, DE, -, -, Aug, Farmer, Typhoid
293, Legate, Ebenezer, 23, M, W, -, DE, -, -, Aug, Laborer, Typhoid
298, Lowe, Ida E., 11/12, F, W, -, DE, -, -, Jul, -, Brain Fever
311, Lynch, Sefrona, 3/12, F, W, -, DE, -, -, May, -, Brain Fever
321, Cordery, Elizabeth, 76, F, W, W, DE, -, -, Aug, Domestic Servant, Consumption
324, West, Isaac H., 2, M, M, -, DE, -, -, Sept, -, Unk
444, Elliott, John, 72, M, W, M, DE, -, -, Apr, Farmer, Sore in Leg
428, Hastings Leven, 21, M, W, -, DE, -, -, Sept, Farmer, Typhoid
325, Williams, Mariah E., 21, F, M, M, DE, -, -, Apr, Keeping House, Consumption
398, Ward, Elender, 8, F, W, -, DE, -, -, May, -, Cholera
401, Legates, Jeremiah, 3, M, W, -, DE, -, -, May, -, Stabbed by Pitchfork
40, Wilson, Sarah J., 1/12, F, W, -, DE, -, -, Sept, -, Brain Fever
73, Jester, Sarah E., 28, F, W, M, DE, -, -, Aug, Keeping House, Child Birth
74, Holland, Margaret, 25, F, W, M, DE, -, -, Aug, Keeping House, Consumption
74, Holland, Mary, 1, F, W, -, DE, -, -, Sept, -, Consumption
123, Hazel, Sallie, 65, F, W, D, DE, -, -, Sept, Keeping House, Consumption
141, Willingham, William, 19, M, W, -, DE, -, -, June, Farm Hand, Chronic Diarrhea
168, Reed, Fanna B., 1, F, W, -, DE, -, -, Sept, -, Cholera
177, Hart, Allice, 1, F, W, -, DE, -, -, May, -, Consumption
208, Young, Alexander, 48, M, B, M, DE, -, -, May, Farmer, Consumption
216, Reynolds, Silas, 50, M, W, M, DE, -, -, June, Farmer, Jaundice
217, Morris, Sarah, 1/12, F, M, -, DE, -, -, June, -, Chronic Diarrhea
217, Morris, George, 3, M, M, -, DE, -, -, June, -, Chronic Diarrhea
222, Morris, Asbury, 1, M, M, -, DE, -, -, June, -, Chronic Diarrhea
230, Pepper, William, 4/12, M, W, -, DE, -, -, June, -, Chronic Diarrhea
230, Pepper, Jesse R, 4/12, M, W, -, DE, -, -, June -, Chronic Diarrhea
231, Abbott, Laura, 2, F, W, -, DE, -, -, June, -, Chronic Diarrhea
232, Bryan, Letitia, 35, F, W, M, DE, -, -, Mar, -, Consumption
249, Magee, Edward V., 7, M, W, -, DE, -, -, Dec, -, Cholera
251, Reed, James P., 1, M, W, -, DE, -, -, Jan, -, Diptheria
251, Reed, Hannah, 3, 7, W, -, DE, -, -, Jan, -, Diptheria
266, Hopkins, Solomon, 24, M, B, M, DE, -, -, May, -, Hemmorage of Lungs
270, Heavelow, John, 71, M, W, M, DE, -, -, Apr, Farmer, Dropsey
280, Warren, Margaret, 52, F, W, M, DE, -, -, Feb, Keeping House, Paralysis
294 Ellingsworth, Salathiel, 5/12, F, W, -, DE, -, -, Aug, -, Typhoid
294, Ellingsworth, George, 2, M, W, -, DE, -, -, May, -, Chronic Diarrhea
10, Dorman, Bryan, 18, M, W, M, DE, -, -, Oct, Merchant, Brain Fever
14, Robins, Nehemiah, 11/12, M, W, -, DE, -, -, June, -, Chronic Diarrhea

18, Darby, Mary M., 64, F, W, W. DE, -, -, Mar, -, Pneumonia
20, Davis, William J., 9/12, M, W, -, DE, -, -, Jul, -, Chronic Diarrhea
21, Oney, Daniel, 66, M, W, M, DE, -, -, Dec, Sailor, Consumption
28, Jones, Maggie, 9/12, F, W, -, DE, -, -, Feb, -, Pneumonia
20, Wilson, John B, 11/12, M, W, -, DE, -, -, Mar, -, Pneumonia
32, Fowler, William P., 1, M, W, -, DE, -, -, Aug, -, Chronic Diarrhea
22, Fowler, Laura, 25, F, W, M, DE, -, -, Nov, Keeping House, Congestive Chill
28, Hood, Burton, 24, M, W, -, DE, -, -, Dec, Sailor, Hemorage of Lungs
52, Fenwick, Ella, 9, F, W, -, DE, -, -, Dec, -, Erysyphillis
52, Fenwick, Sallie, 2, F, W, -, DE, -, -, Dec, -, Erysyphillis
62, Welsh, Florence, 17, F, W, -, DE, -, -, Apr, -, Consumption
65, Lingo, Margaret, 1, F, B, -, DE, -, -, Mar, -, Thyphoid
65, Lingo, Sile, 68, F, B, M, DE, -, -, Mar, -, Paralytic
96, Oliver, David T., 11/12, M, B, -, DE, -, -, June, -, Chronic Diarrhea
100, Lewis, John, 19, M, W, -, DE, -, -, Oct, -, Drowned
101, Johnson, Martha, 7, F, W, -, DE, -, -, May, -, Cholera
106, Oliver, David, 85, M, B, M, DE, -, -, Jul, Blacksmith, Old Age
108, Coulter, Ruth M., 75, F, W, M, DE, -, -, June, Keeping House, Bilous Fever
121, Prettyman, Lemuel, 65, M, W, M, DE, -, -, Dec, Wheelwright, Jaundice
130, Hazzard, Sarah, 10, F, B, -, DE, -, -, Jan, -, Scarlet Fever
146, Dorman, Nehemiah, 43, M, W, M, DE, -, -, June, Sailor, Yellow Fever
156, Davidson, Edward, 10, M, W, -, DE, -, -, Apr, -, Unk
164, Watson, ___, 11/12, F, W, -, DE, -, - Sept, -, Bilous Fever
2, Morgan, Mary, 80, F, W, W, DE, -, -, Feb, Keeping House, Dropsy of Heart
12, Warren, Jerry, 60, M, B, M, DE, -, -, June, Farmer, Dropsy of Heart
21, Clendaniel, Rachel, C., 7, F, W, -, DE, -, -, Apr, At Home, Congestion of Brain
21, Hellims, Mary E., 1, F, W, -, DE, -, -, Apr, At Home, Gangrene
29, Shepherd, William, 79, M, W, M, DE, -, -, June, Farmer, Dropsy
42, Hemmonds, John, B., 59, M, W, M, DE, -, -, Mar, Farmer, Cancer
42, Hemmonds, Peggy, 89, F, W, W, DE, -, -, Jul, Keeping House, Heart Disease
56, Hopkins, Mary P., 26, F, B, -, DE, -, -, Apr, Domestic Servant, Disease of Bowel
75, Miller, Frederick, 2, M, B, -, DE, -, -, May, At Home, Dysentery
81, Hudson, Clement, 70, M, W, W, DE, -, -, Jul, Maller, Paralisses
130, Clendaniel, Rachel, 50, F, W, M, DE, -, -, Mar, Keeping House, Consumption
144, Shockley, Josephine, 11/12, F, W, -, DE, -, -, Oct, At Home, Typhus
171, Stevens, Mary A., 1/12, F, W, -, DE, -, -, Apr, At Home, Croup
178, Deputy, Ella P., 1/12, F, W, -, DE, -, -, Dec, At Home, Dysentery
187, Warren, Fanny, 1, F, M, -, DE, -, -, Dec, At Home, Scuffuler Dropsy
212, Livingston, Wm, H., 25, M, W, -, DE, -, -, May, Clerk in Store, Consumption
215, Salmons, George, 34, M, W, M, DE, -, -, Feb, Ship Carpenter, Intussersephine
225, Eubanks, Mary, 60, F, W, M DE, -,-, Mar, Keeping House, Tumors on Body

238, Murphy, Samuel, 4/12, M, W, -, DE, -, -, June, At Home, Cholera
238, Murphy, Mary, 4/12, F, W, -, DE, -, -, June, At Home, Cholera
294, Warren, Orpha, 77, F, W, W, DE, -, -, Nov, Keeping House, Heart Disease
294, Warren, Sarah A., 4/12, F, W, -, DE, -, -, Feb, At Home, Unk
283, Lynch, Mines, 60, M, W, M, DE, -, -, Aug, Farmer, Dropsy of Heart
308, Jones, Thomas, 2, M, W, -, DE, -, -, Sept, At Home, Paralysis
325, Dodd, ___, 1/12, M, W, -, DE, -, -, Nov, At Home, Still Born
335, Stephenson, John, 6/12, M, W, -, DE, -, -, Apr, At Home, Brain Fever
345, Ward, William, 2, M, W, -, DE, -, -, Aug, At Home, Salvated
372, Leverage, Mary, 1/12, F, W, -, DE, -, -, May, At Home, Unk
373, Draper, Henry R., 52, M, W, M, DE, -, -, Apr, Farmer, Dropsy
383, Dickerson, Elizabeth, 1/12, F, W, -, DE, -, -, Jul, At Home, Unk
400, Deputy, Ann M., 31, F, W, M, DE, -, -, Jan, Keeping House,
    Consumption
403, Houston, Susan, 3, F, W, -, DE, -, -, Mar, At Home, Unk
435, Davis, George M., 33, M, W, M, DE, -, -, Apr, Farmer, Unk
459, Wilkins, Lettie, 52, F, W, M, DE, -, -, Aug, Keeping House
    Consumption
500, Steel, Sarah, 48, F, B, M, DE, -, -, Oct, Keeping House,
    Consumption
14, Bivans, Prissila, 85, F, B, W, DE, -, -, Feb, -, Chronic Diarrhea
138, Calhoon, Isabell, 18, F, W, M, DE, -, -, Feb, Keeping House, Peritonitis
178, Fisher, Nancy, 65, F, W, W, DE, -, -, Aug, -, Face Canser
184, Cannon, Robert, 75, M, B, -, DE, -, -, Jul, Pauper, Consumption
184, Hall, Daniel, 80, M, B, -, DE, -, -, Oct, Pauper, Erysyphillis
184, Cannon, Alsce, 75, F, B, DE, -, -, Aug, Pauper, Consumption
184, Boyse, David, 70, M, W, -, DE, -, -, Feb, Pauper, Liver Disease
184, Dobson, Henney, 111, F, B, -, DE, -, -, Apr, Pauper, Old Age
14, Houston, Catherine, 90, F, W, W, DE, -, -, Mar, Keeping, Hosue, Old Age
24, Jones, Elias, 57, M, W, M, DE, -, -, Oct, Cabinet Maker, Consumption
45, Pepper, Shephard, 2, M, W, -, DE, -, -, Oct, -, Chronic Diarrhea
48, Martin, Mary, 5, F, W, -, DE, -, -, Mar, -, Typhoid
58, Cooper, George W., 6/12, M, W, -, DE, -, -, Jul, -, Brain Fever
63, Mickin, Rebobert, 32, M, W, -, PA, -, -, Nov, Railroad Conductor,
    Consumption
72, Jones, Hester, 2, F, W, -, DE, -, -, Oct, -, Ressetter Fear
111, West, Delphenia, 11/12, F, W, -, DE, -, -, May, -, Cholera
112, Dunning, Martha, 76, F, W, W, DE, -, -, Dec, -, Old Age
8, Brown, Jemima, 83, F, W, W, DE, -, -, Apr, Keeping House, Pneumonia
35, Brown, Matilda, 57, F, M, M, DE, -, -, Jul, Keeping House, Phthsis Palmorali
41, Short, ___, 2/12, M, W, -, DE, -, -, Feb, At Home, Unk
43 Prettyman, Ira Bell, 1, F, W, -, DE, -, -, Aug, At Home, Diarrhea Acute
52, Short, Gilly M., 43, M, W, M, DE, -, -, Dec, Farmer, Accident
66, Smith, Mary E., 2, F, W, -, DE, -, -, Jul, At Home, Epilepsy
66, Smith, David R., 1, M, W, -, DE, -, -, June, At Home, Diarrhea Acute
65, Lofland, James, 55, M, W, -, DE, -, -, June, At Home, Dropsy of Heart

68, Dickerson, Mary E., 4/12, F, W, -, DE, -, -, Aug, At Home, Erysyphillis
69, Eskrage, Catharine, 22, F, W, -, DE, -, -, June, Domestic Servant, Palsy
75, Fleetwood, Annanias, 1/12, M, W, -, DE, -, -, Aug, At Home, Epilepsy
95, Conaway, Lizzie, 2, F, W, -, DE, -, -, Mar, At Home, Scarlet Fever
109, Fleetwood, William, 6/12, M, W, -, DE, -, -, Apr, At Home, Brain Fever
114, Andrew, Eliza A., 6/12, F, W, -, -, DE, -, -, Jul, At Home, Chronic Diarrhea
128, Hitchens, Emiline, 29, F, W, -, DE, -, -, Nov, At Home, Phthsis Palmoralitis
160, Hill, William E., 30, M, W, M, DE, -, -, Jan, Huckster, Typhoid
164, Coffin, William, 1, M, W, -, DE, -, -, May, At Home, Pneumonia
197, Lofland, A___, 1/12, M, W, -, DE, -, -, June, At Home, Diarrhea
207, Bannerman, Jeremiah, 30, M, W, M, DE, -, -, Apr, Farm Laborer, Pneumonia
220, Griffin, Purnall F., 49, W, M, -, DE, -, -, May, Farmer, Palsey
223, Passwaters, ___, 1/12, F, W, -, DE, -, -, Dec, At Home, Spasm
224, Banner, Charles, 2, M, W, -, DE, -, -, Jul, At Home, Dropsy Abdominal
225, Passwaters, Mary, 4//12, F, W, -, DE, -, -, May, At Home, Brain Fever
253, Lynch, George, 2, M, W, -, DE, -, -, Dec, At Home, Pneumonia
255, Tatman, Royal, 1, M, W, -, DE, -, -, June, At Home, Pneumonia
277, Milley, Missouri, 6/12, F, W, -, DE, -, -, Aug, At Home, Spasms
278, Lynch, Mariah, 33, F, W, -, DE, -, -, Jul, At Home, Unk
288, Macklin, Charles, 66, M, W, M, DE, -, -, Apr, Farmer, Disease of Heart
297, Johnson, Minerva, 1, F, W, -, DE, -, -, Nov, At Home, Scarletura
297, Johnson, Mary E, 3/13, F, W, -, DE, -, -, Jul, At Home, Diarrhea Acute
292, Debity, Samuel, 7/12, M, B, -, DE, -, -, June, At Home, Ascites
309, Milley, Walter, 1, M, W, -, DE, -, -, Sept, At Home, Brain Inflammation
310, White, James L., 13, M, B, -, DE, -, -, Sept, Farm Laborer, Typhoid
311, Todd, William 55, M, W, M, DE, -, -, Dec, Farmer, Accident
314, Layton, Frederick, 2, M, W, -, DE, -, -, Jul, At Home, Congestive Chill
338, Jones, Sarah, 28, F, W, -, DE, -, -, Oct, At Home, Typhoid
338, Jones, Clara, 24, F, W, -, DE, -, -, Sept, At Home, Typhoid
338, Jones, Marthe, 16, F, W, -, DE, -, -, Sept, At Home, Typhoid
352, Holstein, William, 40, M, W, M, DE, -, -, Feb, Farmer, Pneumonia
353, Russel, Margaret, 19, F, W, M, DE, -, -, May, Keeping House, Pneumonia

Index Sussex County Retake 1870

Abbott, 16
Adams, 15
Andrew, 19
Banner, 19
Bannerman, 19
Bivans, 18
Boyce, 15
Boyse, 18
Brown, 18
Bryan, 16
Calhoon, 18
Callaway, 16
Cannon, 18
Clendaniel, 17
Coffin, 19
Collins, 15
Conaway, 19
Cooper, 15, 18
Cordery, 16
Coulter, 17
Culver, 16
Darby, 17
Davidson, 17
Davis, 17-18
Debity, 19
Deputy, 17-18
Dickerson, 18-19
Dobson, 18
Dodd, 18
Dorman, 16-17
Draper, 18
Dunning, 18
Ellingsworth, 16
Elliott, 16
Eskrage, 19
Eubanks, 18
Fenwick, 17
Fisher, 18
Fleetwood, 19
Fowler, 17
Griffin, 19
Hall, 18
Hart, 16
Hastings, 15-16

Hazel, 16
Hazzard, 17
Heavelow, 16
Hellims, 17
Hemmonds, 17
Hill, 19
Hirons, 15
Hitchens, 15, 19
Holland, 16
Holstein, 19
Hood, 17
Hopkins, 16
Houston, 18
Hudson, 17
Jester, 16
Johnson, 17, 19
Jones, 15, 17-19
Layton, 19
Legate, 16
Legates, 16
Leverage, 18
Lewis, 17
Lingo, 17
Livingston, 17
Lofland, 19
Lowe, 16
Lynch, 16, 18-19
Macklin, 19
Magee, 16
Martin, 18
Mickin, 18
Miller, 17
Milley, 19
Moore, 15
Morgan, 17
Morris, 16
Murphy, 18
Oliver, 17
Oneal, 15
Oney, 17
Passwaters, 19
Pepper, 16, 18
Phillips, 15
Prettyman, 17-18

Ralph, 15-16
Reed, 16
Reynolds, 16
Robins, 16
Russel, 19
Salmons, 17
Shepherd, 17
Shockley, 17
Short, 18
Smith, 18-19
Steel, 18
Stephenson, 18
Stevens, 17
Tatman, 19

Thompson, 16
Todd, 19
Ward, 16, 18
Warren, 16-18
Watson, 17
Welsh, 17
West, 16, 18
White, 19
Wilkins, 18
Williams, 16
Willingham, 16
Wilson, 16-17
Wolford, 15
Young, 16

Delaware 1870 Mortality Schedule
New Castle County Odd Page

The Delaware Mortality Schedule was filmed by the Delaware Department of State, Division of Historical and Cultural Affairs. The first sections of the microfilm are retakes (refilming of bad frames). Because of retakes duplicate entries could result, so separate indexes will be created for all retake sections and regular sections. **There is also an odd page for New Castle County found amongst the 1880 DE Agricultural Census of Kent County. It will also be indexed separately. Some of these entries appear to be duplicates from New Castle County Retakes. These are highlighted in bold.** There are twelve columns of information on this 1870 mortality schedule. All twelve are listed below:

1. Number of Family as Given in Second Column of Schedule 1
2. Name of Every Person Who Died During the Dear ending June 1, 1870 Whose Place of Abode at Time of Death was in this Family
3. Age Last Birthday, if Under One Year Give Months in Fraction
4. Sex
5. Color, White (W), Black (B), Mulatto (M), Chinese (CH), Indian (I)
6. Married or Widowed
7. Place of Birth, Naming the State or Territory of US or Country if Foreign Born
8. Father, Foreign Birth
9. Mother, Foreign Birth
10. Months in which Person Died
11. Profession, Occupation or Trade
12. Disease or Cause of Death

The Names Below are out of Sub Division Number 7.

11, Janvier, Minisue, 1/12, F, W, -, DE, -, -, Nov, -, Unk
59, Waugh, John, 75, M, W, W, DE, -, 1, Apr, Carpenter, Consumption and Disease of Bowels
65, Redmile, Anna M., 8, F, W, -, DE, 1, 1, Jul, -, Typhoid
193, Shaw, Daniel, 77, M, W, M, NJ, -, -, Aug, Farmer, Dropsey and Inflammatory Rheumatism
102, Wilson, John, 9, M, B, -, MD, -, -, Aug, -, Drowned
108, Thompson, Dorcas, 90, F, B, -, MD, -, -, Dec, Domestic, Old Age
109, Fleury, Elizabeth, 90, F, W, W, France, 1, 1, Jul, -, Old Age
173, Kere, Therace, 2/12, F, W, -, DE, 1, -, June, -, Thrash or Sore Throat
196, Walker, George W., 56, M, W, M, MD, -, -, Mar, Farmer, Paralysis
200, Dickerson, Mary E., 11/12, F, W, -, MD, -, -, Nov, -, Intermittent Fever
210, Scott, Cora, 1, F, W, -, MD, -, -, Mar, -, Catar on Breast
239, Chambers, Isaac, 32, M, B, M, MD, -, -, June, Coachman, Consumption of Lungs

238, Johns, Lydia, 69, F, W, W, DE, -, -, Aug, -, Cancer-Tongue
243, Coriden, Laneor, 69, F, W, W, DE, -, -, May, -, Heart Disease
265, Stevenson, Susanna, 58, F, B, M, DE, -, -, Dec, -, Consumption
267, Guy, Martha, 7, F, B, -, DE, -, -, Oct, -, Consumption
282, Christian, Mary A, 38, F, W, M, Ger, 1, 1, Apr, -, Pneumonia
290, Ellet, Julia A, 18, F, B, M, DE, -, -, June, -, Consumption
290, Ellet, Julia, 1/12, F, B, -, DE, -, -, Jul, -, Unk
290, Greenage, John, 56, M, B, M, MD, -, -, Dec, Diphtheria
293, Chandler, Georgiana, 13, F, B, -, DE, -, -, Jul, -, Pneumonia
273, Chandler, Ellen, 14, F, B, -, DE, -, -, Aug, -, Consumption
329, Griffith, Mary C, 4/12, F, W, -, DE, -, -, Dec, -, Unk
327, Brooks, Robert, 1, M, W, -, DE, -, -, June, -, Consumption
257, Griffith, John J., 23, M, W, -, MD, -, -, June, -, Congestion of Brain
281, Nickols, Mary J., 30, F, B, M, DE, -, -, Mar, -, Child Birth
390, Rambo, Samuel, 72, M, W, M, PA, -, -, Apr 4, Farmer, Pneumonia, & Cancer
401, Loans, James, 9, M, B, -, DE, -, -, Aug, -, Scarfulo
407, Barten, Thos., 82, M, W, W, MD, -, -, Mar, Baptist Clergy, Dropsy

Index New Castle County Addition 1870

Barten, 23
Brooks, 23
Chambers, 22
Chandler, 23
Christian, 23
Coriden, 23
Dickerson, 22
Ellet, 23
Fleury, 22
Greenage, 23
Griffith, 23
Guy, 23
Janvier, 22
Johns, 22
Kere, 22
Loans, 23
Nickols, 23
Rambo, 23
Redmile, 22
Scott, 22
Shaw, 22
Stevenson, 23
Thompson, 22
Walker, 22
Waugh, 22
Wilson, 22

Delaware 1850 Mortality Schedule
Kent County

The Delaware Mortality Schedule was filmed by the Delaware Department of State, Division of Historical and Cultural Affairs. There are eleven columns of information on this 1850 mortality schedule. All eleven listed below are transcribed:

1. Name of Every Person Who Died During Year Ending 1 June 1850 Whose Place of Abode at Time of Death Was in This Family
2. Age
3. Sex
4. Color White (W), Black (B), Mulatto (M)
5. Free or Slave
6. Married or Widowed
7. Place of Birth
8. Month Died
9. Profession, Occupation, or Trade
10. Disease or Cause of Death
11. Number of Days Ill

Use of "C" in column 11 usually followed consumption disease. There are a couple of instances where the "C" is used for another disease.

George M. Minus, 48, M, -, -, M, DE, Mar, Farmer, Bilious Pleurisy, 9
George S. H. Hurley, 3/365, M, -, -, -, DE, Feb, -, Unk, 2
Mary J. Hurst, 19, F, B, -, -, DE, Mar, -, Typhoid, 14
Maria Lowery, 1/364, F, -, -, -, DE, Oct, -, Unk, 1
James Davis, 21, M, -, -, -, DE, Jul, Blacksmith, Consumption, C
James Lane, 26, M, -, -, -, M, VA, Sept, Shoemaker, Unk, Sudden
Fisher W. Welsh, 20, M, -, -, -, DE, Aug, Carpenter, Brain Fever, 7
Aramenta Y. Draper, 6, F, -, -, -, DE, Aug, -, Typhoid, 14
Lydia Teas, 11/12, F, -, -, -, DE, Aug, -, Brain Fever, 10
Matilda Brown, 35, F, B., -, M, DE, Oct, -, Consumption, C
Spencer Brown, 11/12, M, B, -, -, DE, Oct, -, Unk, 2
William J. Hutchinson, 33, M, -, -, M, DE, Nov, Waterman, Consumption, 2
Spencer Palmer, 45, M, -, -, M, DE, Aug, Laborer, Cholera, 2
Levi Vann, 47, M, M, -, M, DE, May, Laborer, Cramp Cholic, 1
Elijah Haines, 4, M, B, -, -, DE, Aug, -, Measles, 90
George White, 60, M, -, -, M, DE, Dec, Farmer, Apoplexy, Sudden
John P. Hammond, 2/12, M, -, -, -, DE, Oct, -, Unk, 2
Leroy Whitehead, 44, M, -, -, -, DE, June, Farmer, Unk, Sudden
James Haddon, 21, 365, M, -, -, -, DE, Aug, -, Unk, 2
John Hawkins, 1, M, B, -, -, DE, June, -, Unk, 90
John Thompson, 2/12, M, B, -, -, DE, Jan, -, Croup, 4

Priscilla Livingston, 34, F, -, -, M, DE, Apr, -, Unk, C
Margarette Lewis, 15/365, F, -, -, -, DE, Jul, -, Convulsions, 12
Anna M. Wood, 10/12, F, B, -, -, DE, Jul, -, Croup, 14
Gracy, Fowler, 3, F, -, -, -, DE, Apr, -, Bilious Pleurisy, 9
Elias Fowler, 3/365, M, -, -, -, DE, Dec, -, Unk, 3
William Alexander, 39, M, -, -, -, M, DE, Jul, Farmer, Liver Complaint, C
William J, Deputy, 6/365, M, -, -, -, DE, Mar, -, Unk, 6
Carey Frazier, 56, M, -, -, -, M, DE, Dec, Farmer, Apoplexy, Sudden
Sarah F. Redden, 3, F, -, -, -, DE, June, -, Measles, 9
Mary Tatman, 60, F, -, -, -, DE, Nov, -, Palsy, 4
Josiah Vinyard, 21, M, -, -, -, DE, Sept, Farmer, Typhoid, 10
Sarah S. Taylor, 1/12, F, B, -, -, DE, Jul, -, Croup, 1
Elizabeth Fowler, 57, F, -, -, M, DE, Oct, -, Pulmonary C, 60
William Newsom, 16, M, -, -, -, DE, Oct, Farming, Congestive Fever, 4
Mary Booth, 56, F, -, -, M, DE, Feb, -, Unk, 28
Catherine Minner, 23, F, -, -, -, M, DE, Feb, Brain Fever, 4
Lewis C. Short, 3/365, M, -, -, -, -, DE, Jan, -, Unk, 3
Elizabeth Godwin, 38, F, -, -, M, DE, June, -, Bilious Fever, 7
Edward Brown, 38, M, -, -, M, DE, Feb, Laborer, Consumption, C
William Brown, 6, M, -, -, -, DE, Feb, -, Measles, 30
Lodewick Brown, 9/12, M, -, -, -, DE Feb, -, Measles, 21
Daniel Bratt, 100, M, W, -, -, DE, Apr, -, Old Age, C
William Conner, 1, M, -, -, -, DE, Feb, -, Measles, 12
Philamon E. Doherty, 62, M, -, -, W, DE, Mar, Farmer, Pleurisy, 7
Mary Draper, 70, F, -, -, W, DE, May, -, Bilious Fever, 7
Charles W. Dier, 10/12, M, -, -, -, DE, Aug, -, Blk Thrash, 35
Ruth Herrington, 63, F, -, -, M, DE, May, -, Unk, 1
Joseph Johnson, 7/365, M, B, -, -, DE, Mar, -, Unk, 1
Elizabeth Simpson, 6/365, F, -, -, -, DE, Nov, -, Unk, 2
Elizabeth A. Smith, 4, F, -, -, -, DE, June, -, Jaundice, 14
Eleanor Smith, 6, F, -, -, -, DE, June, -, Brain Fever, 14
Amos Graham, 14/365, M, -, -, -, DE, Jan, -, Unk, 4
Sarah Antony, 70, F, -, -, W, DE, Apr, -, Unk, 4
Amy Brown, 2/12, F, -, -, -, DE, Nov, -, Unk, 28
Wesly Wicks, 3/12, M, -, -, -, DE, Sept, -, Dropsy on Brain, 7
William Errickson, 36, M, -, -, -, DE, Jan, Farmer, Brain Fever, 3
Catherine Graham, 7/365, F, -, -, -, DE, Oct, -, Unk, 3
Elizabeth Morgan, 82, F, -, -, W, DE, Apr, -, Old Age, -
Louisa Baynard, 1/12, F, B, -, -, DE, Jan, -, Unk, 7
Emma J. Fleming, 1, F, -, -, -, DE, Mar, -, Inflammation of Lungs, 30
Rebecca Scott, 75, F, -, -, W, DE, Mar, -, Unk, 90
Rachel A. Bradly, 1,F, B, -, -, DE, Feb, -, Whooping Cough, 7
Henry Murphy, 3/365, M, -, -, -, DE, Nov, -, Unk, 2
Jesse Fearns, 60, M, -, -, M, MD, Nov, Farmer, Consumption, C
Richard E. Cedars, 10, M, -, -, -, MD, Apr, -, Brain Fever, 2
Elijah Minner, 2, M, -, -, -, DE, June, -, Inflammation of Brain, 2

Zadock Harmond, 7, M, -, -, -, DE, Aug, -, Unk, C
Warner L. Oldfield, 51, M, -, -, M, DE, Apr, Farmer, Inflammation of Lungs, 7
Daniel Peters, 55, M, -, -, M, MD, Feb, Farmer, Bilious Pleurisy, 9
George Johnson, 39, M, -, -, M, DE, Jan, Farmer, Dropsey, 3years
Mary A. Johnson, 44, F, -, -, -, -, DE, Sept, -, Dropsey, 7 years
Martha Collins, 75, F, -, -, W, DE, June, -, Dyspepsia, C
Sarah Fisher, 1/12, F, B, -, -, DE, May, -, Croup, 1
Anderson, Ann, 3, F, B, -, -, DE, May, -, Consumption, 6
Elira Lote, 1/12, F, B, -, -, DE, May, -, Hives, 6
John Milway, 6/12, M, -, -, -, DE, Aug, -, Croup, 6
Joseph Webb, 3, M, B, -, -, DE, Nov, -, -, -
James Whitacre, 40, M, -, -, -, DE, Jul, Laborer, Cholera, 2
May Walker, 4/12, F, -, -, -, DE, Jul, -, Brain Fever, 1
Ann Draper, 1 F, B, -, -, DE, Feb, -, Convulsions, 6
Lycurgus Crouch, 9, M, -, -, -, DE, Jul, -, Cholera, 1
James H. Stevenson, 39, M, -, -, M, DE, Sept, Merchant, Consumption, 21
John Walker, 30, M, -, -, -, OH, Oct, Carpenter, Consumption, 6
Margaret H. Jump, 24, F, -, -, -, NY, Sept, -, Bilious Fever, 10
Stephen Miller, 7, M, -, -, -, DE, Nov, -, Measles, 10
Mahala Tharon, 65, F, -, -, W, DE, Apr, -, Consumption, 6
Mahala Meridy, 65, F, -, -, -, W, DE, May, -, Unk, 6
Thomas Polk, 38, M, -, -, M, DE, Dec, Waterman, Unk, 5
Charles Batte, 1, M, B, -, -, DE, Nov, -, Unk, 20
James Herrington, 1, F, -, -, -, DE, Sept, -, Unk, 1
Jane Wheeler, 3/12, F, -, -, -, DE, Jan, -, Consumption, 1
Polly Massey, 72, F, -, -, M, DE, Oct, -, Dropsey, 6
Hanna Morgan, 3, F, M, -, -, DE, Apr, -, Cholera, 6
Richard Ennis, 13, M, -, -, -, DE, Aug, -, Unk, 1
Timothy Durham, 3/12, M, M, -, -, DE, Sept, -, Unk, 6
Henry Durham, 1/12, M, M, -, -, DE, Jul, -, Unk, 6
Rhody May, 70, F, B, -, M, DE, Dec, -, Unk, 6
Tobias May, 75, M, B, -, W, DE, Mar, Laborer, Unk, 21
Jacob Oskins, 35, M, B, -, M, DE, Jan, Laborer, Consumption, 6
Elizabeth Biles, 4, F, -, -, -, PA, Apr, -, Inflammation of Lungs, 1
Wm. Kearman, 1, M, -, -, -, DE, Aug, -, Dysentery, 16
Isabella Gibson, 70, F, -, -, W, SC, Jan, -, Cold, 6
Caleb Hill, 75, M, B, -, W, DE, Jan, Farmer, Unk, 1
Mark Rash, 1, M, -, -, -, DE Apr, -, Scarlet Fever, 10
John Marvel, 21, M, -, -, -, DE, Oct, Farmer, Bilious Fever, 14
Ann Porter, 55, F, -, -, -, W, MD, Dec, -, Unk, 6
Emily Aron, 2/12, F, -, -, -, DE, Feb, -, Hives, 6
Daniel Reed, 9, M, -, -, -, DE, Dec, -, Intermittent Fever, 21
Wm. Reed, 1/12, M, -, -, -, DE, Dec, Scarlet Fever, 6
Mary Lewis, 3/12, F, -, -, -, DE, Apr, -, Catarrh Fever, 5
Hager McClus__, 90, F, B, -, W, DE, May, -, Dropsy, 6
Adam Lockwood, 85, M, B, -, M, DE, May, Farmer, Quinsy, 1

Alexander Jarman, 33, M, -, -, -, DE, Jul, Laborer, Consumption, 6
James McDaniel, 2/12, M, -, -, -, DE, Aug, -, Dysentery, 20
Solomon Cabbage, 69, M, -, -, M, DE Oct, Farmer, Consumption, 6
John Whitby, 46, M, -, -, M, MD, Sept, Farmer, Bilious Fever, 4
Isaac Lodine, 2, M, B, -, -, DE, Oct, -, Whooping Cough, 35
Peter Robinson, 20, M, B., -, -, DE, Jan, Laborer, Burned to Death, -
Henry Willis, 12, M, -, -, -, DE, June, -, Measles, 40
Benjamin Greenage, 13, M, M, -, -, DE, Apr, -, Pleurisy, 1
Elmira Jones, 3/12, F, -, -, -, DE, June, -, Inflammation of Bowels, 4
Margaret Darling, 2, F, B, -, -, DE, Oct, -, Cholera, 10
Rebecca Shelton, 1, F, -, -, -, DE, Oct, -, Dysentery, 6
Sally Miller, 17, F, B, -, -, DE, Sept, -, Childbirth, 1
Nicolas Lockerman, 66, M, -, -, -, DE, Mar, -, Croup, 1
Ann Ingram, 45, F, -, -, W, DE, Sept, -, Bilious Dysentery, 15
Susan Cooper, 65, F, B, -, W, DE, Nov, -, Drunk, -
Robert Willey, 5, M, -, -, -, DE, Aug, -, Bilious Fever, 8
Daniel Clark, 20, M, B, -, -, DE, May, Laborer, Consumption, 6
Rebecca Allabane, 8/12, F, -, -, -, DE, May, -, Whooping Cough, 14
Phebe A. Harris, 2/12, F, -, -, -, DE, Feb, -, Measles, 9
George Ellis, 50, M, -, -, M, DE, June, -, Intemperance, 6
Sarah Travis, 79, F, -, -, W, DE, Aug, -, -, -,
Elizabeth Davis, 46, F, -, -, -, DE, Jan, -, Unk, -
Mary Parvis, 56, F, -, -, W, DE, Jan, -, Dropsy, 6
George McCall, 64, M, -, -, -, DE, Mar, Teacher, Unk, 42
Seth Rawley, 30, M, -, -, -, Unk, May, -, Consumption, 30
Joseph Griffin, 65 M, B, -, M, DE, Apr, Laborer, -, -
Solomon Shockley, 71, M, B, -, -, DE, Apr, Laborer, -, -
Peter Robertson, 21, M, B, -, -, DE, Jan, Laborer, -, -
Benjamin Corder, 78, M, B, -, -, DE, June, Laborer, Rheumatism, -
Nathan Alfred, 70, M, B, -, -, DE, Jul, Laborer, Old Age, -
George Hoges, 25, M, B, -, -, DE, Jul, Laborer, Convulsions, -
Jacob Hews, 75, M, B, -, -, DE, Aug, -, -, -
Sarah Massey, 16, F, B, -, -, DE, Aug, -, Convulsions, -
Jane Becket, 59, F, -, -, -, DE, Nov, -, -, -
Mary Paine, 56, F, -, -, M, DE, -, -,
Mary Massey, 60, F, -, -, M, DE, Sept, -, Consumption, 6
Sarah Draper, 62, F, -, -, -, DE, Apr, -, Consumption, 6
Joseph Devatt, 42 M, -, -, W, PA, Sept, Shoemaker, Bilious Fever, 6
Thomas McCormick, 40, M, -, -, -, PA, Sept, Shoemaker, Bilious Dysentery, 6
James Dames, 38, M, -, -, M, PA, Dec, Farmer, Brain Fever, 13
Wm. Dames, 2, M, -, -, -, PA, Sept, -, Bilious Dysentery, 9
Catherine Barnes, 1/12, F, -, -, -, NJ, Dec, -, Unk, 6
Ellen Calahan, 1, F, B, -, -, DE, Sept, Whooping Cough, 14
Alexander Crammer, 25, M, B, -, -, DE, Aug, Lawyer, Liver Complaint, 6
Robert Kemp, 4/12, M, -, -, -, DE, Jan, -, Cholera, 6
Thomas Tomlinson, 8/12, M, -, -, -, DE, Apr, -, Catarrh, 13

Levin Harris, 55, M, -, -, -, VA, Dec, Carpenter, Dropsy, 6
Isaac Harrington, 73, M, -, -, W, DE, Oct, Farmer, Unk, 6
Comfort Hardcastle, 2/12, F, B, -, -, DE, Apr, -, Croup, 6
Ann Fortner, 38, F, -, -, M, DE, Apr, -, Consumption, 6
Sarah Meredith, 7/12, F, -, -, -, DE, Apr, -, Measles, 21
Elisabeth Dames, 1, F, -, -, -, DE, Mar, -, Measles, 14
John Lockerman, 19, M, B, -, -, DE, May, Laborer, Consumption, 6
Joseph Herd, 10, M, -, -, -, DE, Jul, -, Dropsy, 6
Nancy Fortner, 25, F, -, -, -, DE, June, -, Erysyphillis, 6
George Dill, 3/12, M, -, -, -, DE, Nov, -, Croup, 2
Nancy Reed, 73, F, -, -, -, DE, Apr, Unk, ½
Elisabeth Milham, 44, F, -, -, -, DE, Feb, -, Diphtheria, 6
Thomas Melvin, 9/12, M, -, -, -, DE, Feb, -, Croup, 5
Van Cooper, 14, M, -, -, -, DE, May, Killed, -
David Gooden, 2, M, -, -, -, DE, June, -, Brain Fever, 3
Louetta Downham, 15, F, -, -, -, DE, Sept, -, Bilious, 12
Garret Morris, 4/12, M, -, -, -, DE, Dec, -, Whooping Cough, 1
Sarah Anderson, 1/12, F, -, -, -, DE Dec, -, Whooping Cough, 6
Mary Stubbs, 2, F, -, -, -, DE, Feb, -, Scarlet Fever, 5
Caroline Purnell, 4/12, F, -, -, -, DE, June, -, Croup, 2
Peter Sipple, 55, M, B, -, M, DE, Mar, Laborer, Cholera, 1
Elizabeth A. Reynolds, 6, F, -, -, -, DE, Jul, -, Dysentery, 1
Robert Reynolds, 3, M, -, -, -, DE, Jul, -, -, 1
Henry Reynolds, 2, M, -, -, -, DE, Aug, -, -, 7
Wm. H. Mosley, 3, M, B, -, -, DE, Aug, -, Liver Complain, 60
Hetty Wright, 32, F, M, -, -, DE, May, -, Consumption, 6
Catherine Mintz, 2, F, -, -, -, Germany, Jan, -, Bilious Fever, 6
Margarette Hess, 3, F, -, -, -, DE, Oct, -, Inflammation of Lungs, 10
Charles B. Hess, 1, M, -, -, -, DE, Jul, -, Affliction of Lungs, 10
Elizabeth A. Draper, 6, F, -, -, -, DE, Jul, -, Unk, 6
Thomas McIlvaine, 63, M, -, -, -, DE, Feb, Farmer, Dyspepsia, 5
Clemy Reynolds, 1/12, F, -, -, -, DE, Oct, -, Unk, 6
Richard Wallace, 65, M, -, -, M, DE, Apr, Farmer Quinsay, 1
Peter L. Price, 4, M, -, -, -, DE, Feb, -, Inflammation of Brain, 1
John Price, 39, M, -, -, -, DE, Jan, Carpenter, Consumption, 6
Mary J. Price, 3, F, -, -, -, DE, Jan, -, Dysentery, 6
John Montague, 36, M, -, -, -, MD, Jul, Boatman, Cholera, 1
Ann Buck, 2, F, B, S, -, DE, Jul, -, Whooping Cough, 6
James B. Coffin, 5, M, -, -, -, DE, Feb, -, Dropsy, 4
Mary A. Coffan (Coffin), 8/12, F, -, -, -, DE, Sept, -, Dropsy, 4
Christopher Laws, 4, M, B, -, -, DE, Sept, -, Convulsions, 1
Daniel Knight, 1/12, M, -, -, -, DE, Jul, -, Unk, 6
Wm, Grice, 72, M, -, -, -, England, Sept, Carpenter, Dropsey, 6
Robert Warren, 18, M, B, -, -, DE, Mar, Laborer, Consumption, 6
Alexander Warren, 17, M, B, -, -, DE, Apr, Laborer, Consumption, 6
Sarah Care (Case, Cox), 20, F, -, -, M, DE, Dec, -, Measles, 20

Margaret A. Care(Case,Cox), 4/12, LF, -, -, -, DE, Aug, -, Measles, 10
Sally A. Moore, 43, F, -, -, W, MD, Aug, -, Erysyphillis, 14
Harriet E. West, 33, F, -, -, M, DE, June, -, Disease of Heart, 2
Wm. Thomas, 84, M, -, -, W, DE, Dec, Shoemaker, Erysyphillis, 8 hours
Mary E. Luff, 24, F, -, -, M, DE, Mar, -, Consumption, 6
Mary J. Luff, 1, F, -, -, -, DE, Nov, Consumption, 6
Maria M. Tucker, 3, F, -, -, -, DE, Aug, -, Brain Fever, 3
Caleb Mason, 68, M, -, -, M, DE, Sept, Carpenter, Dysentery, 6
John Mason, 9/12, M, -, -, -, DE, Jul, -, Inflammation of Brain, 3
Ann E, Bolden, 30, F, B, -, -, DE, May, -, Inflammation of Lungs, 11
Mary A. Conwell, 3/12, F, -, -, -, DE, June, -, Dysentery, 3
Henrietta Webster, 32, F, -, -, M, DE, Sept, -, Consumption, 6
Ella Flarity, 7/12, F, -, -, -, DE, Nov, -, Unk, 21
Elizabeth Dickson, 24, F, -, -, -, DE, Jan, -, Consumption, 6
Lydia Dolby, 17, F, -, -, -, DE, May, -, Consumption, 6
Margaret Joiner, 8, F, -, -, -, DE, Mar, -, Burned to Death, -
Cornelius Prettyman, 61, M, -, -, M, DE, Aug, Carpenter, Dysentery, 2
Hannah Sutherland, 2, F, -, -, -, DE, Sept, -, Intermittent Fever, 6
Thomas Caldwel, 1/12, M, B, -, -, DE, Apr, -, Croup, 6
Alfred Shockly, 25, M, B, -, -, DE, June, Laborer, Unk, 6
Malake George, 10/12, M, B, -, -, DE, Jan, -, Worms, 4
John McBride, 56, M, -, -, M, DE, Aug, Cooper, Dysentery, 14
James Hargadine, 6/12, M, -, -, -, DE, Aug, -, Dysentery, 6
Benoni Cook, 10, M, -, -, -, DE, Mar, -, Measles, 9
Mary Bostic, 1, F, -, -, -, DE, Apr, -, Whooping Cough, 5
Louisa Barton, 29, F, -, -, M, DE, May, -, Childbirth, 2
Edwin Barton, 3/12, M, -, -, -, DE, Aug, -, Bowel Complaint, 2
Josephine Lockham, 2, F, M, -, -, DE, Sept, -, Croup, 6
Edward Harmon, 5/12, M, M, -, -, DE, Mar, -, Croup, 4
Mary Bell, 2/12, F, B, -, -, DE, Mar, -, Croup, 6
Mary Bell, 1/12, F, B, -, -, DE, Jul, -, Unk, 6
Sarah Clymer, 3/12, F, -, -, -, DE, May, -, Unk, 12
George W. Parvis, 2, M, -, -, -, DE, Mar, -, Unk, 21
Elizabeth Green, 12, F, B, -, -, DE, Aug, -, Liver Complaint, 6
Elizabeth Hill, 55, F, B, -, W, DE, Oct, -, Unk, 6
Ann Gross, 30, F, B, -, W, DE, Aug, -, Cholera, 1
Emeline Brown, 3, F, -, -, -, DE, June, -, Measles, 1
Sarah Bullock, 5, F, -, -, -, DE, Aug, -, Cholera, 3
Aner J. Morris, 4, F, -, -, -, DE, Sept, -, Killed by Brick from House, -
Ephraim Harrington, 20, M, B, -, -, DE, Nov, -, Killed by Falling from Tree, -
Mary A. Black, 1, F, B, -, -, DE, Jan, -, Unk, 6
Joseph Griffith, 50, M, B, -, M, DE, Mar, Laborer, Consumption, 6
Charles R. Short, 22, M, -, -, M, DE, May, Laborer, Bilious Pleurisy, 6
Ruth Sipple, 7/12, F, B, -, -, DE, Dec, -, Whooping Cough, 1
John W. Sipple, 8/12, M, B, -, -, DE, Jan, -, Whooping Cough, 14
George H. Hoffecker, 1, M, -, -, -, DE, Sept, -, Diarrhea, 90

Elizabeth Tucker, 55, F, -, -, M, DE, Aug, -, Consumption, 14
Elijah Phillips, 52, M, -, -, M, MD, June, Farmer, Bilious, 21
Martha Rash, 1, F, -, -, -, DE, Aug, -, Bilious, 3
John H. Ennis, 3/12, M, -, -, -, DE, Aug, -, Bilious, 3
George W. Thompson, 3, M, -, -, -, DE, Jan, -, Cancer, 60
Mary F. Hoffecker, 14, F, -, -, -, DE, Aug, -, Congestion of Brain, 4
Joshia Denney, 11, M, -, -, -, DE, May, -, Congestion, of Brain, 4
Martha A. Goldbury, 9, F, -, -, -, DE, Feb, -, Worms, 47
Eliza Johnson, 4, F, B, -, -, DE, Mar, -, Dropsy, 49
George Chew, 3, M, B, -, -, DE, Apr, -, Gravel, 4
William Thomas, 67, M, -, -, W, DE, Oct, Shoemaker, Eyrsyphillis, 7
Martha Hudson, 38, F, -, -, M, DE, Jan, -, Accouchent, -
Sarah J. Dawson, 5, F, -, -, -, DE, Jul, -, Worms, 6 months
Frances A. Buckman, 4, F, -, -, -, DE, Sept, -, Teteny, 1
William Kelley, 22, M, -, -, -, DE, Aug, Laborer, Diarrhea, 7
James S. Wallace, 1, M, -, -, -, DE, Jul, -, Diarrhea, 28
Hester Sudler, 3/12, F, B, -, -, DE, Apr, -, Cramp ___, 7
George W. Demby, 2, M, B, -, -, DE, Jul, -, Cramp ___, -
Louisa Demby, 2/12, F, B, -, -, DE, Feb, -, Cramp ___, -
Levi Dixon, 20, M, B, -, -, DE, Feb, -, Cramp ___, -
Margaret Stephens, 3, F, B, -, -, DE, Dec, -, Whooping Cough, 12
William A. Stephens, 17, M, B, -, -, DE, June, Farm Hand, Dropsy, 7
Sarah E. Collins, 11/12, F, -, -, -, DE, Aug, -, Bilious Dysentery, 7
Rebecca A. Thomas, 12, F, -, -, -, DE, Apr, -, Unk, 3
William Bennet, 40, M, -, -, M, NJ, Ship Carpenter, Typhoid, 28
Sarah Mason, 6/12, F, -, -, -, DE, Jul, -, Debillity, 6 months
Ann M. Mason, 4, F, -, -, -, DE, Dec, -, Brain Fever, 14
Elizabeth White, 1/12, F, -, -, -, DE, Oct, -, Jaundice, 14
William Ratlife, 70, M, -, -, W, DE, Mar, Sailor, Consumption, 3 months
Margaret Casperson, 23, F, -, -, M, DE, Dec, -, Consumption, 5, months
Rachel West, 38, F, -, -, M, MD, May, -, Dyspepsia, 6 days
Rebecca Lambden, 2, F, -, -, -, DE, Aug, -, Bilious Disease, 9
James Boaler, 2 M, -, -, -, DE, Aug, -, Whooping Cough, 26
Anderson Melbine, 49, M, -, -, M, DE, Apr, None, Dropsy, 21
Charles Sumption, 20, M, -, -, -, PA, Sept, Miller, Show Fever, 20
Luther C. Wall, 2, M, -, -, -, DE, Oct, -, Slow Fever, 5
Uriah Bacon, 8/12, M, -, -, -, DE, Aug, -, Typhus, 22
George Beasley, 30, M, -, -, M, DE, Apr, Laborer, Dyspepsia, 35
Jonathan Vining, 48, M, B, -, M, DE, June, Laborer, Intemperance, 10
Joseph Till, 20, M, B, -, -, DE, June, Sailor, Cholera, 3
Joshua Brown, 34, M, -, -, M, DE, Dec, Farmer, Bilious, 6
Elizabeth Brown, 32, F, -, -, W, DE, Dec, -, Accouchent, -
William Edwards, 52, M, -, -, M, DE, Dec, Farmer, Bilious, 6
Catharine Fox, 7/12, F, -, -, -, DE, Oct, -, Bowel Complaint, 30
Reas E. Palmetry, 1, M, -, -, -, DE, Mar, -, Whooping Cough, 22
Sarah A. Hallman, 3, F, -, -, -, PA, May, -, Whooping Cough, 22

Mary Tucker, 40, F, -, -, M, DE, Dec, -, Accouchent, -
Thomas Burrows, 20, M, -, -, -, DE, June, Laborer, Dropsy, 12 months
Mary Jones, 33, F, -, -, -, DE, Sept, -, Dysentery, 3
William Johnson, 8/12, M, B, -, -, DE, Apr, Unk, 21
David Green, 1, M. B., -, -, DE, May, -, Whooping Cough, 14
Margaret Corty, 45, F, B, -, M, DE, Apr, -, Nervous Fever, 63
George Reynolds, 2, M, -, -, -, DE, Sept, -, Bilious, 30
Jonathan Jackson, 3/12, M, -, -, -, DE, Apr, -, Remt. Fever, 60
Josiah Miller, 6/12, M, M, -, -, DE, Aug, -, Inflammation of Lungs, 10
Ann Evans, 2, F, M, -, -, DE, Dec, -, Bilious, 1
Sarah Miller, 3, F, M, -, -, DE, Nov, -, Whooping Cough, 21
Alexander Faeries, 75, M, -, -, M, DE, Apr, Sailor, Cancer, 14
Deborah L. Collins, 1/12, F, -, -, -, DE, Jul, -, Quinsy, -
Mason B. Durborow, 6, M, -, -, -, DE, Feb, -, Quinsy, 1
James Hendrixson, 35,M, -, -, -, DE, Apr, Carpenter, Consumption, 2 months
Mary L. Hendrixson, 1/12, F., -, -, -, DE, Oct, -, -, 3 months
Amelia Clark, 35, F, -, -, M, DE, Oct, -, Remt. Fever, 2
Thomas Stephens, 60, M, -, -, M, MD, Oct, Farmer, Dropsy, 10
Martha Green, 5/12, F, -, -, -, DE, Dec, -, Catarrh, 2
Jacob Harris, 8/12, M, -, -, -, DE, Jul, -, (Delaware), 10
George W. Burow, 20, M, -, -, -, DE, Sept, Farmer, Aneurism, 1 ½
Arminity Herrington, 18, F, -, -, -, MD, June, -, Consumption, 42
Daniel M. Ford, 3, M, -, -, -, DE, June, -, Measles, 6
Parker Hall, 14, M, -, -, -, DE, Jul, -, Dysentery, 6
Wesly Prior, 11, M, B., -, -, DE, Nov, -, Hernia, 1 month
Edward P. Philips, 1, M, -, -, -, DE, Sept, -, Diarrhea, 5 months
Charles Boyer 1/12, M, -, -, -, DE, Sept, -, Merasmus, -
Isaac E. Price, 7, M, -, -, -, DE, Nov, -, Dysentery, 4 weeks
Rebecca A. Price, 2, F, -, -, -, DE, Nov, -, Dysentery, 4 weeks
Martin Pinket, 3, M, B, -, -, DE, Feb, -, Burned, -
Obediah Catt, 18, M, M, -, -, DE, Jul, Laborer, Cholera, 1
Sarah Moore, 48, F, -, -, M, DE, Dec, -, Consumption, 1 month
Rachel Handy, 23, F, B, -, M, DE, Jul, -, Cholera, 2
Rachel Vining, 71, F, B, -, W, DE, Oct, -, Unk, 3 months
Mary Handy, 1/12, F, B, -, -, DE, May, -, Unk, -
Samuel Mitchell, 19, M, B. -, -, DE, Sept, Laborer, Typhoid, 7
Richard Guy, 1/12, M, B., -, -, DE, May, -, Croup, Sudden
Rachel Robinson, 5, F, B, -, -, DE, Jan -, Inflammation of Bowels, 3
Mary O. Conner, 3, F, -, -, -, Ireland, May, -, Measles, 3 weeks
Rachel Clark, 50, F, B, -, -, DE, Apr, -, Consumption 7
James Muney, 8, M, -, -, -, DE, Aug, -, Measles, 1 month

Kent County 1850 Index

Alexander, 26
Alfred, 28
Allabane, 28
Anderson, 29
Ann, 27
Antony, 26
Aron, 27
Bacon, 31
Barnes, 28
Barton, 30
Batte, 27
Baynard, 26
Beasley, 31
Becket, 28
Bell, 30
Bennet, 31
Biles, 27
Black, 30
Boaler, 31
Bolden, 30
Booth, 26
Bostic, 30
Boyer, 32
Bradly, 26
Bratt, 26
Brown, 25-26, 30-31
Buck, 29
Buckman, 31
Bullock, 30
Burow, 32
Burrows, 32
Cabbage, 28
Calahan, 28
Caldwel, 30
Care, 29-30
Case, 29-30
Casperson, 31
Catt, 32
Cedars, 26
Chew, 31
Clark, 28, 32
Clymer, 30
Coffan, 29
Coffin, 29

Collins, 27, 31-32
Conner, 26, 32
Conwell, 30
Cook, 30
Cooper, 28-29
Corder, 28
Corty, 32
Cox, 29-30
Crammer, 28
Crouch, 27
Dames, 28-29
Darling, 28
Davis, 25, 28
Dawson, 31
Demby, 31
Denney, 31
Deputy, 26
Devatt, 28
Dickson, 30
Dier, 26
Dill, 29
Dixon, 31
Doherty, 26
Dolby, 30
Downham, 29
Draper, 26-29
Durborow, 32
Durham, 27
Edwards, 31
Ellis, 28
Ennis, 27, 31
Errickson, 26
Evans, 32
Faeries, 32
Fearns, 26
Fisher, 27
Flarity, 30
Fleming, 26
Ford, 32
Fortner, 29
Fowler, 26
Fox, 31
Frazier, 26
George, 30

Gibson, 27
Godwin, 26
Goldbury, 31
Gooden, 29
Graham, 26
Green, 30, 32
Greenage, 28
Grice, 29
Griffin, 28
Griffith, 30
Gross, 30
Guy, 32
Haddon, 25
Haines, 25
Hall, 32
Hallman, 31
Hammond, 25
Handy, 32
Hardcastle, 29
Hargadine, 30
Harmon, 30
Harmond, 27
Harrington, 29-30
Harris, 28-29, 32
Hawkins, 25
Hendrixson, 32
Herd, 29
Herrington, 26-27, 32
Hess, 29
Hews, 28
Hill, 27, 30
Hoffecker, 30-31
Hoges, 28
Hudson, 31
Hurley, 25
Hurst, 25
Hutchinson, 25
Ingram, 28
Jackson, 32
Jarman, 28
Johnson, 26-27, 31-32
Joiner, 30
Jones, 28, 32
Jump, 27
Kearman, 27
Kelley, 31

Kemp, 28
Knight, 29
Lambden, 31
Lane, 25
Laws, 29
Lewis, 26-27
Livingston, 26
Lockerman, 28-29
Lockham, 30
Lockwood, 27
Lodine, 28
Lote, 27
Lowery, 25
Luff, 30
Marvel, 27
Mason, 30-31
Massey, 27-28
May, 27
McBride, 30
McCall, 28
McClus__, 27
McCormick, 28
McDaniel, 28
McIlvaine, 29
Melbine, 31
Melvin, 29
Meredith, 29
Meridy, 27
Milham, 29
Miller, 27-28, 32
Milway, 27
Minner, 26
Mintz, 29
Minus, 25
Mitchell, 32
Montague, 29
Moore, 30, 32
Morgan, 26-27
Morris, 29-30
Mosley, 29
Muney, 32
Murphy, 26
Newsom, 26
Oldfield, 27
Oskins, 27
Paine, 28

Palmer, 25
Palmetry, 31
Parvis, 28, 30
Peters, 27
Philips, 32
Phillips, 31
Pinket, 32
Polk, 27
Porter, 27
Prettyman, 30
Price, 29, 32
Prior, 32
Purnell, 29
Rash, 27, 31
Ratlife, 31
Rawley, 28
Redden, 26
Reed, 27, 29
Reynolds, 29, 32
Robertson, 28
Robinson, 28, 32
Scott, 26
Shelton, 28
Shockley, 28
Shockly, 30
Short, 26, 30
Simpson, 26
Sipple, 29-30
Smith, 26
Stephens, 31-32
Stevenson, 27
Stubbs, 29
Sudler, 31

Sumption, 31
Sutherland, 30
Tatman, 26
Taylor, 26
Teas, 25
Tharon, 27
Thomas, 30-31
Thompson, 25, 31
Till, 31
Tomlinson, 28
Travis, 28
Tucker, 30-32
Vann, 25
Vining, 31
Vinyard, 26
Walker, 27
Wall, 31
Wallace, 29, 31
Warren, 29
Webb, 27
Webster, 30
Welsh, 25
West, 30-31
Wheeler, 27
Whitacre, 27
Whitby, 28
White, 25, 31
Whitehead, 25
Wicks, 26
Willey, 28
Willis, 28
Wood, 26
Wright, 29

Delaware 1850 Mortality Schedule
New Castle County

The Delaware Mortality Schedule was filmed by the Delaware Department of State, Division of Historical and Cultural Affairs. There are eleven columns of information on this 1850 mortality schedule. All eleven listed below are transcribed:

1. Name of Every Person Who Died During Year Ending 1 June 1850 Whose Place of Abode at Time of Death Was in This Family
2. Age
3. Sex
4. Color White (W), Black (B), Mulatto (M)
5. Free or Slave
6. Married or Widowed
7. Place of Birth
8. Month Died
9. Profession, Occupation, or Trade
10. Disease or Cause of Death
11. Number of Days Ill

Near the end of this County there was a section in which no state was shown, but the word "Native" was used instead. I assume that word meant the individual was native to Delaware rather than the use of the word native to mean American Indian. I don't believe there were many if any Indians left in Delaware by 1850.

And, the use of "C" for item no. 10 is used more frequently in one section near the end of the county. Also item no. 11 is also left blank.

Rebecca Spece, 29, F, -, -, W, MD, Sept, -, Consumption, 11 weeks
Sarah (LastNameUnk), 39, F, B, -, -, DE, Jul, -, Cholera, 5 days
Harriet Rozene, 12, F, -, -, -, DE, Feb, -, Spine Disease, 2 weeks
Constantine Earnslot, 21, M, -, -, -, Germany, Sept, Laborer, Typhoid, 5 days
William Blades, 21, M, -, -, -, DE, Mar, Laborer, Consumption, 2 days
Susan S. Caulk, 12, F, -, -, -, DE, Jan, -, Typhoid, 1 month
Mary T. Caulk, 18, F, -, -, -, DE, Apr, -, Hemorage, 3 months
Josiah Biddle, 49, M, -, -, -, MD, Jul, Farmer, Paraletic, 4 days
George McIntire, 28, M, -, -, -, MD, May, Farmer, Typhoid, 2 days
Prudence Henderson, 76, F, -, -, M, PA, Apr, -, Old Age, -
Mary Davidson, 1, F, -, -, -, DE, Aug, -, Typhoid, 6 weeks
Catherine E. Allison, 2, F, -, -, -, DE, Sept, -, Typhoid, 2 weeks
Alevira A. Grubbs, 9, F, -, -, -, DE, Aug, -, Bilious, 3 days
Abraham C. Short, 62, M, -, -, M, -, June, Farmer, Dropsy, 4, months
Mary E. Slaton, 7/12, F, B, -, -, DE, Mar, -, Croup, 4 days
Mary Price, 21, F, B, -, -, M, DE, Dec, -, Dysentery, 8, days
William G. Price, 2/12, M, B, -, -, DE, Apr, -, Unk, 21 days

Jeremiah Price, 15, M, B, -, -, DE, Sept, -, Typhoid, 4 months
Wissell Alricks, 50, M, -, -, M, DE, May, Farmer, Typhoid, 12 days
Rachel Nicholson, 41, F,, -, -, M, PA, Sept, -, Typhoid, 32 days
Jacob Hammond, 40, M, -, -, M, NJ, May, Farmer, Dropsy, 4 weeks
Martha Hamab, 7, F. -, -, -, DE, Apr, -, Intermitting, 3 weeks
Angeline Frank, 2, F, -, -, -, DE, -, -, Scarlet Fever, 4 weeks
Sarah Armstrong, 57, F, -, -, -, DE, Sept, -, Liver Complaint, 50
Anna P. Coulter, 8/12, F, -, -, -, DE, Nov, -, Croup, 2 days
Elizabeth Clendaniel, 74, F, -, -, W, -, Aug, -, Dysentery, 7 days
James H. Stewart, 1, M, -, -, -, DE, Aug, -, Croup, 1 day
Levi Jacobs, 17, M, B, -, -, DE, Aug, Laborer, Typhoid, 7 days
James Jacobs, 13, M, B, -, -, DE, Aug, Sept, -, -, Typhoid, 3 weeks
Joseph Miller, 1, M, B, -, -, DE, Feb, -, Head Disease, 3 weeks
George B. Ford, 10, M, -, -, -, DE, Sept, -, Typhoid, 2 weeks
William Shute, 50, M, -, -, M, NJ, May, Farmer, Mania Pote--, 3 days
Hannah A. Knight, 34, F. -, -, M, DE, June, -, Unk, 3 days
George W. Vansant, 2, M, -, -, -, DE, Mar, -, Convulsions, 2 days
Mary Belton, 35, F, -, -, M, England, Jul, -, Cholera, 3 days
John Pelter, 25, M, -, -, -, Germany, Sept, Laborer, Typhoid, 9 days
William Boyce, 9/12, M, -, -, -, England, Sept, -, Sea Sickness, 31 days
Louisa Mosley, 64, F, -, -, W, DE, Aug, -, Brain Disease, 2 days
Isabell Bayard, 47, F, -, -, M, Ireland, Apr, -, Burned to death, -
John Maloney, 35, M, -, -, M, Ireland, Jul, -, Unk, -
John Hamilton, 66, M, -, -, W, DE, Jul, Farmer, Dropsy, 90, days
Martha B. Monkhouse, 12, F. -, -, -, DE, Apr, -, Consumption, 4 years
Thomas Curry, 4/12, M, B, -, -, DE, Feb, -, Malaria, -
Jesse Alexander, 4/12, M, -, -, -, DE, June, -, Disease of Heart, 12 days
William Rayban, 25, M, -, -, M, DE, Nov, Finisher, Typhoid, 12 days
Lenora F. Harris, 1, F, B, -, -, DE, Apr, -, Head Disease, 9 days
Catherine Parker, 88, F, B, M, DE, Aug, -, Old Age, 7 months
James Darling, 46, M, -, -, M, England, Apr, Fretic Keeper, Dropsy in Chest, 5 weeks
John Callahan, 5/12, M, -, -, -, DE, June, -, Head Disease, 2 days
Samuel P. Jones, 5/12, M, -, -, -, DE, Sept, -, Inflammation of Bowels, 3 days
Almira C. Chase, 7, F, -, -, -, DE, Nov, -, Remitting Fever, 2 weeks
Mary Russel, 74, F, -, -, W, DE, Oct, -, Consumption, 5 years
Joseph M. Laferty, 35, M, -, -, -, DE, Jan, -, Debility, 3 weeks,
John Sales, 56, M, -, -, W, DE, June, Sea Captain, Dropsy, 3 years
Mary M. Redric, 9/12, F, -, -, -, DE, Mar, -, Disease of Lungs, 7 days
Anna Sutton, 32, F, -, -, W, PA, Dec, -, Dropsy, 3 months
Alpheus Hanson, 25, M, -, -, M, DE, May, Merchant, Hemorage of Lungs, 14 days
Isaac Greel(Grul), 64, M, -, -, M, DE, June, Sheriff of HC, Consumption, 11 months
Violet Husbands, 39, F, -, -, M, DE, Apr, -, Scarlet Fever, 28 days
Jane Higgins, 30, F, -, -, M, Ireland, Jul, -, Cholera, 1 day

Julia A. Tally, 42, F, -, -, M, DE, Oct, -, Consumption, 28 days
Sarah M. Clark, 1, F, -, -, -, DE, Sept, -, Fever, 14 days
Sarah A. Tally, 1, F, -, -, -, DE, Aug, -, Dysentery, 14 days
Ann H. Tally, 64, F, -, -, M, MD, Mar, -, Bilious Fever, 20 days
Emily Hand, 29, F, -, -, M, DE, Feb, -, Sudden, -
Elizabeth Webster, 60, F, -, -, -, M, NJ, Apr, -, Sudden, -
Margarett Heard, 26, F, -, -, -, Ireland, Mar, -, Consumption, C
Priscilla Tally, 56, F, -, -, W, PA, Apr, -, Spinal Fever, C
Theophilus Vernon, 1/12, M, -, -, -, DE, Aug, -, Sudden, 1 day
Susan Ayres, 2, F, -, -, -, DE, Oct, -, Sudden, 1 day
Rebecca W. Guddards, 22, F, -, -, M, PA, Sept, -, Jaundice, 30 days
Thomas Smith, 1, M, -, -, -, DE, Jul, -, Dysentery, 30 days
John P. Moore, 1, M, -, -, -, DE, Sept, -, Teething, 63 days
Mary J. Godley, 1, F, -, -, -, DE, Aug, -, Cholera, 3 days
Alvira Williamson, 60, F, -, -, -, DE, Jul, -, Dysentery, 40, days
Amos Grubb, 51, M, -, -, -, DE, Mar, -, Disease of Stomach, 9 days
Jane Williamson, 80, F, -, -, M, England, Feb, -, Catarrh in Lungs, 14 days
Henry Lodge, 71, M, -, -, M, DE, Aug, Farmer, Sudden, -
George Cartmell, 53, M, -, -, -, DE, Sept, -, Dysentery, 4 days
Ann Cartmell, 48, F, -, -, -, DE Sept, -, Consumption, 6 days
William Cassner, 2, M, -, -, -, DE, Mar, -, Croup, 2 days
Joseph Johnson, 9/12, M, -, -, -, PA, Sept, -, Disease of Lungs, 14 days
Rebecca Welden, 79, F, -, -, W, DE, Jan, -, Unk, 4 days
John Spencer, 45, M, -, -, M, Ireland, Jul, Weaver, Cholera, 3 days
Ann Spencer, 11, F, -, -, -, Ireland, Jul, -, Cholera, 2, days
Hugh A. Spencer, 1, M, -, -, -, Ireland, Jul, -, Cholera, 6 days
Elmira Barker, 4/12, F, -, -, -, DE, Jul, -, Inflammation of Brain, 14 days
David A. Mitchel, 4, M, -, -, -, DE, Mar, -, Convulsion in Brain, 4 days
Sarah Arbuckle, 61, F, -, -, -, DE, Feb, -, Dropsy, 14 days
Thomas E. Truss, 7, M, -, -, -, DE, Jan, -, Disease of Blood, 21 days
Josiah Zebley, 78, M, -, -, W, DE, Nov, Shoemaker, Apoplexy, 3 days
Abraham King, 75, M, B, -, M, DE, Oct, Laborer, Dropsy, 1 year
Catharine K. Kenney, 1, F, -, -, -, DE, Aug, -, Bowel Disease, 3 days
Joseph M. Allison, 1, M, -, -, -, NJ, Oct, -, Dysentery, 21, days
Sarah Montgomery, 83, F, -, -, W, DE, Sept, -, Old Age, 300 days
Abraham Egbert, 67, M, -, -, -, M, NJ, Sept, Merchant, Inflammation, 9 days
Adaline B. Cook, 35, F, -, -, M, DE, Jul, -, Bilious Disease, 10 days
Martha L. Cook, 5/12, F, -, -, -, M, MD, Jul, -, Dysentery, 1 day
Abraham Cannon, 73, M, -, -, W, DE, Jul, None, Consumption, 60 days
William R. Wolf, 8, M, -, -, -, DE, Jul, -, Bilious Disease, 14 days
David Adams, 2, M, M, -, -, DE, Aug, -, Dysentery, 14 days
Hannah E. Coatney, 5, F, -, -, -, DE, Aug, -, Congestion of Brain, 9 days
Ann Greenwalt, 75, F, -, -, M, DE June, -, Old Age, 120
Anna Morris, 3, F, -, -, -, DE, Aug, -, Typhoid Fever, 35 days
John Guthery, 55, M, -, -, W, DE, Jul, Laborer, Accident, 14 days
Emeline Smith, 5/12, F, B, -, -, DE, Feb, -, Drowned, 90 days

Caroline Smith, 3/12, F, B, -, -, DE, Oct, -, Diseased, 80 days
James Adams, 71, M, -, -, -, DE, Mar, Farmer, Astma, 7 days
James Miller, 5/12, M, -, -, -, DE, Nov, -, Inflammation of Bowels, 30 days
Mary A. Young, 1, F, B, -, -, DE, May, -, Teething, 150 days
Elizabeth R. Williamson, 2/12, F, -, -, -, DE, May, -, Catarrh, 30 days
Francis L. Wood, 2, M, -, -, -, DE, Mar, -, Scarlet Fever, 2 days
Mary E. Wood, 5/12, F, -, -, -, DE, Sept, -, Diseased, 100 days
Edmon H. Morton, 6, M, -, -, -, PA, Jun, -, Scarlet Fever, 7 days
Catherine A. Russel, 18, F, -, -, -, DE, Apr, -, Scrofula, 7 days
Thomas Bennerenston, 72, M, -, -, -, -, Dec, -, Paralitic, 120 days
Georgiana Finley, 3, F, -, -, -, DE, Sept, -, Croup, 1 day
Thomas Blades, 39, M, -, -, -, England, Aug, Farmer, Heart Disease, Sudden
James, W. Robinson, 41, M, -, -, -, England, Mar, Farmer, Congestion in Brain, 7 days
Anna Robinson, 1/12, F, -, -, -, DE, Dec, -, Weakness, 4 days
Mary Vandyke, 62, F, -, -, W, DE, Sept, -, Bilious Fever, 10 days
Amelia Spear, 24, F, -, -, M, DE, Aug, -, Unk, 1 year
Mary Mathis, 50, F, -, -, M, Germany, Oct, -, Typhoid, 21 days
William T. McLane, 1, M, -, -, -, DE, Aug, -, Whooping Cough, 7 days
Sarah E. Richards, 17, F, -, -, -, DE, Mar, -, Unk, 3 days
Jemima Deakyne, 6/12, F, -, -, -, DE, Jul, -, Lung Complaint, 14 days
George Walker, 12, M, -, -, -, DE, Feb, -, Inflammation, 1 days
Sarah Jefferson, 30, F, -, -, -, England, Aug, -, Bilious Fever, 10 days
Rebecca Staats, 7/12, F, -, -, -, England, Aug, -, Cholera, 5 days
James Reynolds, 144, M, -, -, -, DE, June, None, Inflammation, 1 day
Samuel Ponso, 42, M, B, F, M, DE, Jul, Farmer, Unk, 20 days
Elizabeth Richardson, 45, F, -, -, -, DE, Apr, -, Inflammation, 2 days
William Brockson, 1/12, M, -, -, -, DE, Feb, -, Whooping Cough, 7 days
Elizabeth Ferguson, 2/12, F, -, -, -, DE, June, -, Brain Fever, 4 days
John Vanhoven, 60, M, -, -, M, DE, Mar, None, Unk, 7 days
William F. Shaw, 2/12, M, -, -, -, DE, Jul, -, Unk, 1 day
John T. Welden, 8/12, M, -, -, -, DE, Jul, -, Inflammation, 49 days
Elsie Brister, 85, F, B, F, W, DE, Feb, -, Old Age, -
Mary McQuinn, 13, F, -, -, -, DE, Sept, -, Dysentery, 14 days
William W. Naudain, 10/12, M, -, -, -, DE, Aug, -, Dysentery, 21 days
Lydia L. Bennett, 1, F, -, -, -, DE, May, -, Croup, 28 days
William Ginn, 18, M, -, -, -, DE, June, Farmer, Unk, 2 days
George F. Money, 1, M, -, -, -, DE June, -, Scarlet Fever, 5 days
George Hudson, 30, M, B, F, -, DE, June, Laborer, Bilious Cholic, 21 days
Elias Sillcox, 72, M, -, -, M, MD, Jan, Farmer, Consumption, 10 months
John Williams, 73, M, -, -, M, DE, Jul, Farmer, Dropsy, 6 months
Sarah Deakyne, 30, F, -, -, M, DE, Oct, -, Bilious, 7 days
Ann Deaykne, 9/12, F, -, -, -, DE, Jul, -, Dysentery, 14 days
Sarah J. Scotten, 1/12, F, B, F, -, DE, Mar, -, Unk, 2 days
Thomas Ryan, 3, M, M, F, -, DE, Oct, -, Dysentery, 60 days
Rachael A. Ryan, 3, F, B, F, -, DE, May, -, Billious Fever, 21 days

Orly Loire, 58, M, -, -, M, NJ, Aug, Farmer, Typhoid, 7 days
Ralph Hickman, 39, M, -, -, M, DE, Aug, -, Cholera, 3 days
Ann Scott, 82, F, -, -, W, MD, Aug, -, Accident, 90 days
Alice Ratliffe, 7/12, F, -, -, -, DE, Jul, -, Unk, 30 days
Stephen Demby, 2, M, B, F, -, DE, Mar, -, Unk, 5 months
James Dear, 61, M, -, -, W, DE, Sept, Laborer, Pleurisy, 10 days
William Mofford, 3/12, M, -, -, -, DE, Apr, -, Unk, 2 months
William Boulden, 21, M, B, F, -, DE, Sept, Laborer, Billious Colic, 12 hours
Frances Sillcox, 4/12, F, -, -, -, DE, Aug, -, Sore Throat, 4 weeks
Thomas A. Spare, 9/12, M, -, -, -, DE, Jul, -, Summer Complaint, 2 weeks
Ann Fairbanks, 17, F, -, -, -, DE, Oct, -, Brain Fever, 14 weeks
Henry Ramey, 50, M, B, F, W, MD, Jul, Laborer, Unk, -
Margaret A. Forbes, 3, F, -, -, -, DE, May, -, Catarrh, 3 weeks
James P. K. Anderson, 8/12, M, -, -, -, PA, Nov, -, -, 5 weeks
Thomas J. Gibson, 1/12, M, B, F, -, DE, Mar, -, Catarrh, 5 days
Francis A. Benson, 2/12, F, B, F, -, DE, Jul, -, Unk, -
Margaret Rash, 45, F, -, -, -, MD, Jul, -, Unk, -
John Janvier, 75, M, -, -, -, DE, Apr, None, Paralysis, 7 days
Ann, F. Hays, 46, F, -, -, W, DE, June, -, Apoplexy, 6 hours
Caroline Dryden, 18, F, -, -, -, DE, Feb, -, Consumption, -
Henry Cunnerford, 1, M, -, -, -, DE, Jul, -, Summer Complaints, 2 months
Hester A. Shockley, 3, F, B, F, -, DE, Sept, -, Dysentery, 8 days
James R. Shockley, 1, M, B, F, -, DE, Sept, -, Dysentery, 4 days
Charles H. Lippincott, 5/12, M, -, -, -, DE, May, -, Unk, 5 months
Andrew C. Lobey, 7, M, -, -, -, DE, Mar, -, Unk, 1 week
William Biddle, 59, M, -, -, -, DE, Dec, Laborer, Dysentery, 2 days
Eldred Loire, 50 M, -, -, M, NJ, Jul, Wood Merchant, Cholera, 12 hours
Winty Sanders, 60, F, B, F, M, DE, June, -, Consumption, 6 months
Hester Garey, 75, F, -, -, W, MD, Jul, -, Cholera, 12 hours
John Wesley, 1, M, B, F, -, DE, Apr, -, Unk, 7 days
Julia A. Evans, 2/12, F, -, -, -, DE, Sept, -, Dropsy, 42 days
Joseph M. Eaton, 1/12, M, -, -, -, DE, June, -, -, 2 days
Julia L. Hamilton, 3/12, F, -, -, -, DE, May, -, Catarrh, 2 days
Ann McMullen, 93, F, -, -, W, Ireland, Dec, -, Old Age, -
Susan J. Whittaker, 24 F, -, -, -, NJ, Feb, -, Consumption, 1 year
Charles Woods, 29, M, M, F, M, MD, Mar, Laborer, Pleurisy, 7 days
Sarah Fa_er, 90, F, M, F, W, DE, June, -, Billious Colic, 8 days
Thomas Hook 7, M, -, -, -, England, June, -, Unk, 21 days
Andrew Reedy, 90, M, B, F, W, DE, Jul, -, Old Age, -
George W. Demby, 8, M, B, F, -, DE, Jul, -, Dysentery, 7 days
Isaac Demby, 7, M, B, F, -, DE, Jul, -, Dysentery, 3 days
Marvin Demby, 1, M, B, F, -, DE, Feb, -, Dysentery, 6 days
James Raymond, 6/12, M, -, -, -, DE, Feb, -, Unk, 10 days
Lydia Latham, 1/12, F, -, -, -, DE, Feb, -, Spasms, 2 days
E. Hobart Price, 32, M, -, -, M, DE, Jan, Laborer, Brain Fever, 28 days
William S. Clopton, 3/12, M, -, -, -, DE, June, -, Pulmonary, -

James Jarvis, 9/12, M, B, F, -, DE, Feb, -, Pulmonary, -
Caroline Hazzard, 23, F, M, S, -, DE, Jul, -, Scrofula, 1 year
William Briston, 1, M, -, -, -, DE, Jul, -, Brain Fever, 7 days
Mellicia Long, 3, F, -, -, -, MD, Sept, -, Pulmonary, 8 weeks
John Bolton, 45, M, -, -, -, DE, Feb, Laborer, Dropsy, 4 months
Charles Gears, 3, M, -, -, -, DE, Dec, -, Worms, 7 days
Sarah _. Hudson, 42, F, -, -, -, DE, Aug, -, Consumption, -
Amanda Alderson, 8, F, -, -, -, DE, June, -, Unk, 2 days
Anna Monroe, 7, F, B, F, -, DE, Jan, -, Dysentery, 24 days
Allan Lockman, 9/12, M, B, F, DE, Jan, -, Unk, 6 days
Hannah Crawford, 11, F, B, F, -, DE, Nov, -, Dropsy, 3 months
Jane Carty, 8, F, B, F, -, DE, Feb, -, Congestion, 7 days
Joseph Sense, 33, M, B, F, M, MD, Jul, -, Cholera, 12 hours
Mary E. Davis, 1, F, -, -, -, DE, Mar, -, Measles, 9 days
George Davis, 2/12, M, -, -, -, DE Sept, -, Spinal, 6 days
Mary C. Thompson, 5/12, F, -, -, -, DE, Jul, -, -, 3 days
Moses Worrey, 95, M, B, F, W, DE, Jan, Laborer, Old Age, -
William Clothier, 14, M, -, -, -, DE, June, -, Suicide, -
George Mofford, 20, M, -, -, -, DE, Nov, Laborer, Brain Fever, 2 days
George Perkins, 1, M, W, -, -, DE, Aug, -, Dysentery, 32, days
Ellen R, Kendle, 36, F, W, -, M, DE, Jul, -, Consumption, 14 days
Thomas J. Robinson, 20, M, W, -, -, DE, Apr, Clerk, Brain Fever, 14, days
Nathaniel Richards, 94, M, W, -, W, PA, May, Grocer, Old Age, -
Mary A. Alrich, 50, F, W, -, M, DE, Feb, -, Consumption, 30 days
William H. Curlet, 1, M, W, -, -, DE, June, -, Dropsy Brain, 14 days
Elizabeth Valentine, 35, F, W, -, M, DE, Mar, -, Unk, 35 days
Eliza J. Jones, 3, F, W, -, -, DE, Aug, -, Measles, 3 months
George H. Duland, 2, M, W, -, -, DE, Aug, -, Bilious Disease, 60 days
Mary R. Purnall, 3/12, F, W, -, -, DE, Aug, -, Unk, 14 days
William Lancey, 5, M, W, -, -, DE, Aug, -, Dysentery, 14 days
Bennet, J. Vernon, 24, M, W, -, -, PA, Feb, Printer, Consumption, 3 years
Joseph Vernon (Vernor), 11, M, W, -, -, PA, Apr, -, Inflammation, 7 days
Rosale S. Paterson, 10/12, F, W, -, -, DE, Apr, -, Dysentery, 7 days
Jane Townsend, 3/12, F, W, -, -, DE, Jul, -, Dysentery, 21 days
George C. Barrett, 23, M, W, -, M, PA, Oct, Carpenter, Consumption 42, days
Thomas Martin, 72, M, W, -, M, Ireland, Jan, Manufacturer, Colic, 5 days
John J. Dennis, 1, M, W, -, -, DE, Dec, -, Inflammation of Brain, 5 days
Mary E. Rogerson, 2, F, W, -, -, -, DE, Jul, -, Teething, 14, days
John Thomas, 6/12, M, W, -, -, DE, Sept, -, Brain Fever, 28 days
Joseph Ryan, 3, M, W, -, -, DE, Feb, -, Fever, 19, days
Mary E. Hardcastle, 30 F, W, -, M, MD, Apr, -, Consumption, 24 days
James Platt, 5/12, M, W, -, -, DE, Aug, -, Dropsy, 14 days
Lydia Still, 54, F, W, -, W, MD, Apr, -, Erysyphillis, 21 days
Barbara Boots, 37, F, W, -, M, Germany, June, -, Dropsy, -
James Boots, 3/12, M, W, -, -, Germany, Jul, -, Unk, -
Joseph Massey, 19, M, B, F, -, MD, Jul, Laborer, Dropsy, 42 days

Robert Rollins, 52, M, B, F, M, MD, Jul, Laborer, Cholera, 1 day
Louise J. Rollins, 13, F, B, F, -, MD, Aug, -, Consumption, 200 days
Ebert Connly, 29, M, B, F, M, DE, Jul, Laborer, Cholera, 1 day
Josephine Davis, 11, F, B, F, -, DE, Sept, -, Typhoid, 42, days
Benny Anderson, 57, M, B, F, -, DE, June, Laborer, Consumption, 2 years
Susan Anderson, F, W, F, M, MD, Oct, -, Typhoid, 42 days
Jacob Anderson, 3/12, M, B, F, -, DE, Sept, -, Fever, -
Amelia Daryle, 11/12, F, B, F, -, DE, Jul, -, Teething, 7 days
Sarah Hughly, 54, F, W, -, -, DE, May, -, Lungs, 6 days
John Dixon, 2, M, W, -, -, DE, Nov, -, Cattar, 13 days
Ann Dixon, 2, F, W, -, -, DE, May, -, Brain Fever, 21 days
Hannah, Cullen, 81, F, W, -, -, PA, Sept, -, Old Age, -
Nancy Kelly, 50, F, B, -, W, DE, Sept, -, Unk, -
Hannah Springer, 40, F, W, -, W, DE, Feb, -, Consumption, 365 days
Mary Peterson, 32, F, W, -, -, DE, Mar, -, Consumption, 365 days
Jane Ford, 40, F, W, -, -, DE, Mar, -, Unk, -
Maxwell R. Porter, 1, M, W, -, -, DE, Jul, -, Measles, 28 days
John Dolphin, 19, M, W, -, -, DE, Oct, Farmer, Billious Fever, 14 days
Jacob Hatton, 78, M, W, -, W, DE, Mar, Blacksmith, debility, 14 days
Hester Jones, 33, F, W, -, -, DE, June, -, Consumption, 6 months
Andrew Jack, 4, M, W, -, -, DE, Feb, -, Hemmorage, 35 days
Hannah Webster, 66, F, W, -, W, PA, Jul, -, Inflammation, 19 days
Frank Mires, 1, M, B, F, -, DE, Feb, -, Colic, 1 day
Anna Bright, 30, F, B, F, -, MD, Mar, -, Unk, 1 year
William A. Gheen, 5, M, W, -, -, DE, Oct, -, Heart Disease, 7 days
Amelia Price, 3/12, F, W, -, -, DE, Apr, -, Inflammation of Brain, 35 days
Mary Richardson, 2/12, F, W, -, -, DE, June, -, Unk, 2 days
George Appelby, 32, M, W, -, M, England, Aug, Bricklayer, Typhoid, 6 days
Elizabeth Deacon, 2, F, W, -, -, NJ, Jul, -, Diarrhea, 5 days
Henry Mullen, 50, M, W, -, -, Ireland, Feb, Botler, Consumption, 5months
Sarah Hyatt, 86, F, W, -, W, DE, Mar, -, Old Age, 7 days
Mary Able, 7, F, W, -, -, PA, Apr, -, Scarlet Fever, 5 days
Andrew Able, 2, M, W, -, -, PA Apr, Scarlet Fever, 21 days
Emma E. Pearson, 9, F, W, -, -, DE, Dec, -, Scarlet Fever, 3 days
Valentine T. Tally, 4, M, W, -, -, DE, Apr, Croup, 7 days
James Gregg, 4/12, M, W, -, -, DE, Aug, -, Fever, 21 days
James Mahaffy, 85, M, W, -, M, Ireland, Jul, Machinist, Old Age, -
Martha Bayard, 2/12, F, B, -, -, -, DE, Jan, -, Cattar, 7 days
Ann, Core, 27, F, B, F, M, MD, May, -, Unk, 4 days
John Connell, 40, M, W, -, M, DE, Jan, Laborer, Killed, -
William H. Chppe, 1, M, W, -, -, DE, Aug, -, Cattar, 4 days
Sarah Laring(Loring,Loving), 39, F, W, -, M, DE, Aug, -, Typhoid, 18 days
James Price, 70, M, W, -, M, DE, June, Farmer, Consumption, 1 year
Harriet Cox, 62, F, W, -, W, DE, Sept, -, Cholera, 6 days
Mary V. Knight, 57, F, W, -, W, DE, Jan, -, Feumer, 3 days
Patric Fitzgerald, 37, M, W, -, M, Ireland, Jan, Cooper, Brain Fever, 11 days

Tabila Emory, 13, F, B, -, -, DE, Sept, -, Typhoid, 14 days
Maria McGonagle, 50, F, W, -, W, PA, Aug, -, Erysyphillis, 7 days
Aracandy J. Bean, 16, F, W, -, -, DE, Jul, -, Congestion, 5 days
Sarah _. Edwards, 25, F, W, -, -, -, PA, Jul, -, Cholera, 1 day
William P. Brobson, 63, M, W, -, M, DE, Feb, Collector Port, Paralysis, 3 months
Harriet Gormand, 32, F, W, -, M, PA, Jul, -, Unk, 6 days
John T. Stall, 2, M, W, -, -, DE, Mar, -, Convulsions, 3 days
George Bowers, 3, M, W, -, -, NY, Jul, -, Congestion, 3 days
William J. Bowers, 1, M, W, -, -, NY, June, -, Unk, 2 days
Elizabeth Robinson, 11, F, W, -, -, DE, Sept, -, Apoplexy, 3 days
Susan P. McClain, 84, F, W, -, W, Ireland, Dec, -, Old Age, 28 days
Mary A. Gregg, 40, F, W, -, -, PA, Sept, -, Cholera, 2 days
Charles Boyer(Boyce), 6, M, W, -, -, DE, Aug, -, Scrofulla, 7 days
Martha Foreman, 3, F, W, -, -, DE, Oct, -, Scarlet Fever, 9 days
David Harmin, 3/12, M, W, -, -, DE Apr, -, Convulsions, 3 days
Sarah E. Moody, 10, F, W, -, -, DE, Apr, -, Brain Fever, 14 days
Sidney Lockerman, 80, F, B, -, -, MD, Dec, -, Old Age, 6 months
Martin W. Baites, 1, M, W, -, -, DE, Oct, -, Summer Cold, 3 days
Peter P. Caldwell, 14, M, B, -, -, -, DE, Sept, Killed, -
Henry Cornwall, 17, M, B, -, -, DE, Oct, -, Typhoid, 14 days
John Elliott, 84, M, W, -, W, DE, June, Justice of Peace, Old Age, -
Milton Jorden, 6/12, M, W, -, -, DE, June, -, Inflammation of Brain, 5 weeks
Margaret D. Greary, 52 F, W, -, W, DE, June, -, Dropsy, 60 days
Elwood G. Hollingsworth, 4/12, M, W, -, -, DE Aug, -, Cholera, 7 days
Peter Horn, 55, M, W, -, M, NY, Jul, Grocer, Rupture, 3 days
Catherine H. Phillips, 3/12, F, W, -, -, DE, Jul, -, Brain Fever, 4 days
Franklin T. Morrow, 2, M, W, -, -, DE, Nov, -, Accident, 3 days
Martha England, 22, F, W, -, -, DE, Feb, -, Unk, -
George R. Roberson, 9/12, M, W, -, -, DE Aug, -, Summer Cold, 35 days
John Gaunt, 25, M, W, -, M, PA, Aug, Blindmaker, Typhoid, 14 days
John L. List, 3/12, M, W, -, -, DE, Aug, -, Unk, 14 days
David Stevenson, 63, M, W, -, M, DE, Aug, Tailor, Accident, 10 Months
Caleb H. Clayton, 33, M, W, -, -, PA, Jul, Carpenter, Typhoid, 9 days
Louretta North, 2, F, W, -, -, DE, Jan, -, Diarrhea, 6 weeks
John Cornelius, 1, M, W, -, -, DE, Aug, -, Summer Cold, 7 days
Comfort Morris, 3, M, W, -, -, DE, Apr, -, Croup, 4 days
Charlotta A. Coombs, 31, F, W, -, -, PA, Jul, -, Typhoid, 21 days
Joseph Pyle, 2, M, W, -, -, DE, Aug, -, Cattar, 7 days
Joseph L. Williams, 54, M, W, -, M, PA, Dec, Ship Carpenter, Dropsy, 365 days
Jacob Starr, 4/12, M, W, -, -, DE, June, -, Lungs, 60 days
Alonza Foster, 2, M, W, -, -, DE, May, -, Inflammation of Brain, 7 days
William O. Kirk, 1, M, W, -, -, DE, Mar, -, Dropsy, 5 days
Martha H. Jackson, 24, F, W, -, M, DE, Aug, -, Chela B, 4 days
James Curtes, 35, M, W, -, M, Mass, May, Morvese Drafe, -, 14 days
Joseph H. Gumby, 10/12, M, B, -, -, DE Aug, -, Drowned, -
H. F. Hollingworth, 1, M, -, -, -, DE, Aug, -, Teething, 35 days

John Filer, 37, M, -, -, M, PA, May, Shoemaker, Consumption, 2 years
Rebecca J. Collins, 1, F, B, -, -, DE, Aug, -, Cholera, 1 day
Essex Hays, 5/12, M, -, -, -, DE, May, -, Convulsions, 60 days
Salina Hudson, 2, F, -, -, -, DE, Nov, Scarlet Fever, 5 days
Amanda Hudson, 1, F, -, -, -, DE, Nov, -, Scarlet Fever, 14 days
Reason Heard, 23, M, B, -, -, MD, Dec, Laborer, Manua P__, 28 days
Sarah A. Juppler, 13, F, -, -, -, PA, Oct, -, Spasms, 1 day
Margaret A. McCoy, 31, F, -, -, -, England, Jul, -, Cholera, 1 day
Anna McClothier, 10/12, F, -, -, -, DE, Sept, -, Dropsy of Brain, 10 days
William Slades, 2/12, M, -, -, -, DE, Jan, -, Spasms, 4 days
Daniel Shields, 1, M, -, -, -, DE, June, -, Spasms, 1 day
B. F. Jackson, 2/12, M, -, -, -, DE, Jul, -, Diarrhea, 10 days
Benjamin Lobb, 72, M, -, -, M, DE, Mar, Farmer, Paraletic, 1 day
Mary Curry, 35, F, -, -, M, DE, Aug, Cholera, 1 day
Mary A. Finly, 2, F, -, -, -, DE, Aug, -, Dysentery, 4 days
Ann L. Stewart, 1, F, -, -, -, DE, June, -, Dysentery, 2 days
Elizabeth Williams, 22, F, -, -, -, MD, Jul, -, Cholera, 1 day
Josephine Campell, 9/12, F, -, -, -, DE, Feb, -, Inflammation, 21 days
Caleb Tilman, 3, M, -, -, -, DE, Aug, -, Cattar Fever, 21 days
Mary Jakford, 4, F, -, -, -, PA, Aug, -, Inflammation of Brain, 14 days
Thomas Robinson, 20, M, -, -, -, DE, Apr, Clerk, Congestion in Brain, 6 days
Peter Tyson, 31, M, -, -, M, PA, Nov, Cabinet Maker, Typhoid, 35 days
Samuel Watson, 2, M, -, -, -, DE, Dec, -, Consumption, 14 days
Jane Watson, 1, F, -, -, -, DE, Jul, -, Cholera, 49 days
Miles Peterson, 33, M, -, -, M, DE, Apr, Farmer, Small Polps, 1 day
Willson Slater, 3, M, -, -, -, DE, June, -, Inflammation in Lungs, 9 days
Joanna Lamberson, 12, F, -, -, -, DE, Jan, -, Consumption, 2 years
Isaac Spear, 50, M, -, -, -, MD, Apr, Sailor, Consumption, 1 year
Rachel Lindsey, 26, F, -, -, -, DE, Sept, -, Erysyphillis, 9 days
Susannah Groves, 4, F, -, -, -, DE, Jan, -, Burnt, 1 day
Bayard Wells, 2/12, M, -, -, -, DE, Jan, -, -, -, 2 days
Adaline Crawford, 23, F, -, -, -, DE, Aug, -, Consumption, 27 days
James Groom, 22, M, -, -, -, DE, Jan, Cabinetmaker, Consumption, 6 months
John H. Peterson, 78, M, -, -, M, DE, Sept, Painter, Old Age, 12 Months
Ann Simmons, 7/12, F, -, -, -, DE, Nov, -, Consumption, 56 days
Harriet Griffin, 11, F, -, -, -, DE, Feb, -, Mumps, 11 days
Lewis Bryne, 5, M, -, -, -, DE, Sept, -, Dysentery, 21 days
Robert D. Hicks, 4, M, -, -, -, DE, Jan, -, Brain Fever, 9 days
William Hagenny, 8/12, M, -, -, -, DE, Aug, -, Rupture, 100 days
Harriet Price, 16, F, B, -, -, MD, Sept, -, Dropsy of Lungs, 2 days
Elizabeth Engle, 22, F, -, -, -, PA, Apr, -, Consumption, 14 months
Charles Jeffers, 3, M, -, -, -, PA, Feb, -, Scarlet Fever, 5 days
Peter Mcilere, 40, M, -, -, -, Ireland, Apr, -, Bilious Disease, 21 days
Sarah Caldwell, 56, M, B, -, -, MD, Jul, -, Cholera, 2 days
John Tilman, 1, M, B, -, -, DE, Jul, -, Convulsions, 2 days
Mary Williams, 4, F, B, -, -, DE, Apr, -, Cattar, 9 days

Jerena Williams, 1, F, B, -, -, DE, Dec, -, Consumption, 50 days
Susan Brown, 3/12, F, B, -, -, DE, June, -, Dysentery, 21 days
David Bank, 2/12, M, B, -, -, DE, Nov, -, Jaundice, 6 days
Alber Litzenbury, 6/12, M, -, -, -, DE, Aug, -, Brain Fever, 5 days
Emma Jeffres, 4/12, M(F), -, -, -, DE Dec, -, Dean H., 2 days
William Gould, 1, M, -, -, -, DE, Feb, -, Cattar, 28 days
Mary Warren, 54, F, -, -, -, DE, Oct, -, Diarrhea, 14 days
Eliza Hully, 2, F, -, -, -, DE, Jul, -, Diarrhea, 14 days
Charles Ennis, 36, M, -, -, -, Ireland, Oct, Laborer, Bilious Fever, 14 days
Ann Ennis, 11, F, -, -, -, Ireland, Oct, -, Bilious Fever, 12 days
Hugh Green, 24, M, -, -, -, Ireland, Apr, Tailor (Sailor), Consumption, 6 months
Mary Whitelock, 39, F, -, -, M, PA, Jul, -, Consumption, 3 months
William Gibson, 23, M, -, -, -, Ireland, Oct, Carpenter, Yellow Fever, 8 months
Henne Holland, 34, F, -, -, M, DE, Dec, -, Childbed, 63 days
James Fletcher, 44, M, -, - , M, DE, Jul, Butcher, Killed, -
Mary Ande, 95, F, -, -, W, France, Nov, -, Old Age, -
Nancy Haislip, 61, M, -, -, M, DE, Oct, -, Congestion, 3 days
Joshua Wolleston, 23, M, -, -, M, DE, Jul, Manufacturer, Cholera, 1 day
Mary Wilensworth, 39, F, -, -, M, DE, Jul, -, Fitts, 7 days
Alfred DuPont (family), 1, M, -, -, -, DE, Feb, -, Brain Fever, 14 days
Thomas Cullen, 21, M, -, -, -, Ireland, Jul, Cholera, -
Amelia Velia, 61, F, -, -, -, Native, Aug, -, C, -
Francis Cornish, 7, M, B, -, -, Native, Mar, -, Inflammation of Bowels, -
Richard Neal, 51, M, B, -, -, Native, Mar, -, Scrofulla, -
J. Blackstone, 22, M, B, -, -, Native, Mar, -, Unk, -
John Hughton, 53, M, -, -, -, Native, Mar, -, Pleurisy, -
Sarah Colesbury, 72, F, -, -, -, Native, Jul, -, C, -
Thomas Price, 62, M, -, -, -, Native, Jul, -, C, -
Joseph Hilton, 91, M, -, -, -, Native, Jul, -, C, -
Rebecca Budd, 40, F, -, -, -, Native, Jul, -, C, -
M. Ford, 31, F, -, -, -, Native, Jul, -, C, -
Peter Griffin, 90, M, -, -, -, Native, Jul, -, C, -
Ann Brown, 54, F, -, -, -, Native, Jul, -, C, -
Sarah Singleton, 50 F, -, -, -, Native, Jul, -, C, -
Catherine Slaver, 57, F, -, -, -, Ireland, Aug, -, C, -
David Rigby, 24, M, B, -, -, Native, Jul, -, C, -
William Barker, 41, M, -, -, -, Native, Jul, -, C, -
James Donley, 22, M, -, -, -, Ireland, April, -, C, -
Sylvester Doyle, 13, M, -, -, -, Ireland, Mar, -, Pleurisy, -
Eliza Moore, 51, F, -, -, -, Native, July, -, C, -
Lydia Allen, 54, F, -, -, -, Native, Aug, -, C, -
Abraham Armstrong, 52, M, -, -, -, Native, Aug, -, C, -
Jane McCullough, 52, F, -, -, -, Native, Jul, -, C, -
Ann McAllister, 47, F, -, -, -, Native, June, -, C, -
Adaline Myers, 19, F, B, -, -, Native, Apr, -, Unk, -
Alexander Moore, 19, M, -, -, -, Native, Apr, -, Unk, -

Anna E. Iron, 63, F, B, -, -, Native, Jan, -, Unk, -
Jane Ford, 40, F, -, -, -, Native, Jan, -, Unk, -
Ann Hathaway, 62, F, -, -, -, Native, Jul, -, C, -
Martha Bird, 27, F, -, -, -, Native, Apr, -, Unk, -
Maria Tally, 48, F, -, -, -, Native, Jul, -, C, -
Ambrose Bland, 82, M, -, -, -, Germany, Jul, -, C, -
Ephram Bartlet, 40, M, -, -, -, Germany, Jul, -, C, -
Margaret Grubbs, 45, F, -, -, -, Native, Jul, -, C, -
John Agress, 68, M, B, -, -, Native, Mar, -, Intemperance, -
Rachel Graham, 68, F, B, -, -, Native, Mar, -, Unk, -
Adam, Graham, 68, M, B, -, -, Native, Mar, -, Unk, -
Moses Brooks, 11, M, B, -, -, Native, Apr, -, Unk, -
Eliza Morris, 30, F, B, -, W, Native, Jul, -, C, -
John Rogers, 36, M, -, -, -, Native, Jul, -, C, -
Mary Adam, 1, F, -, -, -, Native, Apr, -, Unk, -
Henry Miller, 71, M, B, -, -, Native, Jul, -, C, -
Minte Maloney, 26, F, B, -, -, Native Jul, -, C, -
Grace Mellon, 60, F, B, -, -, Native, Jul, -, C, -
Ester Howell, 76, F, B, -, -, Native, Jul, -, C, -
James McCaral, 72, M, -, -, -, England, Mar, -, Unk, -
Ellen Pile, 50, F, B, -, -, Native, Mar, Jul, -, C, -
Dan Carnist, 50, F B, -, -, Native, Mar, -, St. Anthony's Dance,-
Louisa Luft, 41, F, -, -, -, Native, Jul, -, C, -
Lydia Dunn, 36, F, -, -, -, Germany, Aug, -, C, -
Joseph Wright, 1, M, B, -, -, -, Native, Jul, -, Unk, -
Rachel Parie, 45, F, B, -, -, Native, Jul, -, C, -
Mary Austin, 60, F, B, -, -, Native, June, -, C, -
B. M. Totrage, 58, M, -, -, -, Native, Jul, -, C, -
G. T. Land, 6/12, M, -, -, -, Native, Jul, -, Unk, -
Samuel Rudolph, 51, M, -, -, -, Native, Apr, -, Fitts, -
John Caldwell, 51, M, -, -, -, Native, Jul, -, C, -
Emily Rate, 46, F, B, -, -, Native, June, -, C, -
Catherine Adams, 69, F, -, -, -, Native, Jul, -, C, -
Amelia Chambers, 22, F, B, -, -, Native, June, -, C, -
Nathan Lawson, 13, M, B, -, -, Native, Jul -, Consumption, -
Ann Looper, 11/12, F, -, -, -, Native, June, -, Unk, -
James Becket, 70, M, B, -, -, Native, Jul, -, Intemperance, -
Irapa Daily, 1, F, -, -, -, Ireland, Aug, -, Unk, -
Ann Daily, 29, F, -, -, -, Ireland, Aug, -, C, -
Edward Nelis, 48, M, -, -, -, Ireland, Jul, -, C, -
B. Kirkpatrick, 67, M, -, -, -, Native, Jul, -, Intemperance, -
Constantine Watkins, 40, M, -, -, -, Native, Jul, -, C, -
William Cunningham, 49, M, -, -, -, Native, Nov, -, Insane, -
George Pliney, 66, M, B, -, -, Native, Sept, -, Cholera, -
W. A. Russel, 9/12, M, -, -, -, Native, Oct, -, Unk, -
Patric Maguire, 28, M, -, -, -, Ireland, Nov, -, Unk, -

James Moode, 65, M, B, -, -, Native, Jan, -, Rheumatism, -
Resden Renard, 36, M, B, -, -, Native, Dec, -, Intemperance, -
Susannah Lewis, 72, F, -, -, -, Native, Jul, -, C, -
Garnet Jackson, 62, M, -, -, -, Native, Apr, -, Unk, -
Margaret Lackey, 60, F, -, -, -, Native, Apr, -, Unk, -
John Hamner, 72, M, -, -, -, Native, Jul, -, C, -
William Anderson, 60, M, -, -, -, Native, May, -, Unk, -
Joseph Cloud, 72, M, -, -, -, Native, Jul, -, C, -
Hugh Spencer, 1, M, -, -, -, Ireland, Jul, -, Unk, -
Susan Cook, 27, F, B, -, -, Native, Jul, -, C, -
Eliza Pritchard, 79, F, -, -, -, Native, Jul, -, C, -
John Greenwood, 57, M, -, -, -, Unk, Jul, -, C, -
Thomas B. Collins, 81, M, -, -, -, Native, Jul, -, C, -
Jane Moore, 19, F, -, -, -, Native, Jul, -, C, -
Jane Moore, 1/12, F, -, -, -, Native, Jul, -, Unk, -
Eliza Pesimples, 30, F, B, -, -, Native, Jul, -, Unk, -
Phillip Hickman, 69, M, B, -, -, Native, Jul, -, Unk, –
Levi Phillips, 62, M, B, -, -, Native, Jul, -, C, -
Catherine Vandegrift, 51, F, -, -, -, England, Jul, -, C, -
James Golden, 58, M, B, -, -, Native, Jul, -, C, -
Rebecca Bell, 5, F, B, -, -, Native, Jul, -, C, -
William Caulk, 56, M, B, -, -, Native, Jul, -, C, -
Susan Loper, 38, F, -, -, -, Native, Jul, -, C, -
Thomas Hacket, 60, M, B, -, -, Native, Jul, -, C, -
Ann H. Clark, 56, F, -, -, W, DE, Jul 1849, -, Cholera, 1 day
Ezekiel Wright, 3, M, B, F, -, DE, Sept 1849, -, Worms, 2 months
Emma J. Wright, 13/12, F, -, -, -, DE, Sept 1849, -, Worms, 1 ½ months
Anna M. Sheldon, 5/12, F, -, -, -, DE, Jul, -, Brain Fever, 1 week
Ellen S. Norett, 2/12, F, -, -, -, DE, Jul, -, Decay, 2 months
Rachel Finch, 26, F, -, -, M, Ireland, Jul, -, Cholera, 10 hours
Hugh Crosgrace, 36, M, -, -, M, PA, Mar 1849, -, Consumption, 3 weeks
Ellen Miles, 40, F, M, -, M, DE, Jul 1849, -, Cholera, 3 days
Abraham Kelly, 48, M, -, -, W, DE, Sept 1849, -, Unk, 1 year
Margaret R. Lamplight, 34, F, -, -, M, -, Apr 1850, -, Typhoid, 9 days
Rebecca Barr, 19, F, B, -, M, DE, June, 1849, -, Childbirth, 9 days
Henderson Barr, 1/12, M, B, -, -, DE, June 1849, Childbirth, 9 days
Catharine R. Maxwell, 1, M, B, -, -, -, DE, Nov, 1849, Head Disease, 3 weeks
William Sewel, 33, M, B, -, -, DE, Nov 1849, -, Cholera, 2 days
Patric McClaw, 50 M, -, -, M, Ireland, Dec 1849, -, Bowel Complaint, 3 days
Caleb Fitzgerald, 2/12, M, M, -, -, DE, Aug 1849, -, Whooping Cough, 1 week
Mary Cavender, 3/12, F, -, -, -, DE, Feb 1849, -, Fitts, 15 hours
Mitte Jackson, 1 day, M, -, -, -, DE, Apr 1849, -, Inflammation of Colon, 1 day
John O Brien, 8, M, -, -, -, DE, May, 1850, -, Dropsy, 2 days
Patrick Minites, 75, M, -, -, -, Ireland, Mar, None, Palsey, 3 Months
Jesse Ellicott, 19, M, -, -, -, DE, Sep 1849, Manufacturer, Drowned, -
Joseph McCabe, 1/12, M, -, -, -, DE, May 1850, -, Unk, 1 hour

Susan Maloney, 21, F, -, -, -, PA, Jul, 1849, -, Cholera, 2 weeks
Sarah A. Rogers, 24, F, -, -, M, PA, Oct 1849, -, Childbed, 2 days
James Ferraday, 1, M, -, -, -, DE, Nov 1849, -, Water on Brain, 1 day
John Booth, 2, M, -, -, -, DE, Aug 1849, -, Water on Brain, 2 weeks
Elizabeth Goseall, 28 F, -, -, -, England, Jul 1849, -, Childbed, 9 days
John Evan Wrightworth, 1/12, M, -, -, -, NJ, Sept 1849, -, Dysentery, 2 weeks
Michael Ainsey, 5, M, -, -, -, Nova Scotia, Dec, 1849, -, Spasms, 3 days
Ann Toy, 25, F, -, -, -, England, June, 1850, -, Erysyphillis, 5 days
Neal Canby, 39, M, -, -, -, Ireland, Sept 1849, -, Billious Dysentery, 7 days
Patrick Baker, 19/12, M, -, -, -, On Sea, Sep 1849, -, Dysentery, 3 days
Charles Muller, 45, M, -, -, -, Ireland, May, 1850, -, Erysyphillis, 9 days
Sarah Starrit, 29/12, F, -, -, -, DE, June, 1849, -, Measles, 1 month
Richard Wilson, 2, M, -, -, -, DE, Sept 1849, -, Diarrhea, 2 months
Eliza Jane Wilson, 7/12, F, -, -, -, DE, Sept 1849, -, Diarrhea, 1 day
Phoebe Roensin, 3/12, F, -, -, -, DE, June 1849, -, Diarrhea, 2 days
Richard W. J., 3/12, M, -, -, -, DE, Aug 1849, -, Diarrhea, 2 weeks
Samuel Gregg, 68, M, M, -, -, DE, Aug 1849, -, Consumption, 1 week
Elizabeth Crosgrave, 1, F, -, -, -, DE, Sept 1849, -, Consumption, 3 months
William Carpenter, 58, M, -, -, -, DE, Mar, 50, -, Cancer, 2 years
Jesse Chandler, 67, M, -, -, -, DE, Nov, 1849, -, Cramp Colic, 1 week
Joel Gwyune, 75, M, -, -, -, PA, Mar 1850, -, Paralytic, 8 months
William Oaks, 75, M, -, -, -, PA, Dec 1849, -, Old Age, 2 months
Mary Reybold, 33, F, -, -, -, DE, May, -, Consumption, -
James H. Clemens, 16, M, B, F, -, DE, Oct, Laborer, Inflammation of Bowels, 7 days
Samuey Bery, 57, M, B, F, M, MD, Aug, Laborer, Consumption, -
James H. Webb, 1, M, B, F, -, PA, Apr, -, Brain Fever, 6 days
Susan Jefferis, 76, F, -, -, -, MD, Mar, -, Dropsy, 28 days
Elizabeth C. Clark, 2, F, -, -, -, DE, Oct, -, Convulsions, 1 day
Mary Clark, 2, F, -, -, -, DE, Oct, -, Cramps, 5 days
Sarah E. Laws, 8/12, F, -, -, -, DE, Mar, Catarrh, 60 days
Mary Alston, 20, F, -, -, M, DE, Mar, -, Fever, 3 days
Thomas Motley, 1, M, -, -, -, DE, Apr, -, C. Infarction, 5 days
Maria Motley, 1/12, F, -, -, -, DE, June, -, C, Infarction, 5 days
John Dunlop, 1, M, -, -, -, DE, Jan, -, Cold, 60 days
Joseph Reynolds, 107, M, B, F, W, PA, May, Laborer, Old Age, -
John C. Sutton, 8/12, M, -, -, -, DE, May, -, Catarrh, 6 days
Benjamin Mulford, 1, M, -, -, -, DE, May, -, Fitts, Sudden
Abigail Sutton, 32, F, -, -, M, DE Mar, -, Consumption, -
Samuel Homes, 2, M, -, -, -, PA, Aug, -, Dysentery, 7 days
William Jackson Homes, 11/12, M, -, -, -, PA, Aug, -, Dysentery, 3 days
Johnathan Willson, 51, M -, -, M, DE, Feb, Farmer, Typhoid, 14 days
Mayble Mitchell, 37 F, -, -, -, M, PA, Oct, -, Apoplexy, Sudden
Sarah Mcenney, 21, F, -, -, -, Ireland, Jan, -, Congestion of Lungs, 21 days
Mary McCabe, 55, F, -, -, M, Ireland, Mar, -, Apoplexy, Sudden
Mary Mendenhall, 56, F, -, -, W, PA, Jan, -, Dropsy, 3months

Josiah Walker, 30, M, -, -, -, PA, Oct, Carpenter, Consumption, 13 months
Reuben Miller, 64, M, -, -, -, PA, Oct, None, Consumption, 12 months
Mary Castlow, 82, F, -, -, W, MD, Mar, -, Consumption, 3 months
Ann Eliza Taylor, 8/12, F, -, -, -, DE, Sept, -, Dysentery, -
Lydia Springer, 79, F, -, -, W, PA, Dec, -, Typhoid, 5 days
Martha Parker, 2, F, -, -, -, DE, Aug, -, Dysentery, 13 days
Allen Leach, 5, M, -, -, -, DE, Aug, -, Dysentery, 14 days
Washington Cohoon, 6/12, M, -, -, -, DE, Sept, -, Inflammation of Brain, 14 days
Stephen Turner, 61, M, B, -, M, DE, Apr, Laborer, Consumption, 3 months
Caroline Workman, 1, F, -, -, -, DE, Aug, -, Summer Complaint, 2 months
Sarah Doherty, 12, F, -, -, -, MD, June, -, Scarlet Fever, 1 month
Mary Doherty, 5, F, -, -, -, MD, June, -, Scarlet Fever, 1 month
Rachel Rooper, 38, F, -, -, -, DE, May, -, Consumption, 18 months
Henry McHarman, 29, M, -, -, -, DE, Apr, -, Accident, -
Dennis Lavel, 40, M, -, -, M, Ireland, Aug, Laborer, Cholera, 1 day
Francis Hay, 8, F, -, -, -, England, Jan, -, Congestion of Brain, 2 days
Elizabeth Fergason, 31, F, -, -, -, DE, Nov, -, Consumption, 2 months
Thomas H. Dixon, 2, M, -, -, -, DE, Dec, -, Scarlet Fever, 2 months
Hannah Pearson, 35, F, -, -, M, DE, Jul, -, Consumption, 4 months

Able, 42
Adam, 46
Adams, 38-39, 46
Agress, 46
Ainsey, 48
Alderson, 41
Alexander, 37
Allen, 45
Allison, 36, 38
Alrich, 41
Alricks, 37
Alston, 48
Ande, 45
Anderson, 40, 42, 47
Appelby, 42
Arbuckle, 38
Armstrong, 37, 45
Austin, 46
Ayres, 38
Baites, 43
Baker, 48
Bank, 45
Barker, 38, 45
Barr, 47
Barrett, 41
Bartlet, 46
Bayard, 37, 42
Bean, 43
Becket, 46
Bell, 47
Belton, 37
Benerenston, 39
Bennett, 39
Benson, 40
Bery, 48
Biddle, 36, 40
Bird, 46
Blackstone, 45
Blades, 36, 39
Bland, 46
Bolton, 41
Booth, 48

Boots, 41
Boulden, 40
Bowers, 43
Boyce, 37, 43
Boyer, 43
Brien, 47
Bright, 42
Brister, 39
Briston, 41
Brobson, 43
Brockson, 39
Brooks, 46
Brown, 45
Bryne, 44
Budd, 45
Caldwell, 43-44, 46
Callahan, 37
Campell, 44
Canby, 48
Cannon, 38
Carnist, 46
Carpenter, 48
Cartmell, 38
Carty, 41
Cassner, 38
Castlow, 49
Caulk, 36, 47
Cavender, 47
Chambers, 46
Chandler, 48
Chase, 37
Chppe, 42
Clark, 38, 47-48
Clayton, 43
Clemens, 48
Clendaniel, 37
Clopton, 40
Clothier, 41
Cloud, 47
Coatney, 38
Cohoon, 49
Colesbury, 45

Collins, 44, 47
Connell, 42
Connly, 42
Cook, 38, 47
Coombs, 43
Core, 42
Cornelius, 43
Cornish, 45
Cornwall, 43
Coulter, 37
Cox, 42
Crawford, 41, 44
Crosgrave, 47-48
Cullen, 42, 45
Cunnerford, 40
Cunningham, 46
Curlet, 41
Curry, 37, 44
Curtes, 43
Daily, 46
Darling, 37
Daryle, 42
Davidson, 36
Davis, 41-42
Deacon, 42
Deakyne, 39
Dear, 40
Demby, 40
Dennis, 41
Dixon, 42, 49
Doherty, 49
Dolphin, 42
Donley, 45
Doyle, 45
Dryden, 40
Duland, 41
Dunlop, 48
Dunn, 46
DuPont, 45
Earnslot, 36
Eaton, 40
Edwards, 43
Egbert, 38
Ellicott, 47
Elliott, 43
Emory, 43

England, 43
Engle, 44
Ennis, 45
Evans, 40
Fa_er, 40
Fairbanks, 40
Fergason, 49
Ferguson, 39
Ferraday, 48
Filer, 44
Finch, 47
Finley, 39
Finly, 44
Fitzgerald, 42, 47
Fletcher, 45
Forbes, 40
Ford, 37, 42, 45-46
Foreman, 43
Foster, 43
Frank, 37
Garey, 40
Gaunt, 43
Gears, 41
Gheen, 42
Gibson, 40, 45
Ginn, 39
Godley, 38
Golden, 47
Gormand, 43
Goseall, 48
Gould, 45
Graham, 46
Greary, 43
Greel, 37
Green, 45
Greenwalt, 38
Greenwood, 47
Gregg, 42-43, 48
Griffin, 44-45
Groom, 44
Groves, 44
Grubb, 38
Grubbs, 36, 46
Grul, 37
Guddards, 38
Gumby, 43

Guthery, 38
Gwyune, 48
Hacket, 47
Hagenny, 44
Haislip, 45
Hamab, 37
Hamilton, 37, 40
Hammond, 37
Hamner, 47
Hand, 38
Hanson, 37
Hardcastle, 41
Harmin, 43
Harris, 37
Hathaway, 46
Hatton, 42
Hay, 49
Hays, 40, 44
Hazzard, 41
Heard, 38, 44
Henderson, 36
Hickman, 40, 47
Hicks, 44
Higgins, 37
Hilton, 45
Holland, 45
Hollingsworth, 43
Hollingworth, 43
Homes, 48
Hook, 40
Horn, 43
Howell, 46
Hudson, 39, 41, 44
Hughly, 42
Hughton, 45
Hully, 45
Husbands, 37
Hyatt, 42
Iron, 46
Jack, 42
Jackson, 43-44, 47
Jacobs, 37
Jakford, 44
Janvier, 40
Jarvis, 41
Jefferis, 48

Jeffers, 44
Jefferson, 39
Jeffres, 45
Johnson, 38
Jones, 37, 41-42
Jorden, 43
Juppler, 44
Kelis, 46
Kelly, 42, 47
Kendle, 41
Kenney, 38
King, 38
Kirk, 43
Kirkpatrick, 46
Knight, 37, 42
Lackey, 47
Laferty, 37
Lamplight, 47
Lancey, 41
Land, 46
Laring, 42
Latham, 40
Lavel, 49
Laws, 48
Lawson, 46
Leach, 49
Lewis, 47
Lindsey, 44
Lippincott, 40
List, 43
Litzenbury, 45
Lobb, 44
Lobey, 40
Lockerman, 43
Lockman, 41
Lodge, 38
Loire, 40
Long, 41
Looper, 46
Loper, 47
Loring, 42
Loving, 42
Luft, 46
Maguire, 46
Mahaffy, 42
Maloney, 37, 46, 48

Martin, 41
Massey, 41
Mathis, 39
Maxwell, 47
McAllister, 45
McCabe, 47-48
McCaral, 46
McClain, 43
McClaw, 47
McClothier, 44
McCoy, 44
McCullough, 45
Mcenney, 48
McGonagle, 43
McHarman, 49
Mcilere, 44
McIntire, 36
McLane, 39
McMullen, 40
McQuinn, 39
Mellon, 46
Mendenhall, 48
Miles, 47
Miller, 37, 39, 46, 49
Minites, 47
Mires, 42
Mitchel, 38
Mitchell, 48
Mofford, 40-41
Money, 39
Monkhouse, 37
Monroe, 41
Montgomery, 38
Moode, 47
Moody, 43
Moore, 38, 46, 47
Morris, 38, 43, 46
Morrow, 43
Morton, 39
Mosley, 37
Motley, 48
Mulford, 48
Mullen, 42
Muller, 48
Myers, 45
Naudain, 39

Neal, 45
Nicholson, 37
Norett, 47
North, 43
O Brien, 47
O'Kirk, 43
Oaks, 48
Parie, 46
Parker, 37, 49
Paterson, 41
Pearson, 42, 49
Pelter, 37
Perkins, 41
Pesimples, 47
Peterson, 42, 44
Phillips, 43, 47
Pile, 46
Platt, 41
Pliney, 46
Ponso, 39
Porter, 42
Price, 36-37, 40, 42, 44-45
Pritchard, 47
Purnall, 41
Pyle, 43
Ramey, 40
Rash, 40
Rate, 46
Ratliffe, 40
Rayban, 37
Raymond, 40
Redric, 37
Reedy, 40
Renard, 47
Reybold, 48
Reynolds, 39, 48
Richard, 48
Richards, 39, 41
Richardson, 39, 42
Rigby, 45
Roberson, 43
Robinson, 39, 41, 43-44
Rogers, 46, 48
Rogerson, 41
Rollins, 42
Rooper, 49

Rosensin, 48
Rozene, 36
Rudolph, 46
Russel, 37, 39, 45
Ryan, 39, 41
Sales, 37
Sanders, 40
Scott, 40
Scotten, 39
Sense, 41
Sewel, 47
Shaw, 39
Sheldon, 47
Shields, 44
Shockley, 40
Short, 36
Shute, 37
Sillcox, 39-40
Simmons, 44
Singleton, 45
Slades, 44
Slater, 44
Slaton, 36
Slaver, 45
Smith, 38-39
Spare, 40
Spear, 39, 44
Spece, 36
Spencer, 38, 47
Springer, 42, 49
Staats, 39
Stall, 43
Starr, 43
Starrit, 48
Stevenson, 43
Stewart, 37, 44
Still, 41
Sutton, 37, 48
Tally, 38, 42, 46
Taylor, 49
Thomas, 41
Thompson, 41

Tilman, 44
Totrage, 46
Townsend, 41
Toy, 48
Truss, 38
Turner, 49
Tyson, 44
Valentine, 41
Vandegrift, 47
Vandyke, 39
Vanhoven, 39
Vansant, 37
Velia, 45
Vernon, 38, 41
Vernor, 41
Walker, 39, 49
Warren, 45
Watkins, 46
Watson, 44
Webb, 48
Webster, 38, 42
Welden, 38-39
Wells, 44
Wesley, 40
Whitlock, 45
Whittaker, 40
Wilensworth, 45
Williams, 39, 43-45
Williamson, 38-39
Willson, 48
Wilson, 48
Wolf, 38
Wolleston, 45
Wood, 39
Woods, 40
Workman, 49
Worrey, 41
Wright, 46-47
Wrightworth, 48
Young, 39
Zebley, 38

Delaware 1850 Mortality Schedule
Sussex County

The Delaware Mortality Schedule was filmed by the Delaware Department of State, Division of Historical and Cultural Affairs. There are eleven columns of information on this 1850 mortality schedule. All eleven listed below are transcribed:

1. Name of Every Person Who Died During Year Ending 1 June 1850 Whose Place of Abode at Time of Death Was in This Family
2. Age
3. Sex
4. Color White (W), Black (B), Mulatto (M)
5. Free or Slave
6. Married or Widowed
7. Place of Birth
8. Month Died
9. Profession, Occupation, or Trade
10. Disease or Cause of Death
11. Number of Days Ill

The letter "C" is used for number of days ill on occasion and there is no explanation of its use.

Eli Shields, 26, M, -, -, -, DE, Mar, Sailor, Consumption, C
Dolly A. Moore, 2, F, -, -, -, DE, Nov, -, Whooping Cough, 14 days
Jonah Gains, 2/12, M, -, -, -, DE, Jul, -, Dysentery, 7 days
Wm. Hains, 6/12, M, -, -, -, DE, Jul, -, Dysentery, 7 days
Absalom Elliott, 4, M, B, S, -, DE, May, -, Whooping Cough, C
Wm. N. Elliott, 2, M, M, -, -, DE, June, -, Unk, C
Wm. M. Brown, 10/12, M, -, -, -, DE, June, -, Inflammation of Brain, 10 days
Mary E. Pusy, 5, F, -, -, -, DE, Jul, -, Consumption, C
Henrietta Conaway, 6, F, B, -, -, DE, June, -, Whooping Cough, 12 days
Turpin Smith, 11, M, -, -, -, DE, June, -, Dysentery, 14 days
Sarah E. Scott, 1, F, -, -, -, DE, June, -, Dysentery, 6 days
Orlando R. Martin, 5/12, M, -, -, -, MD, Mar, -, Measles, 15 days
Baynard Horsey, 1,M, B, S, -, DE, June, -, Unk, C
Louisa C. Collison, 5/12, F, -, -, -, DE June, -, Unk, 7 days
Thos. H. Brown, 51, M, -, -, -, DE, Mar, Shoemaker, Intemperance, 2 days
Job Shockley, 35, M, -, -, M, DE, Nov, Sailor (Tailor), Unk, 7 days
Sarah J. Carroll, 1, F, -, -, -, DE, Jul, -, Inflammation of Brain, 20 days
Benj. Spry Betts, 4, M, B, -, -, DE, Jul, -, Unk, 40 days
Zach Pitts, 45, M, -, -, -, DE, Sept, Justice of Peace, Consumption, C
Amelia Houston, 60, F, -, -, -, DE, June, -, Inflammation of Lungs, 8 days
Alpheus Russel, 1, M, -, -, -, DE, Sept, -, Unk, C
Geo. Ellegood, 50, M, B, S, M, DE, Dec, -, Dropsy, C

George H. Darby, 3, M, -, -, -, DE, June, -, Dysentery, 14 days
Margaret Williams, 10/12, F, -, -, -, DE, Jul, -, Dysentery, C
Kezziah Jacobs, 60, F, B, -, W, DE, Jul, -, Cramp Colic, 1 day
Elizabeth Obirn, 83, F, -, -, W, DE, Jan, -, Old Age, C
Margaret Terpin, 10, F, B, -, -, DE, Jan, -, Dropsy, C
Sarah Martin, 28, F, -, -, M, DE, Nov, -, Typhoid, -
Caroline Cannon, 1, F, -, -, -, DE, Sept, -, Unk, 40 days
Nelson Ricards, 7/12, M, B, S, -, DE, Jul, -, Unk, 5 days
Josiah Cannon, 2, M, B, S, -, DE, Mar, -, Inflammation of Brain, 1 day
Clement Layton, 55, M, -, -, M, DE, Mar, Farmer, Unk, C
Jerry Brown, 3, M, B, S, -, DE, May, -, Dysentery, 3 days
Wingate Cannen, 56, M, -, -, M, DE, Feb, Farmer, Pleurisy, 7 days
David Allen, 13, M, -, -, -, MD, June, -, Killed by Accident, -
Elizabeth Hooper, 80, F, -, -, W, DE, Dec, -, Unk, C
Chas. Adams, 64, M, -, -, W, DE, May, Farmer, Billious, 7 days
Thos. Fleetwood, 1/12, M, -, -, -, DE, May, -, Unk, 1 month
Jos. W. Phillips, 8, M, -, -, -, DE, Sept, -, Billious, 3 days
Eliza Polk, 1, F, B, -, -, DE, Sept, -, Unk, 13 days
John B. Robinson, 1, M, -, -, -, DE, Oct, -, Mortification, 1 month
David Jester, 35, M, -, -, -, DE, Mar, Farmer, Intemperance, 3 months
Catharine Sullivan, 1, F, -, -, -, DE, Nov, -, Fits, 14 days
Jno. R. Horlis, 9, M, -, -, -, DE, Nov, -, Scarlet Fever, 5 days
Rebecca Jones, 5/12, F, -, -, -, DE, Apr, -, Unk, C
Ann Simpson, 1/12, F, -, -, -, DE, Feb, -, Croup, 3 days
Jos. Sudler, 4/12, M, -, -, -, DE, Sept, -, Inflammation of Intenstines, 10 days
Elizabeth Dawson, 5/12, F, -, -, -, DE, Aug, -, Unk, C
Elizabeth T. Dawson, 37, F, -, -, M, MD, Mar, -, Pleurisy, 6 days
Mary Morris, 68, F, -, -, W, DE, Jul, -, Consumption, C
Wm. Adams, 3, M, -, -, -, DE, Dec, -, Unk, C
John Adams, 1, M, -, -, -, DE, Mar, -, Unk, C
Kezziah Scott, 30, F, -, -, -, DE, Sept, -, Inflammation Fever, 14 days
John C. Barwick, 40, M, -, -, -, DE, Mar, Farmer, Consumption, 4 months
Mary A. Cannen, 17, F, -, -, -, DE, Dec, -, Inflammation of Brain, 14 days
Chas. Gullett, 30, M, -, -, -, DE, Jan, Farmer, Consumption, C
Rebecca Todd, 40, F, -, -, -, DE, Aug, -, Bilious, 6 months
Hughett Brown, 47, M, -, -, -, DE, Feb, Farmer, Quinesy, 3 days
Elizabeth Wilson, 75, F, -, -, -, MD, Nov, -, Old Age, 5 days
Alen White, 5, M, -, -, -, DE, Aug, -, Bilious, 3 days
Infant, 1 day, F, -, -, -, DE, Jan, -, Unk, 1 day
Infant, 1 day, F, -, -, -, DE, Jan, -, Unk, 1 day
W. J. Wines, 1/12, M, -, -, -, DE, Aug, -, Diarrhea, 7 days
Wm. Vaughn, 10, M, B, -, -, DE, Nov, -, Congestion of Brain, 3 years
Infant, 3 weeks, M, B, S, -, DE, Unk, -, Unk, 3 weeks
Woolsey Perkins, 10/12, M, M, -, -, DE, Nov, -, Inflammation of Brain, 10 days
Harmony Willey, 35, F, -, -, M, DE, May, -, Unk, C
Mary A. Willey, 1/12, F, -, -, -, DE, Dec, -, Dysentery, 3 weeks

John Callaway, 4, M, -, -, -, DE, June, -, Dysentery, 2 weeks
Sallie Callaway, 65, F, -, -, -, DE, May, -, Sudden, -
Infant, -, F, -, -, -, DE, Feb, -, Erysyphillis, 5 weeks
Josephine A. Wallace, 9, F, -, -, -, DE, Nov, -, Erysyphillis, 7 days
Infant, 7, F, -, -, -, DE, Feb, -, Kennsy, 6 days
Eleanor Collina(Collins), 15, F, -, -, -, DE, Mar, -, Unk, 14 days
Elizabeth Long, 2, F, -, -, -, MD, Jul, -, Unk, -
Infant, 5 days F, B, S, -, DE, Apr, -, Unk, -
Infant 11 days, F, B, S, -, DE, Apr, -, Inflammation of Brain, 14 days
Laura H. Hearn, 3, F, -, -, -, DE, Oct, -, Whooping Cough, 7 days
Isaac H. Hearn, 3 weeks, M, -, -, -, DE, Oct, -, Quinsy, 3 days
Saml. Hearn, 42, M, -, -, -, DE, Mar, Farmer, Dropsy, 3 months
Jacob King, 41, M, -, -, M, DE, Dec, Carpenter, Whooping Cough, 1 day
Wm. A. Nicholson, 9/12, M, -, -, -, DE, Sept, -, Whooping Cough, 14 days
Infant, 1/12, M, -, -, -, DE Nov, -, Cholera, 1 day
Lea A. Woodland, 21, F, B, -, -, DE, Aug, -, -, -,
Infant, -, M, -, -, -, DE Aug, -, Scarlet Fever, 3 days
Solomon Elzey, 1 month, M, B, S, -, DE, Dec, -, Consumption, C
Thos. C. Hersey, 20, M, -, -, -, DE, Sept, Merchant, Whooping Cough, C
Chas. R. Waller, 11/12, M, -, -, -, DE, Aug, -, Unk, 2 months
John Boyce, 80, M, -, -, -, DE, Oct, ?, Consumption, 6 days
John Thompson, 25, M, -, -, -, DE, Apr, Lawyer, Unk, 6 weeks
Peggy Thompson, 6, F, -, -, -, DE, Apr, -, -, 10 days
James A. Thompson, 18, M, -, -, -, DE, Dec, Mariner, Diarrhea, -
Emila J. Thompson, 6, F, -, -, -, DE, Aug, -, Unk, C
Sarah Phillips, 19, F, -, -, -, DE, Jul, -, Unk, 3 months
George Wilson, 90, M, B, -, -, DE, Oct, Laborer, Wage, -
James W. Phillips, 22, M, -, -, -, DE, Dec, Mariner, Drowned, -
Geo. W. Rhodes, 37, M, M, -, -, DE, Dec, Mariner, Drowned, -
Levi Taylor, 22, M, M, -, -, MD, Dec, Mariner, Drowned, -
Mary S. Phillips, 56, F, -, -, -, MD, Jan, -, Erysyphillis, 7 days
Mary E. Kennikin, 2, F, -, -, -, DE, Jul, -, Drowned, 9 days
Eliza Moore, 30 F, B, -, -, DE, Aug, -, Erysyphillis, C
Wm. M. Knowles, 15, M, -, -, -, DE, Jan, -, Fits, C
Danl. Kennikin, 60, M, -, -, -, DE, Oct, Laborer, Unk, -
John Boyce, 78, M, -, -, -, DE, Nov, Laborer, Unk, -
James Huston, 8, M, -, -, -, DE, May, -, Dropsy, 2 months
Nancy Kennikin, 65, F, -, -, -, DE, Oct, -, Unk, 30 days
Jas. E. Ralph, 40, M, -, -, W, DE, Jul, Carpenter, Bilious, 14, days
Thos. Brown, 1, M, B, -, -, DE, Mar, -, Unk, 30 days
Mary E. Mills, 2, F, -, -, -, DE, Jan, -, Whooping Cough, 14 days
Chas. H. Gray, 9, M, -, -, -, MD, June, -, Diarrhea, 7 days
Peggy Atkins, 68, F, -, -, M, MD, Jul, -, Diarrhea, 8 days
Martha E. Cooper, 5, F, -, -, -, DE, Jan, -, Diarrhea, 12 days
Thos. Elzey, 9, M, -, -, -, DE, Sept, -, Unk, 18 days
Isaaac E. Hasting, 6/12, M, -, -, -, DE, Sept, -, Whooping Cough, 6 days

James Windsor, 63, M, -, -, M, DE, May, Farmer, Inflammation of Lungs, 5 days
Fanny LeKate, 75, F, -, -, W, DE, May, -, Old Age, C
Eleanor Collins, 17, F, -, -, -, DE, Feb, -, Inflammation, 5 days
Thos. G. Ward, 24, M, -, -, -, DE, Mar, Farmer, Unk, 2 days
Wm. Ward, 45, M, -, -, M, DE, Nov, Farmer, Unk, 28 days
Jos. H. Easum, 1, M, -, -, -, DE, May, -, Unk, 6 days
Hannah H. Seeman, 29, F, -, -, M, DE, Jul, -, Mortification, C
Frances Lauk, 31, F, -, -, M, DE, Dec, -, Consumption, C
Margaret Hopkins, 7/12, F, -, -, -, DE, Aug, -, Unk, 20
Hiram A. Baker, 1, M, -, -, -, DE Apr, -, Measles, 8 days
Hester A. Morgan, 7/12, F, -, -, -, DE, Aug, -, Unk, 4 months
Stephen Collins, 48, M, -, -, M, DE Jul, Farmer, Unk, C
Elizabeth LeKate, 23, F, -, -, M, DE, Aug, -, Unk, C
Joshua Magee, 39, M, -, -, M, DE, Jul, Farmer, Killed, -
Nancy Wainwright, 46, F, -, -, W, DE, May, -, Unk, C
Dennis Chipman, 6/12, M, -, -, -, DE, Mar, -, Head Fall, 30 days
Frederic Gann, 22, M, M, S, -, DE, Dec, Sailor, Drowned, -
Mary Gann, 55, F, -, -, M, DE, May, -, Consumption, 2 days
Tempa Mathews, 40, F, B, S, M, DE, June, -, Dropsy, C
Nathaniel Pusey, 48, M, -, -, M, DE, Apr, Carpenter, Bilious Pleurisy, 9 days
Lydia Brown, 16, F, -, -, -, DE, Sept, -, Bilious Fever, 10 days
Catharine Brasure, 9, F, -, -, -, DE, Sept, -, Bilious Fever, 10 days
Ann Hickman, 15, F -, -, -, DE, Dec, -, Dropsy, 180 days
Emily Gray, 2/12, F, -, -, -, DE, Sept, -, Bilious, 15 days
James Tracey, 56, M, -, -, M, DE, Dec, Tanner, Liver Complaint, 300 days
George A. Townsend, 1, M, -, -, -, DE, Oct, -, Bilious, 15 days
Josiah D. Lynch, 42, M, -, -, M, MD, Mar, Farmer, Sore Throat, 100 days
Josiah H. Lynch, 1, M, -, -, -, DE, Aug, -, Diarrhea, 92 days
Mary E. Aydelott, 14, F, -, -, -, DE, Mar, -, Liver Complaint, 180 days
Sarah J. Simples, 2, F, -, -, -, DE, Aug, -, Billious, 19 days
Hannah Gardiner, 70, F, -, -, W, PA, Nov, -, Inflammation of Lungs, 7 days
Samuel Gardiner, 22, M, B, S, -, DE, June, -, Drowned, -
Emily R. Quillen, 3, F, -, -, -, DE, Jul, -, Accident, Sudden
Martha A. Lane, 1, F, -, -, -, DE, Jan, -, Croup, 30 days
Isaac James, 6/12, M, -, -, -, DE, Sept, Chills, 18 days
John Quillen, 9, M, -, -, -, DE, Sept, -, Chills, 3 days
Martha E. Burbage, 3, F, -, -, -, DE, Sept, -, Bilious, 10 days
William Derickson, 1, M, -, -, -, DE, Oct, -, Fever, 10 days
Maria Evans, 1/12, F, B, S, -, DE Jul, -, Fever, 7 days
Annanias Halloway, 6, M, -, -, -, MD, June, -, Sudden, -
Mary W. Williams, 7/12, F, -, -, -, DE, Aug,-, Sudden, -
Benton Brasure, 70, M, -, -, -, DE, Feb, -, Cold, 7 days
Mary E. Dorey, 7, F, -, -, -, DE, Sept, -, Fever, 18 days
Eber W. Camett, 6 M, -, -, -, DE, Sept, -, Fever, 21 days
Martha E. Evans, 5/12, F, -, -, -, DE, Jul, -, Fever, 14 days
Isaac Johnson, 1, M, -, -, -, DE, Sept, -, Fever, 21 days

J. B. M. Rickards, 50 M, -, -, -, DE, Dec, Sailor, Pleurisy, 28 days
Isaac Johnson, 1, M, -, -, -, DE, Dec, -, Fever, 31 days
Thomas Rogers, 50, M, -, -, M, DE, Apr, Farmer, Unk, 3 days
Thomas Watson, 38, M, -, -, -, DE, Feb, Farmer, Unk, 60 days
Mary Waples, 58, F, -, -, -, DE, Jan, -, Consumption, 63 days
Hetty B. Waples, 11, F, -, -, -, DE, Aug, -, Bilious, 4 days
Frederick O. Long, 5/12, M, -, -, -, DE, June, -, Diarrhea, 36 days
Harriet McCabe, 18, F, -, -, -, DE, Aug, -, Fever, 10 days
George P. Andrews, 8, M, -, -, -, DE, Aug, -, Mortification, 7 days
Mary Dingle, 14, F, B, F, -, DE, Sept, -, Dropsy, 9 days
George Dingle, 5, M, B, F, -, DE, Sept, -, Dropsy, 21 days
Clementine B. Wharton, 1, F, -, -, -, DE, Oct, -, Bilious, 28 days
John H. Jones, 50, M, -, -, M, DE, Mar, Farmer, Bilious, 12 days
James Burton, 7, M, B, F, -, NJ, Nov, -, Inflammation of Brain, 4 days
Mary C. Godfrey, 6/12, F, -, -, -, DE, Apr, -, Diarrhea, 6 days
Emeline Howard, 21, F, B, F, M, DE, Apr, -, Consumption, 180
Sally Burris, 90, F, -, -, -, DE, Jan, -, Bilious, 3 days
Emily H. Burton, 2, F, -, -, -, DE, Nov, -, Consumption, 15
Elizabeth G. Burton, 3, F, -, -, -, DE, Aug, -, Bilious, 15 days
Phillip Watson, 59 M, -, -, M, DE, Apr, Farmer, Consumption, 300 days
Lemuel Watson, 25, M, -, -, M, DE, Nov, Farmer, Consumption, 150 days
Comfort Johnson, 56, F, -, -, -, M, DE, Jul, -, Cold, 150 days
Eunice Salmons, 18, F, M, F, M, DE, Aug, -, Bilious, 10 days
Isabella Green, 4/12, F, -, -, -, DE, Sept, -, Bilious, 40 days
Sarah C. Barker, 5/12, F, B, S, -, DE, Aug, -, Diarrhea, 10 days
Samuel R. Collins, 2, M, -, -, -, DE, Jul, -, Bilious, 28 days
Sarah E. Hurseu, 6/12, M (F), -, -, -, DE, Jul, -, Bilious, 60 days
Peter Simples, 45, M, -, -, M, DE, Dec, Farmer, Black Skaney, 300 days
Charles Robinson, 2/12, M, B, S, -, DE, Dec, -, Unk, 3 days
Elizabeth Thoroughgood, 30 F, -, -, -, DE, Jul, -, Diarrhea, 4 days
Seshidds R. Prettyman, 57, M, -, -, -, DE, Apr, Farmer, Palsey, 2 days
William A. Thoroughgood, 2, M, -, -, -, DE, Aug, -, Typhus, 4 days
Henry Burton, 20 M, B, -, -, DE, Aug, Farmer, Consumption, 365 days
Arcada Hart, 45, F, -, -, -, DE, Aug, -, Consumption, 300 days
Jacob S. Burton, 58, M, -, -, W, DE, Nov, Shoemaker, Consumption, 150 days
Burton Harper, 26, M, M, -, W, DE, Aug, Farmer, Billious, 11 days
Thomas Simples, 65, M, -, -, M, DE, Apr, Farmer, Consumption, 365 days
Asberry W. Johnson, 7, M, -, -, -, DE, May, -, Bilious Pleurisy, 11 days
Gardiner H. _. Walls, 3/12, M, -, -, -, DE, Sept, -, Croup, 20 days
Lydia H. Davidson, 15, F, -, -, -, DE, May, -, Cold, 14 days
George H. Hart, 2, M, -, -, -, DE, Aug, -, Bilious, 11 days
George P. Barker, 8, M, -, -, -, DE, Aug, -, Mortification, 3 days
George M. Johnson, 13, M, -, -, -, DE, Sept, -, Bilious, 10 days
James Lacey, 10, M, B. S, -, DE Mar, -, Fever, 21 days
Ann Pollard, 6/12, F, -, -, -, DE, Mar, -, Rose, 20
Sarah Lamb, 19, F, -, -, -, DE, Sept, -, Typhus, 20 days

Susanna H. Hart, 2/12, F, -, -, -, DE, Apr, -, Whooping Cough, 30 days
Joshua B. Robinson, 45, M, -, -, M, DE, Feb, Farmer, Cold, 28 days
Eliza D. D. Simples, 4/12, F, -, -, -, DE, Aug, -, Bilious, 35 days
Jester(Lester) Collingsworth, 15, M, -, -, -, DE, May, -, Dropsy, 250 days
Eber Torbert, 50 M, -, -, M, DE, Jul, Blacksmith, Cholera, 1 day
Hetty Torbert, 48, F, -, -, M, DE, Aug, -, Cholera, 6 days
Ann Torbert, 18, F, -, -, -, DE, Aug, -, Cholera, 1 day
Sarah A. Joseph, 2, F, -, -, -, DE, Oct, -, Bilious, 45 days
Ann P. Marsh, 2/12, F, -, -, -, DE, Dec, -, Whooping Cough, 15 days
Ann _. Robinson, 28, F, -, -, -, DE, May, -, Consumption, 300 days
Peter S. Parker, 56, M, -, -, M, DE, Dec, Merchant, Rupture, 2 days
Charlotte Oliver, 36, F, B, F, M, DE, Jan, None, Consumption, 60 days
Clifford Paynter, 9/12, M, -, -, -, DE, Jul, None, Unk, 30 days
Rady (Rody) Wilson, 10/12, F, -, -, -, DE, Jul, None, Unk, 2 days
Elizabeth Storm, 81, F, -, -, W, DE, Sept, None, Old Age, 6 days
George Baker, 4, M, -, -, -, DE, Oct, None, Unk, 30 days
Naomy V. Baker, 3, F, -, -, -, DE, Nov, None, Croup, 3 weeks
William Baker, 74, M, -, -, M, DE, Feb, None, Consumption, 12 months
William J. Fosett, 7, M, -, -, -, DE, Apr, None, Spasm, 30 days
Return Johnson, 25, M, M, F, M, DE, Apr, None, Inflammation of Brain, 3 days
Pricilla Pettyjohn, 30, F, -, -, M, DE, May, None, Unk, 3 days
Sarah Pettyjohn, 7/12, F, -, -, -, DE May, None, Unk, 90 days
Mary A. Joseph, 7/12, F, -, -, -, DE, May, None, Unk, 3 days
Daniel Roach, 52, M, -, -, M, DE, May, School Cooker, Dropsy, 15, days
John Roach, 7/12, M, -, -, -, DE, May, None, Unk, 1 day
Mary B. Hazzard, 6/12, F, -, -, -, DE, May, None, Unk, 21 days
Mooney V. Reynolds, 1, F, -, -, -, DE, May, None, Unk, 20 days
James H. Brown, 2, M, -, -, -, DE, May, None, Unk, 5 days
Manlove Hays, 26, M, -, -, -, DE, Oct, Farmer, Bilious Fever, 10 days
Samuel Hays, 1, M, -, -, -, DE, Aug, -, Inflammation, 15, days
Nehemiah Web, 36, M, -, -, M, DE, Jul, None, Dropsy, 30 days
William Tatman, 76, M, -, -, W, DE, Jan, Farmer, Old Age, -
Letitia Paswaters, 25, F, -, -, -, DE, Mar, None, Dropsy, 30 days
Sarah A. Paswaters, 2, F, -, -, -, DE, May, None, Dropsy, 12 months
Hetty Williams, 19, F, -, -, -, DE, Jul, None, Bilious Fever, 20 days
Elvira Wilson, 8/12, F, -, -, -, DE, Jan, None, Teething, 6 days
Welland Cavender, 20 M, -, -, -, DE, Mar, None, Bilious Fever, 12 days
Mary A. Conaway, 20, M, -, -, -, DE, Mar, None, Bilious Fever, 5 days
Henry Short, 41, M, -, -, -, DE, Nov, Farmer, Convulsions, 1 day
Edward Short, 7, M, -, -, -, DE, Nov, None, -, -,
Henry Lotte, 3, M, -, -, -, DE, Sept, None, Inflammation of Brain, 3 weeks
Ann M. Sharp, 37, F, -, -, M, DE, Oct, None, Bilious Fever, 10 days
Alexander Fisher, 64, M, -, -, M, DE, May, Farmer, Bilious Pleurisy, 9 days
Mary S. Dutton, 11, F, -, -, -, DE, Jul, None, Bilious Fever, 6 days
William H. Prettyman, 19, M, -, -, -, DE, Nov, Sailor, Inflammation of Brain, 6 days

Deborah Burton, 55, F, -, -, W, DE, Mar, None, Consumption, 12 months
Cellurah Short, 16, F, -, -, -, DE, Sept, None, Fever, 11 days
Sarah A. Warrington, 1, F, -, -, -, DE, Aug, None, Bilious Fever, 30 days
William C. Gorden, 1, M, -, -, -, DE, Mar, None, Whooping Cough, 21 days
Rupheus Joseph, 8/12, M, -, -, -, DE, Mar, None, Teething, 30 days
David B. Craig, 4, M, -, -, -, DE, Mar, None, Teething, 30 days
William Chase, 60, M, -, -, W, DE, Dec, Farmer, Pulmonary, 20 days
William E. Waples, 8/12, M, -, -, -, DE, Dec, None, Inflammation, 15 days
Joseph, Dodd, 7, M, -, -, -, DE, Aug, None, Unk, 10 days
Ann Marsh, 50, F, -, -, -, DE, Nov, None, Consumption, 12 months
John Marsh, 61, M, -, -, W, DE, Oct, Farmer, Disease of Lungs, 90 days
John C. Russel, 1, M, -, -, -, DE, Mar, None, Teething, 30 days
Joshua Z. Watson, 4/12, M, -, -, -, DE, Sept, None, Teething, 20 days
Mathew Marsh, 6/12, M, -, -, -, DE, Sept, None, Whooping Cough, 25 days
Catherine G. Mims, 22, F, -, -, -, DE, Oct, None, Bilious Fever, 7 days
Jacob Parker, 6/12, M, B, F, -, DE, Sept, None, Teething, 6 days
George W. Mariner, 1, M, -, -, -, DE, Jul, None, Teething, 5 days
Mary E. Wilson, 1, F, -, -, -, DE, May, None, Teething, 5 days
William W. Lofland, 9/12, M, -, -, -, DE, Mar, None, Teething, 10 days
Luke Lofland, 79, M, -, -, -, DE, May, Farmer, Bilious Fever, 18 days
Mary Solmons, 75, F, -, -, W, DE, Jan, None, Bilious Fever, 8 days
Hester Davis, 69, F, -, -, W, DE, Jan, None, Diarrhea, 6 months
Mary Fowler, 23, F, -, -, -, DE, Jan, None, Bilious Fever, 5 days
Hannah Buckhannon, 34, F, -, -, W, DE, Aug, None, Pulmonary, 12 Months
Emeline Watson, 37, F, -, -, M, DE, Aug, None, Pulmonary, 6 months
George Watson, 4, M, -, -, -, DE, Sept, None, Bilious Fever, 6 days
Lorie Watson, 2, F, B, -, -, DE, Oct, None, Croup, 3 days
Mary Web, 48, F, -, -, -, DE, Jan, None, Consumption, 3 years
William Web, 13, M, -, -, -, DE, Aug, None, Bilious Fever, 4 days
John Harper, 49, M, -, -, M, DE, Feb, Farmer, Pulmonary, 1 year
Joseph Harper, 2, M, -, -, -, DE, Jul, None, Whooping Cough, 18 days

Sussex 1850 Index

Adams, 56
Allen, 56
Andrews, 59
Atkins, 57
Aydelott, 58
Baker, 58, 60
Barker, 59
Barwick, 56
Betts, 55
Boyce, 57
Brasure, 58
Brown, 55-58, 60
Buckhannon, 61
Burbage, 58
Burris, 59
Burton, 59, 61
Callaway, 57
Camett, 58
Cannen, 56
Cannon, 56
Carroll, 55
Cavender, 60
Chase, 61
Chipman, 58
Collina, 57
Collingsworth, 60
Collins, 57-59
Collison, 55
Conaway, 55, 60
Cooper, 57
Craig, 61
Darby, 56
Davidson, 59
Davis, 61
Dawson, 56
Derickson, 58
Dingle, 59
Dodd, 61
Dorey, 58
Dutton, 60
Easum, 58
Ellegood, 55
Elliott, 55
Elzey, 57

Evans, 58
Fisher, 60
Fleetwood, 56
Fosett, 60
Fowler, 61
Gains, 55
Gann, 58
Gardiner, 58
Godfrey, 59
Gorden, 61
Gray, 57-58
Green, 59
Gullett, 56
Hains, 55
Halloway, 58
Harper, 59, 61
Hart, 59-60
Hasting, 57
Hays, 60
Hazzard, 60
Hearn, 57
Hersey, 57
Hickman, 58
Hooper, 56
Hopkins, 58
Horlis, 56
Horsey, 55
Houston, 55
Howard, 59
Hurseu, 59
Huston, 57
Infant, 56-57
Jacobs, 56
James, 58
Jester, 56
Johnson, 58-60
Jones, 56, 59
Joseph, 60-61
Kennikin, 57
King, 57
Knowles, 57
Labton, 56
Lacey, 59
Lamb, 59

Lane, 58
Lauk, 58
LeKate, 58
Lofland, 61
Long, 57, 59
Lotte, 60
Lynch, 58
Magee, 58
Mariner, 61
Marsh, 60-61
Martin, 55-56
Mathews, 58
McCabe, 59
Mims, 61
Moore, 55, 57
Morgan, 58
Morris, 56
Nicholson, 57
Obirn, 56
Oliver, 60
Parker, 60-61
Paswaters, 60
Paynter, 60
Perkins, 56
Pettyjhn, 60
Phillips, 56-57
Pitts, 55
Polk, 56
Pollard, 59
Prettyman, 59-60
Pusey, 58
Pusy, 55
Quillen, 58
Ralph, 57
Reynolds, 60
Rhodes, 57
Ricards, 56
Rickards, 59
Roach, 60
Robinson, 56, 59-60
Rogers, 59
Russel, 55, 61

Salmons, 59
Scott, 55-56
Seeman, 58
Sharp, 60
Shields, 55
Shockley, 55
Short, 60-61
Simples, 58-60
Simpson, 56
Smith, 55
Solmons, 61
Storm, 60
Sudler, 56
Sullivan, 56
Tatman, 60
Taylor, 57
Terpin, 56
Thompson, 57
Thoroughgood, 59
Todd, 56
Torbert, 60
Townsend, 58
Tracey, 58
Vaughn, 56
Wainwright, 58
Wallace, 57
Waller, 57
Walls, 59
Waples, 59, 61
Ward, 58
Warrington, 61
Watson, 59, 61
Web, 60-61
Wharton, 59
White, 56
Willey, 56
Williams, 56, 58, 60
Wilson, 56-57, 60-61
Windsor, 58
Wines 56
Woodland, 57

Delaware 1860 Mortality Schedule
Kent County

The Delaware Mortality Schedule was filmed by the Delaware Department of State, Division of Historical and Cultural Affairs. There are eleven columns of information on this 1860 mortality schedule. All eleven listed below are transcribed:

1. Name of Every Person Who Died During Year Ending 1 June 1860 Whose Place of Abode at Time of Death Was in This Family
2. Age
3. Sex
4. Color White (W), Black (B), Mulatto (M)
5. Free or Slave
6. Married or Widowed
7. Place of Birth
8. Month Died
9. Profession, Occupation, or Trade
10. Disease or Cause of Death
11. Number of Days Ill

Mary B. Slaughter, 44, F, -, -, M, DE, Dec, -, Consumption, 60
Mathew G. Benn, 1/12, M, -, -, -, DE, Jul, -, Croup, 1
Hannah A. Lewis, 26, F, -, -, M, DE, Sept, -, Consumption, 90
Milton Hickey, 25, M, -, -, M, PA, May, Trunk Merchant, Consumption, 60
John McDowell, 63, M, -, -, M, DE, Apr, Merchant, Inflammation of Bowels, 60
Lou R. Biggs, 10/12, F, -, -, -, DE, Jul, -, Consumption, 120
Mathew Cox, 2, M, -, -, -, DE, Apr, -, Catarrh Breast, 30
Mary S. Naudine, 72, F, -, -, W, DE, May, -, Disease of Heart, 1
Job Hainer(Haines), 35, F, B, -, M, DE, Apr, Barber, Consumption, 60
William Stuart, 40, M, -, -, M, DE, Jan, Physician, Intemperance, 30
Mary E. Johnson, 7/30, F, -, -, -, DE, May, -, Unk, Sudden
Swany Saxton, 75, M, B, -, -, W, Sept, -, Paralysis, 4
George Butler, 2, M, -, -, -, DE, Apr, -, Accidental Fall, 21
Sarah E. Denny, 3/12, F, -, -, -, DE, Jan, -, Croup, 2
Elizabeth White, 50, F, B, -, W, DE, May, Washwoman, Consumption, 60
Edward L. Craig, 3/12, M, -, -, -, DE, Feb, -, Unk, 14
Dinah Parking, 4/12, F, B, -, -, DE, Aug, -, Summer Complaint, 10
Mary Fisher, 9, F, B, -, -, DE, Oct, -, Brain Fever, 21
James Slaughter, 40, M, -, -, M, DE, May, Farmer, Typhoid, 4
Rebecca A. Adkins, 13, F, B, -, -, DE, Mar, -, Brain Fever, 10
Harriet Daugherty, 33, F, -, -, -, DE, Dec, -, Consumption, 240
Peter H. Hancock, 12, M, -, -, -, DE, May, -, Suicide by Hanging, -
Alexander Lewis, 6/12, M, B, -, -, DE, May, -, Croup, 3
Sarah A. Dawson, 7, F, -, -, -, DE, Jul, -, Typhoid, 8
Jonathan Mills, 1/12, M, -, -, -, DE, Apr, -, Unk, 1

Daniel Burke, 6/12, M, -, -, -, DE, June, -, Brain Fever, 6
John Wilson, 7/12, M, -, -, -, DE, Aug, -, Brain Fever, 2
Wm. Knight, 70, M, -, -, W, DE, Mar, -, Erysyphillis, 4
Phoeby Durham, 1, F, M, -, -, DE, Oct, -, Inflammation of Bowels, 14
Edward Herd, 4, M, -, -, -, DE, Sept, -, Scarlet Fever, 7
William Scotten, 1, M, -, -, -, DE, Jul, -, Consumption, 30
James Cox, 1, M, -, -, -, DE, Sept, -, Inflammation of Bowels, 14
Annie Hicks, 80, F, B, -, W, MD, Dec, -, Natural Debility, 150
Charlotte Ford, 24, F, -, -, M, DE, Jul, -, Dropsy, 150
James Ford, 3/12, M, -, -, -, DE, Jul, -, Dropsy, 50
Theodore Dawson, 10, M, -, -, -, DE, Aug, -, Bilious Dysentery, 9
Mary J. Reed, 18, F, -, -, -, DE, Apr, -, Consumption, 30
Annie Slay, 2, F, -, -, -, DE, May, -, Scarlet Fever, 4
Franklin Miller, 5, M, -, -, -, DE, May, -, Bronchitis, 3
Kate Thomas, 2, F, -, -, -, DE, May, -, Worm Fever, 4
Sarah M. Voshell, 3, F, -, -, -, MD, Aug, Child, Bilious Fever, 12
John Voshell, 1, M, -, -, -, DE, Aug, Child, Bilious Fever, 6
Sarah Stevens, 6/12, F, -, -, -, DE, May, Child, Teething, 9
Sarah Jones, 68, F, B, F, M, MD, Jan, Servant, Consumption, 390
Margaret Cleaver, 26, F, M, F, M, DE, May, Servant, Child Birth, 10
William Moore, 15, M, B, F, -, DE, June, Servant, Killed, -
Phoebe Morris, 62, F, M, F, M, DE, Nov, Servant, Old Age, 230
Sarah Palmatory, 74, F, -, -, W, DE, Dec, Lady, Old Age, 120
Yancey Buckson, 54, F, -, -, W, DE, May, Lady, Accident, 100
Anna Miller, 8/12, F, -, -, -, DE, Aug, Child, Summer Complaint, 150
William Robinson, 1, M, -, -, -, DE, Mar, Child, Dysentery, 14
Sarah Gray, 26, F. M, F, M, DE, May, Servant, Child Birth, 3
Phoebe Wallace, 9/12, F, -, -, -, DE, Jul, Child, Summer Complaint, 90
Mary E. Rawley, 1, F, -, -, -, DE, June, Child, Poisoned, Suddenly
Charles Cleaver, 85, M, B, F, W, DE, May, Laborer, Dropsy, 42
Theodore Spruance, 1, M, -, -, -, DE, Jan, Child, Scarlet Fever, 3
John _. Jones, 21, M, -, -, -, DE, Aug, Farmer, Inflammation of Bowels, 21
Isaac Hudson, 14, M, B, F, -, DE, Feb, Minor, Affection of Head, 21
Samuel Boyer, 13, M, B, F, -, DE, June, Minor, Run over by wagon, -
Hannah Ringold, 48, F, B, F, -, DE, May, Servant, Bilious Fever, 3
Charlotte Ringold, 19, F, B, F, -, DE, Mar, Servant, Severe Cold, 10
Nathan Hall, 66, M, -, -, -, DE, Jan, Farmer, Debility, 100
Sarah Stevens, 16, F, B, F, -, DE, Mar, Servant, Consumption, 90
William Stevens, 16, M, B, F, -, DE, Aug, Servant, Typhoid, 35
Olivia W. White, 10, F, -, -, -, PA, Feb, Child, Typhoid, 28
Mary Huffington, 24, F, -, -, M, DE, Mar, Lady, Inflammation of Bowels, 190
Alfred Polson, 5/12, M, -, -, -, DE, Mar, Child, Fever, 56
Mary Davis, 11/12, F, -, -, -, DE, Dec, Child, Inflammation, 7
Adeline Meredith, 1, F, -, -, -, DE, Aug, Child, Summer Complaint, 90
David Hauber, 65, M, -, -, M, Ireland, Feb, Laborer, Consumption, 150
Susan Price, 62, F, -, -, -, DE, May, Servant, Dropsy, 120

David C. Maison, 2/12, M, -, -, -, DE, Sept, Child, Unk, 21
Mary A. Jefferson, 19, F, B, F, -, DE, May Servant, Consumption, 270
Joseph Jones, 1, M, B, F, -, DE, Aug, Child, Summer Complaint, 90
Mintie Ashton, 1, F, B, F, -, DE, Sept, Child, Summer Complaint, 120
Anna O. Morrow, 17, F, -, -, -, Ireland, Aug, Domestic, Bilious Fever, 12
John Forbes, 28, M, -, -, M, Ireland, Sept, Tanner, Stabbed, 19
William Berry, 60, M, -, -, -, DE, Mar, Farmer, Unk, 370
Joseph Clegg, 5, M, -, -, -, DE, Jan, Child, Fever, 21
Anna M. Mansfield, 69, F, -, -, M, DE, Feb, Old Lady, Old Age, 3 years
Jacob Thompson, 1/12, M, -, -, -, DE, June, Child, Unk, 2
Joseph Humphries, 72, M, -, -, -, DE, Jul, Captain, Paralysis, 5 years
Sallie Hazel, 2, F, -, -, -, DE, Aug, Child, Dysentery, 14
Maggie Hazel, 1/12, F, -, -, -, DE, Jan, Child, Unk, 14
Sallie J. Mannering, 9/12, F, -, -, -, DE, Aug, Child, Brain Fever, 10
John F. Brown, 30, M, -, -, -, DE, Mar, Farmer, Brain Fever, 21
Harriet Baccus, 6, F, B, F, -, DE, June, Child, Congestive Fever, 21
Martha E. Burris, 1, F, -, -, -, DE, Feb, Child, Quinsy, 5
Martha Everett, 27, F, -, -, M, DE, May, Lady, Consumption, 365
Eanon Everett, 2/12, F, -, -, -, DE, May, Child, Consumption, 12
John Hayes, 56, M, -, -, -, DE, Sept, Laborer, Consumption, 140
Wm. H. Jones, 2/12, M, -, -, -, DE, Feb, Child, Unk, 6
Arnold Moore, 1, M, -, -, -, DE, Jul, Child, Unk, 10
Charles Miller, 70, M, B, F, -, DE, Nov, Laborer, Unk, 150
Sarah E. Jones, 4, F, -, -, -, DE, Feb, Child, Croup, 11
Walker Pleasanton, 1, M, -, -, -, DE, Aug, Child, Brain Fever, 9
Thomas Cushing, 75, M, -, -, -, DE, May, Old May, Consumption, 21
William Savin, 83, M, M, -, W, DE, Jan Old Man, Old Age, 30
Robert Hopkins, 8, M, -, -, -, DE, Oct, Child, Spinal Disease, 8 years
Henry Taylor, 16, M, -, -, -, DE, Aug, Child, Drowned, Instantly
Thomas Taylor, 7, M, -, -, -, DE, Aug, Child, Drowned, Instantly
Thomas Ford, 42, M, -, -, M, DE, Oct, Farmer, Liver Complaint, 35
Theodore Wallace, 2/12, M, -, -, -, DE, Jul, Child, Summer Complaint, 4
Mary A. Oakes, 9/12, F, -, -, -, DE, Apr, Child, Unk, Suddenly
Mary Pleasanton, 44, F, -, -, M, DE, May, Lady, Consumption, 3 ½ years
Hannah Williams 66, F, -, -, M, England, May, Lady, Unk, Suddenly
Moses Dawson, 54, M, B, F, -, DE, Feb, Farmer, Bilious Cholic, 5
Benjamin Brown, 30, M, B, F, -, DE, Mar, Waterman, Consumption, 21
Levin Pinket, 51, M, B, F, M, DE, Aug, Laborer, Dropsy, 700
Mary Huvington, 18, F, B, -, -, DE, Aug, -, Consumption, 6 months
Mary Purnel, 47, F, B, -, M, DE, Jan, Domestic, Heart Disease, 1 month
John G. Gray, 16, M, -, -, -, DE, Aug, Farm Laborer, Typhoid, 3 weeks
Thomas Mason, 60, M, B, -, -, DE, June, Farmer, Paralytic, 7 weeks
Josephine Thomas, 2/12, F, -, -, -, DE, Mar, -, Unk, 1 day
Wingate Harmon, 54, M, M, -, M, DE, Jul, Day Laborer, Unk, 4 months
Anna C. Hall, 1/12, F, -, -, -, DE, Jul, -, Hives, 1 day
James T. Hall, 22, M, -, -, -, DE, Oct, Farmer, Unk, 1 month

Nancy Walton, 55, F, B, -, M, DE, Nov, -, Unk, Sudden
Ann M. Stevens, 1,F, -, -, -, DE, Mar, -, Scarlet Fever, 2 days
William Saxton, 49, M, -, -, M, DE, Jul, Miller, Consumption, 1 year
Celia Turner, 7, F, M, -, -, DE, Aug, -, Whooping Cough, 9 months
Starling Owens, 74, F, -, -, W, DE, Nov, -, Dropsy, 6 months
Mary E. Melvin, 25, F, -, -, M, DE, Feb, -, Consumption, 5 months
Robert C. Mochatines, 26, M, -, -, M, DE, May, Farmer, Nelomania, 2 months
Mary A. Harrington, 2, F, -, -, -, DE, Aug, -, Diarrhea, 4 months
James H. Short, 55, M, B, -, M, DE, Jan, Day Laborer, Consumption, 1 year
Josephine Williams, 23, F, -, -, M, DE, Oct, -, Tonsel Ephus, 3 days
Susan A. Short, 45, F, -, -, M, DE, Jul, -, Chronic Diarrhea, 3 months
Emma Short, 2/12, F, -, -, -, DE, Aug, -, Chronic Diarrhea, 2 months
Mariah H. McKnatt, 55, F, -, -, -, DE, Apr, -, Consumption, 3 months
John H. Eccleston, 65, M, -, -, M, MD, Nov, Magistrate, Dropsy, 9 months
William H. Stockley, 6, M, -, -, -, NJ, Aug, -, Diarrhea, 1 week
James K. _. Denney, 13, M, -, -, -, DE, Sept, -, Spine Disease, 6 weeks
Jessie N. Wallace, 8/12, F, -, -, -, DE, Jul, -, Diarrhea, 1 week
Rhoda Hudson, 20, F, -, -, -, DE, Mar, -, Consumption, 2 months
Thomas Hudson, 33,M, -, -, -, DE, Apr, School Teacher, Consumption, 2 Months
Rev. George Lacy MD, 46, M, -, -, -, DE, Mar, ME Clergyman, Unk, Unk
Letitia Purnel, 75, F, B, -, -, DE, Jan, -, Unk, 1 week
___ Tilghman, 1, F, -, -, -, DE, Sept, -, Cholera, 3 days
Joseph Stewart, 22, F, -, -, -, DE, Aug, -, Consumption, 3 Months
Eliza Eccleston, 27, F, B, -, M, DE, May, Consumption, 2 years
Sarah A. Nutter, 9, F, -, -, -, DE, Jan, -, Typhoid, 2 weeks
Mary Henry, 65, F, B, -, M, MD, Apr, -, Unk, Suddenly
Thomas Lewis, 25, M, M, -, -, DE, May, Farm Labor, Hemmorage of Lungs, 5 months
Mary Harter, 1/12, F, -, -, -, DE, June, -, Thrust, 3 days
Elizabeth Larimore, 39, F, -, -, M, MD, Aug, -, Consumption, 2 years
Louisa Williams, 9, F, -, -, -, MD, Oct, -, Typhoid, 4 weeks
Issabella Sipple, 10/12, F, -, -, -, DE, June, -, Diarrhea, 3 days
Margaret L. Brown, 18, F, -, -, M, MD, Aug, -, Typhoid, 2 weeks
Oliver Baker, 1,M, -, -, -, DE, Aug, -, Croup, 1 week
Sarah Minner, 65, F, -, -, W, DE, Apr, -, Consumption, 6 weeks
Thomas Williams, 59, M, -, -, M, DE, Jan, Farmer, Consumption, 1 month
William L. Hubbard, 16, M, -, -, -, MD, Jan, Farm, Labor, Inflammatory Rheumatism, 2 weeks
John Saulsbury, 45, M, -, -, -, DE, Aug, Farm Labor, Consumption, 3 months
Ann E. Saulsbury, 1, F, -, -, -, DE, Jul, -, Cholera, 1 week
Mary Peters, 55, F, -, -, W, MD, Feb, -, Consumption, 2 years
Mary Nowel, 94, F, -, -, W, DE, Aug, -, Old Age, -
Ezekiel B. Cooker 3/12, F (M), -, -, -, DE, June, -, Cholera, 2 days
Roxanna Townsend, 5/12, F, B, -, -, DE, Aug, -, Croup, 1 week
George E. Green, 2, M, B, -, -, MD, Sept, -, Typhoid, 2 months
Sarah Minner, 60, F, -, -, W, DE, Mar, -, Consumption, 3 months

Angeline Calloway, 10, F, -, -, -, DE, Feb, -, Heart Disease, Sudden
George S. Taylor, 1/12, M, -, -, -, DE, May, -, Unk, 1 month
Colliston Hignut, 57, M, -, -, M, MD, June, Tanner, Consumption, 2 years
Abner Jessup, 23,M, B, -, -, DE, Mar, Day Labor, Consumption, 1 year
Georgianna Green, 3/12, F, -, -, -, DE, Apr, -, Thrust, 2 months
Emeline Whiteley, 3, F, -, -, -, DE, May, -, Whooping Cough, 2 months
Lovey Cooper, 24, F, -, -, M, DE, May, -, Consumption, 3, years
Ellen Phelan, 10/12, F, -, -, -, DE, Jan, -, Scalded, 6 weeks
Georgianna Goldy, 11/12, F, -, -, -, NJ, Jan, -, Whooping Cough, 4 weeks
Theodore Johnson, 30, M, -, -, -, DE, Aug, No Occupation, Black Scurvey, 1 month
Aiply FitzJarrel, 4, F, -, -, -, DE, Oct, Croop, 2 days
William Allen, 5, M, -, -, -, DE, Feb, -, Spine Disease, 7 months
Nancy Hardesty, 56, F, -, -, -, DE, Jul, -, Consumption, 2 months
Waitman Rion, 18, M, -, -, -, DE, Oct, Farm, Labor, Inflammation of Bowels, 2 weeks
Delila Duker, 16, F, B, -, -, DE, Mar, -, Dropsy, 6 months
Clement T. Russell, 40, M, -, -, M, DE, Apr, Farmer, Dropsy, 30
Rachel Gales, 12, F, B, -, -, DE, Apr, -, Consumption, 30
Sarah C. Stokley, 3, F, -, -, -, DE, Sept, -, Coup, 8
Susan J. Camper, 6, F, -, -, -, DE, Nov, -, Throat Disease, 7
Susan R. Donivan, 1, F, -, -, -, DE, Jul, -, Dysentery, 14
James, Brown, 28, M, -, -, M, DE, May, Farmer, Consumption, 90
Mary A. Collins, 40, F, -, -, M, DE, Jan, -, Consumption, 150
Eliza C. Collins, 11, F, -, -, -, DE, Aug, -, Typhoid, 9
Sarah S. Collins, 11, F, -, -, -, DE, Aug, -, Typhoid, 9
Samuel Willis, 35, M, -, -, M, DE, Aug, Laborer, Unk, 1
Julia A. Colwell, 60, F, -, -, M, DE, Sept, -, Consumption, 600
Margaret Abbott, 21, F, -, -, M, DE, Jan, -, Consumption, 300
Frederick S. Jakes, 1, M, -, -, -, DE, Aug, -, Dysentery, 14
Rebecca A. Gibbs, 20, F, B, -, -, DE, Mar, -, Fitts, 30
Anna Pearson, 21, F, -, -, -, DE, Jan, -, Consumption, 11
William A. Huston, 21, M, -, -, -, DE, Jan, Painter, Consumption, 78
John Harmon, 17, M, B, -, -, DE, Dec, Servant, Consumption, 100
Saml. Frisby, 7, M, B, -, -, -, DE, Dec, -, Consumption, 56
Benj. B. Townsend, 61, M, -, -, M, DE, Jan, Gentleman, Paralysis, 7
Mary A. Gibbs, 1, F, -, -, -, DE, Dec, -, Unk, 2
Mary Bonwile, 34, F, -, -, M, DE, Dec, -, Liver Complaint, 150
James E. McCauley, 4, M, -, -, -, DE, Mar, -, Scarlet Fever, 5
Susan Bell, 2, F, -, -, -, DE, Mar, -, Throat Disease, 2
Jonathan Louber, 1/12, M, B, -, -, DE, Apr, -, Unk, 7
William Prattis, 18, M, B, -, -, DE, Apr, Laborer, Inflammation of Bowels, 4
Jenifer Anderson, 71, M, -, -, M, DE, Sept, Ship Captain, Paralysis, 20
Mary E. Lewis, 18, F, -, -, -, DE, Dec, Servant, Consumption, 100
Ann Gross, 16, F, B, -, -, DE, Jan, Servant, Consumption, 180
Annie Whiteley, 18, F, B, -, -, DE, May, Servant, Consumption, 100

Francis A. Paterson, 17, F, B, -, -, DE, May, Servant, Consumption, 180
Naomy Emory, 1/12, F, -, -, -, DE, Feb, -, Unk, 4
Allen W. Prattis, 19, M, B, -, -, DE, Apr, Laborer, Inflammation of Bowels, 7
Mary M. Jester, 25, F, -, -, -, DE, May, -, Consumption, 35
Adam Harrington, 35, M, -, -, M, DE, Jan, Farmer, Typhoid, 14
Mary E. Hussy, 3, F, -, -, -, Maine, Sept, -, Inflammation of Throat, 7
Walter Salmons, 3/12, M, -, -, -, DE, Jul, -, Dysentery, 14
Ellen Hotson, 9/12, F, -, -, -, PA, Jul, -, Dysentery, 7
Matilda Patterson, 20, F, -, -, -, DE, Mar, -, Consumption, 120
Elizabeth Knotts, 5, F, -, -, -, DE, June, Inflammation of Bowels, 7
Daniel Wheeler, 68, M, -, -, W, DE, Nov, Manufacturer, Heart Disease, Sudden
Emily Graham, 1, F, -, -, -, DE, Jul, -, Cancer, 21
Mary H. Moors, 1,F, -, -, -, DE, May, -, Burn, 14
Martha Billing, 36, F, -, -, M, DE, Jul, -, Inflammation of Bowels, 6
Mary A Scott, 3/12, F, -, -, -, DE, Aug, -, Head Shot, 2
Mariam Swigget, 50, F, -, -, -, DE, Feb, -, Cancer in Breast, 60
Florence Sapp, 3/12, F, -, -, -, DE, Feb, Croup, 2
John Smiley, 1/12, M, -, -, -, DE, Aug, Unk, 1
Susan Hers__, 27, F, -, -, -, DE, Mar, -, Consumption, 50
Eliza A. Dill, 14, F, -, -, -, DE, June, -, Inflammaton of Bowels, 9
Joseph Pickering, 89, M, -, -, M, PA, May, Cooper, Gravel, 10
J.S. Griffin, 1, F, -, -, -, DE, May, -, Croup, 2
John Pearson, 8/12, M, -, -, -, DE, Aug, -, Unk, 60
John S. Clements 3/12, M, -, -, -, DE, June, -, Dysentery, 15
Amos Hensley, 65, M, -, -, M, DE, Jan, Farmer, Inflammation of Brain, 1
Hannah McBride, 38, F, -, -, M, DE, June, -, Inflammation of Brain, 1
William Davis, 2, M, -, -, -, DE, Jul, -, Consumption, 49
Joseph Hankins, 21, M, -, -, -, England, Jul, Laborer, Croup, 2
Sarah E. Lyons, 3/12, F, -, -, -, DE, Feb, -, Dysentery, 10
Mary Elsbery, 44, F, B, -, -, DE, Aug, Servant, Thrust, 4
Henry Harrington, 35, M, -, -, M, DE, Aug, Laborer, Dysentery, 14
Samuel Hobson, 13,M, -, -, -, DE, Sept, Laborer, Dropsy, 90
Eliza Jarrett, 45, F, -, -, -, DE, Jan, -, Fell from horse, 20
Nathl. Hoffington, 78, M, -, -, -, MD, June, Laborer, Scrofula, 300
Isaac Turner, 62, M, -, -, -, MD, Sept, Laborer, General Debility, 60
Crupta Scott, 51, F, -, -, -, DE, Apr, Servant, Inflammation of Brain, 10
Hannah Huffington, 1/12, F, B, -, -, DE, Apr, -, Inflammation of Brain, 10
Greg Deakim, 13, M, -, -, -, DE, Sept, -, Typhoid, 21
Francis Kemp, 3, M, -, -, -, DE, Jul, -, Scarlet Fever, 50
Thomas Thornton, 37, M, -, -, -, DE, June, Shoemaker, Consumption, 50
Rachel Frazier, 64, F, -, -, W, DE, Oct, -, Bilious Fever, 7

Kent 1860 Index

Abbott, 68
Adkins, 64
Allen, 68
Anderson, 68
Ashton, 66
Baccus, 66
Baker, 67
Bell, 68
Benn, 64
Berry, 66
Biggs, 64
Billing, 69
Bonwile, 68
Boyer, 65
Brown, 66-68
Buckson, 65
Burke, 65
Burris, 66
Butler, 64
Calloway, 68
Camper, 68
Cleaver, 65
Clegg, 66
Clements, 69
Collins, 68
Colwell, 68
Cooker, 67
Cooper, 68
Cox, 64-65
Craig, 64
Cushing, 66
Davis, 65, 69
Dawson, 64-66
Deakim, 69
Denney, 67
Denny, 64
Dill, 69
Donivan, 68
Duker, 68
Durham, 65
Eccleston, 67
Elsbery, 69
Emory, 69
Everett, 66

Fisher, 64
FitzJarrel, 68
Forbes, 66
Ford, 65-66
Frazier, 69
Frisby, 68
Gales, 68
Gibbs, 68
Goldy, 68
Graham, 69
Gray, 65-66
Green, 67-68
Griffin, 69
Gross, 68
Hainer, 64
Haines, 64
Hall, 65-66
Hancock, 64
Hankins, 69
Hardesty, 68
Harmon, 66, 68
Harrington, 69
Harter, 67
Hauber, 65
Hayes, 66
Hazel, 66
Henry, 67
Hensley, 69
Herd, 65
Hers__, 69
Hickey, 64
Hicks, 65
Hignut, 68
Hoffington, 69
Hopkins, 66
Hotson, 69
Hubbard, 67
Hudson, 65, 67
Huffington, 65, 69
Humphries, 66
Hussy, 69
Huston, 68
Huvington, 66
Jakes, 68

Jarrett, 69
Jefferson, 66
Jessup, 68
Jester, 69
Jobson, 69
Johnson, 64, 68
Jones, 65-66
Kemp, 69
Knight, 64
Knotts, 69
Lacy, 67
Larimore, 67
Lewis, 64, 67-68
Louber, 68
Lyons, 69
Maison, 66
Mannering, 66
Mansfield, 66
Mason, 66
McBride, 69
McCauley, 68
McDowell, 64
McKnatt, 67
Melvin, 67
Meredith, 65
Miller, 65-66
Mills, 64
Minner, 67
Mochatines, 67
Moore, 65-66
Moors, 69
Morris, 65
Morrow, 66
Naudine, 64
Nowell, 67
Nutter, 67
Oakes, 66
Owens, 67
Palmatory, 65
Parking, 64
Paterson, 69
Patterson, 69
Pearson, 68-69
Peters, 67

Phelan, 68
Pickering, 69
Pinket, 66
Pleasanton, 66
Polson, 65
Prattis, 68-69
Price, 65
Purnel, 66-67
Rawley, 65
Reed, 65
Ringold, 65
Rion, 68
Robinson, 65
Russell, 68
Salmons, 69
Sapp, 69
Saulsbury, 67

Savin, 66
Saxton, 64, 67
Scott, 69
Scotten, 65
Short, 67
Sipple, 67
Slaughter, 64
Slay, 65
Smiley, 69
Spruance, 65
Stevens, 65, 67
Stewart, 67
Stockley, 67
Stokley, 68
Stuart, 64
Swigget, 69
Taylor, 66, 68

Thomas, 65-66
Thompson, 66
Thornton, 69
Tilghman, 67
Townsend, 67-68
Turner, 67, 69
Voshell, 65
Wallace, 65-67
Walton, 67
Wheeler, 69
White, 64-65
Whiteley, 68
Williams, 66-67
Willis, 68
Wilson, 65

Delaware 1860 Mortality Schedule
New Castle County

The Delaware Mortality Schedule was filmed by the Delaware Department of State, Division of Historical and Cultural Affairs. There are eleven columns of information on this 1860 mortality schedule. All eleven listed below are transcribed:

1. Name of Every Person Who Died During Year Ending 1 June 1860 Whose Place of Abode at Time of Death Was in This Family
2. Age
3. Sex
4. Color White (W), Black (B), Mulatto (M)
5. Free or Slave
6. Married or Widowed
7. Place of Birth
8. Month Died
9. Profession, Occupation, or Trade
10. Disease or Cause of Death
11. Number of Days Ill

These columns are shown as following example: John Doe, 1, M, -, -, -, DE, Apr., -, Inflammation of Lungs, 2 weeks. The dash is used when the column was left blank or is not legible.

Daniel Munon, 55, M, -, -, M, Ireland, May, Farmer, Consumption, 3 years
Catharine Munon, 17 F, -, -, -, DE, Feb, -, Consumption, 1 year
Ann Martin, 19, F, -, -, -, Ireland, Oct, -, Consumption, 1 year
John Martin, 17, M, -, -, -, Ireland, June, Apprentice Cooper, Consumption, 1 year
Robert Pyle, 8/12, M, -, -, -, DE, May, -, Scalded, 9 days
Eliza J. Talley, 2/12, F,-, -, -, DE, Aug, -, Whooping Cough, 1 month
Catherine Martin, 4/12, F, -, -, -, DE, Aug, -, Cholera, 2 months
James Daily, 43, M, -, -, M, Ireland, Dec, Shoemaker, Heart Disease, 3 days
Susan Wilson, 6, F, -, -, -, DE, Apr, -, Croup, 7 days
Elizabeth Bailey, 2/12, F, -, -, -, DE, Jul, -, Worms & Chills
Hubert Jacot, 43, M, -, -, M, France, Nov, Powderman, Powder Explosion, Sudden
Edward Daugherty, 23, M, -, -, -, Ireland, Nov, Powderman, Powder Explosion, Sudden
Mary E. Wilson, 24, F, -, -, M, PA, June, -, Typhoid, 2 weeks
Amanda F. Wickerham, 23, F, -, -, -, DE, Sept, -, Consumption, 2 years
William F. Wickerham, 17 M, -, -, -, DE, Feb, Apprentice to Cabinetmaker, Consumption, 6 months
Victorie V. Wickerham, 21, F, -, -, -, DE, May, -, Consumption, 8 months
Elizabeth Ennis, 9/12, F, -, -, -, DE, Jul, -, Cholera, 1 day
Augustus E. Jessup, 62, M, -, -, M, Mass, Dec, Farmer, Appoplexy, 1 week

Henry L. Colp, 4 M, -, -, -, DE, Mar, -, Liver Complaint, 2 days
Fanny B. Elliott, 4, F, -, -, -, DE, Nov, Scarlet Fever, 4 days
William Tilman, 8/12, M, B, -, -, DE, Oct, -, Catarrh, 1 month
Ann Backus, 22, F, B, -, -, -, DE, Sept, -, Typhoid, 3 weeks
Eliza Backus, 2 F, B, -, -, DE, Sept, -, Typhoid, 2 weeks
Richard A. Reading, 13, M, B, -, -, DE, May, -, Inflammation of Lungs, 3 weeks
Patrick McIntire, 18, M, -, -, -, Ireland, June, in Factory, Consumption, 1 year
Ann. W. Tatnall, 15, F, -, -, -, DE, Nov, -, Consumption, 7 months
Robert Tatnal, 4/12, M, -, -, -, DE, Jul, -, Inflammation of Bowels, 1 week
Thomas Lea, 3, M, -, -, -, DE, Dec, -, Scarlet Fever, 6 weeks
Margaret Ann Jackson, 5, M, -, -, -, DE, Oct, -, Inflammation on Brain, 2 days
Ann Hinkle, 3, F, -, -, -, DE, Dec, -, Scarlet Fever, 4 weeks
Elizabeth Hinkle, 1, F, -, -, -, DE, Jan, -, Scarlet Fever, 5 weeks
Ann Bailey, 2, F, -, -, -, PA, Dec, -, Scarlet Fever, 6 weeks
Mary Ann Brierly, 21, F, -, -, M, DE, Apr, -, Heart Disease, Sudden
Hanna Owens, 66, F, -, -, -, DE, May, -, Heart Disease, Sudden
Rebecca Sweeney, 33, F, -, -, M, Ireland, Mar, -, Perplex of Lungs, Sudden
Hannah Gamble, 84, F, -, -, -, Ireland, June, -, Old Age, 4 weeks
Sarah E. Payne, 1, F, -, -, -, DE, Dec, -, Bronchitis, 3 months
Mary E. Muer, 5, F, -, -, -, PA, Jan, -, Croup, 2 days
Agnes Steinmetz, 2, F, -, -, -, MD, Mar, -, Whooping Cough, 1 week
John Murphy, 24, M, -, -, M, Ireland, Jan, Factory Man, Tumor on Brain, 6 months
Lewis Vanhour, 1, M, -, -, -, DE, Aug, -, Summer Complaint, 2 weeks
Thos. Miller, 87, M, -, -, M, Ireland, Jan, -, Old Age, 11 weeks
Andrew Judson, 2, M, -, -, -, DE, Dec, -, Scarlet Fever, 6 weeks
James Spenser, 9/12, M, -, -, -, DE, Sept, -, Catarrh Fever, 1 week
Mary Ann Reynolds, 8, F, -, -, -, DE, Jan -, Consumption, 3 weeks
Susan McCleland, 10, F, -, -, -, DE, Sept, -, Scarlet Fever, 4 weeks
Maria C. McCleland, 7, F, -, -, -, DE, Sept, -, Scarlet Fever, 4 weeks
William Robinson, 67, M, -, -, -, DE, Aug, Farmer, Jaundice, 4 weeks
Sarah Miller, 84, F, -, -, M, DE, Aug, -, Old Age, 2 weeks
Eliza S. Weldin, 2, F, -, -, -, DE, Nov, -, Dropsy, 5 months
Jane Galigan, 24, F, -, -, -, Ireland, May Domestic, Intemperance, Sudden
Thomas R. Talley, 2, M, -, -, -, DE, May, -, Dropsy, 5 months
George Forwood, 64, M, -, -, M, DE, Aug, Farmer, Paraletic, Sudden
Jane C. Osborn, 8, F, -, -, -, DE, Sept, -, Scarlet Fever, 11 days
Mary Ann Daugherty, 8/12, F, -, -, -, DE, Dec, -, Consumption, 5 weeks
John Lodge, 73, M, -, -, M, DE, Jul, Farmer, Inflammation of Bowels, 1 week
Thomas A. Myers, 49, M, -, -, M, NJ, Apr, -, Bronchitis, 5 years
Stewart Brown, 5/12, M, -, -, -, DE, Mar, -, Pneumonia, 2 days
Rachal Shull, 69, F, -, -, W, PA, Mar, -, Old Age, 2 weeks
Isaac W. Ennis, 4/12, M, -, -, -, DE, Aug, -, Inflammation of Bowels, 9 days
James F. Peters, 1, M, -, -, -, DE, Nov, -, Scarlet Fever, 2 weeks
Sarah Moore, 35, F, B, -, -, DE, Jan, -, Consumption, 3 months
Elizabeth Nutall, 36, F, -, -, M, MD, May, -, Consumption, 2 years

Laura Nutall, 1, F, -, -, -, DE, May, -, Unk, 1 year
Furgetson Harety, 20, M, -, -, -, Ireland, Dec, Laborer, Typhoid, 2 years
Sarah E. Yeatman, 5/12, F, -, -, -, DE, Feb, -, Heart Disease, 3 months
Taylor Cloud, 12, M -, -, -, PA, Jan, -, Typhus, 6 months
Samuel Magrann, 16, M, -, -, -, Ireland, Aug, -, Accident, 2 days
William P. Chandler, 8, M, -, -, -, PA, Jul, -, Croup, 3 days
Margaret Harety, 11, F, -, -, -, PA, Aug, -, Dysentery, 6 days
Harriet M. Beath, 29, F, -, -, -, DE, Sept, -, Consumption, 2 months
Mary McLaughlin, 25, F, -, -, M, Ireland, Feb, Consumption, 1 year
Sarah A. Beaty, 4, F, -, -, -, DE, Dec, -, Brain Fever, 14 days
Alfred Degods, 11/12, M, -, -, -, DE, Jan, -, Inflammation of Lungs, 7 days
Mary J. Hunter, 20, F, -, -, -, Ireland, Oct, -, Unk, 1 day
William Burns, 3, M, -, -, -, DE, Jan, -, Croup, 2 days
Maria Garvine, 28, F, -, -, M, PA, Dec, -, Unk, 6 days
Joseph Kirkwood, 1, M, -, -, -, DE, Oct, -, Bronchitis, 21 days
Mary McPherson, 66, F, -, -, W, Ireland, Apr, -, Asthma, 1 year
Susan Gibbons, 1, F, -, -, -, DE, Feb, -, Croup, 2 days
John Welsh, 26, M, -, -, -, M, Ireland, Oct, Powder Mill, Explosion of PM, -
William Morne, 44 M, -, -, M, Ireland, Oct, Powder Mill, Explosion of PM, -
Sarah Derry, 6, F, -, -, -, DE, Feb, -, Consumption, 4 months
Rose Derry, 9, F, -, -, -, DE, Jul, -, Brain Fever, 28 days
Mary Jane McCoy, 3, F, -, -, -, DE, Dec, -, Scarlet Fever, 3, days
Thos. Beaty, 1, M, -, -, -, DE, Sept, -, Measles, 6 days
Joseph W. Yarnall, 1, M, -, -, -, DE, Mar, -, Mumps, 14 days
Catherine Dunn, 77, F, -, -, W, Ireland, Sept, -, Paralytic, 3 months
Mary J. Green, 4/12, F, -, -, -, DE, May, -, Lung Problem, 2 days
Mary Gillager, 4/12, F, -, -, -, DE, Apr, -, Croup, 6 days
Sarah McElier, 4, F, -, -, -, DE, May, -, Inflammation of Bowels, 2 days
Rebecca A. Hamilton, 2, F, -, -, -, DE, May, Inflammation in Head, 9 days
Mary McCann, 26, F, -, -, -, DE, Mar, Opr. In Factory, Tumor in Thigh, 3 years
William Scott, 2, M, -, -, -, DE, Dec, -, Quinsey, 30 days
William Hays, 1/12, M, -, -, -, DE, Jul, -, Unk, 7 days
William McIntyre, 6, M, -, -, -, DE, Apr, -, Unk, 8 months
Martha McIntyre, 5, F, -, -, -, DE, Apr, -, Quinsy, 12 days
Sarah Daugherty, 1, F, -, -, -, DE, Aug, -, Dysentery, 3 weeks
Rebecca Toy, 3, F, -, -, -, DE, May, -, Typhoid, 3 months
Mary Toy, 5/12, F, -, -, -, DE, Sep, -, Dysentery, 7 weeks
Alexander Flanigan, 5, M, -, -, -, DE, Jul, -, Dysentery, 7 days
Mary V. Flanigan, 3, F, -, -, -, DE, Jul, -, Dysentery, 5 days
Sarah A. Lamplaugh, 36, F, -, -, M, DE, Oct, -, Cancer, Lingering
Price Chandler, 4, M, -, -, -, PA, Mar, -, Accidentally Burned, -
Jacob Postwell, 79, M, -, -, M, DE, Sep, Farmer, Rheumatic, 10 years
Margaret Gamil, 10 F, -, -, -, Scotland, May, -, Scarlet Fever, 8 days
Alfred McElroy, 5 M, -, -, -, PA, Nov, -, Scarlet Fever, 4 days
Martha McGugan, 29, F, -, -, M, Ireland, May, -, Consumption, 8 days
Lydian Boulderson, 49, F, -, -, -, DE, Feb, Seamster, Consumption, 1 year

William Brackin, 71, M, -, - M, DE, Nov, Tavern Keeper, Paralytic, 24 hours
William Moses, 3, M, -, -, -, DE, Jan, -, Whooping Cough, 1 month
Ann Robinson, 24, F, -, -, -, DE, Jan, Housekeeper, Consumption, 9 months
Samuel Pekey, 72, M, -, -, W, PA, Sept, Farmer & Gardner, From Fall, Sudden
John Bennett, 50, M, -, -, W, DE, Feb, Blacksmith, Consumption, 15 months
Joseph Hobecroft, 23 M, -, -, -, DE, Dec, Cotton Spinner, Consumption of Bowels, 7 months
William H. Brackin, 2, M, -, -, -, DE, Feb, -, Whooping Cough, 6 weeks
Mary Morgan, 83, F, -, -, W, PA, Feb, Private Life, Cold or Old Age, 2 weeks
Phebe Wilson, 88, F, -, -, W, DE, Private Life, Old Age, 9 weeks
Susan Drake, 58, F, -, -, -, NY, Sept, Housekeeper, Typhoid, 2 months
Washington Whitman, 35, M, -, -, M, DE, Jan, Farmer, Intermittent and Effects of Laudanum, Sudden
Jonett Swayne, 80, M, -, -, W, PA, June, Carpenter, Inflammation of Bowels 3 days
John Soward, 45, M, -, -, -, M, MD, Jan, Farmer, Consumption, 2 months
Mary Soward, 10, F, -, -, -, DE, May, -, Consumption, 4 months
Mary L. Alrich, 8/12, F, -, -, -, DE, Apr, -, Whooping Cough, 14 days
Robert Turner, 47 M, B, -, M, MD, Nov, Farm Laborer, Intemperance Frozen, Sudden
Mary Whitacre, 8/12, F, M, -, -, DE, Oct, -, Sore Throat, 3 weeks
Elizabeth McCrone, 68, F, -, -, M, DE, Oct, -, Bilious Dysentery, 19 days
Peter Draper, 9/12, M, B, -, -, DE, Apr, -, Ruptured, 3 days
George Hart, 69, M, -, -, -, PA, Feb, Stone Mason, Intemperance, 4 days
Georgianna Turner, 3, F, -, -, -, DE, Mar, -, Scarlet Fever, 17 days
Edward King, 70, M, -, -, W, England, Oct, Farm Laborer, Accidental Drowning, Sudden
Sarah Hammilton, 14, F, -, -, -, DE, May, -, Consumption, 4 years
Amanda Everson, 1, F, -, -, -, DE, Nov, -, Inflammation of Lungs, 2 months
Perry Harris, 96, M, B, -, W, MD, Feb, Day Laborer, Paralytic Stroke, 3 years
James Bolten, 83, M, -, -, W, DE, Aug, Farmer, Consumption, 10 days
Wm. Chandler, 45, M, -, -, W, Mass, Dec, Farmer, Consumption, 3 years
Florence Moore, 3, F, -, -, -, DE, May, -, Dropsy, 6 weeks
Mary D. Spotswood, 16, F, -, -, -, DE, June, -, Consumption, 5 months
Margaret Faris, 25, F, -, -, M, NJ, Oct, -, Dysentery, 6 weeks
Samuel Faris, 3/12, M, -, -, -, PA, June, -, Ingewed in Birth, 3 days
Alfred Duncan, 1, M, -, -, -, DE, Aug, -, Disease of Brain, 8 hours
Elizabeth Whitely, 11, F, -, -, -, DE, June, -, Disease of Heart, 3 months
Edward Wolson, 21, M, -, -, -, DE, Oct, Sailor, Yellow Fever, 5 days
Peter White, 2, M, -, -, -, DE, May, -, Water on Brain, 3 days
Catharine Finigan, 15, F, -, -, -, Ireland, Dec, -, Consumption, 7 months
Elizabeth Tindale, 1, F, -, -, -, DE, Aug, -, Dysentery, 3 days
Martin McCue, 60, M, -, -, M, Ireland, Dec, Hackman, Consumption, Sudden
Robert Hacklis, 2, M, -, -, -, DE, Feb, -, Scarlet Fever, 9 days
Mary Lafferty, 52, F, -, -, M, DE, Apr, -, Heart Disease, 1 year
Parris Booth, 4, M, M, -, -, DE, Oct, -, Inflammation of Bowels, 4 days

Edward Russel, 6, M, B, -, -, DE, Jan, -, Unk, 1 week
Elijah Painter, 45, M, B, -, -, DE, Aug, Day Laborer, Consumption, 2 years
Mary Ash, 12, F, B, -, -, DE, Feb, -, Consumption, 2 months
George Kimball, 5, M, -, -, -, DE, May, -, Scarlet Fever, 1 week
Amelia Wise, 7, F, -, -, -, DE, Jan, -, Scarlet Fever, 2 weeks
Howard Bare, 2, M, -, -, -, DE, Mar, -, Mumps, 2 weeks
Michael King, 2/12, M, -, -, -, DE, June, -, Heart Disease, 1 day
Mary Odennal, 8, F, -, -, -, DE, Nov, -, Measles, 1 week
Elizabeth Taggart, 7, F, -, -, -, DE, Jul, -, Bilious Dysentery, 2 weeks
Florence C. Rise, 18, F, -, -, -, NJ, Apr, -, Pneumonia, 11 days
Mary Allerdice, 11/12, F, -, -, -, DE, Aug, -, Colony Enfactim, 2 days
Lydia Rothwell, 50, F, B, F, M, DE, Jan, -, Consumption, 4 months
Sarah A. Bostick, 3, F, -, -, -, DE, Feb, -, Bronchitis, 2 days
Daniel Roberson, 26, M, -, -, -, M, DE, Jan, Laborer, Intemperance, 8 days
Anna Clayton, 41, F, -, -, M, DE, Jan, -, Disease of Heart, 7 weeks
Stephen Groom, 34, M, B, F, M, DE, Sept, Laborer, Pleurisy, 5 days
Sael Backus, 17, M, B, F, -, DE, Sept, Laborer, Consumption, 8 days
William J. Backus, 3/12, M, B, F, -, DE, Oct, -, Croup, 2 days
Mary E. Wright, 6, F, -, -, -, DE, Mar, -, Spasms, 2 days
John Moody, 45, M, B, F, M, DE, Dec, Laborer, Found Dead, Sudden
Rebecca B. Goldsborough, 6, F, -, -, -, MD, Mar, -, Gastric, Fever, 3 weeks
Minus Boil, 33, M, -, -, M, Ireland, Jan, Farmer, Unk, 2 days
Robert Cross, 7, M, -, -, -, DE, Oct, -, Hydrophobia, 4 days
Lucretia Fortner, 2/12, F, -, -, -, DE, Jul, -, Dysentery, 3 weeks
Hanah Taylor, 76, F, -, -, - DE, Apr, -, Paralytic, 8 months
Henry Durham, 53, M, M, F, M, DE, Mar, Laborer, Consumption, 7 months
Henry Walker, 74, M, B, F, M, DE, Sept, Laborer, Old Age, 1 year
Thomas Lyons, M, -, -, M, DE, Sept, Farmer, Dropsy, 8 months
Eliza Moss, 2/12, F, -, -, -, DE, Feb, -, Spasms, 1 day
Mary J. Walker, 15, F, -, -, -, DE, Aug, -, Accidental Drowning, -
John Caulk, 16, M, B, F, -, DE, Sept, Laborer, Consumption, 2 months
John Cunningham, 14, M, -, -, -, DE, Oct, Laborer, Consumption, 3 months
Alethia McKee, 51, F, -, -, M, DE, Dec, -, Heart Disease, 3 months
Foster Boon, 35, M, -, -, W, DE, Mar, Tailor, Consumption, 2 years
Sarah Jones, 55, F, B, F, W, DE, Nov, Washwoman, Bilious Colic, 4 days
John Randall, 26, M, -, -, M, DE, Feb, Shoemaker, Bilious Colic, 2 weeks
Sarah F. Lowery, 1, F, -, -, -, DE, May, -, Brain Fever, 3 days
John A. Barr, 44, M, -, -, M, DE, Feb, Physician, Consumption, 3 months
Erasmus Dorrall, 48, M, -, -, M, NJ, May, Laborer, Drowned, -
Samuel Clark, 13,M, -, -, -, DE, Jul, Laborer, Covered up in a bank of dirt, 1 day
Peter Donlan, 35, M, -, -, M, Ireland, Feb, Laborer, Consumption, 2 years
Jonas E. Goldsborough, 3/12, M, -, -, -, DE, Aug, -, Summer Complaint, 2 weeks
Eliza Hudson, 29, F, -, -, M, DE, May, -, Typhoid, 11 days
Mary J. Irons, 45, F, -, -, M, DE, Dec, -, Worm Disease, 3 years
James R. Mulford, 50, M, -, -, M, NJ, Aug, Butcher, Rumatic, 6 months
Anna Mulford, 74, F, -, -, W, NJ, May, Retired, Rumatic, 1 year

Sarah J. Brown, 14, F, B, F, -, DE, Sept, Hired Girl, Typhoid, 6 days
Joseph Deil, 20, M, -, -, -, DE, Jan, Student, Consumption, 2 years
George S. Aldridge, 19, M, -, -, -, DE Nov, Farm Worker, Rumatic, 2 weeks
Curtis Joseph, 1 M, -, -, -, DE, Jul, -, Brain Fever, 1 week
Jenney R. Warwick, 1, F, -, -, -, NJ, Aug, Dysentery, 2 weeks
Charles Roberts, 3, M, -, -, -, DE, Nov, -, Croup, 6 days
Charles A. Rider, 8/12, M, -, -, -, DE, Apr, -, Croup, 3 weeks
Mary E. Castlelow, 1, F, -, -, -, DE, Aug, -, Croup, 3 weeks
Ann Boyse, 25, F, -, -, M, Ireland, Dec, Domestic, Brain Fever, 2 weeks
Ida B. Frazier, 10/12, F, -, -, -, DE, Apr, -, Brain Fever, 2 weeks
Author Murry, 24, M, -, -, -, Ireland, Sept, Laborer, Typhoid, 10 days
Martha Warren, 2 F, B, F, -, DE, Apr, -, Typhoid, 2 weeks
Greenbury Rose, 5, M, -, -, -, DE, Feb, -, Typhoid, 1 week
George M. Boyd, 27, M, -, -, -, District of Columbia, Jul, School Teacher, Drowned,-
James McKey, 7, M, -, -, -, DE, Jul, -, Drowned, -
Susan Hudson, 17, F, -, -, -, DE, Apr, -, Lung Disease, 1 year
John Chandler, 1, M, B, F, -, DE, Apr, Dysentery, 1 week
Mary Brown, 2, F, B, F, -, DE, May, -, Dysentery, 1 week
Anna E. Moore, 52, F, -, -, M, DE, Mar, -, Apoplexy, 1 day
Sharlott, Gross, 37, F, M, F, M, DE, Jan, -, Consumption, 6 months
William Neal, 66, M, B, F, -, DE, Feb, Laborer, Strained by lifting, 1 day
Jacob Georgersenbery, 2, M, -, -, -, Germany, Mar, -, Croup, 2 weeks
William Stephens, 1, M, -, -, -, DE, Feb, -, Brain Fever, 14 days
Benjamin Armstrong, 82, M, -, -, M, DE, June, Farmer, Old Age, 1 month
Polly A. Hogans, 43, F, -, -, W, DE, May, Pneumonia, 6 days
Frank Williams, 1/12, M, B. F, -, DE, May, -, Fits, 1 day
Marian Moody, 74, F, -, -, W, DE, Apr, -, Old Age, 7 days
Hanah Boulden, 100, F, B, F, W, DE, Jul, -, Old Age, -
Charles E. Thomas, 4, M, B, F, -, MD, June, -, Pneumonia, 4 days
William A. Draper, 2, M, B, F, -, DE, Oct, -, Bowel Complaint, 10 days
Susan Crawford, 33, F, B, F, M, DE, May, Servant, Consumption, 42 days
William Coursey, 1/12, M, B, F, -, DE, Jul, -, Unk, 1 day
Mary A. Dixon, 2/12, F, B, F, -, DE, Apr, -, Bowel Complaint, 2 days
Peter G. Dixon, 2/12, M. B, F, -, DE, Apr, -, Bowel Complaint, 2 days
Mary Longfellow, 5/12, F, -, -, -, DE, Jul, -, Congestion of Liver, 2 days
Clara Miller, 11/12, F, B, -, -, DE, Apr, -, Lung Disease, 5 months
John Murphy, 70, M, -, -, -, DE, Aug, Farmer, Culleny, 5 days
Mary Godwin, 2, F, M, S, -, DE, Feb, -, Scarlet Fever, 2 days
Catharine Evans, 30, F, -, -, M, Ireland, Apr, -, Consumption, 1 year
Robert Ocheltree, 74, M, -, -, M, DE, Jan, Farmer, Paraletic, 1 month
Mary Chambers, 2/12, F, -, -, -, DE, Sept, -, Summer Complaints, 6 weeks
Robert Allen, 3/12, M, -, -, -, DE, Jul, -, Deformity of Nature, 2 weeks
Mary Lecates, 7/12, F, -, -, -, DE, Aug, -, Summer Complaint, 8 weeks
Martha Lecates, 7/12, F, -, -, -, DE, Aug, -, Summer Complaint, 8 weeks
James Robinson, 37, M, -, -, M, Scotland, Nov, Merchant, -, -

Frederick Scialton, 2, M, -, -, -, DE, Feb, -, Consumption, 6 months
John Dearbin, 70, M, -, -, W, MD, Aug, Shoemaker, Croup, 3 days
Inglebert Messic, 36, M, -, -, M, Baden Germany, Jan, Shoemaker, Stofferd, 11 hours
George Messic, 1, M, -, -, -, DE, Dec, -, Liver Complaint, 11 days
Benjamin Cooper, 59, M, -, -, M, NJ, Feb, Day Laborer, Croup, 2 days
John A. Barr, 43, M, -, -, M, IL, Feb, Physician, Typhoid, 2 weeks
Susan Jefferson, 11/12, F, -, -, -, IL, Sept, -, Consumption, 3 months
Elizabeth Davidson, 38, F, -, -, M, IL, Dec, -, Croup, 1 day
Amanda Vanhekle, 1, F, -, -, -, IL, Aug, -, Abortion, 1 month
Mary A. Hilman, 31, F, -, -, M, NJ, Apr, -, Summer Complaint, 6 weeks
Cantrell J. Footman, 53, M, -, -, M, DE, Dec, Merchant, Consumption, 8 months
John Bowen, 29, M, -, -, -, DE, Feb, Plasterer, Hanged, Sudden
Ann Miller, 5/12, F, B, -, -, DE, Aug, -, Unk, 3 days
Richard Millison, 19, M, -, -, -, PA, Dec, Loper, Consumption, 6 months
Sarah O. Bryan, 10/12, F, -, -, -, DE, Aug, -, Unk, 5 months
Wm. Bowel, 4/12, M, -, -, -, DE, Feb, -, Unk, 4 days
George Powell, 6/12, M, -, -, -, DE, Aug, -, Dysentery, 2 days
George Ash, 23, M, -, -, -, DE, June, Clerk, Consumption, 3 weeks
Mary Wingate, 1/12, F, -, -, -, DE, Aug, -, Unk, 1 day
Mary Thein, 3/12, F, -, -, -, DE, Dec, -, Chills, 1 week
Anna Collins, 38, F, -, -, M, Ireland, June, -, Unk, 3 days
Benjamin Dunlap, 55, M, -, -, M, PA, June, Pneumonia, 5 days
James Mote, 69 M, -, -, M, PA, Mar, Farmer, Pneumonia, 5 days
Samuel Fergerson, 50 M, -, -, M, MD, Oct, Blacksmith, Consumption, 6 months
John W. Biddle, 1/12, M, B, -, -, -, DE, May, -, Chronic Spasms, 3 days
Lucinda Steel, 23, F, -, -, -, DE, Feb, -, Consumption, 3 years
William K. Smith, 2, M, -, -, -, DE, Oct, -, Croup, 5 days
William Motherall, 53, M, -, -, M, DE, Jan, Farmer, Bilious Colic, 1 day
Jonett Morrison, 30, F, -, -, M, DE, Dec, -, Peritonitis, 6 days
Sarah E. Johnston, 10/12, F, B, -, -, DE, Aug, -, Worms, 3 months
John Simpson, 70, M, -, -, M, Ireland, Oct, Farmer, Debility and Old Age, 7 weeks
Isaac Bostick, 47, M, B, -, M, MD, Aug, Farmer, Consumption, 2 months
Deannah Tripile, 10, F, B, -, -, DE, Apr, -, Worms, 1 year
Hary B. Lawdon, 3/12, M, -, -, -, DE, Apr, -, Catarrah on Breast, 20, days
Heysler William 1/12, M, -, -, -, DE, Mar, -, Unk, 1 week
Walter Miller, 1/12, M, -, -, -, DE, Aug, -, Unk, 2 weeks
Margaret Crowley, 73, F, -, -, M, PA, Jan, Retired, Hepatitis, 2 weeks
Rachel Hoggens, 2 F, B, -, -, DE, Jan, -, Spasmodic Croup, 1 day
Matilda Taylor, 17, F, -, -, -, DE, June, -, Ascites & Carditis, 20 weeks
Leticia Keeling 1/12, F, -, -, -, DE, Oct, -, Unk, 1 week
John M. Fergurson, 52 M, -, -, M, MD, Nov, Baker, Ulcerated Bowels, 3 months
Sarah Nowland, 30, F, -, -, M, Ireland, Jan, -, Peritonitis, 5 days
Francis Robinson, 19, F, -, -, -, England, Mar, Domestic, Consumption, 6 months
John Casho, 32, M, -, -, M, DE, Aug, Carpenter, Consumption, 3 years

Ella Hall, 6/12, F, -, -, -, DE, Mar, -, Unk, 6 months
John Emsley, 10/12, M, -, -, -, England, Nov, -, Measles, 7 days
Joseph A. Maybern, 6/12, M, -, -, -, DE Nov, -, Croup, 6 days
Thomas Bradly, 52, M, -, -, M, PA, Mar, Farmer, Ulcerated Bowels, 3 days
Mary Green, 2, F, -, -, -, DE, Mar, -, Worms, 1 week
Elizabeth Cornoy, 31, F, -, -, -, M, PA, Jul, -, Carditis, 6 weeks
Baby, 1/12, F, -, -, -, DE, June, Unk, 6 hours
Charles Mathes, 51, M, B, -, M, MD, Apr, Farm Laborer, Consumption, 1 year
Mary Boyles, 2, F, M, -, -, DE, Jul, -, Catarrah on Breast, 4 weeks
Sarah Mitchell, 57, F, -, -, M, DE, Jan, -, Froze to Death, -
Hannah Garrett, 75, F, B, -, W, DE, Apr, Domestic, Pleurisy & Dropsy, 3 months
James Janvier, 8, M, -, -, -, DE, Man, -, Scarlet Fever, 3 days
Eugene Janvier, 4, M, -, -, -, DE, Jan, -, Scarlet Fever, 2 days
Robert Vansant, 53, M, -, -, -, DE, Feb, Day Laborer, Palsy, 9 hours
Susan Rosine, 19, F, -, -, -, DE, Jan, -, Scarlet Fever, 9 days
Thomas Williams, 64, M, -, -, M, England, Mar, Stone Mason, Consumption on Bowels, 3 months
Emma Scott, 6, F, -, -, -, MD, Jan, -, Croup, 9 days
Authur Badey, 79, M, -, -, M, Ireland, Aug, Farmer, Dysentery, 7 days
Emma Beisel, 3/12, F, -, -, -, DE, Aug, -, Worms, 2 weeks
Martha Loper, 21, F, B, -, -, DE, June, Domestic, Consumption, 2 years
Mary Loper, 15, F, B, -, -, DE, Dec, Domestic, Consumption & Dropsy, 1 year
Charles Loper, 3, M, B, -, -, DE, Jul, -, Unk, 3 months
Kate Clark, 21, F, -, -, -, DE, Jan, -, Consumption, 7 months
Hanna Trusty, 5, F, M, -, -, DE, Apr, -, Consumption, 3 months
Lydie Wilson, 7/12, F, -, -, -, MD, Feb, -, Catarrah on Breast, 1 week
Eliza Stewart, 53, F, -, -, M, PA, Feb, -, Consumption 4 years
John Burgess, 33, M, -, - M, DE, Feb, Carpenter, Carditis, 1 year
Manlove Jester, 63, M, -, -, M, DE, May, Farmer, Intermitting Fever, 2 weeks
William Evans, 25 M, B, -, M, DE, Jul, Farm Labor, From Drinking Cold Water, 4 days
Esther A. Hackett, 18, F, B, -, -, DE, Feb, Domestic, Hypertrophy of Heart, 1 month
William Bayard, 14, M, B, -, -, -, DE, Apr, -, Consumption, 2 months
Robert Coage, 3/12, M, B, -, -, DE, Jul, -, Spasmodic Croup, 12 hours
Ann Cann, 74, F, -, -, W, DE, Feb, Retired, Old Age, 4 weeks
Henry Katick, 15, M, -, -, -, DE, Nov, Farmers Apprentice, Accidental Shooting, Sudden
Ann Johnston, 70, F, M, -, W, DE, Dec, Retired, Old Age, 3 months
Terry Wiley, 75, F, B, -, W, DE, Jul, Retired, Old Age, 6 months
Theodore Webb, 1, M, -, -, -, DE, Nov, -, Spasmodic Croup, 3 days
George Bayard, 6/12, M, B. -, -, DE, Dec, -, Worms, 2 days
Thomas Morris, 3/12, M, B, -, -, DE, Dec, -, Sore Mouth, 2 months
Martha Chambers, 2, F, B, -, -, DE, Mar, -, Accidental Fall, 2 days
John Biggs, 71, M, -, -, M, DE, Jan, Farmer, Pneumonia, 1 week

Elizabeth Biggs, 2, F, -, -, -, DE, Aug, -, Dysentery, 5 days
Alexander Peterson, 3/12, M, B, -, -, DE, Dec, -, Unk, 1 months
Catharine Hudgson, 75, F, -, -, W, MD, Aug, Retired, Carditis, Sudden
Ora Jesture, 2, F, -, -, -, DE, Feb, -, Catarrah on Breast, 20 days
James Greese, 6, M, -, -, -, DE, June, -, Dysentery, 3 days
Henry Caycer, 60, M, -, -, M DE, Nov, Farmer, Palsey, 3 days
Mary E. Price, 11/12, F, -, -, -, DE, Apr, -, Teething, 60 days
Joseph Wolverton, 26, M, -, -, M, NJ, Nov, Blacksmith, Consumption, 1 year
John C. Stalcup, 50, M, -, -, M, NJ, Mar, Cab M, Consumption, 6 months
James J. Gebhart, 2, M, -, -, -, DE, Aug, -, Water on Brain, 17 days
Jesse Kane, 74, M, -, -, M, PA, Apr, Trader, Gravel, 14 days
John L. Springer, 11, M, -, -, -, DE, Jul, -, Scarlet Fever, 6 days
Clara F. Springer, 5, F, -, -, -, DE, Oct -, Scarlet Fever, 2 days
Unnamed__ Heisler, 3 weeks F, -, -, -, DE, Jul, -, Unk, 4, days
Ann Wilson, 49, F, -, -, M, England, Dec, -, Throat Disease, 2 years
Richard Cox, 7, M, -, -, -, DE Oct, -, Scarlet Fever, 7, days
Rosanna McGlaugellin, 3, F, -, -, -, DE, June, -, Unk, 7 days
Sarah J. Beckey, 3, F, -, -, -, DE Jul, -, Liver Complaint, 1 year
Lewis H. Robinson, 21 M, -, -, -, DE, Nov, Machinist, Congestion on Brain, 5 days
William M. Johnson, 36, M, -, -, W, PA, Apr, Carpenter, Consumption, 9 months
Charles A. Camel, 1, M, -, -, -, DE, Oct, -, Croup, 1 day
Ida R. Legg, 4, F, -, -, -, DE, Jan, -, Scarlet Fever, 27 days
Mary B. Legg, 6, F, -, -, -, DE Jan, -, Scarlet Fever, 9 days
Magdalene Arygle, 6 days, F, -, -, -, DE, Nov, -, Unk, 6 days
Henry Kink, 45, M, -, -, M, Germany, Sept, Master Baker, Yellow Jaundice, 28 days
Eliza Hink, 2, F, -, -, -, DE, Aug, -, Brain Fever, 8 days
Samuel McCoy, 10/12, M, -, -, -, DE, Oct, -, Scarlet Fever, 11 days
Augustus McCoy, 3/12, M, -, -, -, DE, Aug, -, Inflammation of Bowels, 30 days
Catharine Norris, 63, F, -, -, W, DE, Jul, -, Pleurisy, 3 months
Christian Buttner, 47, M, -, -, M, Germany, Apr, Gardner, Stroke, 1 week
Charles E. Jones, 1/12, M, -, -, -, DE, Jul, -, Unk, 1 month
Ella M. Sweatman, 21, F, -, -, -, DE, Aug, -, Heary Cord, 32 days
Margaret Keifer, 16, F, -, -, M, Germany, August, -, Child Bed, 1 day
Unnamed Keifer, 2 days, F, -, -, -, DE, Aug, -, Unk, 2 days
Edith Emil, 3, F, -, -, -, DE, Aug, -, Whooping Cough, 2 months
John C. Lummis, 48, M, -, -, W, NJ, Jul, Farmer, Inflammation of Bowels, 7 days
Patience E. Dudley, 80, F, B, F, W, MD, Jul, -, Old Age, 1 year
Joseph Graves, 28 M, B, F, -, DE, Oct, Laborer Fall, 3 months
Patience Ann Graves, 21 F, B, F, -, DE Aug, -, Consumption, 6 months
Ruth Ann Roland, 61 F, -, -, -, DE, Jul, -, Spine Disease, 5 years
Sidney M. Richardson, 9, F, -, -, -, DE, Oct, -, Scarlet Fever, 8 days
Charles B. Stevenson, 1, M, -, -, -, DE, Mar, -, Croup, 1 day

Millie M. Kenney, 11, F, -, -, -, VA, Mar, -, Head Disease, 1 year
Mary Harvey, 4, F, -, -, -, DE, Aug, -, Dysentery, 4 days
Mary Ann Collins, 24, F, -, -, -, NJ, Apr, -, Carbunkle on Throat, 3 weeks
Catharine Enos, 3/12, F, -, -, -, DE, Aug, -, Whooping Cough, 14 days
Dorcas Mingo, 84, F, B, F, M, MD, May, -, Old Age, 1 day
Joseph Breen, 52, M, -, -, -, England, Jan, Engineer, Consumption, 1 year
William V. Furrey, 11/12, M, -, -, -, DE, Jul, -, Unk, 1 week
Ellen M. Maharty, 5, M, -, -, -, DE, Jan, -, Scarlet Fever, 4 days
William J. Maharty, 1, M, -, -, -, DE, Jan, -, Scarlet Fever, 4 days
Benjamin Barron, 56, M, -, -, M, NJ, Jul, Pilot, Stroke, Sudden
Wm. H. Strain, 1, M, -, -, -, DE, Oct, Whooping Cough, 8 days
Mary Ann Miller, 47, F, -, -, M, DE, Feb, -, Dropsy, 1 year
John Peterson, 6, M, -, -, -, MD, Jan, -, Scarlet Fever, 8 days
Peter Peterson, 4, M, -, -, -, PA, Jan, -, Scarlet Fever, 3 days
Geo. W. Stokes, 2/12, M, -, -, -, DE, Feb, -, Unk, 1 day
William C. Taylor, 23, M, -, -, -, DE, Mar, ?, Consumption, 6 months
Fredin A. Ireland, 10, M, -, -, -, DE, Sept, -, Fits, 2 days
Ann Field, 5/12, F, -, -, -, DE, Sept, -, Croup, 1 day
Margaret Jack, 84, F, -, -, W, Ireland, Dec, -, Old Age, 6 days
Dennis Oyswood, 30, M, -, -, M, England Dec, Grocer, Heart Disease, 6 months
Ann E. May, 2, F, -, -, -, DE, Aug, -, Cholera, 35 days
George Boyd, 26, M, -, -, -, DC, Jul, School Teacher, Drowned, Suddenly
Mary J. Purnel, 28, F, -, -, -, DE, Feb, Montua Maker, Rheumatism, 7 days
Mary L. Lewis, 9/12, F, -, -, -, DE, Aug, -, Disease of Lungs, 3 months
Samuel McClary, 71, M, -, -, M, DE, Aug, Machinist, Indigestion, 30 days
Gaylord Mecham, 3, M, -, -, -, DE, Mar, -, Inflammation of Bowels, 5 days
George Tindale, 8, M, -, -, -, NJ, Oct, -, Croup, 2 days
John M. Whitfield, 10, M, -, -, -, England, Jul, -, Scarlet Fever, 3 days
Hannah Ferris, 68, F, -, -, M, PA, May, -, Namonia, 7 days
John Richardson, 76, M, -, -, W, DE, Sept, Farmer, Congestion of Lungs, 30 days
Elsey F. Flanigan 11/12, M, -, -, -, DE, Jan, -, Erysyphillis, 1 week
Catharine K. Johnson, 65, F, -, -, W, DE, Sept, -, Dropsy, 5 weeks
James H. Carey, 2, M, -, -, -, DE, Mar, -, Consumption, 1 year
John Cornelius, 9, M, -, -, -, DE, Jul, -, Drowned, Suddenly
Mary G. Woodward, 26, F, -, -, M, DE, Jul, -, Consumption, 1 year
Frank L. Richards, 7/12, M, -, -, -, DE, Jan, -, Croup, 5 days
Patrick Joyce, 40, M, -, -, M, Ireland, June, Laborer, Inflammation of Bowels, 3 days
John McEleves, 4, M, -, -, -, DE, June, -, Weakness in Breast, 3 weeks
Mary E. Foulk, 2, F, -, -, -, DE, Dec, -, Effusion of Lungs, 5 weeks
Mary A. Land, 44, F, -, -, -, NJ, Apr, -, Astma, Suddenly
Elizabeth Haney, 37, F, -, -, M, Ireland, Jul, -, Consumption, 8 months
Thomas Haney, 12, M, -, -, -, DE, Jul, -, LockJaw, 7 days
Joseph Merritt, 10/12, M, B, F, -, DE Feb, -, Catarrh on Breast, 4 days
Samuel H. Anderson, 9, M, B, F, -, PA, June, -, Dropsy, 7 months
Thomas F. Featherston, 6, M, -, -, -, DE, May, -, Scarlet Fever, 3 days

William H. Wiser, 7, M, -, -, -, -, PA, Apr, -, Inflammation on Brain, 3 weeks
Edward D. Alloway, 1, M, -, -, -, DE, Feb, -, Scarlet Fever, 3 days
Robert Taylor, 1/12, M, -, -, -, DE, May, -, Croup, 1 day
Margaret Jordan, 30, F, -, -, M, Ireland, Aug, -, Abscess on Liver, 2 months
Chandler, Jordan, 5/12, M, -, -, -, DE, Jul, -, Consumption, 5 months
Anna Marie Clinch, 2, F, -, -, -, DE, Oct, -, Scarlet Fever, 13 days
James Crozier, 1, M, -, -, -, PA, Aug, -, Cholera, 10 weeks
Mary Ellen Devlin, 3, F, -, -, -, DE, Feb, -, Hip Disease, 7 months
Matthew Hosack, 88, M, -, -, W, Ireland, Dec, Laborer, Old Age, 2 years
Daniel Kurtz, 9/12, M, -, -, -, DE, Jul, -, Cholera, 11 days
Leslie S. Crook, 2 M, -, -, -, DE, Oct, -, Scarlet Fever, 14 days
Edward F. Peirson, 6, M, -, -, -, PA, Mar, -, Typhus, 28 days
Thomas Allison, 39, M, -, -, M, PA, Dec, Hatter, Consumption, 90 days
Victor Darlington, 2, M, -, -, -, DE, Oct, -, Scarlet Fever, 7 days
William J. Edward, 2, M, -, -, -, DE, Feb, -, Croup, 3 days
Mary Reynolds, 2, F, -, -, -, DE, Aug, Dysentery, 21 days
Marietta Gibson, 12, F, -, -, -, DE, Apr, -, Inflammation on Brain, 14 days
William F. Turner, 11, M, -, -, -, PA, Feb, -, Fall from four story building, Suddenly
Sarah E. Robinson, 1, F, -, -, -, DE, Aug, Dropsy on Brain, 90 days
Hary Clay Richards, 3, M, -, -, -, DE, Nov, -, Scarlet Fever, 7 days
Margaret Slate, 1, F, -, -, -, PA, Nov, -, Teething, 30 days
Rebecca Tobias, 24, F, B, -, -, DE, Feb, Went out to Service, Consumption, 9 months
Adeline Chew, 1, F, -, -, -, DE, Feb, -, Whooping Cough, 30 days
Westly K. Chew, 3/12, M, -, -, -, DE, Apr, -, Scarlet Fever, 6 days
James Alexander, 1, M, -, -, -, DE, Sept, -, Whooping Cough, 40 days
Virginia Solomon, 7, F, -, -, -, DE, Sept, -, Scarlet Fever, 8 days
John McClaferty, 2, M, -, -, -, DE, Feb, -, Worms, 3 months
Hugh Reddy, 18, M, -, -, -, Ireland, May, Laborer, Consumption, 1 year
Charles Read, 2, M, -, -, -, DE, Aug, -, Whooping Cough, 2 weeks
Edward Medly, 3, M, -, -, -, DE, Dec, -, Scarlet Fever, 2 days
Mary J. Hunter, 16, F, -, -, -, Ireland, Jan, -, Typhoid, 7 days
Margaret Lawrence, 60, F, B, -, -, DE, Dec, -, Hemorrhage of Lungs, 1 year
Ella Miller, 7, F, -, -, -, St. Johns Newfoundland, Mar, -, Scarlet Fever, 9 days
Elizabeth C. Guthrie, 5, F, -, -, -, PA, Jan, -, Scarlet Fever, 3 days
Margaret Clark, 74, F, -, -, W, Ireland, May, -, Canser on Breast, 1 year
Clinton V. Harris, 2, M, -, -, -, DE, Feb, -, Scrofula, 42 days
Emily R. Harris, 2,F, -, -, -, DE, May, -, Inflammation of Throat, 3 days
Charles Gallager, 1,M, -, -, -, DE, Aug, -, Cholera, 2 months
Sarah Duncan, 72, F, -, -, W, DE, Aug, -, Affection of Lungs, 10 years
Emily Stroud, 2/12, F, -, -, -, DE, Jul, -, Brain Fever, 4 days
George R. Johnson, 2, M, -, -, -, DE, Aug, -, Cholera, 14 days
James C. McCombs, 30, M, -, -, -, DE, Mar Currier, Liver Disease, 5 months
John Coleman, 70, M, -, -, M, PA, Dec, blacksmith, Bad Cold, 1 year
Caroline Simmons, 3, F, B, -, -, DE, May, -, Namonia, 3 days

Mary Ann Tebo, 46, F, -, -, -, W, SC, Mar, Dressmaker, Erysyphillis, 4 days
Amy A. Peirce, 11, F, -, -, -, DE, May, -, Inflammation of Bowel, 5 days
James H. Warner, 3/12, M, -, -, -, DE, May, -, Inflammation of Bowels, 5 days
Conard Toy, 45, M, -, -, M, NJ, ? Trade, Consumption, 3 months
Albert Draper, 19, M, -, -, -, PA, Aug, Morocco Dress, Typhoid, 8 weeks
John Conahan, 4,M, -, -, -, DE, Aug, -, Spasms, 1 day
Sophie Gineen, 3, F, -, -, -, DE, Dec, -, Scarlet Feve,r 1 day
Richard Lynam, 62, M, -, -, M, PA, Aug, Cooper, Heart Disease, 4 months
Ann C. Freester, 2, F, -, -, -, DE, Jul, -, Dysentery, 5 days
Laura Peekey, 10/12, F, -, -, -, DE, Aug, -, Cholera, 1 days
Thomas Higgins, 8/12, M, -, -, -, DE, Oct, -, Cholera, 30 days
John Rodgers, 32, M, -, -, M, Ireland, Aug, Laborer, Consumption, 3 months
James Gallagher, 8, F (M), -, -, -, DE, June, -, Dysentery, 3 months
John Tilghman, 79, M, B, -, W, MA, June, -, Astma, 6 days
Julius Stencker, 7/12, M, -, -, -, PA, Sept, -, Pulmonary Disease, 1 day
Theodore Derry, 4, M, B, -, -, DE, Apr, -, Dropsy, 6 months
William Rhoads, 7,M, -, -, -, DE, Apr, -, Consumption, 3 months
Amelia Lockwood, 2/12, F, B, -, -, DE, Feb, -, Unk, 1 month
William H. Wilson, 23, M, B, -, -, DE Aug, Barber, Consumtpion, 3 months
James Tobias, 23, M, B, -, M, DE, Sept, Laborer, Consumption, 1 year
Rebecca Jeffries, 69, F, B, -, W, PA, Feb, -, Rheumatism, 14 days
Daniel Lafferty, 32 M, -, -, M, Ireland, Dec, -, Paraletic Stroke, 2 days
Eliza McKenny, 60, F, -, -, M, Ireland, Feb, -, Woman Complaint, 6 months
Edward H. Knull, 1, M, -, -, -, NJ, Aug, -, Brain Fever, 4 weeks
William Coy (Toy), 37 M, -, -, -, Ireland, Jul, Laborer, Rheumatism, 1 week
Ann Carney, 28, F, -, -, M, Ireland, Aug, -, Childbirth, 4 days
Henrietta Woodward, 4/12, F, -, -, -, DE, Oct, -, Chills & Fever, 4 weeks
Joseph Hayes, 38, M, -, -, -, DE, Mar, Watchmaker, Dyspepsia, 3 weeks
Daniel Hayes, 8/12, M, -, -, -, DE, Aug, -, Cholera, 2 weeks
James Curnan, 2, M, -, -, -, DE, Dec, -, Erysyphillis, 5 days
Harriet L. Powell, 1, F, -, -, -, DE, Sept, -, Cholera, 1 months
William Griffith, 1, M, -, -, -, DE, Aug, -, Cholera, 6 months
Edwin Hurst, 1, M, -, -, -, DE, Jan, -, Croup, 1 day
Mary Devlin, 7, F, -, -, -, NJ, Aug, -, Dysentery, 7 days
Charles Boulden, 9/12, M, -, -, -, DE, Aug, -, Brain Fever, 14 days
Daniel Welch, 35, M, -, -, M, PA, Oct, Painter, Consumption, 2 years
Margaret Dugan, 1, F, -, -, -, DE, Jul, -, Cholera, 1 month
Emma Roach, 5, F, -, -, -, DE, Dec, -, Inflammation on Lung, 1 month
Hannah Griffith, 14, F, -, -, -, PA, Aug, -, Dysentery, 15 days
Susannah McDonough, 34, F, -, -, M, Ireland, Jul, -, Typhoid, 1 year
Margaret McDonnell, 9/12, F, -, -, -, Ireland, Jul, -, Brain Fever, 8, days
Daniel McIlvain, 30, M, -, -, -, Ireland, -, Cupple, Stroke, Sudden
Hannah Smith, 71, F, -, -, W, DE, Apr, -, Inflammation on Liver, 2 days
Hannah F. Parker, 1, F, -, -, -, DE, Aug, -, Cholera, 6 days
Rebecca Crawford, 1, F, -, -, -, DE, Mar, -, Dyptheria, 7 days

John M, Nones, 23, M, -, -, -, NY, Sept, Leut USRS, Congestion on Lungs, Suddenly
Isaac H. Robbins, 3, M, -, -, -, MA, Dec, -, Influenza, 2 days
Elizabeth Debbet, 27, F, -, -, M, England, Feb, -, Heart Disease, 2 months
Robert Cooper, 35, M, B, -, M, MD, Feb, Laborer, Dropsy, 2 months
William Cooper, 4, M, B, -, -, DE, Mar, -, Convulsions, 2 days
William Benson, 23, M, -, -, -, DE, Jul, Laborer, Hemorrhage of Lungs, 5 weeks
William D. Cook, 2, M, B, -, -, DE, Mar, -, Worms, 1 day
Harriet A. Cook 4, F, B, -, -, DE, Apr, Consumption, 3 years
Mary E. Carpenter, 7, F, -, -, -, DE, Mar, -, Fitts, 2 years
Eliza Tilghman, 1, F, B, -, -, DE, Sept, -, Cholera, 3 months
Rosa, L. Chippy, 3/12, F, B, -, -, DE, Aug, Unk, 3 weeks
Oscar Chippy, 3/12, M, B, -, -, DE, Sept, -, Unk, 2 weeks
Ada Chippy, 3/12, F, B, -, -, DE, Aug, -, Cholera, 1 month
Sarah P. Galbraith, 24, F, -, -, -, PA, Mar, -, Consumption, 7 months
William R, File, 12, M, -, -, -, PA, Apr, Heart Disease, 10 weeks
Geo. N. Condreen, 3/12, M, -, -, -, DE, Jul, - Congestion on Brain, 2 days
Patrick Dearey, 10 M, -, -, -, DE, Aug, -, Dysentery, 2 weeks
Stephen Turner, 30, M, B, -, -, DE, Feb, Waterman, Heart Disease, 2 months
Ellen A. Grave, 8, F, B, -, -, DE, Feb, -, Heart Disease, 3 days
Emma S. Temple, 18, F, -, -, -, DE, Sept, -, Slow Fever, 3 weeks
____ Chambers, 2/12, F, B, -, -, DE, Sept, -, Unk, 2 weeks
Walter Cogswell, 1, M, -, -, -, DE, May, -, Croup, 1 day
Mary E. Hudson, 1, F, -, -, -, DE, Jul, -, Cholera, 8 weeks
Fillmore England, 7, M, -, -, -, DE, May, -, Scarlet Fever, 6 days
Samuel Carpenter, 5/12, M, -, -, -, DE, Feb, -, Inflammation on Brain, 5 days
Henry Richardson, 35, M, B, -, M, DE, Sept, Hod Carner, Drowned, Sudden
Emma Pinkerton, 18, F, -, -, -, DE, Dec, -, Consumption 2 years
James McGlaughlin, 2/12, M, -, -, -, DE, Jul, -, Spasms, 6 days
Jacob Moore, 96, M, B, -, M, DE, May, Gardener, Mortification, 6 months
Jenny Bower, 11/12, F, -, -, -, DE, Nov, -, Scarlet Fever, 5 days
Mary Rozil, 80, F, -, -, W, PA, Jul, -, Debility-Heart Disease, 6 days
Michael Hull, 1, M, -, -, -, DE, Jan, -, Scarlet Fever, 14 days
William C, McGlaughlin, 7, M, -, -, -, PA, Mar, -, Liver Complaint, 2 weeks
F. P. Dillin, 1, M, -, -, -, DE, Aug, -, Cholera, 3 weeks
Mary Green, 22, F, -, -, -, Ireland, May, Milliner, Consumption, 6 months
Geo. W. Garten, 1 M, -, -, -, DE, Sept, -, Brain Fever, 5 weeks
Thos. P. McGowan, 2, M, -, -, -, DE, Nov, -, Croup, 3 days
Adelia Taylor, 4/12, F, -, -, -, DE, Jul, -, Cholera, 9, days
Thompson McCornish, 10, M, -, -, -, MA, Feb, -, Drownded, Suddenly
Henry Morrow, 1/12, M, -, -, -, DE, Feb, -, Inflammation of Lungs, 3 days
Anna Mary Lynch, 8, 12, F, -, -, -, PA, Jul, -, Cholera, 3 weeks
Harriett Dutton, 27, F, -, -, M, DE, June, -, Consumption, 10 weeks
Edward McPherson, 30, M, -, -, M, DC, June, Clerk, Kidney Disease, 1 week
Hary B. Lincoln, 2, M, -, -, -, DE, Jul, -, Cholera, 1 week

Daniel Kelley, 40, M, -, -, -, M, Ireland, Dec, Laborer, Milk Leg Disease, 17 weeks
Abigale Hacken, 10 F, -, -, -, DE, Sept, -, Rupture on Brain, 10 hours
Joseph W. Hall, 8, M, -, -, -, MD, June, -, Poisoned by Swallowing, 1 week
Harrison Hall, 3/12, M, -, -, -, DE, Mar -, Fall of Scalp from Head, 1 day
Mary A. Richardson, 10/12, F, -, -, -, DE, Aug, -, Cholera, 2 days
Howard S. Simpson, 7/12, M, -, -, -, DE, May, -, Merasmer, 5 months
Joshua Johnson, 45, M, -, -, -, PA, Nov, Morroccan Dress, Inflammation of Lungs, 2 weeks
Anna S. Highfield, 11/12, F, -, -, -, DE, Mar, -, Overflow of Brain, 5 weeks
Charles Ranch, 10/12, M, -, -, -, DE, Aug, -, Cholera, 6 weeks
Frank L. Richard, 7/12, M, -, -, -, DE, Jan, -, Croup, 4 days
Geo. T. Lawden, 1, M, -, -, -, DE, Dec, -, Spasms, 3 months
Elizabeth Fleming, 40, F, B, -, M, DE, Mar, -, Childbirth, Sudden
Samuel McClay, 1/12, M, -, -, -, DE, Dec, -, Inflammation of Lungs, 1 day
Robert Cooper, 35, M, B, -, -, MD, Feb, Brick Maker, Dropsy, 5 weeks
George Roberts, 79, M, -, -, M, PA, Apr, Painter, Consumption 50 days
Edward O'Neal, 34, M, -, -, M, Ireland, Jul, Laborer, Dysentery, 1 week
Charles McPherson Brown, 1, M, -, -, -, DE, Jan, -, Consumption, 9 weeks
Anna Whitcroft, 1/12, F, -, -, -, DE, Jan, -, Unk, 4 weeks
George N. Hazlett, 7, M, -, -, -, DE, Sept, -, Throat Disease, -
Thomas P. Magee, 1, M, -, -, -, DE, Aug, -, Cholera, -
Anthony C. Paxon, 11, M, -, -, -, PA, Sept, -, Drowned, -
Mary E. Odonnell, 2, F, -, -, -, DE, Jul, -, Scarlet Fever, -
Daniel Dougherty, 1, M, -, -, -, DE, Aug, -, Cholera, -
Charles Basteger, 2, M, -, -, -, DE, Jul, -, Cholera, -
Joseph Edwards, 2, M, -, -, -, DE, Aug, -, Scarlet Fever, -
Edenburg Harris, 1, M, -, -, -, DE, Oct, -, Scarlet Fever
Margaret Kenedy, 2, F, -, -, -, DE, Aug, -, Hives, -
Helen Pusey, 10, F, -, -, -, DE, Mar, -, Inflammation of Stomach, -
Ida M. Johnson, 5, F, -, -, -, DE, Jan, -, Scarlet Fever, -
Lilley C. Nichols, 11/12, F, -, -, -, DE, Jul, -, Cholera, -
Lydie E. Whitlock, 3, F, -, -, -, DE, Aug, -, Inflammation on Lungs, -
Catharine Grant, 1, F, B, -, -, DE, Aug, -, Cholera, 30 days
William H. Slater, 6, M, -, -, -, PA, Oct, -, Putrid Throat, 4 days
John R. Slater, 4, M, -, -, -, PA, Oct, -, Putrid Throat, 4 days
Mary E. Slater, 7 F, -, -, -, NJ, Nov, Putrid Throad, 4 days
Samuel Codd, 53, M, -, -, -, DE, Apr, Segar Maker, Consumption, 2 years
Anna M. Jenkins, 2, F, B, -, -, DE, Jan, -, Fitts, Sudden
Valentine Ellenger, 1,M, -, -, -, DE, June, -, Inflammation on Lungs, 9 days
Susana Gallager, 1, F, -, -, -, DE, Jan, -, Cholera, 4 months
Isabella Sargent, 49, F, -, -, -, PA, Aug, -, Consumption, 6 months
Franklin Sayers, 15, M, -, -, -, DE, Nov, -, Erysyphillis, 11 weeks
Elizabeth Phillips, 25, F, -, -, M, MD, Dec, -, Phthysic, 6 months
Mary A. McAlier, 60, F, -, -, W, Ireland, Dec, -, Consumption, 1 ½ years
Charles H. Courtney, 1, M, -, -, -, DE, June, -, Scarlet Fever, 7 days

Laura A. Courtney, 6/12, F, -, -, -, DE, June, -, Scarlet Fever, 7 days
Michael Farvin, 30 M, -, -, -, Ireland, Oct, Laborer, Consumption, 40 days
Rebecca Gibson, 35, F, -, -, -, DE, June, -, Rheumatism, 7 days
Kitty Bordley, 21, F, B, -, -, MD, Jul, -, Unk, 7 days
Georgianna Trusty, 22, F, B, -, -, MD, Jan, -, Consumption, 1 year
Hetty Sewell, 27, F, B, -, M, DE, Apr, -, Consumption, 2 years
Ella V. Whitelock, 1, F, -, -, -, DE, Sept, -, Whooping Cough, 3 months
Lewis Pyfe, 2, M, -, -, -, DE, May, -, Heavy Cold, 4 days
John G. Reed, 21, M, -, -, -, MD, May, Co Painter, Drownded, Sudden
Margaret Jordan, 30, F, -, -, M, Ireland, Aug, -, Enlarged Liver, 7 months
Chandler Jordan, 6/12, M, -, -, -, DE, Jul, -, Cholera, 10 days
Harriett Richards, 11/12, F, -, -, -, DE, Aug, -, Cholera, 14 days
Priscilla Milley, 28, F, B, -, -, US, Jul, -, Fitts, -
John McCartney, 56, M, -, -, -, US, Oct, -, Intemperance, -
Laurence Curry, 77, M, -, -, -, Ireland, Jul, -, Unk, -
Henry Miller, 71, M, B, -, -, US, June, -, Unk, -
Jacob Sanders, 26, M, B, -, -, US, Sept, -, Insanity, -
Emma Wright, 2, F, B, -, -, US, Feb, -, Unk, -
John Rider, 50, M, B, -, -, US, Dec, -, Unk, -
Richard Lynam, 40, M, -, -, -, US, Aug, -, Intemperance -
Mary Dean, 65, F, -, -, W, US, Aug, -, Infirmity, -
James Williams, 16, M, -, -, -, US, May, -, Sore Throat, -
Child of Sarah Dixon, 1, M, -, -, -, US, Apr, -, Unk, -
Alexander Read, 40, M, -, -, -, US, Jul, -, Unk, -
William Gibson, 38, M, B, -, -, US, June, -, Unk, -
R. McCormack, 30, M, -, -, -, Ireland, Mar, -, Consumption, -
Emma McDermot, 30, F, -, -, -, US, Mar, -, Unk, -
Mary McGlaughlin, 30, F, -, -, -, US, Apr, -, Unk, -
John Gable, 56, M, -, -, -, Ireland, Apr, -, Mauna Pota, -
John Lynch, 45, M, -, -, -, Ireland, Apr, -, Intemperance, -
Joseph Wright, 45, M, B, -, -, US, May, -, Unk,-
Child of Elizabeth Miller, 1, F, -, -, -, US, June, -, Unk, -
Peter Murphy, 60, M, -, -, -, Ireland, Jan, -, Unk, -
Richard Austin, 30, M, -, -, -, US, Dec, -, Intemperance, -
James Woodland, 70, M, B, -, -, US, Aug, -, Insanity, -
Hannah Moon, 70, F, B, -, -, US, Sept, -, Unk, -
John Gormby, 50, M, -, -, -, Ireland, Nov, -, Intemperance, -
Margaret Meady, 30, F, -, -, -, Ireland, Dec, -, Unk, -
Benjamin Tilghman, 30 M, B, -, -, US, Nov, -, Unk, -
Mary Robinson, 26, F, -, -, -, Ireland, Jul, -, Insantiy, -
Job Cook, 40, M, B, -, -, US, Apr, -, Dropsy, -
Mary A. Frame, 42, F, -, -, -, US, May, -, Insanity, -
Patrick Nathan, 24, M, -, -, -, Ireland, Sept, -, Injury to Spine, -
John Rider, 40, M, -, -, -, US, Dec, -, Unk, -
Eliza Millis, 70, F, B, -, -, US, Oct, -, Insantiy, -

Clement Tucker, 75, M, -, -, -, US, Aug, -, Unk, -
Elizabeth Tilghman, 46, F, B, -, -, US, Oct, -, Intemperance, -
Amelia Murdock, 70, F, -, -, -, US, Nov, -, Unk, -
Lizzie Smith, 2/12, F, -, -, -, US, Jul, -, Unk, -
Christopher Springer, 72, M, -, -, -, US, Sept, -, Unk, -
Ann Smith, 71, F, B, -, -, US, Oct, -, Unk, -
Sarah Caldwell, 70, F, B, -, -, US, Jan, -, Palsey, -
Rachel Denny, 66, F, B, -, -, US, Oct, Unk, -
Elizabeth Callahan, 35, F, B, -, - US, Oct, -, Paralysis, -
A Stranger Unknown, 30, M, -, -, -, Germany, Jan, -, Insanity, -
Child of Cath. Keef, 9/12, F, -, -, -, US, Feb, -, Unk, –
Mrs. Cox, 45, F, -, -, -, US, Mar, -, Unk, -
Marietta Burke, 39, F, -, -, -, US, Mar, -, Insanity, -
Daniel V. Hamilton, 30, M, -, -, -, Ireland, Feb, -, Insanity, -
Jacob Johnson, 65, M, B, -, -, US, Feb, -, Unk, -
Thomas Woods, 70, M, -, -, -, England, May, -, Unk, -
Sarah F. McGone, 65, F, -, -, -, US, Apr, -, Unk, -
Alexander Gordon, 33, M, -, -, -, US, Apr, -, Unk, -
Arthur Merrocco, 51, M, B, -, -, US, Mar, -, Unk, -
Ann Madsen, 47, F, B, -, -, US, Feb, -, Sore Leg, -

New Castle 1860 Index

Aldridge, 77
Alexander, 82
Allen, 77
Allerdice, 76
Allison, 82
Alloway, 82
Alrich, 75
Anderson, 81
Armstrong, 77
Arygle, 80
Ash, 76, 78
Austin, 86
Backus, 73, 76
Badey, 79
Bailey, 72-73
Bare, 76
Barr, 76, 78
Barron, 81
Basteger, 85
Bayard, 79
Beath, 74
Beaty, 74
Beckey, 80
Beisel, 79
Bennett, 75
Benson, 84
Biddle, 78
Biggs, 79-80
Boil, 76
Bolten, 75
Boon, 76
Booth, 75
Bordley, 86
Bostick, 78
Bostwick, 76
Boulden, 77, 83
Boulderson, 74
Bowel, 78
Bowen, 78
Bower, 84
Boyd, 77, 81
Boyles, 79
Boyse, 77

Brackin, 75
Bradly, 79
Breen, 81
Brierly, 73
Brown, 73, 77, 85
Bryan, 78
Burgess, 79
Burke, 87
Burns, 74
Buttner, 80
Caldwell, 87
Callahan, 87
Camel, 80
Cann, 79
Carey, 81
Carney, 83
Carpenter, 84
Casho, 78
Castlelow, 77
Caulk, 76
Caycer, 80
Chambers, 77, 79, 84
Chandler, 74-75, 77
Chew, 82
Chippy, 84
Clark, 76, 79, 82
Clayton, 76
Clinch, 82
Cloud, 74
Coage, 79
Codd, 85
Cogswell, 84
Coleman, 82
Collins, 78, 81
Colp, 73
Conahan, 83
Congreen, 84
Cook, 84, 86
Cooper, 78, 84-85
Cornelius, 81
Cornoy, 79
Corzier, 82
Coursey, 77

Courtney, 85-86
Cox, 80, 87
Coy, 83
Crawford, 77, 83
Crook, 82
Cross, 76
Crowley, 78
Cunningham, 76
Curnan, 83
Curry, 86
Daily, 72
Darlington, 82
Daugherty, 72-74
Davidson, 78
Dean, 86
Dearbin, 78
Dearey, 84
Debbet, 84
Degots, 74
Deil, 77
Denny, 87
Derry, 74, 83
Devlin, 82-83
Dillin, 84
Dixon, 77, 86
Donlan, 76
Dorrall, 76
Dougherty, 85
Drake, 75
Draper, 75, 77, 83
Dudley, 80
Duncan, 75, 82
Dunlap, 78
Dunn, 74
Durham, 76
Dutton, 84
Edward, 82
Edwards, 85
Ellenger, 85
Elliott, 73
Emil, 80
Emsley, 79
England, 84

Ennis, 72-73
Enos, 81
Evans, 77, 79
Everson, 75
Faris, 75
Farvin, 86
Featherston, 81
Fergerson, 78
Fergurson, 78
Ferris, 81
Field, 81
File, 84
Finigan, 75
Flanigan, 74, 81
Fleming, 85
Footman, 78
Fortner, 76
Forwood, 73
Foulk, 81
Frame, 86
Frazier, 77
Freester, 83
Furrey, 81
Gable, 86
Galbraith, 84
Galigan, 73
Gallager, 82, 85
Gallagher, 83
Gamble, 73
Gamil, 74
Garrett, 79
Garten, 84
Garvine, 74
Gebhart, 80
Georgesenbery, 77
Gibbons, 74
Gibson, 82, 86
Gillager, 74
Gineen, 83
Godwin, 77
Goldsborough, 76
Gordon, 87
Gormby, 86
Grant, 85
Grave, 84
Graves, 80

Green, 74, 79, 84
Greese, 80
Griffith, 83
Groom, 76
Gross, 77
Guthrie, 82
Hacken, 85
Hackett, 79
Hacklis, 75
Hall, 79, 85
Hamilton, 74, 87
Hammilton, 75
Haney, 81
Harety, 74
Harris, 75, 82, 85
Hart, 75
Harvey, 81
Hayes, 83
Hays, 74
Hazlett, 85
Heisler, 80
Higgins, 83
Highfield, 85
Hilman, 78
Hink, 80
Hinkle, 73
Hobecroft, 75
Hogans, 77
Hoggens, 78
Hosack, 82
Hudgson, 80
Hudson, 76-77, 84
Hull, 84
Hunter, 74, 82
Hurst, 83
Ireland, 81
Irons, 76
Jack, 81
Jackson, 73
Jacot, 72
Janvier, 79
Jefferson, 78
Jeffries, 83
Jenkins, 85
Jessup, 72
Jester, 79

Jesture, 80
Johnson, 79-82, 85, 87
Johnston, 78
Jones, 76, 80
Jordan, 82, 86
Joseph, 77
Joyce, 81
Judson, 73
Kane, 80
Katick, 79
Keef, 87
Keeling, 78
Keifer, 80
Kelley, 85
Kenedy, 85
Kenney, 81
Kimball, 76
King, 75-76
Kink, 80
Kirkwood, 74
Knull, 83
Kurtz, 82
Lafferty, 75, 83
Lamplaugh, 74
Land, 81
Lawden, 85
Lawdon, 78
Lawrence, 82
Lea, 73
Lecates, 77
Legg, 80
Lewis, 81
Lincoln, 84
Lockwood, 83
Lodge, 73
Longfellow, 77
Loper, 79
Lowery, 76
Lummis, 80
Lynam, 83, 86
Lynch, 84, 86
Lyons, 76
Madsen, 87
Magee, 85
Magrann, 74

Maharty, 81
Martin, 72
Mathes, 79
May, 81
Maybern, 79
McAlier, 85
McCann, 74
McCartney, 86
McClaferty, 82
McClary, 81
McClay, 85
McClelland, 73
McCombs, 82
McCormack, 86
McCornish, 84
McCoy, 74, 80
McCrone, 75
McCue, 75
McDermot, 86
McDonnell, 83
McDonough, 83
McEleves, 81
McElier, 74
McElroy, 74
McGlaugellin, 80
McGlaughlin, 84, 86
McGone, 87
McGowan, 84
McGugan, 74
McIlvain, 83
McIntire, 73
McIntyre, 74
McKee, 76
McKenny, 83
McKey, 77
McLaughlin, 74
McPherson, 74, 84
Meady, 86
Mecham, 81
Medly, 82
Merritt, 81
Merrocco, 87
Messic, 78
Miller, 73, 77-78, 81-82, 86
Milley, 86

Millis, 86
Millison, 78
Mingo, 81
Mitchell, 79
Moody, 76-77
Moon, 86
Moore, 73, 75, 77, 84
Morgan, 75
Morne, 74
Morris, 79
Morrison, 78
Morrow, 84
Moses, 75
Moss, 76
Mote, 78
Motherall, 78
Muer, 73
Mulford, 76
Munon, 72
Murdock, 87
Murphy, 73, 77, 86
Murry, 77
Myers, 73
Nathan, 86
Neal, 77
Nichols, 85
Nones, 84
Norris, 80
Nowland, 78
Nutall, 73-74
O'Neal 85
Ocheltree, 77
Odennal, 76
Odonnell, 85
Osborn, 73
Owens, 73
Oyswood, 81
Painter, 76
Parker, 83
Paxon, 85
Payne, 73
Peekey, 83
Peirce, 83
Peirson, 82
Pekey, 75
Peters, 73

Peterson, 80-81
Phillips, 85
Pinkerton, 84
Postwell, 74
Powell, 78
Powell, 83
Price, 80
Purnel, 81
Pusey, 85
Pyfe, 86
Pyle, 72
Ranch, 85
Randall, 76
Read, 82, 86
Reading, 73
Reddy, 82
Reed, 86
Reynolds, 73, 82
Rhoads, 83
Richard, 85
Richards, 81- 82, 86
Richardson, 80-81, 84-85
Rider, 77, 85-86
Rise, 76
Roach, 83
Robbins, 84
Roberson, 76
Roberts, 77, 85
Robinson, 73, 75, 77-78, 80, 82
Rodgers, 83
Roland, 80
Rose, 77
Rosine, 79
Rothwell, 76
Rozil, 84
Russel, 76
Sanders, 86
Sargent, 85
Sayers, 85
Scialton, 78
Scott, 74, 79
Sewell, 86
Shull, 73
Simmons, 82

Simpson, 78, 85
Slate, 82
Slater, 85
Smith, 78, 83, 87
Solomon, 82
Soward, 75
Spenser, 73
Spotswood, 75
Springer, 80, 87
Stalcup, 80
Steel, 78
Steinmetz, 73
Stencker, 83
Stephens, 77
Stevenson, 80
Stewart, 79
Stokes, 81
Strain, 81
Stranger Unknown, 87
Stroud, 82
Swayne, 75
Sweatman, 80
Taggart, 76
Talley, 72
Tatnall, 73

Taylor, 76, 78, 81-82, 84
Tebo, 83
Temple, 84
Thein, 78
Thomas, 77
Tilghman, 83-84, 86-87
Tilman, 73
Tindale, 75, 81
Tobias, 82-83
Toy, 74, 83
Tripile, 78
Trusty, 79, 86
Tucker, 87
Turner, 75, 82, 84
Vanhekle, 78
Vanhour, 73
Vansant, 79
Walker, 76
Warner, 83
Warren, 77
Warwick, 77
Webb, 79
Welch, 83
Weldin, 73

Welsh, 74
Whitacre, 75
Whitcroft, 85
White, 75
Whitelock, 86
Whitely, 75
Whitfield, 81
Whitlock, 85
Whitman, 75
Wickerham, 72
Wiley, 79
William, 78
Williams, 77, 79, 86
Wilson, 72, 75, 79-80, 83
Wingate, 78
Wise, 76
Wiser, 82
Wolson, 75
Wolverton, 80
Woodland, 86
Woods, 87
Woodward, 81, 83
Wright, 76, 86
Yarnall, 74
Yeatman, 74

Delaware 1860 Mortality Schedule
Sussex County

The Delaware Mortality Schedule was filmed by the Delaware Department of State, Division of Historical and Cultural Affairs. There are eleven columns of information on this 1860 mortality schedule. All eleven listed below are transcribed:

1. Name of Every Person Who Died During Year Ending 1 June 1860 Whose Place of Abode at Time of Death Was in This Family
2. Age
3. Sex
4. Color White (W), Black (B), Mulatto (M)
5. Free or Slave
6. Married or Widowed
7. Place of Birth
8. Month Died
9. Profession, Occupation, or Trade
10. Disease or Cause of Death
11. Number of Days Ill

Polly Townsend, 81, F, -, -, W, DE, Jan, -, Old Age, 40 days
Henry Townsend, 2, M, -, -, -, DE, Oct, -, Neumonia, 30 days
James Townsend, 52, M, -, -, -, DE, Nov, Farmer, Dropsy, 50 days
Henry Walter, 11, M, B, S, -, DE, Feb, -, Scrofula, 2 days
Saray Hickman, 91, F, -, -, W, DE, May, -, Old Age, 1 day
Lenord Hickman 1, F, -, -, -, DE, May, -, Diarrhea, 14 days
Baby Hickman, 1, F, -, -, -, DE, May, -, Rheumatism, 17 days
Hetty J. Moore, 24, F, -, -, M, DE, Apr, -, Confined, 30 days
John W. Williams, 23,M B, S, M, DE, Jul, -, Typhoid, 16 days
Handy (Hardy) Timmons, 54, M, -, -, M, DE, Apr, Farmer, Neumonia, 11 days
Louiza Timmons, 49, F, -, -, M, DE, Apr, -, Neumonia, 8 days
Henry McCabe, 1, M, -, -, -, DE, Apr, -, Croup, 90 days
Jane McCabe, 1, F, B, -, -, -, DE, Apr, -, Croup, 3 days
Mary McCabe, 1, F, B, -, -, DE, May, -, Croup, 3 days
Elisha Brasure, 28, M, W, -, M, DE, June, Farmer, Yellow Fever, 7 days
Elizabeth Thomas, 65, F, W, -, -, DE, Aug, Farmer, Consumption, 90 days
Sarah M. Watson, 1, F, -, -, -, DE, Jul, -, Diarrhea, -
Wm.F. Tubbs, 1, M, -, -, -, DE, Jul, -, Unk, 7 days
Mary Tubbs, 1, F, -, -, -, DE, Nov, Unk, 3 days
Josiah Howard, 3, M, -, -, -, DE, Dec, -, Typhoid, 90 days
Sarah H. Derickson, 24, F, M, -, -, DE, June, -, Child Birth, 1 day
Elijah Dasey, 2, M, -, -, -, DE, Jul, -, Cholera, 2 days
Elizabeth H. Williams, 39, F, -, -, M, DE, Jul, -, Child Birth, 7 days
George A. Williams, 16, M, -, -, -, DE, Aug, -, Bilious, 21 days

Marian S. E. Hearn, 6/12, F, -, -, -, DE, Nov, -, Unk, Sudden
Annie E. Hopkins, 1/12, F, -, -, -, DE, Jul, -, Unk, 19, weeks
Mary Cannon, 82, F, -, -, W, DE, Apr, -, Bilious Fever, 2 weeks
Julia A. Moore, 23, F, -, -, -, DE, Nov, -, Accidental Burning, Sudden
Mary A. Massey, 3/12, F, -, -, -, DE, Aug, -, Croup, 1 week
James Wainwright, 38, M, -, -, M, DE, Aug, Farmer, Consumption, 2 years
Elizabeth A.Outten, 5, F, -, -, -, DE, Nov, -, Scarlet Fever, 4 days
Wm. R. Outten, 1, M, -, -, -, DE, Nov, -, Scarlet Fever, 1 week
James E. Wiley, 4/12, M, -, -, -, DE, Feb, -, Croup, 1 day
Lewis Workman, 59, M, -, -, M, DE, Mar, Farmer, -, Heart Disease, 3 months
Annie G. Oliver, 16, F, -, -, -, DE, Sept, -, Typhoid, 2 weeks
Polly Vincent, 10, F, -, -, -, DE, Aug, -, Bilious Fever, 4 weeks
Eugenia C. Short, 3, F, -, -, -, DE, Aug, -, Scarlet Fever, 1 week
Julia J. O'Neal, 1/12, F, -, -, -, DE, Apr, -, Convulsions, 1 day
Benj. B. Boyce, 9/12, M, -, -, -, DE, June, -, Bilious Diarrhea, 4 weeks
Amelia Polk, 55, F, B, -, -, DE, Dec, -, Dropsy, 1 year
Hiram Spicer, 19, M, -, -, -, DE, Aug, Farm Labor, Accidental Drowning, -
Noah Spicer, 24, M, -, -, -, DE, Oct, Carpenter, Consumption, 6 months
Wm. J. Burrows, 9/12, M, -, -, -, DE, Apr, -, Croup, 2 days
George Cannon, 1, M, -, -, -, DE, Mar, -, Bilious Fever, 2 weeks
Martha E. Hitchens, 11/12, F, B, -, -, DE, June, -, Diarrhea, 4 days
Cyrus N. Hitchens, 5, M, -, -, -, DE, Oct, -, Croup, 2 weeks
Lavinia Game, 43, F, M, -, -, DE, Oct, -, Dropsy, 1 year
Joseph M. Niblet, 1/12, M, -, -, -, DE, Mar, -, Unk, Sudden
Laura Conner, 10, F, B, S, -, DE, Aug, -, Typhoid, 1 week
Nancy Matthews, 65, F, -, -, M, DE, June, -, Palsey, 1 week
Infant Not Named, 1/12, M, -, -, -, DE, Jul, -, Unk, 2 weeks
Philip W. Melser(Melson), 3, M, -, -, -, DE, Feb, -, Croup, 2 weeks
Mary Dukes, 38, F, -, -, -, M, DE, Feb, Farmer, Consumption, 1 year
Cynthia Ann English, 27, F, -, -, M, DE, Oct, Farmer, Consumption, 2 years
Wm. H. Collins, 21, M, -, -, -, DE, Oct, Farm Labor, Unk, 2 months
Philip West, 22, M, -, -, -, DE, Oct, Farm Labor, Unk, 4 days
Hettie Mitchell, 41, F, -, -, -, MD, Jan, Farmer, Consumption, 1 year
Matilda Parsons, 26, F, -, -, -, MD, Mar, -, Consumption, 9 months
Maria Bacon, 35, F, -, -, -, DE, Apr, Washwoman, Consumption, 3 months
Sarah E. Elliott, 15, F, -, -, -, DE, Sept, -, Typhoid, 2 weeks
Ann Purnell, 24, F, B, -, -, MD, Apr, Servant, Accidental Burning, 12 hours
Clarence Jefferson, 1, M, -, -, -, DE, Apr, -, Inflammation of Lungs, 2 weeks
Sally Messick, 47, F, -, -, W, DE, June, Seamstress, Cancer in Breast, 3 months
Francis R. Rogers, 6/12, M, -, -, -, DE, May, -, Whooping Cough, 6 weeks
Margaret W. Cullen, 62, F, -, -, M, DE, May, -, Pneumonia, 4 months
Amelia Hammonds, 92, F, -, -, W, DE, Mar, -, Old Age, -
Charles Collins, 35, M, B, F, M, DE, Mar, Laborer, Consumption, 2 months
Gardiner Willin, 6/12, M, -, -, -, DE, Jul, -, Teething, 1 month
Samuel Mifflin, 16, M, B, F, -, DE, Dec, Apprentice, Rupture, 2 months
Mary Murell, 71, F, -, -, M, DE, Jul, -, Dropsy, 6 months

James Murell, 88, M, -, -, M, DE, Nov, -, Old Age, -
--- Lynch, 2/12, F, -, -, -, DE, June, -, Unk, 1 month
--- Lynch, 3/12, M, -, -, -, DE, July, -, Unk, 1 month
--- Reynolds 3 days, F, -, -, -, DE, May, -, Unk, 3 days
Henry Carey, 48, M, -, -, M, DE, Apr, Farmer, Palsey, Sudden
Wilhelmina Sharp, 7, F, -, -, -, DE, Feb, -, Pneumonia, 2 weeks
Catharine Cooper, 30, F, -, -, M, DE, June, -, Inflammation of Lungs, 1 week
David H. Carey, 9, M, -, -, -, DE, Jul, -, Liver Disease, 2 weeks
Wm. Messick, 6, M, -, -, -, DE, Jul, -, Consumption, 3 months
Sarah A. Mosly, 25, F, M, F, W, DE, Sept, Farmer, Consumption, 2 years
Burton Hart, 56, M, -, -, M, DE, Jul, Farmer, Mortifiation, 1 week
Peter Reed, 70, M, -, -, -, DE, Dec, Farmer, Consumption, 3 years
Nancy Torbert, 63, F, -, -, W, DE, Mar, -, Inflammation of Stomach, 1 week
William Phillips, 1, M, -, -, -, DE, Jul, -, Unk, 1 week
Nancy Prettyman, 70, F, -, -, W, DE, Jul, -, Cancer, 5 years
Sarah Bebee, 45, F, -, -, W, DE, Sept, -, Unk, 1 month
Sarah Prettyman, 50, F, -, -, -, DE, Nov, -, Cancer, 5 years
Daniel Smith, 60, M, -, -, -, DE, Sept, -, Cancer, 5 years
John Russel, 45, M, -, -, -, DE, Sept, -, Consumption, 2 years
Nehemiah Spencer, 60, M, -, -, -, NY, Mar, -, Consumption, 2 years
Joseph Williams, 40, M, -, -, -, NJ, June, -, Suicide, Sudden
John Feast, 65, M, M, -, -, DE, June, -, Unk, 2 months
Samil Redden, 25, M, B, -, -, DE, Mar, -, Consumption, 2 years
Sarah Chipman, 5, F, B, -, -, DE, Mar, -, Burn, 1 year
Jesse Hudson, 70, F, B, -, -, DE, Apr, Old Age, -
Ellisa A. Wilson, 2, F, -, -, -, DE, Feb, -, Croup, 4 days
Mary Wilson, 70, F, -, -, M, DE, Feb, -, Dropsy, 1 year
Henry Lingo, 5, M, -, -, -, DE, Oct, -, Chicken Pox, 1 week
Kendal B. Wilson, 17, M, -, -, -, DE, Dec, -, Typhoid, 2 months
Elisabeth Calhoon, 31, F, -, -, M, DE, May, -, Child Birth, 1 day
Sally A. Pettyjohn, 1, F, -, -, -, DE, Mar, -, Pneumonia, 1 week
Arther Dodd, 75, F, -, -, W, DE, Oct, -, Old Age, -
Margaret Hudson, 76, F, -, -, W, DE, May, -, Dropsy, 6 months
Nancy Burton, 60, F, B, F, M, DE, Apr, -, Dropsy, 6 months
Ony R. Wilkins, 2, F, -, -, -, DE, June, -, Dysentery, 1 week
Matilda Warren, 28, F, -, -, -, DE, Mar, -, Typhoid, 3 weeks
Sarah Young, 38, F, B, F, M, DE, Sept, -, Consumption, 2 years
Susan W. Stephenson, 5/12, F, -, -, -, DE, Jan, -, Hives, 3 days
Juliet Dunbar, 45, F, -, -, M, England, Mar, -, Unk, 3 days
Eli H. Davidson, 42, M, -, -, M, DE, Jan, Farmer, Sore Throat, 3 days
Sarah Betts, 66, F, -, -, W, DE, Sept, -, Dropsy, 2 years
Delphine Betts, 2, F, -, -, -, DE, Sept, -, Croup, 3 days
Wm. E. Vent, 5, M, -, -, -, DE, Nov, -, Croup, 2 days
Catharine Surinthers, 34, F, -, -, M, DE, Feb, -, Child Birth, 1 day
James C. B. Stewart, 3, M, -, -, -, DE, Aug, -, Paralysis, 3 hours
John Ellingsworth, 21, M, -, -, -, DE, Mar, Sailor, Small Pox, 13 days

Joseph H. Carey, 29, M, -, -, W, DE, Aug, Merchant, Consumption, 2 years
Patience Magee, 40, F, -, -, M, DE, Nov, -, Consumption, 2 years
John Primrose, 44, M, -, -, M, DE, Apr, Laborer, Unk, 1 day
Joseph Fowler, 1, M, -, -, -, DE, Apr, -, Unk, 3 days
Sarah Waples, 53, M, -, -, W, DE, Feb, -, Pneumonia, 10 days
Sally Waples, 23, F, -, -, M, DE, Feb, -, Consumption, 2 years
Edward Tindal, 3/12, M, -, -, -, DE, Jul, -, Pleurisy, 1 month
John L. Boyer, 4, M, B, F, -, DE, Nov, Gravel, 6 months
David Hudson, 11/12, M, -, -, -, DE, Jul, -, Hives, 2 hours
Wm. H. Betts, 5/12, M, -, -, -, DE, Jul, -, Brain Fever, -
Celia Stayton, 56, F, -, -, W, DE, Jul, -, Cancer on Leg, -
Edith Shockly, 14, F, B, F, DE, Aug, -, Typhoid, -
Benj. F. Donwar, 6, M, -, -, -, DE, Apr, -, Liver Disease, -
Thomas H. Richards, 1, M, -, -, -, DE, Aug, -, Unk, -
Georgiana Richards, 7/12,F, -, -, -, DE, Apr, -, Croup, -
Georgiana Roach, 1, F, -, -, -, DE, Apr, -, Croup
Joseph Milman, 7, M, -, -, -, DE, Oct, -, Inflammation of Lungs, -
Joshia V. Sharp, 4/12, M, -, -, -, DE, May, -, Typhoid, -
Mary Hays, 70, F, -, -, M, DE, Apr, -, Inflammation of Lungs, -
Anna Hays, 11/12, F, -, -, -, DE, Jan, -, Inflammation of Lungs, -
Frank Johnson, 2,M, -, -, -, DE, Jul, -, Drowned, -
John Williams, 35, M, B, -, W, DE, Sept, Farmer, Consumption, -
Lemuel D. Shockley, 20, M, -, -, -, DE, Sept, Miller, Typhoid, -
Amelia A. Shockley, 19, F, -, -, -, DE, Nov, -, Child Birth, -
Jessafy Clendaniel, 6 F, -, -, -, DE, May, -, Scarlet Fever, -
Hester Miller, 63, F, B, F, W, DE, Mar, -, Unk, -,
Ellen Watson, 28, F, -, -, -, DE, Jul, -, Rose, -
Mary Read, 67, F, -, -, W, DE, Aug, -, Typhoid, -
Priscilla Daniels, 70, F, -, -, W, DE, June, Palsey, -
Margaret Shepherd, 19, F, -, -, M, DE, Aug, -, Child Birth, -
Joseph W. Shephard, 11/12, M, -, -, -, DE, May, -, Dysentery, -
George Bennett, 78, M, -, -, M, DE, June, Farmer, Gravel, -
John Ratcliff, 5/12, M, -, -, -, DE, June, -, Dysentery, -
Ida Truitt, 2,F, -, -, -, DE, June, -, Scarlet Fever, -
Thomas V. Black, 2, F (M), -, -, -, DE, Sept, -, Measles, -
George F. Carlisle, 12, M, -, -, -, DE, Aug, -, Spinal Disease, -
Mary Ward, 36, F, -, -, M, DE, Feb, -, Consumption, -
Frahte Ward, 1, M, -, -, -, DE, Jul, -, Consumption, -
James Ward, -, M, -, -, -, DE, Apr, -, Cosumption, -
Jarsheba Shockley, 10, F, -, -, -, DE, Aug, -, Typhoid, -
Wm. Roberts, 1, M, -, -, -, DE, Jul, -, Unk, -
Catharine Johnson, 28, F, -, -, -, DE, May, -, Parapheligia, 14 days
Mary Draper, 14, F, -, -, -, DE, Apr, -, Pneumonia, 3 days
Mary A. Joseph, 15, F, -, -, -, DE, Nov, -, Typhoid, 21 days
Mahaly C. Joseph, 5, F, -, -, -, DE, Nov, Typhoid, 18 days
L.W. Eunice, 1, F, -, -, -, DE, Apr, -, Gravel, 1 day

Rachel Carey, 76, F, -, -, W, MD, Jan, -, Old Age, 14 days
Rebecca Hancock, 45, F, -, -, M, DE, Dec, -, Quinsey, 3 days
Charlotte Dukes, 75, F, -, -, W, DE, May, -, Old Age, 50 days
Isa J. Dukes, 1, F, B, -, -, DE, Mar, -, Unk, -
Eliza Ingram, 28, F, B, -, M, DE, Jan, -, Bilious Fever, 21 days
Mary Ingram, 18, F, B, -, -, DE, May, -, Fitts, 1 day
Elizabeth Ingram, 1, F, B, -, -, DE, Jan, -, Unk, -
Catharine B. Ingram, 40, F, B, -, -, DE, Sept, -, Rheumatism, 2 days
John Dinger, 36, M, M, -, -, DE, Mar, Laborer, Burnt, -
Samuel Baffin, -, -, -, -, -, -, -, -, -, -
Mary H. Jefferson, 43, F, -, -, M, DE, May, -, Fright, 30 days
Edward Marvel, 29, M, -, -, -, DE, Jul, Laborer, Consumption, 60 days
William Rogers, 21, M, B, S, -, DE, Aug, Laborer, Murdered, 1 day
Burton C. Jones, 64, M, -, -, M, DE, Apr, Laborer, Consumption, 60 days
Peter Johnson, 3, M, -, -, -, DE, Jan, -, Inflammation of Brain, 12 days
Sarah _. Eunice, 1, F, -, -, -, DE, Dec, -, Deep Cold, 30 days
Eurlin Eunice, 1, F, -, -, -, DE, Apr, -, Fitts, 5
Ebenezer Hearn, 14, M, -, -, -, DE, Dec, -, Scarlet Fever, 5 days
George R. Hearn, 2, -, -, -, -, DE, Dec, -, Scarlet Fever, 6 days
Samuel Butler, 68, M, -, -, -, DE, Jan, Laborer, Old Age, 20
Jesse Green, 57, M, -, -, M, DE, Feb, Farmer, Liver Disease, 90 days
Shully Carey, 60, M, -, -, -, DE, Apr, Farmer, Dropsy, 30 days
Emily Martin, 3, F, -, -, -, DE, Mar, -, Murdered, 15 days
Martha Martin, 1, F, -, -, -, DE, Jan, -, Deep Cold, 90 days
Mary Martin, 4, (M), -, -, -, DE, Feb, -, Unk, 4 days
Nathl. Vickers, -, M, -, -, -, DE, Jan, Farmer, B---, -,
Lemuel Hudson, 65, M, -, -, -, DE, Jan, Farmer, Bilious, 90 days
Rhiolinda C. Hudson, 1, F, -, -, -, DE, Apr, -, Inflammation of Brain, 30 days
Mary J. Mumford, 20, F, -, -, -, DE, Feb, -, Consumption, 60 days
James Morgan, 2, M, -, -, -, MD, Oct, -, Scarlet Fever, 8 days
Isaac Houston, 62, M, -, -, -, DE, Feb, Farmer, Bilious Pleurisy, 10 days
Tovey Eckarts, 70, F, -, -, W, DE, Dec, -, Consumption, 6 weeks
Anna Slar, 60, F, -, -, -, DE, Jan, -, Consumption, 2 days
Peter Burton, 30 M, B, F, -, DE, Jul, Farm Labor, Consumption, 3 days
Hetty Burton, 13, F, B, S, -, DE, Dec, -, Typhoid, 3 days
Comfort Aarron, 1, F, -, -, -, DE, Oct, -, Unk, 5 days
Mary T. Simpler, 20, F, -, -, -, DE, Oct, -, Consumption, 1 year
William N. Burton, 42, M, -, -, M, DE, Sept, Sailor, Typhoid, 4 weeks
Elisha Lingo, 74, M, -, -, W, DE, Mar, Farmer, Consumption, 1 year
Unity Harmon, 2/12, F, M, -, -, DE, June, -, Unk, 2 days
Anna Street, 41, F, M, -, M, DE, Jul, -, Confinement, 1 day
Unity Harmon, 24, F, M, -, -, DE, Apr, -, Burnt Up, 1 day
Elizabeth Lingo, 5, F, -, -, -, DE, Nov, -, Sore Throat, 4 days
Susan Harmon, 24, F, M, -, -, DE, Mar, -, Consumption, 7 months
Joseph E. Hurdle, 4, M, -, -, -, DE, June, -, Croup, 2 days
Mary C. Prettyman, 42, F, -, -, -, DE, Oct, -, Consumption, 3 years

William Ras(Kaz), 1/12, M, M, -, -, DE, Jul, -, Dysentery, 8 days
Margaret Lippo, 1/12, F, -, -, -, DE, Sept, -, Unk, 4 days
Rufus Hurdle, 6/12, M, -, -, -, DE, June, -, Dysentery, 1 week
Mary A. Magee, 1/12, F, -, -, -, DE, Mar, -, Black Hives, 2 weeks
Louisa Burton, 1, F, -, -, -, DE, Oct, -, Croup, 3 days
George W. Morgan, 2, M, -, -, -, DE, Mar, -, Dysentery, 2 days
Hardy Stephenson, 9, M, B, S, -, DE, July, -, Unk, 1 week
Alfred Ingram, 23, M, -, -, -, DE, Jul, Clerk, Consumption, 1 year
Hannah E. Warrington, 20, F, -, -, -, DE, Sept, -, Typhoid, 4 weeks
Solomon Baylis, 21, M, B, F, -, DE, Oct, Sailor, Fell from Mast Head, -
Sarah A. Burton, 37, F, -, -, M, DE, Jan, -, Palsy, 4 weeks
Priscilla T. Burton, 9, F, -, -, -, DE, Oct, -, Fits, 1 day
Joseph L. Davidson, 7, M, -, -, -, DE, Feb, -, Dropsy, 1 year
Margaret Paynter, 87, F, -, -, W, DE, Jan, -, Old Age, 2 days
Udesa Palmer, 3/12, F, -, -, -, DE, Nov, -, Dropsy, 3 months
Edward S. Painter, 7/12, M, -, -, -, DE, Oct, -, Brain Fever, 4 weeks
Comfort Marsh, 84, F, B, F, -, DE, Jul, -, Unk, 1 day
Daniel Lynch, 3, M, -, -, -, DE, Oct, -, Unk, 1 day
James W. Marsh, 69, F(M), -, -, -, DE, Aug, -, Dysentery, 6 weeks
Clement Walker, 8/12, M, B, S, -, DE, Jan, -, Unk, -
Henry L. Houston, 2, M, -, -, -, DE, Jul, -, Degurth, - weeks
Nancy A. Houston, 40, F, -, -, M, DE Oct, -, Consumption, 1 year
Robert Lawson, 31, M, -, -, -, DE, June, Sailor, Consumption, 3 months
Joseph Prettyman, 2, M, -, -, -, DE, Jul, -, Degenter, 6 weeks
Alfred Harger, 24, M, B, F, -, DE, Oct, -, Fits, 3 months
Thomas Maull, 17, M, B, -, -, DE, May, Laborer, Heart Disease, 2 years
William Kenmony, 2/12, M, -, -, -, DE, Aug, -, Unk, 8 weeks
Hannah Lauk, 24, F, -, -, M, DE, Dec, -, Unk, 2 weeks
Charles King, 1/12, M, -, -, -, DE, Aug, -, Unk, 4 weeks
Joseph W. Norwood, 2/12, M, M, -, -, DE, Jan, -, Croup, 3 days
Eugenia Prettyman, 8/12, F, -, -, -, DE, Mar, -, Whooping Cough, 1 week
James M. Nutt, 64, M, -, -, M, DE, Nov, Pilot, Paralitic, 2 years
Cyrus Vaughn, 26, M, B, F, -, DE, Feb, Sailor, Consumption, 8 weeks
Mary J. McIlvain, 26, F, -, -, M, NY, -, -, Consumption, 10 weeks
Catharine M. Rowland, 53, F, -, -, M, DE, -, -, Cancer, 4 years
Thomas W. Conwell, 32, M, -, -, -, DE, -, Plasterer, Consumption 9 weeks
Zadock Baley, 9/12, M, B, -, -, DE, -, -, Dysentery, 3 weeks
Lydia Corvnale, 42, F, -, -, M, DE, -, -, Consumption, 4 weeks
Aline V. Bell, 2, F, -, -, -, DE, -, -, Brain Fever, 3 weeks
Clifton Maull, 7, M, -, -, -, DE, -, -, Lock Jaw, 1 week
Hannah Lions, 45, F, B, F, M, DE, -, -, Consumption, 1 week
Rebecca Phillips, 7/12, F, -, -, -, DE, Sept, -, Unk, Sudden
Sarah A. Waller, 2, F, -, -, -, DE, Sept, -, Scarlet Fever, 4 weeks
Merrill Smith, 31, M, -, -, -, DE, Mar, Farm Labor, Consumption, 4 months
Wm. Smith, 42, M, -, - M, DE, Nov, Farmer, Consumption, 8 months
Warren H. Wootten, 12, M, -, -, -, DE, Mar, -, Unk, 2 weeks

Mahala R. Workman, 40, F, -, -, M, DE, Mar, Farmer, Child Bed, 1 day
Amelia A. Workman, 1, F, -, -, -, DE, Oct, -, Typhoid, 2 weeks
Joanna Hearn, 69, F, -, -, M, DE, Mar, Farmer, Unk, 3 days
John S. Lynch, 56, M, -, -, M, DE, June, Farmer, Chronic Gastritis, 4 months
Isabel Sirman, 60, F, -, -, W, DE, Nov, -, Cancer, 18 months
Rachel Hill, 40, F, -, -, M, DE, Nov, -, Child Bed, 1 week
Lea Kinney, 22, F, B, S, M, DE, Oct, Servant, Unk, 2 months
Roseanna Scott, 4, F, -, -, -, DE, Nov, -, Catarrh, 1 month
Cyrus C. Windsor, 57, M, -, -, M, DE, Apr, Surveyor, Consumption, 7 months
Alice Hitch, 2, F, -, -, -, DE, Nov, -, Marasnous, 5 months
Hester Hooper, 58, F, B, -, M, DE, Sept, -, Dyspepsia, 2 years
Augustus W. Phillips, 18, M, -, -, - DE, Nov, -, Typhoid, 2 weeks
Infant Not Named, 2/12, F, -, -, -, DE, Nov, -, Colic, 1 day
Rachel Townsend, 73 F, B, -, W, DE, Oct, -, Old Age, -
Matthias H. Douglas, 24, M, -, -, M, DE, Dec, Farmer, Consumption, 8 months
Lewis J. H. Collins, 6, M, -, -, -, DE, Jan, -, Colic, 2 days
Columbus W. Henry, 44, M, -, -, M, DE, Nov, Farmer, Pneumonia, 10 days
Josephus Hastings, 1/12, M, -, -, -, DE, Jul, -, Unk, 10 days
Jerusha Hopkins, 70, F, -, -, W, DE, June, -, Consumption, 1 year
Infant No Name, 2/12, M, M, -, -, DE, Oct, -, Unk, -
Caroline Stuart, 2, F, M, -, -, DE, Sept, -, Spasms, 1 day
Polley Blackson, 88, F, B, S, -, Unk, June, Housework, Old Age, -
Annis Hooper, 60, F, B, -, -, DE, May, Unk, Palsey, 2 days
Wm. M. Phillips, 5/12, M, -, -, -, DE, Aug, -, Inflammation of Bowels, 3 days
Rhoda Betts, 50, F, B, -, M, DE, Apr, Midwife, Paraplegic, 3 months
Eliza Bradley, 1, F, B, -, -, DE, Aug, -, Worms, 3 months
Wm. E. Marvile, 47, M, -, -, -, DE, Oct, Wheelwright, Erysyphillis, 6 weeks
Mary M. Brown, 1, F, -, -, - DE, Aug, -, Cutting Teeth, 2 weeks
Mary A. Holt, 41, F, -, -, M, DE, Dec, Housework, Child Birth, 2 days
John W. Hearn, 1, M, -, -, -, DE, Mar, -, Abscess, 1 day
Ella _. Hooper, 5, F, -, -, -, DE, June, -, Dysentery, 3 weeks
Henry Kaz(Raz,Ras), 6/12, M, -, -, -, DE, Aug, -, Cholera, 3 months
Alice Kaz, 1/12, F, -, -, -, DE, May, -, Inflammation of Bowels, 4 days
Sidney Gladden, 19, M, -, -, -, DE, Feb, Oyster Shucker, Inflammation of Bowels, 5 days
Orlander R. Martin, 45, M, -, -, M, DE, Mar, Seaman, Consumption, 1 year
Andrew Morris, 2/12, M, -, -, -, DE, May, -, Unk, 3 days
Phebe Jackson, 84, F, -, -, W, DE, May, Housework, Palsy, Sudden
Susan Collack, 50, F, B, S, -, DE, May, Servant, Dropsy, 4 years
Isaac Neal, 2/12, M, B, S, -, DE, Jan, -, Unk, Sudden
Henry Neal, 9/12, M, B, S, -, DE, Feb, -, Unk, 3 weeks
Wm. M. Cannon, 50, M, -, -, M, DE, June, Farmer, Drank Something, -
Isabelle Eskridge, 11, F, -, -, -, DE, Aug, -, Taking Worm Syrup, 9 years
Infant No Name, 1/365, M, -, -, -, DE, Jul, -, Unk, 1 day
Eliza Gordey, 34, F, -, -, -, DE, May, -, Fitts, Sudden
Peter E. Cannon, 9/12, M, -, -, -, DE, Aug, -, Inflammation of Brain, 3 months

Elijah Betts, 20, M, B, S, -, DE, Jul, Farm Labor, Typhoid, 2 weeks
Wilbert Ross, 1, M, B, -, -, DE, Nov, -, Croup, 3 weeks
Mary C. Laws, 4/12, F, B, -, -, DE, Oct, -, Unk, 3 weeks
Joshua Lerman, 24, M, -, -, M, DE, Apr, Brakeman RR, Railroad Accident,
    2 hours
Belle Bradley, 17, F, B, -, -, DE, Aug, Housework, Typhoid, 9 days
Jas. P. Melson, 2/12, M, -, -, -, DE, Jan, -, Cold, 2 weeks
Ann A. Cannon, 36, F, B, -, -, DE, Jan, Housework, Typhoid, 8 weeks
Sarah L. Harvey, 8/12, F, -, -, -, DE, Jul, -, Bronchitis, 1 month
Marty S. Wright, 6/12, F, -, -, -, DE, Aug, -, Unk, 5 days
William F. Todd, 19, M, -, -, -, DE, Aug, Farm Labor, Inflammation of Bladder,
    3 days
Wilmer Smith, 1, M, -, -, -, DE, Aug, -, Liver Disease, 6 months
Mary Kinnaman, 61, F, -, -, W, DE, Jan, -, Disease of Throat, 3 days
Infant No Name, 6/365, M, B, -, -, DE, Mar, -, Unk, 6 days
George Nichols, 28, M, B, -, -, M, DE, Feb, Day Labor, Inflammatory
    Rheumatism, 2 months
George W. Nichols, 4, M, B, -, -, DE, Aug, -, Drowned in Well, Sudden
William Boston, 21, M, B, -, -, DE, Apr, Day Labor, Dropsy, 9 weeks
James Boston, 12, M, B, -, -, DE, Mar, -, Liver Disease, 2 months
Mary E. Williams, 45, F, -, -, M, MD, Mar, -, Consumption, 4 years
James R. Collinson, 9/365, M, -, -, -, DE, Jan, -, Spasms, 4 days
Charlotte Redden, 8/12, F, M, S, -, DE, May, -, Typhoid, 2 weeks
George B. Cursey, 1, M, B, -, -, DE, Jan, -, Cold on Bowels, 4 days
Infant No Name, 6/365, M, B, S, -, DE, Jan, -, Unk, 6 days
Louisa Kashaw, 1/12, F, M, -, -, DE, Apr, -, Unk, Sudden
George T. Conaway, 6/12, M, -, -, -, DE, Sept, -, Spasms, 2 weeks
John Gibbons, 2/12, M, -, -, -, DE, Jul, -, Dysentery, 2 weeks
Infant No Name, 1/12, M, -, -, -, DE, Jan, -, Jaundice, 1 week
Elizabeth Fleetwood, 25, F ,-, -, -, DE, Mar, Housework, Cold, 2 weeks
Annie C. R. Jones, 3, F, -, -, -, DE, Apr, -, Typhoid, 3 weeks
Eliza L. Messick 11/12, F, -, -, -, DE, Jan, -, Thrush, 2 weeks
Mary Dickerson, 67, F, -, -, W, DE, Aug, -, Dyspepsia, 1 week
John W. Polk, 11/12, M, B, -, -, DE, Feb, -, Teething, 6 months
Mary Sharp, 45, F, -, -, M, DE, Feb, Housework, Dyspepsia, 6 months
Daniel Morgan, 14, M, -, -, -, DE, Feb, -, Inflammation of Lungs, 2 weeks
Elisha Jonson, 70, M, -, -, W, DE, Nov, Farmer, Inflammation of Lungs, 5 days
Ezekial Willey, 30, M, -, -, M, DE, Dec, Farmer, Thrown from Horse, 2 days
Asbury B. Oday, 1, M, -, -, -, DE, Nov, -, Disease of Throat, 2 weeks
Warren Fowler, 52, M, -, -, M, DE, June, Farmer, Consumption, 8 weeks
Purnel Tatman, 64, M, -, -, M, DE, Mar, Farmer, Killed in Fight, Sudden
Infant No Name, 2/12, F, -, -, -, DE, Jan, -, Unk, 3 days
Leah Copes, 100, F, B, -, W, DE, Mar, Housework, Old Age, -
Sarah Scott, 40, F, -, -, -, DE, May, -, Tumor on Neck, 2 months

Sussex 1860 Index

Aarron, 96
Bacon, 93
Baffin, 96
Baley, 97
Baylis, 97
Bebee, 94
Bell, 97
Bennett, 95
Betts, 94-95, 98-99
Black, 95
Blackson, 98
Boston, 99
Boyce, 93
Boyer, 95
Bradley, 98-99
Brasure, 92
Brown, 98
Burrows, 93
Burton, 94, 96-97
Butler, 96
Calhoon, 94
Cannon, 93, 98-99
Carey, 94-96
Carlisle, 95
Chipman, 94
Clendaniel, 95
Collack, 98
Collins, 93, 98
Collinson, 99
Conner, 93
Conwell, 97
Cooper, 94
Copes, 99
Corvnale, 97
Cullen, 93
Cursey, 99
Daniels, 95
Dasey, 92
Davidson, 94, 97
Derickson, 92
Dickerson, 99
Dinger, 96
Dodd, 94
Donwar, 95
Douglas, 98
Draper, 95
Dukes, 93, 96
Dunbar, 94
Eckarts, 96
Ellingsworth, 94
Elliott, 93
English, 93
Eunice, 95-96
Feast, 94
Fleetwood, 99
Fowler, 95, 99
Game, 93
Gladden, 98
Gordey, 98
Green, 96
Hammonds, 93
Hancock, 96
Harger, 97
Harmon, 96
Hart, 94
Harvey, 99
Hastings, 98
Hays, 95
Hearn, 93, 96, 98
Hickman, 92
Hill, 98
Hitch, 98
Hitchens, 93
Holt, 98
Hooper, 98
Hopkins, 93, 98
Houston, 96-97
Howard, 92
Hudson, 94-96
Hurdle, 96-97
Imgram, 97
Infant Not Named, 93, 98-99
Ingram, 96
Jackson, 98
Jefferson, 93, 96
Johnson, 95-96

Jones, 96, 99
Jonson, 99
Joseph, 95
Kaz, 98
Kenmony, 97
King, 97
Kinnaman, 99
Kinney, 98
Lauk, 97
Laws, 99
Lawson, 97
Lerman, 99
Lingo, 94, 96
Lions, 97
Lippo, 97
Lynch, 94, 97-98
Magee, 95, 97
Marsh, 97
Martin, 96, 98
Marvel, 96
Marvile, 98
Matthews, 93
Maull, 97
McCabe, 92
McIlvain, 97
Melser, 93
Melson, 99
Messick, 93-94, 99
Mifflin, 93
Miller, 95
Milman, 95
Mitchell, 93
Moore, 92-93
Massey, 93
Morgan, 96-97, 99
Morris, 98
Mosly, 94
Mumford, 96
Murell, 93-94
Neal, 98
Niblet, 93
Nichols, 99
Norwood, 97
Nutt, 97
O'Neal, 93
Oday, 99

Oliver, 93
Outten, 93
Painter, 97
Palmer, 97
Parsons, 93
Paynter, 97
Pettyjohn, 94
Phillips, 94, 97-98
Polk, 93, 99
Prettyman, 94, 96-97
Primrose, 95
Purnell, 93
Ras, 97
Ratcliff, 95
Read, 95
Redden, 94, 99
Reed, 94
Reynolds, 94
Richards, 95
Roach, 95
Roberts, 95
Rogers, 93, 96
Ross, 99
Rowland, 97
Russel, 94
Scott, 98-99
Sharp, 94-95, 99
Shephard, 95
Shepherd, 95
Shockley, 95
Shockly, 95
Short, 93
Simpler, 96
Sirman, 98
Slar, 96
Smith, 94, 97, 99
Spencer, 94
Spicer, 93
Stayton, 95
Stephenson, 94, 97
Stewart, 94
Street, 96
Stuart, 98
Surinthers, 94
Tatman, 99
Thomas, 92

Timmons, 92
Tindal, 95
Todd, 99
Torbert, 94
Townsend, 92, 98
Truitt, 95
Tubbs, 92
Vaughn, 97
Vent, 94
Vickers, 96
Vincent, 93
Wainwright, 93
Walker, 97
Waller, 97
Walter, 92
Waples, 95
Ward, 95
Warren, 94
Warrington, 97
Watson, 92, 95
West, 93
Wiley, 93
Wilkins, 94
Willey, 99
Williams, 92, 94-95, 99
Willin, 93
Wilson, 94
Windsor, 98
Wootten, 97
Workman, 93, 98
Wright, 99
Young, 94

Delaware 1870 Mortality Schedule
Kent County

The Delaware Mortality Schedule was filmed by the Delaware Department of State, Division of Historical and Cultural Affairs. The first sections of the microfilm are retakes (refilming of bad frames). Because of retakes duplicate entries could result, so separate indexes will be created for all retake sections and regular sections. There are twelve columns of information on this 1870 mortality schedule. All twelve are listed below:

1. Number of Family as Given in Second Column of Schedule 1
2. Name of Every Person Who Died during the Year Ending June 1 1870 Whose Place of Abode at Time of Death Was in this Family
3. Age Last Birthday, if Under One Year Give Months in Fraction
4. Sex
5. Color, White (W), Black (B), Mulatto (M), Chinese (CH), Indian (I)
6. Married or Widowed
7. Place of Birth, Naming the State or Territory of US or Country if Foreign Born
8. Father, Foreign Birth
9. Mother, Foreign Birth
10. Months in which Person Died
11. Profession, Occupation or Trade
12. Disease or Cause of Death

The items in the above list are displayed in sequence and separated with the comma. Last names are listed first in sequence also separated by a comma. Where there is no information in a column a hyphen (-) is used. Where a column's information cannot be deciphered a question mark (?) is used. Some numbers in column one are repeated because they are in different census districts.

698, Donoho, Miriam, 15, F, W, -, DE, -, -, Jan, At Home, Consumption
710, Brown, Charles, 39, M, B, -, DE, -, -, Jan, Work on Farm, Consumption
709, Culbreth, Haslet, 1, M, W, -, DE, -, -, Mar, At Home, Typhoid
711, Wetherby, Charles B., 28, M, W, M, DE, -, -, Jan, Lawyer, Consumption
711, Wetherby, Lusinda, 10/12, F, W, -, DE, -, -, Mar, At Home, Congestion on Brain
64, Sheakspeare, Victor A. F., 4, M, W, -, DE, -, -, Nov, At Home, Croup
100, Jump, Mary E., 20, F, W, -, DE, -, -, Oct, At Home, Typhoid
84, Dickson, Mary R., 16, F, W, -, DE, -, -, Aug, At Home, Typhoid
134, McGinnas, Anna L., 1, F, W, -, DE, -, -, Oct, At Home, Croup
140, Mason, Harry W., 3, M, W, -, PA, -, -, Sept, At Home, Scarlet Fever
154, Willis, Harry, 1, M, W, -, DE, -, -, Oct, At Home, Croup
160, Rich, Sarah C., 6/12, F, B, -, DE, -, -, Feb, At Home, Croup
133, Hayes, Charles George, 8/12, M, B, -, DE, -, -, Mar, At Home, Pneumonia
101, Roberts, Rachael, 1, F, B, -, DE, -, -, Apr, At Home, Croup

101, Handy, Elizabeth, 7, F, B, -, DE, -, -, May, At Home, Pneumonia
113, Tinley, Ann, 4, F, B, -, DE, -, -, Dec, At Home, Brain Fever
157, Andrew, Matilda C., 20, F, B, -, DE, -, -, Mar, At Home, Pneumonia
161, Guy, Alfred, 1, M, B, -, DE, -, -, Apr, At Home, Fits
163, Rogers, Clarence, 2, M, B, -, DE, -, -, Sept, At Home, Cholera
165, Harper, Daniel, 9/12, M, B, -, DE, -, -, Jul, At Home, Inflammation on Brain
165, Gibbs, Julia, 70, F, B, -, DE, -, -, Dec, At Home, Heart Disease
185, Finegan, Thomas, 1, M, W, -, DE, -, -, Jul, At Home, Cholera
186, Collins, Morris, 1/30, M, W, -, DE, -, -, May, At Home, Still Born
189, Davis, Frederick C., 3, M, W, -, DE, -, -, June, AT Home, Typhoid
189, Sevob (Levot), Abraham, 24, M, W, -, Switzerland, 1, -, Jul, Work on Farm, Typhoid
198, Blizzard, Elizabeth F., 8, F, W, -, DE, -, -, Nov, At Home, Scarlet Fever
198, Blizzard, Joseph V., 5, M, W, -, DE, -, -, Nov, At Home, Scarlet Fever
198, Blizzard, Jarome, 3, M, W, -, DE, -, -, Nov, At Home, Scarlet Fever
205, Smith, David, 3, M, W, -, DE, -, -, Feb, At Home, Scarlet Fever
212, Webb, Albert, 16, M, W, -, PA, -, -, Oct, At Home, Brain Fever
213, Johnson, Caroline, 30, F, W, M, DE, -, -, Nov, At Home, Consumption
220, Maston, Huglett, 67, M, W, M, DE, -, -, Feb, Retired Farmer, Heart Disease
221, Dorietz, Wesley J., 48, M, W, M, DE, -, -, Mar, Retired Farmer, Consumption
231, Wilson, William F, 8/12, M, W, -, DE, -, -, May, At Home, Cholera
260, Wilson, George C., 13, M, M, -, DE, -, -, Aug, At Home, Typhoid
260, Wilson, Josephine J., 18, F, M, -, DE, -, -, Oct, At Home, Typhoid
271, Weston, Anna, 79, F, B, -, DE, -, -, Jul, At Home, Consumption
275, Hall, John W., 2, M, W, -, DE, -, -, Sept, At Home, Dropsy on Chest
676, Wilson, William, 59, M, W, M, DE, -, -, Mar, Farmer, Pneumonia
688, Cregg, Mary, 84, F, B, M, DE, -, -, Mar, At Home, Pneumonia
691, Henry, Harry, 2/12, M, B, -, DE, -, -, May, At Home, Catarrh
707, Milbourn, John E., 32, M, W, M, DE, -, -, Jul, Teamster, Killed by Timber Wagon
711, Conard, Infant, 5/30, M, W, -, DE, -, -, Feb, At Home, Untimely Birth
714, Baynard, Eugene, 9/12, M, B, -, DE, -, -, Apr, At Home, Catarrh on Breast
725, Patton, Laura, 4/12, F, B, -, DE, -, -, May, At Home, Croup
749, Shockly, Edward, 9, M, B, -, DE, -, -, Apr, At Home, Consumption
752, Argo, James, 9, M, W, -, DE, -, -, May, At Home, Scarlet Fever
764, Richards, John, 62, M, W, -, DE, -, -, Jan, At Home, Dropsy on Chest
3, Pearson, Achsehrela, 1, F, W, -, DE, -, -, Feb, At Home, Diphtheria
8, Wolcott, John, 5/12, M, B, -, DE, -, -, Mar, At Home, Convulsions
13, Boggs, John, 1, M, W, -, DE, -, -, Feb, At Home, Scarlet Fever
24, Maston, Cora, 1, F, W, -, DE, -, -, Jul, At Home, Cholera
31, Pearson, Sumner, W., 1, M, W, -, DE, -, -, At Home, Diphtheria
39, Mahle, Charles, 1, M, W, -, DE, 1, 1, Oct, At Home, Croup
70, Harris, William E., 4, M, W, -, DE, -, -, Jul, At Home, Fall from Gate
73, Davis, John L., 71, M, W, -, DE, -, -, Apr, Farmer, Heart Disease
74, Fisher, Oliver, 9/12, M, B, -, DE, -, -, Apr, At Home, Cholera

81, Wilson, Esther, 100, F, B, W, MD, -, -, Apr, At Home, Dropsy in Stomach
83, Thompson, William, 1/12, M, W, -, DE, -, -, June, At Home, Convulsions
85, Cregg, Pheba, 25, F, B, -, DE, -, -, Feb, Domestic Servant, Consumption
85, Cregg, Sarah E., 4/12, F, B, -, DE, -, -, Oct, At Home, Cholera
95, Harris, Florence L., 1/12, F, W, -, DE, -, -, Oct, At Home, Diphtheria
111, Gibbs, Esther A., 30, F, B, -, DE, -, -, Apr, Work in House, Consumption
153, William, Charles S. 15, M, W, -, DE, -, -, June, Work on Farm, Drown
157, Scotten, William A., 1/12, M, W, -, DE, -, -, Sept, At Home, Cholera
162, Marvel, Elphorsia, 30, F, W, -, DE, -, -, Oct, At Home, Consumption
178, Clark, Abraham, 62, M, W, W, DE, -, -, June, Work on Farm, Croup
186, Hartnett, Joseph, 2/12, M, W, -, DE, -, -, May, At Home, Inflammation of Brain
189, Montague, Mary, 3/12, F, W, -, DE, -, -, June, At Home, Cholera
204, Shahan, Mary, 58, F, W, W, DE, -, -, May, Keeping House, Consumption
213, Jones, Jonathan C., 36, M, W, -, DE, -, -, Apr, House Carpenter, Consumption
224, Brisco, Margaret, 44, F, M, M, DE, -, -, May, Keeping House, Fever
235, Anderson, Sarah E., 6/12, F, W, -, DE, -, -, Apr, At Home, Whooping Cough
280, Lowdine, Esther A., 14, F, B, -, DE, -, -, Aug, At Home, Typhoid
224, Voshell, Sarah E., 23, F, W, M, DE, -, -, Apr, At Home, Convulsions
318, Berry, Thomas, 57, M, B, M, MD, -, -, June, Work on Farm, Consumption
360, Bealwell, Alfred, 2, M, W, -, DE, -, -, Jul, At Home, Brain Fever
362, Moor, Laura, 12, F, W, -, DE, -, -, Dec, At Home, Heart Disease
370, Ford, Sarah A., 17, F, W, -, DE, -, -, June, At Home, Consumption
386, Inman, Mary, 1, F, W, -, DE, -, -, May, At Home, Pneumonia
410, Hewes, Sarah, 9/12, F, W, -, DE, -, -, Jul, At Home, Cholera
411, Cregg, Rachael, 79, F, W, -, DE, - -, Dec, House Keeper, Pneumonia
449, Tate, Laura W., 1, F, W, -, DE, -, -, Nov, At Home, Croup
455, Hancock, John, 27, M, W, M, DE, -, -, May, Farmer, Consumption
465, Stevenson, Esther, 6/12, F, B, -, DE, -, -, May, At Home, Scarlet Fever
485, Webb, Sarah, 43, F, W, M, DE, -, -, Aug, At Home, Typhoid
485, Webb, Sallie, 15, F, W, -, DE, -, -, Sept, At Home, Typhoid
492, Smith, Samuel H., 84, M, W, M, NJ, -, -, June, At Home, Paraletic
509, Flick, Jacob R., 7/12, M, W, -, DE, -, -, Aug, At Home, Cholera
520, Kemp, Melvina, 5/12, F, M, -, DE, -, -, Oct, At Home, Dropsy
521, Moore, Ballon C., 1/12, M, W, -, DE, -, -, Sept, At Home, Cholera
570, Emory, William T., 30 M, W, -, DE, -, -, Dec, Work on Farm, Scarlet Fever
573, Berry, Lillia, 3/12, F, W, -, DE, -, -, May, At Home, Cholera
633, Parvis, Lydia, 80, F, W, M, DE, -, -, Dec, At Home, Consumption
638, Richards, Mary, 6/30, F, B, -, DE, -, -, Dec, At Home, Croup
647, Laws, Sarah A., 43, F, B, M, DE, -, -, Oct, At Home, Killed
676, Todd, Elizabeth S., 54, F, W, M, DE, -, -, Dec, At Home, Dyspepsia
21, Johnson, Ellen, 11, F, M, -, DE, -, -, Jan, At Home, Pneumonia
39, Pratt, Henry, 80, M, W, M, DE, -, -, May Retired, Anemia
40, Fogwell, Ella D., 5, F, W, -, DE, -, -, Feb, At Home, Scarlet Fever
40, Fogwell, Tilghman, 13, M, W, -, DE, -, -, Mar, at Home, Scarlet Fever

87, Burrows, Mary R., 6, F, W, -, DE, -, -, May, At Home, Heart Disease
97, Jones, John, 13, M, W, -, DE, -, -, Apr, At Home, Consumption
100, Jackson, Unit, 75, F, W, -, DE, -, -, Oct, At Home, Paraletic
107, Blackston, Nancy, 46, F, B, -, DE, -, -, Mar, Farm Hand, Pneumonia
132, Brisco, Margaret, 46, F, M, -, DE, -, -, May, Domestic Servant, Brain Fever
176, Semciers, Mary, 60, F, B, -, DE, -, -, Dec, Keeping House, Pneumonia
231, Seney, Sarah A., 33, F, W, M, DE, -, -, May, Keeping House, Ulcer in Bowels
234, Kelley, Mariah, 33, F, W, M, DE, -, -, Apr, Farmer, Drospy
305, Hobson, William, 77, M, W, M, DE, -, -, Apr, At Home, Dyspepsia
422, Randolph, John, 3, M, W, -, DE, -, -, May, At Home, Croup
439, Jones, Rebecca E., 24, F, W, -, DE, -, -, May, At Home, Spasms
431, Blackson, Rebecca, 1, F, B, -, DE, -, -, Sept, At Home, Consumption
440, Hurlock, Ann, 85, F, W, M, MD, -, -, Apr, Keeping House, Old Age
30, Sinn William, 29, M, W, -, PA, 1, 1, Farm Hand, Lock Jaw
30, Sinn, Alfred, 28, M, W, -, PA, 1, 1, Oct, Farm Hand, Pneumonia
59, Key, Joseph, 27, M, W, England, 1, 1, Aug, Brick Maker, Suicide by Poison
78, Pleasant, Clara, 1, F, W, -, DE, -, -, May, At Home, Teething
146, Johnson, Mathew, 5/12, F(M), W, -, DE, -, -, May, At Home, Whooping Cough
85, Barcus, Elizabeth, 20, F, W, -, DE, -, -, May, At Home, Pneumonia
123, Husband, Kate, 23, F, W, -, DE, -, -, June, At Home, Consumption
148, Dodd, Her--, 30, F, W, M, DE, -, -, May, Keeping House, Consumption
149, Potter, William W., 17, M, W, -, DE, -, -, Aug, At Home, Typhoid
166, Montgomery, Harriett, 1, F, W, -, DE, -, -, Aug, At Home, Dysentery
167, Patten, Louiza M., 1, F, W, -, PA, -, -, Jul, At Home, Cholera
189, Dodd, Jacob, 67, M, W, M, DE, -, -, Dec, Oysterman, Bowel Complaint
192, Carrow, Mary E., 3, F, W, -, DE, -, -, May, At Home, Pneumonia
195, Griffith, Charles, 3, M, W, -, DE, -, -, Mar, At Home, Croup
202, Barker (Barber), Elizabeth, 1/12, F, W, -, DE, -, -, Jan, At Home, Liver Disease
241, Barnett, Margaret G., 1, F, W, -, DE, -, -, Jul, At Home, Cholera
274, Kerkey, Fay, 5/12, M, W, -, DE, -, -, June, At Home, Whooping Cough
276, Fowler, Rebecca, 56, F, W, -, DE, -, -, Dec, Keeping House, Consumption
340, Taylor, Henry, 84, M, W, M, DE, -, -, Aug, Retired Farmer, Old Age
16, Tomplinson, Alice, 8, F, W, -, DE, -, -, Oct, At Home, Croup
26, Elliott, Wm. P., 2, M, W, -, DE, -, -, Oct, At Home, Diphtheria
26, Elliott, Theodore, 5, M, W, -, DE, -, -, Nov, At Home, Diphtheria
26, Elliott, Charles, 7, M, W, -, DE, -, -, Nov, At Home, Diphtheria
30, Murphy, Lydia, 2, F, W, -, DE, -, -, Sept, At Home, Inflammation of Brain
40, Clarkson, Harry, 65, M, B, M, DE, -, -, Aug, Farmer, Aneurism
59, McColley, Sarah, 45, F, W, M, DE, -, -, Sept, Keeping House, Consumption
59, McColley, George, 17, M, W, -, DE, -, -, At Home, Typhoid
79, Quiller, Sarah, 94, F, W, W, DE, -, -, Mar, At Home, Pneumonia
115, Parvis, Richard, 60, M, W, M, DE, -, -, June, Miller, Ashma

123, Littleton, Daniel, 68, M, W, W, DE, -, -, Sept, Farmer, Dropsy
131, Tompson, -, 33, F, W, -, M, DE, -, -, Dec, Keeping House, Pneumonia
131, Tompson, James, 67, M, W, W, DE, -, -, Jul, Farmer, Consumption
140, Kelley, Wm. E., 19, M, B, -, DE, -, -, Jul, Farm Hand, Consumption
142, Abbott, Samuel, 44, M, W, M, DE, -, -, Sept, Farm Hand, Consumption
145, Colburn, B--- A., 21, M, W, -, DE, -, -, Jan, At Home, Bilious Fever
149, Henry, Simon, 95, M, B, W, -, DE, -, -, Sept, At Home Consumption
170, Horner, Wm., 1, M, B, -, DE, -, -, Nov, At Home, Croup
185, Peel, Eliza, 73, F, W, W, NJ, -, -, Mar, At Home, Pneumonia
210, Morgan, Nancy, 86, F, W, W, DE, -, -, Feb, Keeping House, Cancer
217, Townsend, Lizzie, 50, F, B, M, DE, -, -, Aug, Keeping House, Dropsy
222, Waters, Mary _., 2, F, W, -, DE, -, -, Mar, At Home, Croup
227, Parsons, Kemple, 24, F, W, M, DE, -, -, May, Keeping House, Consumption
250, Herring, Chas. B., 13, M, W, -, DE, -, -, Jan, At Home, Typhoid
271, Hudson, Eliza, 6/12, F, W, -, DE, -, -, Jul, At Home, Cholera
275, Walker, Sarah, 45, F, W, M, DE, -, -, June, At Home, Diphtheria
282, Hall, Wm., 67, M, W, M, DE, -, -, Apr, Farmer, Pneumonia
303, Comer, John W., 1, M, -, -, DE, -, -, Apr, At Home, Disease of Bowels
311, Triplet, Eliza, 39, F, W, M, DE, -, -, Apr, Keeping House, Consumption
346, Statler, John W., 13, M, W, -, NJ, -, -, Oct, Crushed, Crushed
349, Betts, Margaret, 1/12, F, W, -, DE, -, -, Mar, At Home, Whooping Cough
386, Collins, William, 73, M, B, M, DE, -, -, Aug, Farm Hand, Pneumonia
391, Stuart, Rowland, 1/12, M, W, -, DE, -, -, Feb, At Home, Diphtheria
407, Holmes, Lea, 2, F, W, -, NY, -, -, Oct, At Home Croup
419, Hochman, S. T., 1, M, W, -, DE, -, -, Oct, At Home, Croup
429, Rosa, John H., 1, M, W, -, NY, -, -, Jan, At Home, Scarlet Fever
429, Rosa, Kate M., -, F, W, -, NY, -, -, Jan, At Home, Scarlet Fever
461, Infant, 2/12, F, B, -, DE, -, -, Jan, At Home, Croup
465, Andrew, M. A., 70, F, B, W, DE, -, -, Mar, Keeping House, Pneumonia
462, Watson, Chas., 42, M, B, M, DE, -, -, Aug, Laborer, Consumption
472, Haines, John, 60, M, B, W, DE, -, -, June, Laborer, Inflammation of Bowels
482, Hazzard, George, 1, M, B, -, DE, -, -, May, At Home, Cholera
496, Swade, Wm. H., 4/12, M, B, -, DE, -, -, Apr, At Home, Croup
609, Paynter, George, 1/12, M, B, -, DE, -, -, Jul, At Home, Cholera
570, Purnel, S. M., 1/12, F, B, -, DE, -, -, Jan, At Home, Cholera
537, Horsey, M., 2/12, M, B, -, DE, -, -, Mar, At Home, Inflammation of Bowels
537, Fountain, Annie, 25, F, B, M, DE, -, -, Feb, Keeping House, Consumption
539, Hays, Caroline, 22, F, M, M, DE, -, -, Dec, Keeping House, Consumption
22, Griffith, Joshua, 27, M, W, -, DE, -, -, Oct, Farm Labor, Consumption
90, Adkins, Thomas D., 70, M, W, W, DE, -, -, Aug, Farmer, Disease of Liver
107, Sheridan, William T., 7/12, M, W, -, DE, -, -, Mar, At Home, Cholera
108, Morris, Charles, 62, M, W, M, DE, -, -, Feb, Farmer, Consumption
137, Busworth, Julia, 26, F, W, M, NY, -, -, June, Keeping House, Consumption
166, Cooper, Ezekiel S., 66, M, W, M, DE, -, -, Aug, Farmer, Consumption
250, Barker, John, 29, M, W, -, DE, -, -, Apr, Farmer, Consumption
298, Cain, Elizabeth, 50, F, W, M, DE, -, -, Nov, Keeping House, ?

305, Sipple, William J., 3/12, M, W, -, DE, -, -, Feb, At Home, Pneumonia
369, Miner, Water, 4/12, M, W, -, DE, -, -, Apr, At Home, Pneumonia
465, Peters, James R., 35, M, W, -, DE, -, -, Apr, Farmer, Consumption
514, Breeding, Mary, 14, F, W, -, MD, -, -, Apr, At Home, Pneumonia
551, Laramore, Eli, 49, M, W, M, DE, -, -, Mar, Farmer, Pneumonia
18, Kenton, Angaline, 2, F, W, -, DE, -, -, Aug, At Home, Typhoid
30, Bell, Mary E., 17, F, B, -, DE, -, -, Aug, Domestic Servant, Typhoid
49, Jester, James, 48, M, W, M, DE, -, -, Dec, Farmer, Hung Himself
54, Green, Mollie, C., 10, F, W, -, DE, -, -, Dec, At Home, Diphtheria
54, Green Charles, 4, M, W, -, DE, -, -, Dec, At Home, Diphtheria
84, Williams, Lizzie, 1, F, W, -, DE, -, -, Aug, At Home, Brain Fever
88, Szurner, Maggie, 14, F, W, -, PA, -, -, Jul, At Home, Typhoid
97, Tompson, Elza, 44, F, B, M, DE, -, -, Sept, Domestic Servant, Consumption
104, Tordel, Samuel, 87, M, B, M, DE, -, -, Feb, At Home, Consumption
114, Maloney, Anscor, 5/12, M, W, -, DE, -, -, Feb, At Home, Inflammation of Bowels
116, Moody, Pary, 55, M, B, -, MD, -, -, Feb, Laborer, Consumption
116, Moody, Margaret, 18, F, B, -, DE, -, -, Feb, At Home, Typhoid
116, Moody, John, 4/12, M, B, -, DE, -, -, May, At Home, Cholera
137, Carpenter, Anna, 1, F, B, -, DE, -, -, Mar, At Home, Cholera
137, Mury, William, 5/12, M, B, -, DE, -, -, May, At Home, Catarrh
137, Vinson, Thomas, 1, M, B, -, DE, -, -, Sept, At Home Diphtheria
209, Dennham, Ellen, 21, F, W, -, DE, -, -, Jan, Dressmaker, Chronic Diarrhea
210, Harrass, Charles, 16, M, B, -, DE, -, -, Nov, Farm Hand, Typhoid
ALMS HOUSE RESIDENTS BELOW
442, Coyler, John, 45, M, W, -, Ireland, 1, 1, Nov, Pauper, Consumption
442, Kent, George, 2, M, W, -, DE, -, -, Oct, Pauper, Diphtheria
442, Hires, Mary E., 35, F, B, -, DE, -, -, Aug, Pauper, Scrofula
442, McBride, Steward, 52, M, W, W, Ireland, 1, 1, Apr, Pauper, Consumption
442, Ratlage, Martin, 88, M, W, W, DE, -, -, Aug, Pauper, Dropsy
442, McGonigal, Mary, 65, F, W, W, DE, -, -, Sept, Pauper, Consumption
442, Burns, James H., 3, M, W, -, DE, -, -, Nov, Pauper, Bowel Problem
442, Taylor, James, 60, M, W, -, Ireland, -, -, Oct, Pauper, Consumption
442, Jones, Margaret, 67, F, W, -, DE, -, -, Nov, Pauper, Chills & Fever
442, Jump, Eliza, 71, F, W, W, DE, -, -, Jan, Pauper, Chronic Diarrhea
442, Hensley, James, 45, M, B, M, DE, -, -, Jul, Pauper, Palsy
442, Pinder, William, 2, M, W, -, DE, -, -, May, Pauper, Bilious Fever
442, Shades, John, 1, M, W, -, DE, -, -, Aug, Pauper, Dysentery
442, Land, Jan--, 35, F, W, -, DE, -, -, Jan, Pauper, Scrofula
442, Frasher, William, 59, M, W, -, DE, -, -, Mar, Pauper, Cancer
442, Ayers, Mary, 91, F, W, -, Wales, -, -, Nov, Pauper, Paralesis
442, Owens, Mary E., 20, F, B, -, DE, -, -, June, Pauper, Consumption
442, Hickman, James, 30, M, B, -, DE, -, -, Jul, Pauper, Consumption
442, Blades, Mariah, 40, F, B, -, DE, -, -, Aug, Pauper, Consumption
END ALMS HOUSE
1, Clark, Charles, 17, M, W, -, DE, -, -, Jan, At Home, Typhoid

2, Clark, Mariah, 69, F, W, -, MD, -, -, Mar, At Home, Pneumonia
76, Massey, Ellen, 23, F, W, -, DE, -, -, Aug, Keeping House, Typhoid
76, Massey, Varner, 4/12, M, W, -, DE, -, -, Oct, At Home, Cholera
76, Massey, James, 23, M, W, -, DE, -, -, Sept, Blacksmith, Typhoid
80, Wheet, Oscar, 2, M, W, -, DE, -, -, Mar, At Home, Scarlet Fever
121, Darrell, Anna, 25, F, W, -, DE, -, -, Aug, At Home, Consumption
118, Simmers, Robert, 54, M, W, -, DE, -, -, Mar, Painter, Consumption
35, Denwody, Hary, 5, M, W, -, PA, -, -, Oct, At Home, Diphtheria
4, Collins, William H., 30, M, W, M, DE, -, -, Sept, Farmer, Dropsy
21, Richardson, Mary C., 25, F, W, -, DE, -, -, Apr, No Occupation, Consumption
28, Hirons, John T., 1, M, W, -, DE, -, -, Apr, No Occupation, Pneumonia
29, McConaghy, Rebecca S., 39, F, W, M, MD, -, -, Dec, Keeping House, Dropsy
51, Stidam, David, 1 day, M, W, -, DE, -, -, Jan, At Home, Unk
68, Jacobs, Harry, 8, M, W, -, MD, -, -, Aug, At Home, Drowned
80, Reynolds, Annie C., 21, F, W, -, DE, -, -, Aug, At Home, Consumption
98, Jones, Jeremiah, 9, M, W, -, DE, -, -, June, At Home, Fall from Tree Accident
99, Adams, Amelia, 16, F, B, -, DE, -, -, Oct, Domestic Servant, Consumption
101, Harris, Amelia, 7/12, F, B, -, DE, -, -, Nov, At Home, Consumption
104, Faisons, Rebecca, 40, F, W, M, DE, -, -, Nov, At Home, Consumption
106, Miller, Juda, 80, F, B, W, DE, -, -, Feb, Keeping House, Disease of Heart
107, Ford, Finly, 81, F, W, W, DE, -, -, Mar, At Home, Consumption
115, Register, Isaac, 60, M, W, M, DE, -, -, May, Farmer, Fever
124, Coverdale, Henry, 1 day, M, W, -, DE, -, -, Dec At Home, Unk
130, Jones, Francis, 1/12, M, W, -, DE, -, -, Feb, At Home, Rose
136, Timmons, Elizabeth, 16, F, W, -, DE, -, -, Oct, Domestic Servant, Pneumonia
144, Gibson, Lydia, 30, F, B, M, DE, -, -, Feb, Keeping House, Consumption
144, Gibson, Frank, 7/12, M, B, -, DE, -, -, Feb, At Home, Consumption
144, Gibson, Mary, 3, F, B, -, DE, -, -, Mar, At Home, Consumption
144, Heath, William, 3, M, B, -, DE, -, -, Mar, At Home, Consumption
145, Collins, John, R., 25, M, W, W, -, DE, -, -, Dec, Farmer, Typhoid
146, Lattamore, Charles, 1, M, W, -, DE, -, -, Mar, At Home, Unk
167, Cheasman, Joel, 49, M, W, M, NJ, -, -, Nov, Farmer, Pneumonia
172, Whitaker, Mary A., 3, F, B, -, DE, -, -, May, At Home, Brain Fever
173, Denney, William, 10/12, M, W, -, DE, -, -, Dec, At Home, Cholera
176, Davis, Alfred, 5, M, W, -, DE, -, -, Apr, At Home, Scarlet Fever
176, McRea, Ann, 81, F, W, -, DE, -, -, May, No Occupation, Apoplexy
187, Garner, Mary E., 26, F, B, M, MD, -, -, Apr, Keeping House, White Sweating
215, Beamer, Charles, 1 day, M, W, -, DE, -, -, Apr, At Home, Unk
236, Beddle, James, 21, M, W, -, DE, -, -, Mar, Farm Laborer, Pneumonia
239, Ford, Presley, 61, M, W, M, DE, -, -, Sept, Farmer, Gravel
250, Rapp, Jacob, 1/12, M, W, -, DE, 1, 1, Dec, At Home, Unk
266, Bacon, Hannah F., 18, F, W, -, DE, -, -, Aug, At Home, Typhoid
317, Allee, John N., 34, M, W, -, DE, -, -, Jul, Farm Laborer, Consumption
332, Ransom, Florence, 3/12, F, W, -, DE, -, -, Apr, At Home, Whooping Cough

350, Jones, Jemima, 1/12, F, W, -, DE, -, -, Jan, At Home, Unk
353, Middleton, Eloner, 75, F, W, W, NJ, -, -, Dec, Domestic Servant, Pneumonia
354, Coff, Susan E., 1, F, B, -, DE, -, -, Aug, At Home, Catarrh on Breast
392, Cloud, James, 65, M, W, W, DE, -, -, Dec, Farm Laborer, Consumption
427, Primrose, Harry J., 1, M, W, -, DE, -, -, Mar, At Home, Pneumonia
450, Turner, Isaac, 9, M, W, -, DE, -, -, June, At Home, Lock Jaw
457, Benjamin, Annie, 13, F, W, -, MD, -, -, Apr, At Home, Burned to Death Accidental
464, Clements, Catharine B., 55 F, W, M, DE, -, -, Nov, Keeping House, Pneumonia
467, Cathcart, David, 1/12, M, W, -, DE, -, -, Jan, At Home, Spinal Disease
487, Newman, George, 1,M, W, -, DE, -, -, Jul, At Home, Dysentery
487, Newman, Mary, 1/12, F, W, -, DE, -, -, Apr, At Home, Strangled Accidental
539, Pratt, Henny, 81, M, W, M, DE, -, -, May, No Occupation, Asthma
541, Horton, Mortimer, 5/12, M, W, -, DE, -, -, Oct, At Home, Erysipelas
533, Smith, Joseph S., 24, M, W, -, DE, -, -, Apr, Clerk in Store, Consumption
570, Davis, George, 12, M, W, -, DE, -, -, May, Attending School, Cholera
589, Burgess, William, 73, M, W, W, DE, -, -, Oct, No Occupation, Paralysis
591, Walton, Nathan, 100, M, B, M, MD, -, -, May, Laborer, Paralysis
617, Glagg, Pauline, 2, F, W, -, DE, 1, 1, Mar, At Home, Brain Fever
633, Walden, Oscar J., 2/12, M, W, -, DE, 1, 1, At Home, Whooping Cough
648, Demby, Florence, 1, F, B, -, DE, -, -, Oct, At Home, Sore Throat
657, Dickinson, William, 1 day, M, W, -, DE, -, -, May, At Home, Unk
668, Mallilien, John, 53, M, W, M, England, 1, 1, Dec, ?, Heart Disease
672, Ramsdine, Byron P., 7/12, M, W, -, PA, -, -, Jan, At Home, Unk
675, Lee, Eleanora, 8, F, W, -, MD, -, -, Aug, At Home, Typhoid
681, Lockwood, Martha, 49, F, W, -, DE, -, -, Mar, Keeping House, Pneumonia
687, Scout, Henny D., 59, M, W, M, DE, -, -, Apr, Grocer Retired, Consumption
706, Reynolds, Elva, 1, F, W, -, DE, -, -, Feb, At Home, Scrofula
708, White, Elizabeth, 4, F, W, -, DE, -, -, Apr, At Home, Consumption
711, Davis, Jessie S., 2/12, M, W, -, DE, -, -, Aug, At Home, Unk
733, Price, Annie F., 2, F, B, -, DE, -, -, Feb, At Home, Catarrh on Breast
737, Downing, Susan, 2/12, F, W, -, DE, -, -, May, At Home, Heart Disease
745, Toomey, Elizabeth, 75, F, B, -, DE, -, -, May, No Occupation, Dropsy
748, Raisen, Ella, 5/12, F, B, -, DE, -, -, Apr, At Home, Whooping Cough
735, Jackson, William, -, M, B, -, DE, -, -, Feb, At Home, Still Born
17, Hockster, John, 76, M, M, M, MD, -, -, Feb, Day Laborer, Heart Disease
50, Harris, David, 37, M, B, M, DE, -, -, Sept, Sailor, Fever
52, Hawkins, Betsey, 64, F, W, M, NY, -, -, Oct, Keeping House, Apoplexy
62, Young, Eliza, 76, F, M, W, DE, -, -, June, Keeping House, Phthisis Pulmonalis
99, Brown, Thomas, 58, M, W, M, DE, -, -, Feb, Farmer, Phthisis Pulmonalis
108, Harrington, Mary E., 35, F, W, M, DE, -, -, Jan, Keeping House, Pneumonia
115, Clarke, Anna B., 2/12, F, W, -, DE, -, -, Nov, At Home, Erysipelas
116, Bullock, Kate, 16, F, W, -, DE, May, Domestic Servant, Measles
120, Jones, Laura, 1, F, W, -, DE, 1, 1, Nov, At Home, Croup

133, Martin, William W., 2, M, B, -, DE, -, -, May, At Home, Pneumonia
139, Townsend, John W., 5, M, B, -, DE, -, -, Aug, At Home, Dropsy
----, Hogans, Thomas, -, M, W, -, Germany, -, -, Mar, Pack Peddler, Murdered (from Phila, PA)
170, Fisher, Charles, 42, M, B, M, DE, -, -, May, Day Laborer, Phthisis Pulmonalis
207, Littlefield, Carrie, 1/12, F, W, -, DE, -, -, Dec, At Home, Convulsions
228, Lowber, William H., 1, M, B, -, DE, -, -, Feb, At Home, Measles
247, Bass, Priscilla A., 54, F, B, M, DE, -, -, Jul, Keeping House, Phthisis Pulmonalis
258, Saxton, Ann, 71, F, W, M, DE, -, -, Feb, Keeping House, Phthisis Pulmonalis
284, Tilghman, Rebecca A., 44, F, W, M, DE, -, -, Jan, Keeping House, Phthisis Pulmonalis
288, Bradley, Ann, 53, F, W, M, DE, -, -, Feb, Keeping House, Apoplexy
309, Carter, Frank G., 19, M, W, -, DE, -, -, May, No Occupation, Phthisis Pulmonalis
327, Scott, Mary E., 1, F, W, -, DE, -, -, Apr, At Home, Cholera
329, Davis, Caleb, 1/12, M, W, -, DE, -, -, Mar, At Home, Croup
347, Waller, Morris, 1, M, W, -, DE, -, -, Oct, At Home, Cholera
360, Cats, Ernest W., 7/12, M, W, -, DE, -, -, Apr, At Home, Capillary Bonalis
327, Anderson, Earnest, 1/12, M, W, -, DE, -, 1, Nov, At Home, Unk
327, Depu, Harmanus S., 35, M, W, M, Canada, 1, -, Nov, Nurseryman, Typhoid
327, Depu, Minnie B., 8, F, W, -, NY, 1, 1, -, Dec, At Home, Typhoid
366, Jackson, Guy K., 1/12, M, W, -, DE, -, -, Apr, At Home, Disease of Liver
369, Massey, Hester A., 51, F, W, M, DE, -, -, Aug, Keeping House, Unk – Dr. Martin
----, Jackson, Daniel, 75, M, W, M, DE, -, -, May, Farmer, Inflammation of Bowels
429, Needles, Mary, 1/12, F, W, -, DE, -, -, Apr, At Home, Unk
468, Bickling, John, 58, M, W, M, MD, -, -, Dec, Retired Farmer, Disease of Heart
474, Perry, Sarah, 18, F, B, -, DE, - -, Sept, No Occupation, Typhoid
474, Perry, Mary, 17, F, B, -, DE, -, -, Jul, No Occupation, Typhoid
476, Gooden, Benjamin, 2//12, M, W, -, DE, -, -, Sept, At Home, Unk
508, Christopher, Thomas P, -, M, W, -, MD, -, -, Sept, Farm Laborer, Pneumonia
511, Smith, Susan E., 3/12, F, W, -, MD, -, -, June, At Home, Cholera
522, Smith, Susan E., 6/12, F, W, -, DE, -, -, Aug, At Home Cholera
536, Elwinger, Hartly, 34, M, W, M, PA, -, -, Oct, Farmer, Typhoid
563, Clark, Ida, 1, F, W, -, DE, -, -, Jul, At Home, Anemia
592, Hix, Sarah, 1/12, F, B, -, DE, -, -, Apr, At Home, Unk
602, Hurd, Sarah J., 21, F, W, M, DE, -, -, June, Keeping House, Congestion & Chills
604, Voshel, Daniel, 11, M, W, -, DE, -, -, Jan, Work on Farm, Typhoid
611, Greenlee, Ida F., 3/12, F, W, -, DE, -, -, Apr, At Home, Whooping Cough
615, Clarke, John, 82, M, W, M, DE, -, -, Mar, Farmer, Pneumonia
14, Smither, Caleb, 70, M, W, M, DE, -, -, Oct, Retired Merchant, Vertigo

22, Fountain, Richard, 28, M, W, M, DE, -, -, Apr, Liquor & Grocer Merchant, Jaundice
36, Young, Nathaniel, 64, M, W, M, DE, -, -, Jul, Farmer, Dropsy
47, Tucker, Elizabeth J., 10, F, W, -, DE, -, -, Mar, At Home, Phthisis Pulmonalis
59, Price, Mary A., 61, F, W, W, DE, -, -, Jan, No Occupation, Phthisis Pulmonalis
86, Willey, Sarah, A., 32, F, W, M, DE, -, -, May, Keeping House, Pneumonia
107, Townsend, Eliza, 52, F, W, -, DE, -, -, June, No Occupation, Phthisis Pulmonalis
119, Thomas, Mary, 35, F, B, M, DE, -, -, Oct, Keeping House, Apoplexy
37, Roe, Catharine, 33, F, W, M, DE, -, -, Aug, Keeping House, Typhoid
43, Williams, Nathan, 1/12, M, W, -, DE, -, -, Jan, At Home, Meningitis
47, Bath, Phineas J., 35, M, W, M, PA, -, -, Oct, Retired Merchant, Phthisis Pulmonalis
55, Needles, Samuel C., 1/12, M, W, -, DE, -, -, May, At Home, Asthma
58, Minner, Alphonsa, 2, F, W, -, MD, -, -, Jul, At Home, Peritonitis
59, Godwin, Catharine D., 28, F, W, M, DE, -, -, May, Keeping House, Child Birth
65, Morris, Frank, 1/12, M, W, -, MD, -, -, Feb, At Home, Unk

Kent 1870 Index

Abbott, 107
Adams, 109
Adkins, 107
Allee, 109
Anderson, 105, 111
Andrew, 104, 107
Argo, 104
Ayers, 108
Bacon, 109
Barber, 106
Barcus, 106
Barker, 106-107
Barnett, 106
Bass, 111
Bath, 112
Baynard, 104
Bealwell, 105
Beamer, 109
Beddle, 109
Bell, 108
Benjamin, 110
Berry, 105
Betts, 107
Bickling, 111
Blackson, 106
Blackston, 106
Blades, 108
Blizzard, 104
Boggs, 104
Bradley, 111
Breeding, 108
Brisco, 105-106
Brown, 103, 110
Bullock, 110
Burgess, 110
Burns, 108
Burrows, 106
Busworth, 107
Cain, 107
Carpenter, 108
Carrow, 106
Carter, 111
Cathcart, 110
Cats, 111

Cheasman, 109
Christopher, 111
Clark, 105, 108-109, 111
Clarke, 110-111
Clarkson, 106
Clements, 110
Cloud, 110
Coff, 110
Colburn, 107
Collins, 104, 107, 109
Comer, 107
Conard, 104
Cooper, 107
Coverdale, 109
Coyler, 108
Credd, 105
Cregg, 104-105
Culbreth, 103
Darrell, 109
Davis, 104, 109-111
Demby, 110
Denney, 109
Dennham, 108
Denwody, 109
Depu, 111
Dickinson, 110
Dickson, 103
Dodd, 106
Donoho, 103
Dorietz, 104
Downing, 110
Elliott, 106
Elwinger, 111
Emory, 105
Faison, 109
Finegan, 104
Fisher, 104, 111
Flick, 105
Fogwell, 105
Ford, 105, 109
Fountain, 107, 112
Fowler, 106
Frasher, 108
Garner, 109

Gibbs, 104-105
Gibson, 109
Glagg, 110
Godwin, 112
Gooden, 111
Green, 108
Greenlee, 111
Griffith, 106-107
Guy, 104
Haines, 107
Hall, 104, 107
Hancock, 105
Handy, 104
Harper, 104
Harrass, 108
Harrington, 110
Harris, 104-105, 109-110
Hartnett, 105
Hawkins, 110
Hayes, 103
Hays, 107
Hazzard, 107
Heath, 109
Henry, 104, 107
Hensley, 108
Herring, 107
Hewes, 105
Hickman, 108
Hires, 108
Hirons, 109
Hix, 111
Hobson, 106
Hochman, 107
Hockster, 110
Hogans, 111
Holmes, 107
Horner, 107
Horsey, 107
Horton, 110
Hudson, 107
Hurd, 111
Hurlock, 106
Husband, 106
Inman, 105
Jackson, 106, 110-111
Jacobs, 109

Jester, 108
Johnson, 104-106
Jones, 105-106, 108-110
Jump, 103, 108
Kelley, 106-107
Kemp, 105
Kent, 108
Kenton, 108
Kerkey, 106
Key, 106
Land, 108
Laramore, 108
Lattamore, 109
Laws, 105
Lee, 110
Levot, 104
Littlefield, 111
Littleton, 107
Lockwood, 110
Lowber, 111
Lowdine, 105
Mahle, 104
Mallilien, 110
Maloney, 108
Martin, 111
Marvel, 105
Mason, 103
Massey, 109, 111
Maston, 104
McBride, 108
McColley, 106
McConaghy, 109
McGinnas, 103
McGonigal, 108
McRea, 109
Middleton, 110
Milbourn, 104
Miller, 109
Miner, 108
Minner, 112
Montague, 105
Montgomery, 106
Moody, 108
Moor, 105
Moore, 105
Morgan, 107

Morris, 107, 112
Murphy, 106
Mury, 108
Needles, 111-112
Newman, 110
Owens, 108
Parsons, 107
Parvis, 105-106
Patten, 106
Patton, 104
Paynter, 107
Pearson, 104
Peel, 107
Perry, 111
Peters, 108
Pinder, 108
Pleasant, 106
Potter, 106
Pratt, 105, 110
Price, 110, 112
Primrose, 110
Purnel, 107
Quiller, 106
Raisen, 110
Ramsdine, 110
Randolph, 106
Ransom, 109
Rapp, 109
Ratlage, 108
Register, 109
Reynolds, 109-110
Rich, 103
Richards, 104-105
Richardson, 109
Roberts, 103
Roe, 112
Rogers, 104
Rosa, 107
Saxton, 111
Scott, 111
Scotten, 105
Scout, 110
Semciers, 106
Seney, 106
Sevot, 104
Shades, 108

Shahan, 105
Sheakspeare, 103
Sheridan, 107
Shockly, 104
Simmers, 109
Sinn, 106
Sipple, 108
Smith, 104-105, 110-111
Smither, 111
Statler, 107
Stevenson, 105
Stidam, 109
Stuart, 107
Swade, 107
Szurner, 108
Tate, 105
Taylor, 106, 108
Thomas, 112
Thompson, 105
Tilghman, 111
Timmons, 109
Tinley, 104
Todd, 105
Tomplinson, 106
Tompson, 107-108
Toomey, 110
Tordel, 108
Townsend, 107, 111-112
Triplet, 107
Tucker, 112
Turner, 110
Vinson, 108
Voshel, 111
Voshell, 105
Walden, 110
Walker, 107
Waller, 111
Walton, 110
Waters, 107
Watson, 107
Webb, 104-105
Weston, 104
Wetherby, 103
Wheet, 109
Whitaker, 109
White, 110

Willey, 112
William, 105
Williams, 108, 112
Willis, 103

Wilson, 104-105
Wolcott, 104
Young, 110, 112

Delaware 1870 Mortality Schedule
New Castle County

The Delaware Mortality Schedule was filmed by the Delaware Department of State, Division of Historical and Cultural Affairs. The first sections of the microfilm are retakes (refilming of bad frames). Because of retakes duplicate entries could result, so separate indexes will be created for all retake sections and regular sections. There are twelve columns of information on this 1870 mortality schedule. All twelve are listed below:

1. Number of Family as Given in Second Column of Schedule 1
2. Name of Every Person Who Died during the Year Ending June 1 1870 Whose Place of Abode at Time of Death Was in this Family
3. Age Last Birthday, if Under One Year Give Months in Fraction
4. Sex
5. Color, White (W), Black (B), Mulatto (M), Chinese (CH), Indian (I)
6. Married or Widowed
7. Place of Birth, Naming the State or Territory of US or Country if Foreign Born
8. Father, Foreign Birth
9. Mother, Foreign Birth
10. Months in which Person Died
11. Profession, Occupation or Trade
12. Disease or Cause of Death

The items in the above list are displayed in sequence and separated with the comma. Last names are listed first in sequence also separated by a comma. Where there is no information in a column a hyphen (-) is used. Where a column's information cannot be deciphered a question mark (?) is used. Some numbers in column one are repeated because they are in different census districts.

4, Lattamus, Mary, 2, F, W, -, DE, -, -, May, At Home, Pneumonia
45, Warren, Alexander, 47, M, W, M, DE, -, -, Oct, Farm Labor, Hydrophobia
56, Salmon, Eleta, 1/12, F, W, -, DE, -, -, Mar, At Home, Measles
144, View, Clarra, 4/12, F, B, -, DE, -, -, June, At Home, Bilious Fever
171, Vandegrift, William M., 30, F (M), B, M, DE, -, -, Aug, Farmer, Typhoid
174, Thomas, Howard, 1/12, M, W, -, DE, -, -, Jul, At Home, Inflammation of Bowels
185, Roggars, Frederick, 3, M, B, -, DE, -, -, Apr, Jul, At Home, Scrofula
202, McCormick, John, 28, M, W, -, Ireland, 1, 1, Jul, Farm Labor, Drowned
256, Ayers, Phebe, 80, F, B, W, MD, -, -, May, Retired Domestic, Old Age
297, Woodkeifer, Garnet, 72, M, W, M, DE, -, -, Apr, Retired Farmer, Pneumonia
298, Gardner, Delight, 50, M, W, M, NY, -, -, Apr, Farmer, Pneumonia
314, Davis, William T., 1, M, -, DE, -, -, Aug, At Home, Dysentery
315, Lewis, William, 56, M, W, M, DE, -, -, Aug, Shoemaker, Suicide-Cut his Throat

393, Nolan, Mary, 60, F, W, M, DE, -, -, Nov, Keeping House, Consumption
422, Cook, James, 3, M, B, -, DE, -, -, Sept, At Home, Inflammation of Bowels
426, Brooks, Annie M., 27, F, W, M, PA, -, -, Jan, Keeping House, Consumption
456, Watson, Edward, 1, M, B, -, DE, -, -, Nov, At Home, Inflammation of Brain
506, Danields, Hanah, 49, F, W, M, MD, -, -, Sept, Retired Keeping House, Heart Heart Disease
554, Reynolds, Andrew C., 37, F (M), W, M, DE, -, -, Mar, Retired Merchant, Delirium Tremors
661, Ford, Amelia, 79, F, W, W, DE, -, -, Mar, Retired Keeping House, Tumor In Stomach
674, Moore, John W., 8/12, M, W, -, DE, -, -, Dec, At Home, Pneumonia
713, Furguson, Richard, 2/12, M, W, -, DE, -, -, Aug, At Home, Cholera
38, Guest, Ethel B., 6/12, F, W, -, DE, -, -, Oct, -, Dropsy of Brain
59, Valentine, George, 72, M, W, M, PA, -, -, Nov, Farmer, Congestion of Lungs
86, Ayers, Albert A., 1/12, M, W, -, DE, -, -, Oct, -, Sore Mouth
139, Lynch, Thomas, 1, M, W, -, DE, 1, 1, Nov, -, Diphtheria
150, McCanless, Sarah, 85, F, W, W, Ireland, 1, 1, May, -, Apoplexy
178, Mole, Jane, 57, F, W, W, England, 1, 1, Dec, Keeping House, Typhoid
207, Proud, Louisa, 5, F, W, -, DE, -, -, May, -, Bowel Blockage
219, Husbands, Rachel J., 64, F, W, M, DE, -, -, June, Keeping House, Dropsy
259, Bond, Lydia, 60, F, W, W, PA, -, -, Oct, Keeping House, Heart Disease
281, Miller, James L., 8/12, M, W, -, DE, -, -, Aug, -, Inflammation of Colon
341, Zebley, Thomas W., 56 M, W, M, PA, -, -, Jul, Farmer, Abscess on Liver
350, Veasy, James H., 3/12, M B, -, DE, -, -, May, -, Whooping Cough
359, Mousley, Curtis, 79, M, W, M, DE, -, -, Oct -, Old Age
464, Beason, Rebecca, 27, F, W, -, DE, -, -, Feb, Dressmaker, Consumption of Lungs
479, Langley, Anna Marie, 19, F, W, -, DE, -, -, Oct, -, Typhoid
497, Carpenter, Mary M., 71, F, W, -, DE, -, -, Aug, -, Cancer of Breast
10, Whitica, Anna, 8/12, F, B, -, DE, -, -, Dec, -, Whooping Cough
108, Woods, James E., 4/12, M, W, -, DE, 1, 1, June, -, Spine Disease
119, Townsend, Ida, 3, F, W, -, DE, -, -, Aug, -, Diphtheria
130, Knight, Esek, 84, M, W, M, RI, -, -, Feb, Cooper, Pneumonia
174, Palmer, Martin V., 8/12, M, W, -, DE, -, -, Aug, -, Water on Brain
174, Palmer, Martin V., 30, M, W, -, DE, -, -, Dec, Farmer, Consumption of Lungs
268, Clough, Charles, 3, M, W, -, DE, 1, -, Mar, -, Scarlet Fever
2, Clark, William F., 6, M, W, -, MD, -, -, June, At Home, Pneumonia
13, Latch, Hannah, 80 F, W, M, PA, -, -, Mar, Keeping House, Unk
47, Chandler, Benjamin, 29, M, W, M, DE, -, -, Jan, Store Keeper, Necrosis
93, Walker, Levia, 85, M, W, M, PA, -, -, Oct, Stone Mason, Old Age
110, Patten, Hugh, 10/12, M, W, -, DE, 1, 1, Mar, at Home, Scarlet Fever
112, Garrett, Alice H., 1, F, W, -, DE, -, -, Apr, At Home, Convulsions
147, Dilworth, Percy J., 11/12, M, W, -, DE, -, -, Jan, At Home, Convulsions
149, Hannah, Lydia, 55, F, W, M, DE, -, -, Jul, Keeping House, Paralysis
168, Conor, Michael, 6/12, M, W, -, DE, -, -, Aug, At Home, Catarrh

174, Clark, Annie D., 39, F, W, M, PA, -, -, Apr, Keeping House, Pleurisy
180, Lucy, Mary 3/12, F, W, -, DE, 1, 1, Feb, At Home, Mortification of Lungs
190, Lowther, Moses, 71, M, W, M, DE, 1, 1, Oct, Farmer, Gravel
200, Jackson, Clarra, 8, F, W, -, PA, -, -, Sep, At Home, Scarlet Fever
229, Stant, Robert, 19, M, W, -, DE, 1, 1, Mar, Painter, Inflammatory Rheumatism
234, Dougherty, Mary, 75, F, W, M, Ireland, 1, 1, Oct, Keeping House, Pneumonia
234, Dougherty, Rose A., 15, F, W, -, DE, 1, 1, Feb, At Home, Inflammation of Brain
288, Cole, Hellen M., 1, F, W, -, DE, -, -, Mar, At Home, Measles
312, Williams, Jams, 2 M, B, -, DE, -, -, Mar, At Home, Bilious Dysentery
316, Bradshaw, Hannah, 86, F, B, -, MD, -, -, Nov, At Home, Paraletic
350, Turner, Elizabeth E., 3/12, F, B, -, DE, -, -, May, At Home, Whooping Cough
380, Lynum, Thomas, 85, M, W, W, DE, -, -, Feb, Farmer, Heart Disease
380, Anderson, Uretta, 20, F, B, -, DE, -, -, Apr, Domestic Servant, Consumption
393, Brown, Joseph, 55, M, B, M, MD, -, -, Nov, Laborer, Unk
406, Davis, Lusinda, 4/12, F, B, -, DE, -, -, June, At Home, Unk
410, McCeever, Lydia A., 40, F, W, -, PA, Jul, At Home, Consumption
424, Washington, William, 60, M, W, M, DE, -, -, Oct, Basketmaker, Heart Disease
438, Tombelson, Catharine, 4, F, W, -, MD, -, 1, Feb, At Home, Merasmus
448, Wright, Mary, 8, F, B, -, DE, -, -, Apr, Keeping House, Merasmus
453, Flinn, Joeamus, 40, F, W, M, DE, -, -, Apr, Keeping House, Consumption
465, Turner, Alice A., 1, F, B, -, DE, -, -, Mar, At Home, Whooping Cough
479, Atwell, Norris, 3,M, B, -, DE, -, -, Sept, At Home, Unk
489, Watters, Charles, 25, M, B, -, DE, -, -, Jul, Laborer, Typhoid
494, Yeates, Mary Ann, 60 F, W, M, DE, -, -, Aug, Keeping House, Heart Disease
503, Phillips, Bernard, 1/12, M, W, -, DE, 1, -, Oct, At Home, Unk
527, McFarlin, Margaret J., 20, F, W, M, DE, -, -, Aug, Keeping House, Consumption
539, Burk, Margaret, 4, F, W, -, DE 1, 1, Nov, At Home, Scarlet Fever
539, Burk, Ellen, 2, F, W, -, DE, 1,1, Nov, At Home, Scarlet Fever
439, Burk, Joehanna, 1/12, F, W, -, DE, 1, 1, May, At Home, Convulsions
548, Stephens, Albert, 11/12, M, W, -, DE, 1, -, Aug, At Home, Whooping Cough
550, Sullivan, Rachel A., 9/12, F, W, -, DE, -, -, Jul, At Home, Measles
563, Tompson, William J., 11/12, M, W, -, DE, 1, -, Sept, At Home, Cholera
584, Smith, Georgianna, 13, F, W, -, DE, -, -, Aug, At Home, Unk
586, Lenhuff, Catharine, 1, F, W, -, MD, 1, 1, Jul, At Home, Summer Complaint
594, Gilbert, John, 30, M, W, -, Ireland, 1, 1, Mar, At Home, Consumption
625, Lummis, John C., 2, M, W, -, DE, -, -, June, -, Scarlet Fever
625, Lummis, James, F, 8/12, M, W, -, DE, -, -, June, At Home, Cholera
640, Scott, Eliza, 38, F, W, M, Ireland, 1, 1, Mar, Keeping Home, Cholera

644, Haney, Thomas, 9, M, W, -, Ireland, 1, 1, May, At Home, Pneumonia
649, Moore, Mary A., 67, F, W, W, PA, -, -, May, At Home, Fall
650, Porter, Margaret, 21, F, W, -, PA, -, -, Jan, At Home, Unk
698, Coxon, James, 1, M, W, -, Mass, 1, 1, May, At Home, Heart Disease
744, Lucy, Cornelius, 2, M, W, -, DE, 1, 1, May, At Home, Convulsions
756, Lutton, Larty, 3, F, W, -, DE, 1, 1, May, At Home, Unk
770, Spence, John S., 6/12, M, W, -, DE, 1, -, Jul, At Home, Measles
770, Spence, Catharine A., 4, F, W, -, DE, 1, -, Jan, At Home, Inflammation of Brain
784, Starrett, David, 1/12, M, W, -, DE, 1, 1, June, At Home, Hydrocephalis
818, Haughey, Ann, 57, F, W, M, Ireland, 1, 1, Sept, Keeping House, Unk
838, Kelly, Denis, 2, M, W, -, DE, 1, 1, Aug, At Home, Teething
838, McKovey, Ann, 25, F, W, -, Ireland, 1, 1, Sept, Work in Cotton Fields, Consumption
840, Foster, Laurie, 1, F, W, -, DE, -, -, Sept, At Home, Teething
885, Terry, Emma, 1, F, W, -, DE, 1, 1, Mar, At Home, Catarrh
899, Dailey, William, 8/12, M, W, -, DE, 1, 1, June, At Home, Unk
907, McCaughlin, James, 1/12, M, W, -, DE, 1, 1, May, At Home, Unk
924, Daugherty, Margaret A., 1, F, W, -, DE, 1, 1, May, At Home, Measles
946, Donahoe, James, 40, W, M, Ireland, 1, 1, Apr Work in Powder, Blown Up
947, Massey, Petre, 77, M, W, M, France, 1, 1, Jul, Work in Powder, Blown Up
950, McKaters, Darby, 35, M, W, M, Ireland, 1, 1, Mar, Work in Powder, Blown Up
964, Kirkwood, Elizabeth, 23, F, W, -, DE, 1, 1, Jan, At Home, Consumption
964, Kirkwood, Hannah, 47, F, W, M, Ireland, 1, 1, Jan, Keeping House, Consumption
974, Wilson, Irenaeus, 7/12, M, W, -, DE, 1, -, June, At Home, Unk
979, Deupont, Mary S, 35, F, W, M, DE, -, -, DE, Keeping House, Consumption
5, Walker, Bell L., 3 days, F, W, -, DE, -, -, Jan, At Home, Spasms
8, Brown, Franklin, 1, M, W, -, PA, -, -, Feb, Farm, Laborer, Typhoid
24, McDowell, Agness, 24, F, W, -, DE, -, -, Aug, At Home, Consumption
33, Bell, David, 14, M, W, -, PA, -, -, Nov, At Home, Consumption
39, Moore, Levi B., 66 M, W, M, DE, -, -, Jul, Farmer, Consumption
44, Harkness, Catharine, 101, F, W, W, Germany, -, -, Oct, At Home, Old Age
85, Burris, James, 32, M, W, M, DE, -, -, Apr, Farmer, Cancer in Stomach
149, Carrender, Jacob, 65, M, W, M, DE, -, -, Apr, Farmer, Heart Disease
156, Ball, Mary, 55, F, W, M, DE, -, -, May, Kept House, Pulmonary Abscess
175, Harmon, Samuel, 3/12, M, W, -, DE, -, -, Sept, At Home, Colin Inflammation
224, Cranston, Louisa, 23, F, W, -, DE, -, -, Feb, At Home, Softness of Brain
382, Sinister, Ann, 9/12, F, W, -, DE, 1, 1, Aug, At Home, Whooping Cough
506, Sigers, Martha, 1, F, B, -, DE, -, -, Mar, At Home, Unk
543, Miller, Lewis, B., 3, M, B, -, DE, -, -, May, At Home, Dropsy
609, Ferguson, William, 1, M, W, -, DE, -, -, Mar, At Home, Scalded
609, Ferguson, Ann M., 3/12, F, W, -, DE, Oct, At Home, Poisoned
----, Macklin, Samuel, 42, M, W, M, DE, -, -, Aug, Butcher, Consumption

24, Roberts, Mary B., 72, F, W, M, DE, 1, -, Feb, Keeping House, Scrofula
27, Maloney, Mary A., 5, F, W, -, DE, 1, 1, Oct, -, Scarlet Fever
25, Sterling, George, 11, M, W, -, DE, -, -, Sept, -, Killed by Being Thrown From Horse
14, Tybour, George, 6 days, M, W, -, DE, -, -, Sept, -, Unk
58, Gray, George, 2 days, M, B, -, DE, -, -, May, -, Unk
61, McCoy, Mary Ann, 3/12, F, W, -, DE, -, -, Apr, -, Kidney Disease
86, Robinson, George, 50, M, W, -, Ireland, 1, 1, May, Worked in Woolen Mills, Consumption
115, Booth, Mary, 32, F, W, -, DE, -, -, Jan, ?, Consumption of Liver
121, Brown, Anna, 3, F, B, -, PA, -, -, Aug, -, Cholera
121, Brown, Edith, 8/12, F, B, -, DE, -, -, Apr, -, Measles
138, Bradford, Rebecca, 59, F, W, M, PA, -, -, Feb, Keeping House, Heart Disease
151, Walter, Mary, 1, F, W, -, DE, -, -, Aug, -, Measles
174, Whimbon, William, 15, M, W, -, PA, 1, -, Mar, Work on Farm, Congestion of Brain
178, Hirst, Elizabeth, 59, F, W, M, England, 1, 1, Jul, Keeing House, Drowned
202, Staton, Susan, 80, F, W, W, DE, -, -, May, Keeping House, Old Age and Debility
206, Jackson, Clara P., 23, F, W, -, DE, 1, -, Oct, ?, Consumption
266, Townsend, Hubert, 10/12, M, W, -, DE, -, -, Feb, -, Consumption
269, Rogers, Maria, 85, F, W, W, -, DE, -, -, Mar, Keeping House, Old Age
263, Patterson, Eliza, 38, F, W, W, England, -, -, June, ?, Consumption
32, Kelly, Eva, 2, F, W, -, DE, -, - June, -, Congestion of Brain
34, McCenna, David, 24, M, W, -, Ireland, 1, 1, Sept, Castor, Murdered
54, Carlin, Bridge, 3/12, F, W, -, DE, 1, 1, Jul, At Home, Cholera
54, Carlin, John Thomas, 1, M, W, -, DE, 1, 1, Apr, At Home, Measles
103, Spruance, Louisa S., 1, F, W, -, DE, -, -, Apr, -, Measles
106, Burton, Henry, 3, M, W, -, DE, -, -, Apr, -, Measles
112, Fennigan, Daniel, 4, M, W, -, DE, 1, 1, Feb, -, Drowned
145, Ridings, Hannah, 68, F, W, M, England, 1, 1, Jan, Keeping House, Consumption
149, Watson, Diana, 22, F, B, -, DE, -, -, Dec, Domestic, Consumption
164, Dumpson, Sarah, 29, F, B, M, DE, -, -, Jan, Domestic, Consumption
164, Young, Martha, 2, F, B, -, DE, -, -, Mar, -, Catarrh
246, Robinson, Han, 88, F, W, W, PA, -, -, June, ?, Old Age
246, McKeenon, Daniel, 4, M, W, -, DE, 1, 1, Jan, At Home, Measles
248, Keegan, Catharine, 4, F, W, -, DE, 1, 1, Jan, At Home, Pneumonia
297, Taylor, James, 1, M, W, -, DE, 1, 1, Dec, At Home, Whooping Cough
312, Robinson, Arabella, 17, F, W, -, DE, -, -, May, ?, Consumption
35, Zebley, James J., 3/12, M, W, -, DE, -, -, Jul, At Home, Cholera
40, Ray, Susan E., 7/12, F, W, -, DE, -, -, Mar, At Home, Hydrocephalis
49, Palmer, Ebenezer, 62, M, W, -, DE, -, -, Feb, Sailor, Apoplexy
---, Jones, Joshua, 25, M, B, -, DE, -, -, Feb, Laborer, Executed
---. Carpenter, Lewis, 20, M, B, -, DE, -, -, Feb, Laborer, Exectued

1, Janvier, Minnie, 1/12, F, W, -, DE, -, -, Mar, -, Unk
54, Waugh, John, 75, M, W, W, DE, -, 1, Apr, Carpenter, Consumption
67, Redmiler, Anna M., 8, F, W, -, DE, 1, 1, Jul, -, Typhoid
92, Shaw, Daniel, 27, M, W, M, NJ, -, -, Aug, Farmer, Dropsy
103, Wilson, John, 9, M, W, -, MD, -, -, Aug, -, Drowned
108, Thornton, Dorcas, 90, F, B, -, MD, -, -, Dec, Domestic Servant, Old Age
109, Fluery, Elizabeth, 90, F, W, W, France, 1, 1, Jul, -, Old Age
173, Kenather, 2/12, F, W, -, DE, 1, -, June, -, Sore Mouth
196, Walker, George W., 50, M, W, M, MD, -, -, Mar, Farmer, Paralysis
220, Dickerson, Mary _., 11/12, F, W, -, MD, -, -, Nov, -, Intermitting Fever
210, Scott, Cora, 1, F, W, -, MD, -, -, Mar, -, Catarrh on Heart
219, Chambers, Isaac, 32, M, B, -, MD, -, -, June, Coachman, Consumption
238, Johns, Lydia, 69, F, W, W, DE, -, -, Aug, -, Catarrh in Mouth
243, Corriden, Lanear, 99, F, W, W, DE, -, -, May, -, Heart Disease
265, Stevenson, Susanna, 58, F, B, M, MD, -, -, Oct, -, Consumption
267, Guy, Martha, 9, F, B, -, DE, -, -, Oct, -, Croup
282, Christian, Mary A., 38, F, B(W), M, Germany, 1, 1, Apr, -, Pneumonia
290, Ellet, Julia A., 18, F, B, M, DE, -, -, June, -, Consumption
290, Ellet, Julia, 1/12, F, B, -, DE, -, -, Jul, -, Unk
293, Chandler, Georgianna, 13, F, B, -, DE, -, -, Jul, -, Pneumonia
292, Chandler, Ellen, 14, F, W, -, DE, -, -, Aug, Consumption
299, Griffith, Mary C., 2/12, F, W, -, DE, -, -, Dec, -, Unk,
327, Brooks, Robert, 1, M, W, -, DE, -, -, June, -, Consumption
357, Griffith, John J., 23, M, W, -, MD, -, -, June, -, Congestion of Brain
281, Nickols, Mary J., 30, F, B, M, DE, -, -, Mar, -, Child Birth
390, Rambo, Samuel, 72, M, W, M, PA, -, -, Apr, Farmer, Pneumonia
401, Loans, James, 9, M, B, -, DE, -, -, Aug, -, Scorfula
407, Bartin, Thomas, 87, M, W, M, MD, -, -, Mar, Baptist Clergy, Dropsy
16, Tugent, William, 33, M, W, M, Darmstadt Germany, 1, 1, Mar, Saloon Keeper, Typhoid
17, Nuse, Peter, 80, M, W, W, Berne Switzerland, 1, 1, Oct, Matah Maker, Consumption
20, Massigg, Pauline, 45, F, W, W, Baden Germany, 1, 1, July, Keeping House, Consumption
39, Ridgmont, Kate, 14, F, W, -, DE, 1, -, Jan, At Home, Consumption
41, Cheaves, Emmie, 2, F, W, -, DE, -, -, May, At Home, Inflammation of Bowels
41, Cheaves, John N., 11/12, M, W, -, DE, -, -, May, At Home, Scarlet Fever
54, Robertson, William D., 2, M, W, -, PA, -, -, Sept, At Home, Consumption
78, Hicken, Harry, 1/12, M, W, -, DE, -, -, Oct, At Home, Debility
91, Dunlop, Francis. D., 91, M, W, M, DE, -, -, Mar, Retired Sailor, Pneumonia
105, Vale, Ray Jamison, 1/12, M, W, -, DE, -, -, Sept, At Home, Cholera
127, Hudson, John F., 9/12, M, W, -, DE, -, -, Mar, At Home, Pneumonia
143, Howell, Albert J., 2, M, W, -, DE, -, -, Apr, At Home, Whooping Cough
157, Desage, Annie, 30, F, W, -, MD, -, -, Sept, Domestic, Typhoid
176, Tosoney, Alexander, 1, M, W, -, DE, 1, 1, May, At Home, Scarlet Fever

223, Weil, Florida, 7/12, F, W, -, DE, -, -, Mar, At Home, Whooping Cough
233, Beck, Ann, 34, F, W, M, England, 1, 1, June, Keeping House, Enlarged Heart
242, Dougherty, Joseph, 1, M, W, -, DE, 1, 1, Nov, At Home, Croup
278, Davis, Ezekiel, 1/12, M, B, -, DE, -, -, Feb, At Home, Debility
281, Clark, Job C., 71, M, W, M, DE, -, -, Jul, Farmer, Heart Trouble
303, Berry, Elwood, 2, M, B, -, DE, -, -, Feb, At Home, Diphtheria
308, Gray, Elizabeth, 70, F, W, M, England, 1, 1, Aug, Keeping House, Typhoid
308, Gray, James, 82, M, W, W, England, 1,1, Jan, Farmer, Dropsy
319, Seeney, Laura, 3/12, F, B, -, DE, -, -, May, At Home, Summer Complaint
327, Devaney, Edward, 4, M, W, -, DE, 1, 1, Jan, At Home, Croup
346, Cunningham, Mary A., 34, F, W, M, Ireland, 1,1, Feb, Keeping House, Consumption
361, Smith, Sallie, 1, F, W, -, DE, -, -, Oct, At Home, Croup
379, Robinson, Mary V., 22, F, W, -, MD, -, -, Jul, At Home, Consumption
389, Garrison, Charles, 53, M, W, M, NJ, -, -, Mar, Retired Coal and Lumber Mechanic, Consumption
393, Owens, Ida, 1/12, F, M, -, PA, -, -, Jul, At Home, Debility
400, Game, Joseph, 49, M, W, M, Bavaria Germany, 1, 1, Feb, Hotel Keeper, Consumption
404, Hurlock, John, 34, M, W, -, MD, -, -, Aug, Farmer, Typhoid
413, George, John W., 1, M, B, -, DE, -, -, Apr, At Home, Brain Fever
443, Clark, John C. Jr., 1/12, M, W, -, DE, -, -, May, At Home, Debility
447, Lee, Joseph B., 18, M, W, -, DE, -, -, Feb, Farm Laborer, Pneumonia
459, Denny, Ida, 3, F, W, -, DE, 1, 1, Sept, At Home, Scarlet Fever
462, Holland, Samuel, 78, M, B, W, DE, -, -, Nov, Laborer, Dropsy
51, Gardiner, William M., 15, M, W, -, DE, -, -, Mar, No Occupation, Scarlet Fever
72, Nelson, Mary, 4, F, W, -, DE, -, -, Dec, No Occupation, Croup
81, Clarer, Isaac, 75, M, W, -, DE, -, -, Nov, Farmer, Gravel
84, Williams, Cornelia A., 2, F, B, -, DE, -, -, May, -, Whooping Cough
131, Truitt, Eliza, 77, M, B, -, DE, -, -, June, Farm, Laborer, Pleurisy
84, Bennett, Mary, 1/12, F, W, -, DE, -, -, Dec, -, Teething
91, Townsend, Job, 76, M, W, -, DE, -, -, Jan, Farmer, Pneumonia
100, Janvier, Jesse, 74, M, W, -, DE, -, -, Jan, No Occupation, Congestion of Lungs
186, Porter, Nemiah, 22, M, W, -, DE, -, -, Apr, Farmer, Liver Disease
384, Pont, James, 68, M, W, -, England, 1, 1, Nov, Farmer, Pneumonia
240, Norten, Andrew D., 23, M, W, -, NJ, -, -, Feb, Sailor, Drowned at Sea
263, Biddle, Phebe, 65, F, B, -, DE, -, -, Dec, House Keeper, Liver Disease
117, Pryor, William, 1, M, B, -, DE, -, -, Jan, -, Measles
337, Wamedy, Robert, 30, M, W, -, MD, -, -, Nov, Farm Laborer, Consumption
199, Moode, Alpheus, 6/12, M, W, -, DE, -, -, Aug, -, Consumption
201, Hart, Samuel, 55, M, B, -, DE, -, -, Mar, Farm Laborer, Heart Disease
229, Groves, Samuel, 20, M, B, -, DE, -, -, Mar, Farm Laborer, Pneumonia
330, Armstrong, Annie, 3/12, F, W, -, DE, -, -, Oct, -, Inflammation of Brain

334, Williams, Edward, 22, M, B, -, NJ, -, -, Jan, Farm Laborer, Consumption
150, Holton, Spencer, 68, M, -, M, DE, -, -, Feb, Farmer, Cancer in Stomach
342, Bartlett, Eliza J., 78, F, B, -, DE, -, -, Apr, Domestic, Consumption
37, Brown, Lydia J., 48, F, W, -, DE, -, -, Apr, House Keeper, Epilepsy
4, Blackson, George, 3, M, B, -, DE, -, -, Apr, -, Pneumonia
127, Jones, John, 80, M, W, M, DE, -, -, Aug, Retired Farmer, Debility
14, Bratton, Emma, 20, F, W, -, DE, -, -, Sept, Milliner, Consumption
27, Foster, Mahlon, 60, M, W, -, DE, -, -, Feb, Life Ins Agt., Consumption
32, Vandegrift, Horace J., 2, M, W, -, DE, -, 1, Mar, -, Measles
15, Lord, Sarah E., 30, F, B, M, DE, -, -, May, Domestic Servant, Dropsy
41, Hayes, Eliza W., 20, F, W, -, DE, -, -, May, No Occupation, Congestion of Brain
2, Anderson, Lewis, 25, M, B, -, DE, -, -, Sept, Farm Laborer, Hemorrhage of Mouth
4, Towns, James R. Jr., 22, M, W, -, DE, -, -, Nov, No Occupation, Drowned
10, Allison, John C., 5, M, W, -, NY, -, -, Mar, -, Scarlet Fever
10, Allison, Holson S., 7, M, W, -, PA, -, -, Mar, -, Scarlet Fever
15, Waller, Alfred, 22, M, W, -, PA, -, -, Feb, Work on Farm, Consumption
19, Porter, Joshua, 36, M, B, M, DE, -, -, Sept, Work on Farm, Disease of Brain
19, Porter, Martha J., 9, F, B, -, DE, -, -, May, At Home, Scarlet Fever
19, Porter, Sarah R., 1, F, B, -, DE, -, -, May, At Home, Scarlet Fever
25, McFarlin, William, 7, M, W, -, DE, 1, 1, Mar, At Home, Scarlet Fever
25, McFarlin, Eliza J., 3, F, W, -, DE, 1, 1, Mar, At Home, Scarlet Fever
57, Mote, Waite P., 2, M, W, -, DE, -, -, Oct, At Home, Jaundice
76, Wright, Caroline, 1/12, F, B, -, DE, -, -, May, At Home, Cholera
100, McClelland, Levenia, 47, F, W, -, -, DE, -, -, Aug, At Home, Typhoid
106, Morrison, Samuel, 69, M, W, -, DE, 1, 1, Oct, Farmer, Dropsy
107, Donnell, Elizabeth, 72, F, W, M, DE, -, -, Feb, Keeping House, Typhoid
109, Scott, Samuel, 65, M, W, M, DE, -, -, Feb, Retired Farmer, Dropsy
149, Draper, James, 36, M, W, -, DE, -, -, Jan, Work on Farm, Paralysis
168, Cannon, Williams, 22, M, W, -, DE, -, -, Sept, Work at Milling, Typhoid
170, Russell, Washington, 70, M, W, W, DE, -, -, May, Rock (Celopath), Paralysis
184, Armstrong, Ann, 20, F, B, -, DE, -, -, May, At Home, Consumption
205, Miller, John, 15, M, B, -, DE, -, -, Mar, Work on Farm, Paralysis
229, Fenton, O., 65, M, W, M, Ireland, 1, 1, Apr, Farmer, Typhoid
245, Boreland, Mary, 79, F, W, W, MD, -, -, Nov, Keeping House, Paralysis
306, McNeil, John, 5, M, W, -, DE, 1, 1, May, At Home, Dysentery
306, McNeil, James, 2, M, W, -, DE, 1, 1, May, At Home, Dysentery
325, Acco, Mary E., 32, F, B, M, DE, -, -, Jan, Keeping House, Consumption
16, McKinsey, Calvin D., 2, M, W, -, DE, -, -, Apr, At Home, Scarlet Fever
79, Garrett, Caroline, 48, F, W, -, MD, -, -, Feb, At Home, Consumption
102, Shaw, George M., 4, M, W, -, DE, -, -, Feb, At Home, Scarlet Fever
146, Kennedy, John T., 3/12, M, W, -, DE, -, -, Mar, At Home, Cholera
178, Bradley, Louise, 17, F, W, -, DE, -, -, May, At Home, Consumption

1, Waite, George R., 18, M, W, -, DE, -, -, Dec, Law Student, From Effects of Overdose of Chloroform
3, Schultz, George, 3/12, M, W, -, DE, -, -, June, At Home, Nephritis
13, Patton, William, 4, M, W, -, DE, -, -, Dec, At Home, Cholera
34, McCracken, Mary, 1, F, W, -, DE, -, -, May, At Home, Phthisis Pulmonalis
39, Baldwin, Samuel S., 42, M, W, M, PA, -, -, Mar, Shoemaker, Apoplexy
105, Washington, William 60 M, W, M, DE, -, -, Nov, Basket Maker, Carahitis
175, Kollick, Sarah, 64, F, W, M, PA, -, -, Feb, Keeping House, Phthisis Pulmonalis
178, Wilson, Anna, 74, F, W, W, DE, -, -, Apr, At Home, Brain Congestion
192, Courtney, Charles C., 1, M, W, -, DE, 1, 1, Jan, At Home, Typhoid
214, Price, Mary, 41, F, W, M, DE, -, -, June, Keeping House, Typhoid
234, Jenkins, John P., 1/12, M, W, -, DE, -, -, May, At Home, Teething
237, Huln, Elizabeth, 27, F, W, -, DE, -, -, May, Worked in Cotton Mill, Typhoid
245, Hindman, John, 3/12, M, W, -, DE, -, -, Mar, At Home, Croup
249, Springer, John, 69, M, W, M, DE, -, -, Oct, Oak Cooper, Inflammation of Bowels
252, Townsend, Albert, 2/12, M, W, -, DE, -, -, Jan, At Home, Fever Catarrhal
261, Merns, Hugh, 35, M, W, M, MD, -, -, Mar, House Carpenter, Phthisis Pulmonalis
279, Williams, Harriet, 60, F, B, M, DE, -, -, Jan, Keeping House Phthisis Pulmonalis
283, Smithers, Cora B., 2, F, W, -, DE, -, -, Mar, At Home, Fever Catarrhal
288, Shaw, Marian, 9/12, F, W, -, DE, -, -, Oct, At Home, Brain Congestion
294, Wooley, Sarah B, 27, F, W, M, DE, -, -, Jul, At Home, Phthisis Pulmonalis
294, Churchman, Willie, 1, M, W, -, DE, -, -, Mar, At Home, Brain Congestion
300, Montgomery, John, 79, M, W, W, DE, -, -, Mar, House Carpenter, Jaundice
313, Stidham Anna C., 25, F, W, M, DE, -, -, Jan, At Home, Pneumonia
314, Woolston, Susan, 67, F, W, W, DE, -, -, Mar, At Home, Dropsy
318, Chadwick, Radcliff, 76, M, W, M, England, 1, 1, Nov, Retired Hotel Keeper, Jaundice
325, Swayne, William, 65, M, W, W, PA, -, -, Jan, Clerk in Store, Inflammation of Bowels
337, Thomas, Charles, 69, M, W, M, DE, -, -, Jan, Overseer of Poor House, Jaundice
359, Spillann, Ellen, 5, F, W, -, DE, 1, 1, Mar, At Home, Brain Congestion
363, Ivins, Catherine, 45, F, W, W, MD, -, -, Jan, At Home, Phthisis Pulmonalis
375, Cummenger, Mary F, 39, F, B, M, MD, -, -, Jan, At Home, Phthisis Pulmonalis
390, Tuffree, Ellen, 32, F, W, M, DE, 1, 1, Dec, Keeping House, Bowel Complaint
392, Tuffree, Ellen M., 3/12, F, W, -, DE, -, -, Mar, At Home, Fever, Catarrhal
394, Shoemaker, Elizabeth, 13, F, W, -, PA, -, 1, Aug, Attending School, Fever Typhoid
400, Ferhenback, Frederick, 1/12, M, W, -, DE, 1, 1, Oct, At Home, Fever Catarrhal

410, Carpenter, Charles H., 65, M, W, M, DE, -, -, Feb, Salesman in Store, Phthisis Pulmonalis
410, Carpenter, Mary A., 59, F, W, W, DE, -, -, Mar, Keeping House, Dropsy
413, Hector, John, 39, M, B, -, PA, -, -, Sept, Bar Tender, Phthisis Pulmonalis
416, Marhew, Sallie, 7/12, F, W, -, NJ, -, -, Sept, At Home, Phthisis Pulmonalis
431, Murdock, James, 76, M, W, -, DE, -, -, Jan, Livery Stable Helper, Nephritis
449, Lou, Mary, 70, F, W, W, PA, -, -, Mar, At Home, Pneumonia
451, Herting, Frederick, 46, M, W, M, Prussia, 1, 1, May, Gen. Smith, Cholera
477, Grainer, Anthony, 39, M, W, M, Wurttemberg Germany, 1, 1, Jan, Plasterer, Tetanus
490, Strimple, Joseph, 24, M, W, -, DE, -, -, Mar, Clerk in Store, Phthisis Pulmonalis
490, Moore, Emeline, 20, F, W, W, DE, -, -, May, At Home, Phthisis Pulmonalis
493, McElwee, Neil, 45, M, W, M, Ireland, 1, 1, Oct, Hotel Keeper, Cancer of Stomach
498, Baxter, Hester, 1/12, F, W, -, DE, -, -, Aug, At Home, Suffocated
501, Higgins, William H., 5, M, W, -, DE, -, -, June, At Home, Dysentery
505, Hudson, Thomas, 47, M, W, -, DE, -, -, Nov, Laborer, Nephritis
523, Murphy, Maria, 21, F, W, -, Ireland, 1, 1, Oct, At Home, Dysentery
523, Murphy, Kate, 9, F, W, -, Ireland, 1, 1, May, At Home, Dysentery
565, Simmons, Robert, 57, M, W, W, DE, 1, 1, Nov, House Painter, Dropsy
573, Shepherd, Hannah, 66, F, W, -, DE, 1, 1, Feb, At Home, Pneumonia
574, Young, Thomas, 73, M, W, M, DE, 1, -, Jul, Justice of Peace, Paralysis
580, Taylor, William, 40, M, W, M, England, 1, 1, Jan, Machinist, Burned to Death
601, Kirn, Henry, 7, M, W, -, DE, 1, 1, May, At Home, Diphtheria
613, Walker, George H., 1, M, B, -, DE, -, -, Mar, At Home, Fever Catarrhal
621, Stockley, Clement, 42, M, W, M, Wurttemberg Germany, 1, 1, Jul, Laborer, Fever Catarrhal
648, Woolston, Hardy K., 1/12, M, W, -, DE, -, -, Sept, At Home, Inanitia
668, Smith, Charles H., 8, M, B, -, DE, -, -, Dec, At Home, Scrofula
668, Smith, Colembia, 1, F, B, -, DE, -, -, Mar, At Home, Scrofula
683, Stack, Agaba, 84, F, W, M, Wurttemberg Germany, 1, 1 Feb, At Home, Cancer of Mouth
690, Graves, Annie M., 85, F, W, W, PA, 1, 1, June, At Home, Dysentery
690, Graves, Thomas B., 3, M, W, -, DE, 1, 1, June, At Home, Typhoid
691, Montgomery, Mary A., 16, F, W, -, MD, -, -, Oct, At Home, Fever Catarrhal
713, Brinkley, David, 1/12, M, W, -, DE, -, -, May, At Home, Fever Catarrhal
717, Scott, Robert, 22, M, B, -, DE, -, -, Jul, Laborer, Typhoid
717, Scott, Harriet, 24, F, B, -, DE, -, -, Aug, At Home, Phthisis Pulmonalis
726, Cannon, Charles, 22, M, B, M, DE, -, -, May, Coachman, Sun Stroke
728, Williams, Martha, 1/12, F, B, -, DE, -, -, June, At Home, Cholera
730, Miller, Caroline, 12, F, W, -, DE, -, -, Nov, Attending School, Diphtheria

730, Miller, William, 1, M, W, -, DE, -, -, Nov, At Home, Diphtheria
744, McCracken, Margaret, 62, F, W, W, PA, -, -, Feb, Keeping House, Asthma
748, Harker, William W., 1, M, W, -, DE, -, -, June, At Home, Pneumonia
753, Broomell, Joshua, 9, M, W, -, PA, -, -, Sept, Attending School, Diphtheria
753, Broomell (Broomwell), Joshua, 4, M, W, -, DE, -, -, Sept, At Home, Diphtheria
760, Hick, George T., 6/12, M, W, -, DE, -, -, July, At Home, Brain Congestion
800, Stilley, Jacob, 1/12, M, W, -, DE, -, -, Jan, At Home, Brain Congestion
804, Cussic, John, 52, M, W, M, Ireland, 1, 1, Oct, Carpet Weaver, Dropsy
839, Hogan (Hagan), William, 1, M, B, -, DE, -, -, Dec, At Home, Fever Catarrhal
842, Brown, Rebecca, 1/12, F, B, -, DE, -, -, Jul, At Home, Inanitis
848, Bordley, William, 40, M, B, M, DE, -, -, Jul, At Home, Murdered with Axe
853, Griffin, Charles, 3, M, B, -, DE, -, -, Apr, At Home, Phthisis Pulmonalis
858, Miller, Sarah R., 2, F, B, -, DE, -, -, Jan, At Home, Phthisis Pulmonalis
865, Carahan, Sarah A., 2, F, W, -, DE, -, -, Aug, At Home, Measles
875, Davis, Carrie, 9/12, F, W, -, DE, -, -, Jul, At Home, Cholera
880, Donohoe, Mary, 1/12, F, W, -, DE, -, -, Aug, At Home, Pertussis
881, Perry, John, 62, M, W, M, DE, -, -, Aug, Cigar Maker, Pneumonia
881, Perry, Sina, 3, F, W, -, DE, -, -, Mar, At Home, Whooping Cough
883, Tinsly, Mary, 1/12, F, W, -, DE, 1, 1, Jul, At Home Fever Catarrhal
885, Smith, William, 1, M, W, -, DE, -, -, Aug, At Home, Scarlet Fever
898, Allen, Margaret, 10/12, F, W, -, DE, -, -, Jan, At Home, Scarlet Fever
897, King, Mary E., 9/12, F, W, -, DE, -, -, Jul, At Home, Fever Catarrhal
928, McGrathin, Edwad, 40, M, W, M, Ireland, 1, 1, Jul, Boiler Maker, Effects of Wounds
928, McGrathin Patrick, 33, M, W, M, Ireland, 1, 1, Jul, Laborer, Hypertrophy of Heart
945, Sutten, William, 28, M, W, M, MD, 1, 1, Jul, Cars Part Maker, Phthisis Pulmonalis
947, Strickland, Warren, 1/12, M, W, -, DE, -, -, Dec, At Home, Phthisis Pulmonalis
951, McCloskey, Edward, 1, M, W, -, DE, 1, -, Jul, At Home, Whooping Cough
958, Thoroughgood, Edgar E., 1, M, W, -, DE, -, -, Mar, At Home, Measles
964, Glasgow, Mary E., 21, F, W, M, DE, -, -, Sept, At Home, Child Birth
964, Glasgow, Lydia A., 3/12, F, W, -, DE, -, -, Sept, At Home, Debility
975, Hall, Oephia, 72, F, W, W, DE, 1, -, Feb, At Home, Phthisis Pulmonalis
15, Marple, Mary A., 6/12, F, W, -, DE, -, -, Apr, -, Aneurism
19, Riley, Mary, 81, F, W, W, DE, -, -, Nov, House Keeper, Congestion of Lungs
72, Noblet, Eliza R., 73, F, W, M, DE, -, -, Oct, House Keeper, Gall Stones
100, Sellers, George W., 52, M, W, -, DE, -, -, Apr, Poet, Apoplexy
116, Leah, Evan, 4, M, W, -, DE, -, -, Aug, -, Cattarh on Breast
128, Kilbourn, Debra B., 60, F, W, -, MA, -, -, Aug, School Teacher, Dropsy of Heart
132, Pusey, Allice, 2/12, F, W, -, DE, -, -, Feb, -, Measles
137, Gardner, Marietta, 6/12, F, W, -, DE, -, -, Dec, -, Catarrh on Breast
167, Kendle, Elizabeth, 67, F, W, M, DE, -, -, Dec, Housekeeping, Consumption

182, Sewell, George, 10/12, M, W, -, DE, -, -, Dec, -, Congestion of Lungs
185, Evans, Annie, 62, F, B, W, DE, -, -, Oct, Housekeeping, Paraletic Stroke
190, Foster, Mary, 70, F, B, W, DE, -, -, Apr, Housekeeping, Consumption
198, Robinson, Alfred, 3, M, B, -, DE, -, -, Nov, -, Dropsy of Heart
200, Chambers, Sarah J., 25, F, B M, DE, -, -, Oct, Keeping House, Consumption
209, Vandaver, Vincent V., 21, M, W, M, PA, -, -, Oct, Laborer, Accidentally Shot
209, Vandaver, Joseph Q., 1, M, W, -, PA, -, -, Nov, -, Consumption
233, Walter, Samuel, 42, M, W, M, England, -, -, Dec, Supt. Hotel, Inflammation of Lungs
298, Danby, James, 59, M, W, -, England, -, -, Apr, No Occupation, Aneurism
298, Danby, Maurice, 56, M, W, M, England, -, -, Apr, Cooper, Pneumonia
300, Jones, Maggie, F., 2, F, W, -, VA, -, -, Aug, -, Tuberculosis Meningitis
300, Jones, Auther D., 1, M, W, -, DE, -, -, Sept, -, Tuberculosis Meningitis
305, Pierson, Joseph D., 37, M, W, M, DE, -, -, Aug, Pattern Maker, Jaundice
307, Brown, Richard, 38, M, M, -, MD, -, -, Apr, Coachman, Pneumonia
345, Fichtel, Elvira, 22, F, W, -, PA, -, -, Sept, Music Teacher, Consumption of Lungs
370, Wintrup, Robert Jr., 5/12, M, W, -, DE, -, -, Mar, -, Fusion of Brain
380, Foorde, William, 69, M, W, M, England, -, -, Apr, Brewer, Congestion of Lungs
382, Murphy, John, 6/12, M, W, -, DE, -, -, Aug, -, Cholera
399, Hauser, Amelia, 1, F, W, -, DE, -, -, Sept, -, Cholera
413, Fisher, Lovie, 68, F, W, W, DE, -, -, Apr, -, Consumption of Lungs
446, Fletcher, Mortimer C., 1, M, W, -, DE, -, -, Apr, -, Whooping Cough
451, Linney, Joseph, 76, M, W, M, DE, -, -, Feb, Retired Farmer, Dropsy of Heart
462, Henze, Annie, 1, F, W, -, PA, -, -, Aug, -, Marasmuis
474 Dantz, Henry, 6/12, M, W, -, DE, -, -, Apr, -, Cramps
484, Moore, Mary, 83, F, W, -, PA, -, -, Jan, School Teacher, Old Age
490, Allardice, Joseph, 38, M, W, M, DE, -, -, Aug, Wire Dealer, Soffening of Brain
501, Burnes, Mary, 10, F, W, -, DE, 1, 1, Mar, -, Inflammation of Lungs
521, Carroll, Thomas, 1, M, W, -, DE, 1,1, Oct, -, Croup
529, Martin, Charles, 6, M, W, -, DE, 1, -, Sept, -, Consumption
542, Ashenback, Charles, 5, M, W, -, DE, 1, -, Feb, -, Measles
576, Irwin, Wilmer, 6, M, W, -, DE, -, -, Mar, -, Inflammatory Rheumatism
594, Adams, William, 38, M, W, -, DE, -, -, Oct, Laborer, Dropsy of Heart
605, Bett, Malinda, 28, F, W, W, PA, 1, 1, Aug, -, Consumption of Lungs
612, Maloney, Patrick, 90, M, W, M, Ireland, 1, 1, Feb, None, Old Age
613, Curren, John, 50, M, W, M, Ireland, 1, 1, Apr, Laborer, Dropsy of Heart
614, Newnier, Francis, 39, F, W, M, Wurttemberg Germany, 1, 1, Apr, -, Consumption
627, Leahy, Margaret, 16, F, W, -, DE, 1, 1, Sept, -, Consumption
629, Palfrey, Henry, 4/12, M, W, -, DE, 1,1, Nov, -, Erysyphillis
634, H-ehl, Philip, 5/12, M, W, -, DE, 1, 1, Mar, -, Cattar on Breast

636, Gamble, Margaret, 2/12, F, W, -, DE, -, 1, Aug, -, Suffocated
690, Davidson, William A., 3/12, M, W, -, DE, -, -, Apr, -, Cattar on Breast
694, Cox, Chaney, 23, M, W, -, PA, -, -, Oct, Carpenter, Consumption of Lungs
708, Marvel, Carrie, 1, F, W, -, DE, -, -, Sept, -, Congestion of Brain
738, Williams, William, 46, M, W, M, DE, -, -, Jan, Carpenter, Tumor in Bowels
750, Nostrand, Arnold C., 1, M, W, -, DE, -, -, May, -, Congestion of Brain
747, Boyer, Arabella, 19, F, W, M, DE, -, -, Jan, -, Cattar on Brest
767, Simpson, John W., 5, M, B, -, DE, -, -, Mar, -, Consumption of Lungs
777, Jeffries, Mary B., 9, F, B, -, DE, -, -, May, Typhoid
805, Gibhart, Mary E., 33, F, W, M, DE, -, -, May, -, Heart Disease
857, Speakman, Clayton, 22, M, W, -, DE, -, -, Aug, Pattern Maker, Consumption of Lungs
860, Sharpe, William, 9/12, M, W, -, DE, -, -, Jul, -, Cholera
861, Springer, Sarah, 33, F, W, M, DE, -, -, Nov, Ditcher, Consumption of Lungs
878, Richardson, John, 35, M, B, M, PA, -, -, Apr, -, Consumption
884, Clinton, Thomas, 1, M, M, -, DE, -, -, Mar, -, Cholera
918, Bowen, Julia, 6, F, W, -, DE, -, -, Mar, -, Brain Fever
956, Wilson, Ruth, 78, F, W, M, PA, -, -, Aug, -, Canser of Stomach
956, Wilson, Sarah, 76, F, W, -, PA, -, -, Sep, -, Paralysis
1030, Husbands, Jane, 81, F, W, M, DE, -, -, Jul, -, Consumption of Lungs
1037, Carpenter, Sarah, 67, F, W, W, DE, -, -, Jul, -, Chronic Diarrhea
1043, Rumford, Jonathan, 71, M, W, M, DE, -, -, Aug, Retired Hat Dealer, Disease of Liver
1055, Rebman, Rosanna, 66, F, W, M, Switzerland, -, -, Mar, -, Heart Disease
1065, Butler, Benjamin F., 2, M, W, -, DE, -, -, May, -, Whooping Cough
1067, Poinsett, Asa, 72, M, W, M, DE, -, -, Mar, Cooper, Hectic Fever
1096, Donovan, William, T., 1, M, W, -, DE, -, -, Dec, -, Convulsions
1098, Maxwell, Charles C., 33, M, W, M, DE, -, -, Apr, Painter, Consumption of Lungs
1106, Barrett, Edward, 4, M, W, -, DE, -, -, May, -, Inflammation of Lungs
1111, Elsie, Julia, 43, F, W, W, Ireland, 1, 1, May, -, Consumption of Lungs
1129, Frazier, Emma, 1, M, W, -, DE, -, -, May, -, Convulsions
1130, Jones, William, 10, M, W, -, DE, -, -, May, -, Heart Disease
1132, Kerr, Edwin S., 1, M, W, -, DE, -, -, Jul, -, Marasmus
1139, Simmons, Charles, 2/12, M, W, -, DE, -, -, May, -, Cyanosis
1185, Cramer, Caroline, 1, F, W, -, -, DE, -, -, Apr, -, Measles
1187, Wells, Sarah, 87, F, W, W, DE, -, -, Mar, -, Old Age
1208, Forrest, Thomas, 41, M, W, W, Ireland, 1, 1, Dec, Laborer, Dropsy of Chest
1261, Thompson, Jane, 74, F, W, W, PA, -, -, Aug, -, Congestion of Lungs
1274, McGovern, Fargason, 27, M, W, -, Ireland, 1, 1, Apr, Shoemaker, Consumption of Lungs
1277, Campbell, James, 2/12, M, W, -, DE, -, -, Feb, -, Internal Hemorrhage
1280, Holtz, George, 62, M, W, M, MD, -, -, May, Brickmaker, Paralysis
1298, Barney, George, 2/12, M, W, -, DE, -, -, Apr, -, Water on Brain
1300, Crozier, Ellen, 1, F, W, -, DE, -, -, Feb, -, Scarlet Fever

1320, Merrihew, Sarah, 10/12, F, W, -, NJ, -, -, Sep, -, Scrofula Consumption
1348, Roberts, John M., 4, M, W, -, DE, -, -, Mar, -, Catarrah on Breast
1358, Murphey, Leander, 1, M, W, -, DE, -, -, Apr, -, Inflammation of Bowels
1373, Stroud, Elizabeth F., 50, F, W, -, DE, -, -, Dec, Retired Dry Goods, Paralysis
1388, Boots, Elizabeth R., 17, F, W, -, MD, -, -, June, -, Dropsy of Heart
1391, Noland, Atherton, 3, F, W, -, CA, -, -, Oct, -, Whooping Cough
1391, Noland, Mary, 1, F, W, -, DE, -, -, Oct, -, Whooping Cough
1481, Balance, Margaret, 4, F, W, -, DE, -, -, May, -, Scarlet Fever
1489, Yarnall, Ann, 89, F, W, W, PA, -, -, Feb, -, Pneumonia
1496, Hawkins, Timothy, 65, M, W, M, Ireland, 1, 1, May, Laborer, Ulceration of Stomach
1509, Gould, Fannie, 4/12, F, W, -, DE, -, -, Feb, -, Meningitis in Head
1578, Timmons, Winaford, 2, F, W, -, DE, 1, 1, Mar, -, Brain Fever
1704, Knox, Mary, 3/12, F, W, -, DE, -, -, June, -, Cholera
1714, Nichols, Fannie, 7, F, W, -, PA, -, -, May, -, Measles
1715, Feeney, James, 23, M, W, -, DE, 1, 1, Mar, Work in ShipYard, Consumption
1715, Feeney, Thomas, 16, M, W, -, DE, 1, 1, Jan, -, Consumption
1716, Jones, David, 109, M, B, W, DE, -, -, Nov, Laborer, Old Age
1657, King, Annie, 63, F, W, M, Ireland, 1, 1, Dec, -, Consumption
1665, Daggart, Lucinda, 4, F, B, -, DE, -, -, May, -, Whooping Cough
1676, McKnight, Jidella, 3, F, W, -, DE, 1, -, Jul, -, Cholera
1680, Baker, Margaret, 18, F, B, M, DE, -, -, Apr, -, Consumption
1681, Cummings, John, 25, M, B, -, DE, -, -, Apr, Laborer, Consumption
1696, Gregg, William H., 4, M, W, -, DE, -, -, Aug, -, Scarlet Fever
36, Fox, Hugh, 49, M, W, -, DE, 1, 1, May, Retired, Hemorrhage of Lungs
50, McCafferty, John, 3, M, W, -, DE, 1, 1, Mar, At Home, Diphtheria
64, Deitzbach, Rosa, 1/12, F, W, -, DE, 1, 1, Jul, At Home, Cholera
74, Derr, Mary A., 1, F, W, -, DE, 1, -, May, At Home, Scarletina
128, Perkins, Anna L., 23, F, W, M, INJ, -, -, May, Keepng House, Hypertrophy of Heart
152, Sheehey, Michael, 4, M, W, -, DE, 1, 1, Jul, At Home, Scarletina
152, Sheehey, NOT NAMED, 3 weeks, M, W, -, DE, 1, 1, May, At Home, Cholera
187, Foster, Oliver M., 9/12, M, W, -, DE, -, -, Aug, At Home, Cholera
188, Lonacre, Sophia J., 2, F, W, -, DE, -, -, Mar, At Home, Whooping Cough
209, Jackson, Thomas, H., 1, M, W, -, DE, -, -, Nov, At Home, Hydrocephalus
210, McCafferty, William, 6, M, W, -, DE, 1, 1, Apr, At Home, Measles
213, Gibbs, NOT NAMED, -, M, B, -, DE, -, -, Nov, At Home, Still Born
213, Gibbs, NO NAME, -, M, B, -, DE, -, -, Nov, At Home, Still Born
214, Pennington, Marion H., 1, M, W, -, DE, -, -, Apr, Keeping House, Inflammation of Brain
249, Silcox, Eliza, 60, F, W, M, DE, -, -, Apr, At Home, Phthisis Pulmonalis
258, McCluskey, Susan, 1, F, W, -, DE, 1, 1, Jul, At Home, Whooping Cough

260, Stannard, Thomas, J., 3/12, M, W, -, DE, 1, 1, Nov, At Home, Pulmonalis Catarrh
263, Dugan, William, 65, M, W, M, Ireland, 1, 1, May, Laborer, Apoplexy
291, Whitties, George L., 30, F, B, W, PA, -, -, Feb, At Home, Phthysis Pulmonalis
295, Hession, John, 5/12, M, W, -, DE, 1, 1, Sept, At Home, Teething
300, McLacklin, Colin, 32, M, W, M, DE, -, -, Sept, Tailor, Consumption of Lungs
301, Lafferty, Ambrose, 2, M, W, W, DE, 1, 1, Oct, Tailor, Consumption of Bowels
302, Reilley, Michael, 49, M, W, W, Ireland, 1, 1, Nov, Daguertypist, Consumption
305, Wrightington, Charles H., 1, M, W, -, DE, -, -, Jul, At Home, Cholera
333, Crockesbach, Ada V., 1, F, W, -, DE, -, 1, Sept, At Home Scrofula
358, Pierce, Lizzie, 2, F, W, -, DE, -, -, June, At Home, Whooping Cough
379, Campbell, Marien, 3/12, F, W, -, DE, 1, 1, Dec, At Home, Unk
391, Gutherie, Francis, 6/12, M, W, -, DE, -, 1, Jul, At Home, Pulmonalis Catarrh
396, Edwards, William S., 14, M, W, -, DE, -, -, Jul, At Home, Drownded
392, Chumside, John W., 9/12, M, W, -, DE, -, -, Jul, At Home, Cholera
406, Bacon, Mary, 1, F, W, -, DE, -, -, Jul, At Home, Measles
446, Dumpser, Agnes, 5/12, F, B, -, DE, -, -, Jul, At Home, Operation on Hair Lip
448, Denby, Richard, 21, M, B, -, DE, -, -, Feb, Laborer, Phthisis Pulmonalis
457, Foracre, Charles, 3 days, M, W, -, DE, -, -, Jan, At Home, Marasmus
483, Cox, Eleanor W., 65, F, W, W, MD, -, -, Apr, At Home, Pneumonias
488, Brooks, William, 4/12, M, W, -, DE, -, -, Sept, At Home, Scarletina
496, Turner, William, 1, M, W, -, DE, -, -, Jul, At Home, Hypertrophy
499, Allen, Mary E., 1, F, W, -, DE, -, -, Nov, At Home, Erysyphillis
512, Solomon, William, 1, M, W, -, DE, -, -, May, At Home, Phythisis Pulmonalis
512, Coyle, NOT NAMED, -, M, W, -, PA, -, -, Nov, -, Still Born
514, Perry, John A., 6, M, W, -, PA, -, -, June, At Home, Congestion of Brain
514, Jones, Wesley, S., 1, M, W, -, DE, -, -, June, At Home, Congestion of Brain
528, Taylor, Robt. S., 13, M, W, -, DE, -, -, Jul, At Home, Drownded
544, Penney, Joseph, 20, M, W, -, DE, -, -, Oct, Tinsmith, Phthisis Pulmonalis
571, Cross, Wm. F., 1, M, W, -, DE, -, -, Aug, At Home, Measles
572, Spring, Andrew F., 10/12, M, W, -, NY, 1, 1, June, At Home, Acute Bronchitis
575, Scott, Edward, 2/12, M, W, -, DE, -, -, Oct, At Home, Inanition
577, Cross, Wm. S., 3, M, W, -, DE, -, -, Mar, At Home, Pneumonia
591, Godfrey, Anna, 5/12, F, W, -, DE, -, -, Apr, At Home, Hypertrophy
592, Morine, Hary L., 2, F, W, -, DE, -, -, Nov, At Home, Acute of Bronchitis
600, Robinson, Charles J., 5/12, M, W, -, DE, -, -, Apr, At Home, Hypertrophy
623, Green, Hester, 20, F, W, M, DE, -, -, Feb, Keeping House, Phthisis Pulmonalis
638, McKeag, Mary, 80, F, W, W, DE, -, -, May, At Home, Old Age
666, Mills, Lillie, 1, F, W, -, DE, 1, 1, Jan, At Home, Whooping Cough
697, McAnnally, Jones, 34, M, W, -, DE, 1, 1, Apr, At Home, Drownded

695, Saville, Mary E., 2, F, W, -, DE, -, -, Aug, At Home, Measles
694, McFadden, Mary, 1, F, W, -, DE, -, -, Aug, At Home, Chronic Dysentery
698, Mannion, Joseph, 1, M, W, -, DE, 1, 1, Aug, At Home, Influenza
699, Cannon, John, 9/12, M, W, -, DE, 1, 1, Nov, At Home, Influenza
727, Marran, John, 22, M, W, M, Ireland, 1, 1, Nov, Laborer, Slow Fever
734, McGlaughlin, Francis, 24, M, W, -, Ireland, 1, 1, Apr, Laborer, Run Over by Cars
735, Medrine, Jones, 1, M, W, -, DE, 1, 1, Jul, At Home, Whooping Cough
821, Lewis, John C., 11, M, W, -, MD, -, -, Feb, At Home, Diphtheria
822, Chambers, Catherine, 39, F, W, M, PA, -, -, Mar, At Home, Scrofula
837, Alloway, Caroline M., 3, F, W, -, DE, -, -, Jan, At Home, Scarletina
848, Key, Sarah, 23, F, W, M, DE, -, -, Apr, Keeping House, Typhoid
851, Kerns, Joseph, 2/12, M, W, -, DE, -, -, Jul, At Home, Whooping Cough
857, McKarg, Anna, 83, F, W, W, MD, -, -, Mar, At Home, Old Age
862, Hegler, NO NAME, -, M, W, -, DE, 1, 1, Aug, At Home, Still Born
885, Glenn, Jane, 32, F, W, M, PA, -, -, Jul, Keeps House, Phythis Pulmonalis
895, Hinesly, John, 15, M, W, -, DE, -, -, Jul, At Home, Drowned
900, Peeney, Catharine, 24, F, W, M, Ireland, 1, 1, Nov, Keeping House, Phythis Pulmonalis
928, Ginder, Mary, 1, F, W, -, DE, 1, 1, Nov, At Home, Catarrah on Breast
939, Edwards, Frank, 1, M, W, -, DE, -, -, Sept, At Home, Chronic Dysentery
940, Dill, Samuel C., 8, M, W, -, DE, -, -, Sept, At Home, Diphtheria
947, Webber, Joseph W., 4, M, W, -, OH, -, -, Apr, At Home, Jaundice
949, Paradee, Charles C., 2, M, W, -, DE, -, 1, Sept, At Home Scarletina
949, Paradee, Ida J., 2, F, W, -, PA, -, 1, Jan, At Home, Burned to Death by Coal oil lamp explosion
970, Johnson, Westin, 34, M, B, M, MD, -, -, Dec, At Home, Consumption
970, Johnson, Clara E., 3, F, B, -, DE, -, -, June, At Home, Consumption
976, McCafferty, Anna, 1, F, W, -, DE, -, -, May, At Home, Teething
980, Sutton, William, 27, M, W, M, DE, -, -, Aug, Coach Maker, Pulmonalis
994, Seily, Edward, 9/12, M, W, -, DE, -, -, Aug, At Home, Cholera
1024, Milburn, Robert B., 1, M, W, -, DE, -, -, Dec, At Home, Scarletina
1041, Wright, Elizabeth, 75, F, W, W, NJ, -, -, Jan, At Home, Pneumonia
1042, Spencer, Edward S., 1, M, W, -, DE, -, -, Mar, At Home, Measles
1049, Zebley, Mary P., 40, F, W, M, DE, -, -, Apr, Keeping House, Cancer on Breast
1073, Brown, John, 11/12, M, W, -, DE, -, -, Jan, At Home, Whooping Cough
1076, Brooks, Catherine, 7, F, W, -, Oregon, -, -, June, At Home, Hypertrophy of Heart
1076, Irvine, David, 7, M, W, -, DE, -, -, June, At Home, Convulsions
1083, Baker, Frank, 1/12, M, W, -, DE, 1, 1, Jul, At Home, Cholera
1084, Fraim, William, 12, M, B, -, DE, -, -, Aug, At Home, Pulmonalis
1087, Jones, Gilberton, 1 day, F, B, -, DE, -, -, Nov, At Home, Inanition
1089, Jordan, Elsie, 88, F, B, W, MD, -, -, May, At Home, Old Age
1105, Wood, Carrie, J., 3, F, W, -, DE, -, -, Dec, At Home, Congestion of Brain

1147, Rice, Mary W., 66, F, W, W, DE, -, -, Apr, Keeping House, Phthsis Pulmonalis
1162, Coles, Josiah, 72, M, W, M, NJ, -, -, Jan, Retired, Hypertrophy of Kidney
1181, McCollem, Catharine, 4/12, F, W, -, DE, 1, 1, Jul, At Home, Cholera
1182, McCollem, Louisa, 16, F, W, -, DE, 1,1, Jan, At Home, Phythis Pulmonalis
1185, Russum, James, R., 1 hour, M, W, -, DE, -, -, Nov, At Home, Inanition
1203, Zane, Eliza B., 1/12, F, W, -, DE, -, -, Jul, At Home, Marasmus
1209, Taggart, John, 17, M, W, -, DE, 1, 1, Nov, Laborer, Drowned
1236, Dyke, Joanna, 46, F, W, W, DE, -, -, June, Keeping House, Throat Pulmonalis
1263, Christy, Ann, 77, F, W, W, PA, -, -, Sept, At Home, Old Age
1269, Weldie, Rebecca, 77, F, W, W, NJ, -, -, Dec, At Home, Congestion of Brain
1274, Simpson, Ann, 55, F, W, W, DE, -, -, Nov, Keeping House, Pneumonia
1364, Egbert, Sarah E., 32, F, W, -, DE, -, -, Jan, Keeping House, Phthysis Pulmonalis
1375, Lister, Ann, 91, F, W, W, DE, -, -, Mar, At Home, Old Age
1375, Ashton, Cynthie, 82, F, W, W, NJ-, -, June, At Home Paralysis
1376, O'Daniel, William, 28, M, W, M, DE, -, -, Jan, At Home, Phthysis Pulmonalis
1413, Harrison, James, W., 40, M, W, M, PA, -, -, Sept, Farmer, Phthysis Pulmonalis
1378, Campbell, Alfred C., 7/12, M, W, -, DE, -, -, Oct, At Home, Erysyphillis
1429, Setzler, Ema E., 12, F, W, -, DE, -, -, June, At Home, Scarletina
1459, Engle, Emma L., 1, F, W, -, DE, -, -, Dec, At Home, Erysyphillis
1472, Hudson, Matilda, 19, F, W, -, DE, -, -, May, At Home, Dropsy
1474, Garrison, May, 40, F, B, M, MD, -, -, Jan, Keeping House, Phthysis Pulmonalis
1474, Garrison, Florence, 2, F, B, -, DE, -, -, Feb, At Home, Catarrh Fever
1503, Flanegan, Joseph, 16, M, W, -, DE, 1, 1, Jul, At Home, Drowned
1511, Higger, No Name, -, F, W, -, DE, 1, 1, May, At Home, Still Born
1513, Caldwell, Edgar, J., 1, M, B, -, DE, -, -, June, At Home, Whooping Cough
1570, Hood, Jane F., 1, F, W, -, DE, 1, 1, June, At Home, Congesting of Brain
22, White, Lizzie, 3, F, W, -, DE, -, -, Aug, At Home, Cholera
27, O'Tool, James, 66, M, W, W, Ireland, 1, 1, Oct, Shoemaker, Cancer in Stomach
30, Docherty, Mary Jane, 1, F, W, -, DE, -, -, Sept, At Home, Whooping Cough
51, Johnson, Mary E., 1, F, W, -, DE, -, -, Aug, At Home, Congestion of Lungs
52, McLaughlan, Martha, 67, F, W, W, MD, -, -, Jan, At Home, Consumption
56, Justison, Ellen, 7/12, F, W, -, DE, -, -, May, At Home, Whooping Cough
81, Hyatt, Marthe E., 1, F, W, -, DE, -, -, Sept, At Home, Congestion of Brain
107, Neals, George, W., 6, M, -, DE, -, -, Mar, At Home, Measles
110, Hall, William B., 11, M, W, -, MD, -, -, Aug, At Home, Drown
117, Williams, Mary, 73, F, W, W, England, 1, 1, Apr, At Home, Pneumonia
206, Colwell, Melia, 42, F, B, W, DE, -, -, May, At Home, Consumption
274, Walker, Elizabeth, 65, F, W, W, DE, -, -, Jan, At Home, Consumption
4, Leary, Michael, 95, M, W, W, Ireland, 1, 1, Sept, Tailor, Disease of Heart

12, Cryzer, Mary, 38, F, W, M, Wales, 1, 1, Jul, Keeping House, Hepatitis
17, Dougherty, Margaret, 1, F, W, -, DE, 1, 1, Sept, At Home, Chronic Dysentery
21, Tallie, Austin E., 5/12, M, W, -, DE, -, -, Aug, At Home, Marasmus
106, McDonnough, Mary, 83, F, W, W, Ireland, 1,1, Sept, At Home, Paralysis
133, Kerns, William, 65, M, W, M, Ireland, 1, 1, Apr, Laborer, Angina
160, Cunningham, James, 9/12, M, W, -, DE, 1, 1, Aug, At Home, Typhoid
170, Riley, Margaret, 23, F, W, M, DE, 1, 1, Jan, Keeping House, Consumption
196, Donehough, John E., 5/12, M, W, -, DE, 1, 1, Aug, At Home, Cholera
263, Simmons, Theodore, 10/12, M, W, -, DE, -, -, May, At Home, Measles
265, Miller, Leven, C., 62, M, W, W, DE, -, -, Nov, At Home, Consumption
298, Agnew, Robert D., 6/12, M, W, -, DE, -, 1, Jan, At Home, Pneumonia
319, Crummie, Elizabeth, 30, F, W, M, Ireland, 1, 1, Aug, Keeping House, Child Birth
319, Crummie, Mary E., 1/12, F, W, -, DE, 1, 1, Sept, At Home, Marasmus
321, Davis, John E., 7/12, M, W, -, DE, -, -, Feb, At Home, Consumption
322, Graham, John, 1/12, M, W, -, DE, -, -, Dec, At Home, Consumption
373, Connard, Ann, 1, F, W, -, DE, 1, 1, June, At Home, Measles
393, Joice, Francis, 3/12, M, W, -, DE, 1, 1, Nov, At Home, Catarrh
403, O'Donnell, Mary, 1 month, F, W, -, DE, 1, 1, Nov, At Home, Cholera
450, Heist, Joseph H., 5, M, W, -, MD, -, -, Oct, At Home, Typhoid
470, Callwell, William, 7/12, F, W, -, DE, 1, -, Dec, At Home, Pneumonia
491, Connely, James, 3/12, M, W, -, DE, 1, 1, Apr, At Home, Consumption
524, Eastwood, Bessie, 1, F, W, -, DE, 1, 1, Mar, At Home, Whooping Cough
527, Russell, Virginia, 32, F, W, M, VA, -, -, Apr, Keeping House, Erysyphillis
534, Whitiker, Sarah E., 3/12, F, W, -, DE, -, -, Feb, At Home, Inflammation of Bowels
535, Donnel, Elizabeth, 73, F, W, M, DE, -, -, Feb, At Home, Paralysis
543, Riley, Mary A., 3, F, W, -, DE, 1, 1, Mar, At Home, Measles
543, Riley, Ellen, 10/12, F, W, -, DE, 1, 1, Feb, At Home, Catarrh
544, Gallagher, Maggie, 1, F, W, -, DE, 1, 1, Jul, At Home, Cholera
546, Clark, Eliza, 11/12, F, W, -, DE, 1, 1, Jul, At Home, Consumption
548, Reed, Benjamin, 22, F, W, M, DE, -, -, Apr, At Home, Consumption
555, Stone, Hannah, 56, F, W, M, PA, 1, 1, Mar, Keeping House, Pneumonia
563, Searles, George W., 6, M, W, -, DE, -, -, Apr, At Home, Measles
565, Pyle, Cora, 2, F, W, -, DE, -, -, Apr, At Home, -, Whooping Cough
631, Farnam, Leurnce, 5, W, M, Ireland, 1, 1, Mar, Grocery Store Keeper, Consumption
611, Yonker, Franklin, 2/12, M, W, -, DE, -, -, Jul, At Home, Marasmus
634, Butler, Caroline, 5/12, F, W, -, PA, -, -, Sept, At Home, Fall—Accident
635, Foulkner, Edward W., 49, M, W, M, DE, -, -, Nov, Bricklayer, Delirium Tremors
640, Hawthorn, John, 62, M, W, M, Ireland, 1, 1, Feb, Laborer, Pneumonia
642, Scott, Dvid, 19 M, W, -, DE, 1, 1, Feb, Patern Maker, Consumption
652, Cragg, Eugene, 12, M, B, -, DE, -, -, May, Attending School, Typhoid
682, Garlland, Edward, 34, M, W, M, Ireland, 1, 1, June, Boiler Maker, Fever
683, Lawther, Martin, 46, M, W, M, Ireland, 1, 1, Laborer, Dropsy of Heart

684, Reeder, George W., 6/12, M, W, -, DE, -, -, Jul, At Home, Cholera
687, McAvilla, Patrick, 22, M, W, M, Ireland, 1, 1, May, Laborer, Scrofula
711, London, George E., 14, M, W, -, DE, -, -, May, Store Boy, Scarlet Fever
740, Speakman, George W., 18, M, W, -, PA, -, -, Feb, Butcher, Pneumonia
748, Page, Elizabeth, 25, F, W, -, MD, 1, 1, Oct, Tailoress, Consumption
748, Page, Mary, 70, F, W, W, England, 1, 1, Jul, At Home, Paralysis
773, Harding, John, 52, M, W, M, PA, -, -, Mar, Oak Cooper, Consumption
802, Morgan, Laura E., 1, F, W, -, PA, -, -, Aug, At Home, Inflammation of Bowels
810, Tweed, Betty, 62, F, W, W, Ireland, 1, 1, Oct, At Home, Consumption
842, Talley, Thomas, 3, M, W, -, DE, 1, 1, Dec, At Home, Existaxis
843, Roach, Mary, 1/12, F, W, -, DE, 1, 1, Jul, Convulsions
843, Dougherty, Charles, 1, M, W, -, DE, 1, 1, June, Destitute, Effects of Cripple
843, Watson, Louis, 5, M, B, -, DE, -, -, Jul, Destitute, Unk
843, Stevenson, Sarah, 85, F, B, -, DE, -, -, Jul, Destitute, Old Age
843, Norris, Florence, 2/12, F, W, -, DE, -, -, Jul, Destitute, Unk
843, Cornish, Charles, 22, M, B, -, DE, -, -, June, Destitute, Unk
843, Mom, Thomas, 60, M, W, -, England, 1, 1, Jul, Destitute, Effects of Fracture of Femur
843, Jones, Owen, V., 24, M, B, -, DE, -, -, Jul, Destitute, Consumption
843, Kyker, Louis, 70, M, W, -, Prussia, 1, 1, Aug, Destitute, Consumption
843, Johnson, Sarah, 30, F, W, -, England, 1, 1, Aug, Destitute, Jaundice
843, Alerdice, Joseph, 35, M, W, -, DE, -, -, Aug, Boarding, Insanity
843, Skyks, Margaret, 85, F, W, -, DE, -, -, Sept, Destitute, Old Age
843, McCartney, Sarah, 52, F, W, -, Ireland, 1, 1, Oct, Destitute, Unk
843, Wilson, Josephine, 22, F, B, -, DE, -, -, Oct, Destitute, Typhoid
843, Quail, Jeremiah, 60, M, W, -, Ireland, 1, 1, Nov, Destitute, Unk
843, Harp, John, 20, M, W, -, DE, -, -, Nov, Destitute, Epilepsy
843, Fleming, CHILD, 1/12, M, W, -, DE, -, -, Dec, Destitute, Unk
843, Cahn, Dominick, 47, M, W, -, Ireland, 1, 1, Jan, Destitute, Consumption
843, Draper, Jones, 41, M, W, -, DE, -, -, Jan, Simple, Typhoid
843, Peterson, William, 1, M, B, -, DE, -, -, Jan, Destitute, Whooping Cough
843, Derickson, Allen, 90, M, W, -, DE, -, -, Jan, Destitute, Old Age
843, Henderson, Robert, 75, M, W, -, DE, -, -, Feb, Destitute, Paralysis
843, Kirkley, Jones, 80, M, W, -, DE, -, -, Feb, Destitute, Consumption
843, Lyalls, Sylvester, 38, M, B, -, DE, -, -, Feb, Destitute, Dropsy of Heart
843, Boulden, John, 1/12, M, B, -, DE, -, -, Feb, Destitute, Cholera
843, Plumblin, John, 81, M, W, -, DE, -, -, Mar, Destitute, Ulcer on Leg
843, Hill, Amos, 72, M, B, -, DE, -, -, Mar, Destitute, Heart Disease
843, Carter, Rhuben, 22, M, B, -, DE, -, -, Mar, Destitute, Venereal Disease
843, Simpson, Alex, 50, M, W, -, -, DE, -, -, Apr, Destitute, Consumptin
843, Brown, George, 23, M, B, -, DE, -, -, Apr, Destitute, Typhoid
843, Hall, Harriett, 33, F, B, -, DE, -, -, Apr, Destitute, Accident by Cars
843, Peach, Joseph, 22, M, B, -, DE, -, -, May, Destitute, Consumption
843, McCoy, Joseph, 80, M, W, -, Ireland, 1, 1, May, Destitute, Consumption
843, Somers, James, 75, M, B, -, DE, -, -, May, Destitute, Pneumonia

843, Starkley, Henry, 32, M, B, -, DE, -, -, May, Destitute, Typhoid
843, White, Moses, 25, M, B, -, DE, -, -, May, Destitute, Consumption
843, Thompson, Jane, 80, F, W, -, Ireland, 1,1, May, Destitute, Typhoid
843, Kennard, Rachael, 83, F, B, -, DE, -, -, May, Destitute, Cancer of Breast
843, Busser, Henry, 18, M, B, -, DE, -, - May Destitute, Murdered in Fight

New Castle 1870 Index

Acco, 124
Adams, 128
Agnew, 134
Alerdice, 135
Allardice, 128
Allen, 127, 131
Allison, 124
Alloway, 132
Anderson, 119, 124
Armstrong, 123-124
Ashenback, 128
Ashton, 133
Atwell, 119
Ayers, 117-118
Bacon, 131
Baker, 130, 132
Balance, 130
Baldwin, 125
Ball, 120
Barney, 129
Barrett, 129
Bartlett, 124
Baxter, 126
Beason, 118
Beck, 123
Bell, 120
Bennett, 123
Berry, 123
Bett, 128
Biddle, 123
Blackson, 124
Bond, 118
Booth, 121
Boots, 130
Bordley, 127
Boreland, 124
Boulden, 135
Bowen, 129
Boyer, 129
Bradford, 121
Bradley, 124
Bradshaw, 119
Bratton, 124

Brinkley, 26
Brooks, 118, 122, 131-132
Broomell, 127
Broomwell, 127
Brown, 119-121, 124, 127-128, 132, 135
Burk, 119
Burnes, 128
Burris, 120
Burton, 121
Busser, 136
Butler, 129
Cahn, 135
Caldwell, 133
Callwell, 134
Campbell, 129, 131, 133
Cannon, 124, 126, 132
Carahan, 127
Carlin, 121
Carpenter, 118, 121, 126, 129
Carrender, 120
Carroll, 128
Carter, 135
Chadwick, 125
Chambers, 122, 128, 132
Chandler, 118, 122
Cheaves, 122
Christian, 122
Christy, 133
Chumside, 131
Churchman, 125
Clarer, 123
Clark, 118-119, 123, 134
Clinton, 129
Clough, 118
Cole, 119
Coles, 133
Colwell, 133
Connard, 134
Connely, 134
Conor, 118
Cook, 118
Cornish, 135

Corriden, 122
Courtney, 125
Cox, 129, 131
Coxon, 120
Coyle, 131
Cragg, 134
Cramer, 129
Cranston, 120
Crockesbach, 131
Cross, 131
Crozier, 129
Crummie, 134
Cryzer, 134
Cummenger, 125
Cummings, 130
Cunningham, 123, 134
Curren, 128
Cussic, 127
Daggart, 130
Dailey, 120
Danby, 128
Danields, 118
Dantz, 128
Davidson, 129
Davis, 117, 119, 123, 127, 134
Deitzbach, 130
Denby, 131
Denny, 123
Derickson, 135
Derr, 130
Desage, 122
Deupont, 120
Devaney, 123
Dickerson, 122
Dill, 132
Dilworth, 118
Docherty, 133
Donahoe, 120
Donehough, 134
Donnel, 134
Donnell, 124
Donohoe, 127
Donovan, 129
Dougherty, 119, 123, 134-135
Draper, 124, 135
Dugan, 131

Dumpson, 121, 131
Dunlop, 122
Dyke, 133
Eastwood, 135
Edwards, 131-132
Egbert, 133
Ellet, 122
Elsie, 129
Engle, 133
Esek, 118
Evans, 128
Farnam, 134
Feeney, 130
Fennigan, 121
Fenton, 124
Ferguson, 120
Ferhenback, 125
Fichtel, 128
Fisher, 128
Flanegan, 133
Fleming, 135
Fletcher, 128
Flinn, 119
Fluery, 122
Foorde, 128
Foracre, 131
Ford, 118
Forrest, 129
Foster, 120, 124, 128, 130
Foulkner, 134
Fox, 130
Fraim, 132
Frazier, 129
Furguson, 118
Gallagher, 134
Gamble, 129
Game, 123
Gardiner, 123
Gardner, 117, 127
Garlland, 134
Garrett, 118, 123
Garrison, 123, 133
George, 123
Gibbs, 130
Gibhart, 129
Gilbert, 119

Ginder, 132
Glasgow, 127
Glenn, 132
Godfrey, 131
Gould, 130
Graham, 134
Grainer, 126
Graves, 126
Gray, 121, 123
Gregg, 130
Griffin, 127
Griffith, 122
Groves, 123
Guest, 118
Gutherie, 131
Guy, 122
Hagan, 127
Hall, 125, 127, 133
Haney, 120
Hannah, 118
Harding, 135
Harker, 127
Harkness, 120
Harmon, 120
Harp, 135
Harrison, 133
Hart, 123
Hartin, 122
Haughey, 120
Hauser, 128
Hawkins, 130
Hawthorn, 134
Hayes, 124
Hector, 126
Hegler, 132
H-ehl, 128
Heist, 134
Henderson, 135
Henze, 128
Herting, 126
Hession, 131
Hick, 127
Hicken, 122
Higger, 133
Higgins, 126
Hill, 135

Hindman, 125
Hinesly, 132
Hirst, 121
Hogan, 127
Holland, 123
Holton, 124
Holtz, 129
Hood, 133
Howell, 122
Hudson, 122, 126, 133
Huln, 125
Hurlock, 123
Husbands, 118, 129
Hyatt, 133
Irvine, 132
Irwin, 128
Ivins, 125
Jackson, 119, 121, 130
Janvier, 122-123
Jeffries, 129
Jenkins, 125
Johns, 122
Johnson, 132-133, 135
Joice, 134
Jones, 121, 124, 128-132, 135
Jordan, 132
Justison, 133
Keegan, 121
Kelly, 120-121
Kenather, 122
Kendle, 127
Kennard, 136
Kennedy, 124
Kerns, 134
Kerr, 129
Key, 132
Kerns, 132
Kilbourn, 127
King, 127, 130
Kirkley, 135
Kirkwood, 120
Kirn, 126
Knight, 118
Knox, 130
Kollick, 125
Kyker, 1335

Lafferty, 131
Langley, 118
Latch, 118
Lattamus, 117
Lawther, 134
Leah, 127
Leahy, 128
Leary, 133
Lee, 123
Lenhuff, 119
Lewis, 117, 132
Linney, 128
Lister, 133
Loans, 122
Lonacre, 130
London, 135
Lord, 124
Lou, 126
Lowther, 119
Lucy, 119-120
Lummis, 119
Lutton, 120
Lyalls, 135
Lynch, 118
Lynum, 119
Macklin, 120
Maloney, 121, 128
Mannion, 132
Marhew, 126
Marple, 127
Marran, 132
Martin, 128
Marvel, 129
Massey, 120
Massigg, 122
Maxwell, 129
McAnnally, 131
McAvilla, 135
McCafferty, 130, 132
McCanless, 118
McCartney, 135
McCaughlin, 120
McCeever, 119
McCenna, 121
McClelland, 124
McCloskey, 127

McCluskey, 130
McCollem, 133
McCormick, 117
McCoy, 121, 135
McCracken, 125, 127
McDonnough, 134
McDowell, 120
McElwee, 126
McFadden, 132
McFarlin, 119, 124
McGlaughlin, 132
McGovern, 129
McGrathin, 127
McKarg, 132
McKaters, 120
McKeag, 131
McKeenon, 121
McKinsey, 124
McKnight, 130
McKovey, 120
McLacklin, 131
McLaughlan, 133
McNeil, 124
Medrine, 132
Merns, 125
Merrihew, 130
Milburn, 132
Miller, 118, 120, 124, 126-127, 134
Mills, 131
Mole, 118
Mom, 135
Montgomery, 125-126
Moode, 123
Moore, 118, 120, 126, 128
Morgan, 135
Morine, 131
Morrison, 124
Mote, 124
Mousley, 118
Murdock, 126
Murphey, 130
Murphy, 126, 128
Neals, 133
Nelson, 123
Newnier, 128
Nichols, 130

Nickols, 122
Noblet, 127
Nolan, 118
Noland, 130
Norris, 135
Norten, 123
Nostrand, 129
Nuse, 122
O'Daniel, 133
O'Tool, 133
Owens, 123
Page, 135
Palfrey, 128
Palmer, 118, 121
Paradee, 132
Patten, 118
Patterson, 121
Patton, 125
Peach, 135
Peeney, 132
Penney, 131
Pennington, 130
Perkins, 130
Perry, 127, 131
Peterson, 135
Phillips, 119
Pierce, 131
Pierson, 128
Plumblin, 135
Poinsett, 129
Pont, 123
Porter, 120, 123-124
Price, 125
Proud, 118
Pryor, 123
Pusey, 127
Pyle, 134
Quail, 135
Rambo, 122
Ray, 121
Rebman, 129
Redmiler, 122
Reed, 134
Reeder, 135
Reilley, 131
Reynolds, 118

Rice, 133
Richardson, 129
Ridgmont, 122
Ridings, 121
Riley, 127, 134
Roach, 135
Roberts, 121, 130
Robertson, 122
Robinson, 121, 123, 128, 131
Rogers, 121
Roggars, 117
Rumford, 129
Russell, 124, 134
Russum, 133
Salmon, 117
Saville, 132
Schultz, 125
Scott, 119, 122, 124, 126, 131, 134
Searles, 134
Seeney, 123
Seily, 132
Sellers, 127
Setzler, 133
Sewell, 128
Sharpe, 129
Shaw, 122, 124-125
Sheehey, 130
Shepherd, 126
Shoemaker, 125
Sigers, 120
Silcox, 130
Simmons, 126, 129, 134
Simpson, 129, 133, 135
Sinister, 120
Skyks, 135
Smith, 119, 123, 126
Smithers, 125
Solomon, 131
Somers, 135
Speakman, 129, 135
Spence, 120
Spencer, 132
Spillann, 125
Spring, 131
Springer, 125, 129
Spruance, 121

Stack, 126
Stannard, 131
Stant, 119
Starkley, 136
Starrett, 120
Staton, 121
Stephens, 119
Sterling, 121
Stevenson, 122, 135
Stidham, 125
Stilley, 127
Stockley, 126
Stone, 134
Strimple, 126
Stroud, 130
Sullivan, 119
Sutten, 127
Sutton, 132
Swayne, 125
Taggart, 133
Talley, 135
Tallie, 134
Taylor, 121, 126, 131
Terry, 120
Thomas, 117, 125
Thompson, 129, 136
Thornton, 122
Thoroughgood, 127
Timmons, 130
Tinsly, 127
Tombelson, 119
Tompson, 119
Tosoney, 122
Towns, 124
Townsend, 118, 121, 123, 125
Truitt, 123
Tuffree, 125
Tugent, 122
Turner, 119, 131,
Tweed, 135
Tybour, 121
Vale, 122

Valentine, 118
Vandagrift, 117
Vandaver, 128
Vandegrift, 124
Veasy, 118
View, 117
Waite, 125
Walker, 118, 120, 122, 126, 133
Waller, 124
Walter, 121, 128
Wamedy, 123
Warren, 117
Washington, 119, 125
Watson, 118, 121, 135
Watters, 119
Waugh, 122
Webber, 132
Weil, 123
Weldie, 133
Wells, 129
Whimbon, 121
White, 133, 136
Whitica, 118
Whitiker, 134
Whitties, 131
Williams, 119, 123-126, 129, 133
Wilson, 120, 122, 125, 129, 135
Wintrup, 128
Wood, 132
Woodkeifer, 117
Woods, 118
Wooley, 125
Woolston, 125-126
Wright, 119, 124, 132
Wrightington, 131
Yarnall, 130
Yeates, 119
Yonker, 134
Young, 121, 126
Zane, 133
Zebley, 118, 121, 132

Delaware 1870 Mortality Schedule
Sussex County

The Delaware Mortality Schedule was filmed by the Delaware Department of State, Division of Historical and Cultural Affairs. The first sections of the microfilm are retakes (refilming of bad frames). Because of retakes duplicate entries could result, so separate indexes will be created for all retake sections and regular sections. There are twelve columns of information on this 1870 mortality schedule. All twelve are listed below:

1. Number of Family as Given in Second Column of Schedule 1
2. Name of Every Person Who Died during the Year Ending June 1 1870 Whose Place of Abode at Time of Death Was in this Family
3. Age Last Birthday, if Under One Year Give Months in Fraction
4. Sex
5. Color, White (W), Black (B), Mulatto (M), Chinese (CH), Indian (I)
6. Married or Widowed
7. Place of Birth, Naming the State or Territory of US or Country if Foreign Born
8. Father, Foreign Birth
9. Mother, Foreign Birth
10. Months in which Person Died
11. Profession, Occupation or Trade
12. Disease or Cause of Death

The items in the above list are displayed in sequence and separated with the comma. Last names are listed first in sequence also separated by a comma. Where there is no information in a column a hyphen (-) is used. Where a column's information cannot be deciphered a question mark (?) is used. Some numbers in column one are repeated because they are in different census districts.

6, Truitt, John T., 14, M, W, -, DE, -, -, Apr, At Home, Pleurisy
7, Truitt, Nancy J., 38, F, W, M, DE, -, -, Aug, Keeping House, Inflammation of Bowels
10, Hill, Catherine C., 66, F, W, W, MD, -, -, Feb, House Work, Congestive Chills
No Number, Lynch, John W., 53, M, W, W, DE, -, -, Jan, Farmer, Consumption
20, Vickers, Julia A., 46, F, W, -, DE, -, -, May, Keeping House, Consumption
31, Bowden, Noah, 3, M, W, -, DE, -, -, Nov, At Home, Congestive Chills
35, Harrison, Robert G., 64, M, W, W, -, MD, -, -, Apr, Farmer, Yellow Jaundice
40, NOT NAMED, 3/12, M, W, -, DE, -, -, June, At Home, Rickets in Head
43, Megee, Anna K., 4, F, W, -, DE, -, -, May, At Home, Scarlet Fever
54, Rogers, Mariah, 21, F, B, -, DE, -, -, Apr, At Home, Consumption
56, Thomas, Charles H., 1, M, W, -, MD, -, -, Sept, At Home, Croup
598, McCabe, Henry, 30, M, W, -, DE, -, -, Feb, Farmer, Consumption
609, Wilgas, Parris P., 1, M, W, -, DE, -, -, Sept, At Home, Chronic Diarrhea

131, Lynch, Maggie, 2, F, W, -, DE, -, -, Apr, At Home, Consumption
191, Long, Andis, 1, F, W, -, DE, -, -, Feb, At Home, Pneumonia
206, Hastings, Lydia, 16, F, W, -, MD, -, -, June, At Home, Consumption
202, Clark, Tabitha, 65, F, W, M, DE, -, -, Jan, Keeping House, Dropsy
228, Hudson, James, 75, M, W, W, DE, -, -, June, Farmer, Heart Disease
232, Lockwood, Lethe, 14, F, B, -, DE, -, -, Sept, At Home, Consumption
245, Evans, Nathaniel, 64, M, W, W, DE, -, -, Oct, Farmer, Inflammation of Bowels
265, Tire, Fernettie A., 1, F, W, -, DE, -, -, Jan, At Home, Croup
269, Steen, Jincey, 45, F, W, -, DE, -, -, May, Keeping House, Pneumonia
283, Cobb, Emma B., 2, F, W, -, DE, -, -, Jul, At Home, Unk
283, Derickson, Sophia, 78, F, W, M, DE, -, -, Dec, At Home, Old Age
293, Evans, Catherine, 59, F, W, M, DE, -, -, Jul, Keeping House, Paralytic Stroke
314, Turner, Ida E. W., 9/12, F, W, -, DE, -, -, Sept, At Home, Paralysis
323, Knox, Elenor, 64, F, W, M, DE, -, -, May, Keeping House, Cancer
334, Evans, Sarah, 44, F, W, M, MD, -, -, Mar, Keeping House, Congestive Chills
336, Daisey, Hannah, 75, F, W, W, DE, -, -, Feb, Keeping House, Inflammation of Bowels
339, Lynch, Lemuel, 60, M, W, M, DE, -, -, Feb, Farmer, Consumption
365, Timmons, Maggie, 8/12, M (F), W, -, DE, -, -, Jul, At Home, Bilious Diarrhea
385, Derickson, Laura A., 1, F, W, -, DE, -, -, June, At Home, Inflammation of Bowels
396, Rickards, Mary W., 54, F, W, M, DE, -, -, Sept, Keeping House, Typhoid
397, Davis, Peter L., 13, M, W, -, DE, -, -, Sept, At Home, Bilious Diarrhea
397, David, Eli, 67, M, W, M, MD, -, -, Feb, Farmer, Consumption
419, Murrey, Mary, 1/12, F, W, -, DE, -, -, Dec, At Home, Disease of Brain
437, Pride, Anna C., 25, F, W, M, DE, -, -, Apr, Boarding, Scarlet Fever
437, Pride, Anna, 1/12, F, W, -, DE, -, -, May, At Home, Catarrh
515, Bennett, Nancy, 52, F, W, W, DE, -, -, Apr, Keeping House, Pneumonia
516, Bennett, Hannah, 27, F, W, -, DE, -, -, Feb, At Home, Consumption
570, Lynch, Linna, 11/12, M, W, -, DE, -, -, Aug, At Home, Croup
304, Workman, Hester E., 3/12, F, W, -, DE, -, -, Jul, -, Cholera
305, Morris, Nancy, 7/12, F, W, -, DE, -, -, Apr, -, Cholera
314, Melson, Mary A., 60, F, W, W, DE, -, -, Jul, Keeping House, Consumption
332, Jones, Mary E., 4/12, F, W, -, DE, -, -, May, -, Scarlatina
325, Conaway, Selbey, 87, M, W, W, DE, -, -, Mar, Farmer, Old Age
346, Hitchens, James, 13, M, W, -, DE, -, -, Jan, Farming, Typhoid
354, Hearn, Sallie, A., 1, F, W, -, DE, -, -, Mar, -, Unk
386, Vinson, Henry, 47, F, W, M, DE, -, -, Apr, Keeping House, Consumption
394, Messick, Unies, 29, F, W, M, DE, -, -, Apr, Farmer, Consumption
450, Morgan, Samuel J., 48, M, W, M, DE, -, -, May, Farmer, Consumption
398, Jones, George H., 5, M, B, -, DE, -, -, Mar, -, Dropsy
400, Elliott, Samuel J., 2, M, W, -, DE, -, -, May, Whooping Cough

440, Hall, Fanderosa, 5/12, F, W, -, DE, -, -, Jul, -, Whooping Cough
453, Many, Smith E., 1, F(M), W, -, DE, -, - , Aug, -, Unk
511, Hudson, Emma, 5/12, F, W, -, DE, -, -, Sept, -, Unk
519, Boyce, Daniel, 65, M, B, M, DE, -, -, Feb, Laborer, Unk
497, Moore, Mary E., 2/12, F, W, -, DE, -, -, Sept, -, Dysentery
535, Sipma, James R., 59, M, W, M, DE, -, -, Mar, Farmer, Palsy
556, Taylor, Amanda, 2, F, W, -, DE, -, -, Sept, -, Thrash
577, Moore, Florance, 14, F, W, -, DE, -, -, Aug, -, Consumption
586, Quillins, Elizabeth, 67, F, W, W, DE, -, -, Jul, Keeping House, Dysentery
590, Bell, Hester Ann, 80, F, W, W, DE, -, -, Mar, Keeping House, Consumption
43, Nathaniel Hearn, 82, M, W, M, DE, -, -, Nov, Merchant, Pericarditis
45, Ausmon Mingey, 50, M, W, M, NJ, -, -, Nov, Workman on Railroad, Consumption
47, George Dennis, 3, M, B, -, DE, -, -, Feb, -, Consumption
48, William Wooten, 3/12, M, W, -, DE, -, -, Feb, -, Cholera
80, George L. Culver, 8, M, W, -, DE, -, -, Nov, -, Typhoid
95, Mager Riggin, 83, M, W, M, MD, -, -, Oct, Farmer, Pericarditis
102, Loren S. West, 5, M, W, -, MD, -, -, Jan, -, Cholera
110, Leven Wainwright, 10, M, W, -, DE, -, -, Nov, -, Scarlet Fever
114, Sella Marde, 4/12, F, W, -, DE, -, -, Jul, -, Cholera
116, George Oliphant, 1, M, W, -, DE, -, -, Aug, -, Cholera
119, Josephus White, 35, M, W, -, DE, -, -, Sept, Carpenter, Consumption
130, George Hersey, 28, M, B, -, DE, -, -, Feb, -, Consumption
136, Martha Elliott, 3, F, W, -, DE -, -, Jul, -, Drowned
153, Mary E. Shoop, 19, F, B, -, DE, -, -, Sept, Domestic Servant, Inflammation of Brain
168, Stuart, William A., 1, M, B, -, DE, -, -, Aug, -, Cholera
168, Stuart, Joseph D., 1, M, B, -, DE, -, -, Aug, -, Cholera
182, Hall, Ann M., 18, F, W, -, DE, -, -, Aug, Domestic Servant, Typhoid
182, Hood, Isaac B., 18, M, B, -, DE, -, -, Sept, Laborer, Typhoid
186, Quigley, Thomas B., 32, M, W, W, DE, -, -, June, Preacher, Consumption
193, Moore, Nancy, 73, F, W, W, DE, -, -, Mar, Keeping House, Pericarditis
403, Tunnell, George W., 33, M, W, -, DE, -, -, May, Brakeman, Consumption
404, Ward, James, 70, M, W, M, DE, -, -, May, Farmer, Heart Disease
408, Hearn, Rhody, 15, F, M, -, DE, -, -, Apr, Laborer, Inflammatory Rheumatism
429, Smith, Lazarus W., 1, M, W, -, MD, -, -, June, -, Unk
63, Bullock, John, 73, M, W, W, DE, -, -, Dec, Farmer, Consumption
70, Hall, William, 27, M, W, M, DE, -, -, Mar, Farmer, ?
68, Wright, Mary J., 24, F, W, M, DE, -, -, June, Keeping House, Typhoid
68, Wright, Mary, 1, F, W, -, DE, -, -, Jan, -, Typhoid
69, Workman, Elizabeth, 33, F, W, M, DE, -, -, Jul, Keeping House, Dropsy of Heart
69, Workman, Mary E., 2/12, F, W, -, DE, -, -, Jul, -, Unk
84, West, Pertha, 9/12, M, W, -, DE, -, -, May, -, Unk
105, Jones, Joshua, 4/12, M, W, -, DE, -, -, Jan, -, Cholera
108, Wright, Elizabeth, 35, F, W, -, DE, -, -, Sept, Kept House, Consumption

119, Cordey, Aaron, 50, M, W, M, DE, -, -, Jan, Farmer, Consumption
176, Betts, Alphe, 2, M, W, -, DE, -, -, Dec, -, Typhoid
156, Purnell, Harrey, 10, M, W, -, DE, -, -, Jul, Farming, Typhoid
165, Collins, Elzley, 60, M, W, W, DE, -, -, Mar, Farmer, Paralysis
175, Pussey, Rachel, 28, M (F), W, -, DE, -, -, June, Keeping House, Consumption
175, Pussey, Cordelia C., 5/12, F, W, -, DE, -, -, Jan, -, Cholera
175, Long, Charlotte, 15, F, W, -, DE, -, -, Jul, Keeping House, Scarlet Fever
177, West, John A., 9/12, M, W, -, DE, -, -, Feb, -, Scarlet Rash
193, West, Peter, 71, M, W, W, DE, -, -, May, Farmer, Dropsy on Chest
207, Boyce, Joseph S., 1, M, W, -, DE, -, -, Mar, -, Inflammation of Brain
224, Cordey, Fanny S., 3/12, F, W, -, DE, -, -, Feb, -, Unk
228, Collins, Jane, 40, F, W, M, DE, -, -, Jan, Keeping House, Bilious Child
228, Collins, Harry D., 1, M, W, -, DE, -, -, Sept, -, Cholera
313, Phillip, Edward, 33 M, W, M, DE, -, -, Dec, Farmer, Consumption
313, Collins, Mary C., 38, F, W, M, DE, -, -, Jan, Keeping House, Consumption
313, Pussey, Sarah J., 29, F, W, M, DE, -, -, Mar, Keeping House, Chills & Fever
243, Phillip, John M., 21, M, W, -, DE, -, -, Apr, Farmer, Consumption
256, Littleton, Rachel, 27, F, W, M, DE, -, -, June, Keeping House, Consumption
288, Downs, Elizabeth, 34, F, W, -, DE, -, -, Apr, Keeping House, Consumption
293, Timmons, Noble, 44, M, W, M, DE, -, -, June, Farmer, Consumption
293, Vinson, Abraham, 1/12, M, B, -, DE, -, -, Apr, -, Unk
293, Gordey, John H., 46, M, W, M, DE, -, -, June, Farmer, Bilious Fever
293, Gordey, Wesley, 11, M, W, -, DE, -, -, Feb, Laborer, Jaundice
22, Hearn, Lastaining _., 65, F, W, W, DE, -, -, Feb, Keeping House, Pericarditis
24, Hines, John W., 19, M, W, -, DE, -, -, Dec, Sailor, Died from Gunshot
27, Hastings, Mary J., 3/12, F, W, -, DE, -, -, May, -, Cholera
31, Collins, Lurencie, 39, F, W, M, DE, -, -, Sept, Keeping House, Consumption
31, Collins, Margaret E., 5/12, F, W, -, DE, -, -, Oct, -, Pericarditis
40, Wolford, Rhoda, 80, F, B, W, MD, -, -, May, Keeping House, Cholera
35, Phillips, Ugen, 9/12, M, W, -, DE, -, -, Feb, -, Cholera
38, Hitchens, John W., 9/12, M, B, -, DE, -, -, Jul, -, Cholera
49, Oneal, Polley, 50, F, W, M, DE, -, -, Apr, Keeping House, Consumption
49, Oneal, James, 9/12, M, W, -, DE, -, -, Mar, -, Cholera
61, Cooper, William _., 55, M, W, M, DE, -, -, Apr, Farmer, Dyspepsia of Heart
71, Adams, Mary, 5, F, W, -, DE, -, -, June, -, Unk
70, Collins, Alath E., 2, F, W, -, DE, -, - May, -, Unk
104, Phillips, Elender, 68, F, W, M, MD, -, -, Feb, Keeping House, Dropsy of Heart
127, Moore, Albert, 26, M, B, -, DE, -, -, Jul, Sailor, Consumption
134, Hastings, Isaac, 58, M, W, -, -, DE, -, -, Jul, Farmer, Cancer
154, Bonger, George, 9, M, W, -, DE, -, -, Apr, Laborer, Died by Fall
170, Borge, Auther, 1, M, W, -, DE, -, -, Sept, Laborer, Cholera
175, Ralph, Samuel, 36, M, W, M, DE, -, -, Oct, Farmer, Cancer in Stomach
175, Ralph, Marthe, 32, F, W, M, DE, -, -, Dec, Keeping House, Consumption

192, Culver, Lyda A., 27, F, W, -, DE, -, -, May, Keeping House, Consumption
250, Callaway, Leven E., 19, M, W, -, DE, -, -, Oct, Laborer, Typhoid
253, Hastings, John H., 2/12, M, W, -, DE, -, -, Aug, -, Unk
270, Thompson, Mary, 6/12, F, W, -, DE, -, -, Mar, -, Unk
293, Collins, Gordey, 40, M, W, M, DE, -, -, Aug, Farmer, Typhoid
293, Legate, Ebenezer, 23, M, W, -, DE, -, -, Aug, Laborer, Typhoid
298, Love, Ida E., 11/12, F, W, -, DE,-, -, Jul, -, Brain Fever
311, Lynch, ____, 3/12, F, W, W, DE, -, -, May, -, Brain Fever
321, Cordey, Elizabeth, 16, F, W, W, DE, -, -, Aug, Domestic Servant, Consumption
324, West, Isaac H., 2, M, M, -, DE, -, -, Sept, -, Unk
424, Elliott, John, 2, M, W, M, DE, -, -, Apr, Farmer, Sore on Leg
428, Hastings Levin, 21, M, W, -, DE, -, -, Sept, Farmer, Typhoid
325, McManus, Mariah E., 21, F, M, M, DE, -, -, -, Apr, Keeping House, Consumption
398, Ward, Elender, 8, F, W, -, DE, -, -, May, -, Cholera
401, Legates, Jeremiah, 3, M, W, -, DE, -, -, May, -, Stabbed by Pitchfork
40, Wilson, Sarah J., 1/12, F, W, -, DE, -, -, Sept, -, Brain Fever
72, Lister, Sarah E., 28, F, W, M, DE, -, -, Aug, Keeping House, Child Birth
74, Holland, Margaret, 25, F, W, M, DE, -, -, Aug, Keeping House, Consumption
74, Holland, Mary, 1, F, W, -, DE, -, -, Sept, -, Consumption
123, Hazel, Sol__, 65, F, W, M, DE, -, -, Sept, Keeping House, Consumption
141, Willingham, William, 19, M, W, -, DE, -, -, June, Farm Hand, Chronic Diarrhea
168, Reed, Fanna B., 1, F, W, -, DE, -, -, Sept, -, Cholera
177, Hart, Alice, 1, F, W, -, DE, -, -, May, -, Consumption
208, Young, Alexander, 48, M, B, M, DE, -, -, May, Farmer, Jaundice
216, Reynolds, Silas, 50, M, W, M, DE, -, -, June, Farmer, Dropsy
217, Morris, Sarah, 1/12, F, M, -, DE, -, -, June, -, Chronic Diarrhea
217, Morris, George, 3, M, M, -, DE, -, -, Jul, -, Chronic Diarrhea
222, Morris, Asbury, 1, M, M, -, DE, -, -, June, -, Chronic Diarrhea
230, Pepper, William, 4/12, M, W, -, DE-, -, June, -, Chronic Diarrhea
230, Pepper, Jessie R., 11/12, M, W, -, DE, -, -, June, -, Chronic Diarrhea
221, Abbott, Laura, 2, F, W, -, DE, -, -, June, -, Chronic Diarrhea
232, Bryon, Lettitia, 35, F, W, M, DE, -, -, Mar, -, Consumption
249, Magee, Edward V., 5, M, W, -, DE, -, -, Dec, -, Cholera
251, Reed, James, P., 1, M, W, -, DE, -, -, Jan, -, Diphtheria
251, Reed, Hannah V., 3, F, W, -, DE, -, -, Jan, -, Diphtheria
266, Hopkins, Solomon, 24, M, B, -, DE, -, -, May, -, Hemorrhage of Lungs
270, Hauceleus, John, 71, M, W, M, DE, -, -, Apr, Farmer, Dropsy
280, Warren, Margaret, 52, F, W, M, DE, -, -, Feb, Keeping House, Paralysis
294, Ellinsworth, Salathiel, 5/12, M, W, -, DE, -, -, Aug, -, Typhoid
10, Woman, Benjamin, 18, M, W, M, DE, -, -, May, Merchant, Chronic Diarrhea
14, Robbinson, Nehemiah, 11/12, M, W, -, DE, -, -, Oct, -, Brain Fever
18, Darby, Mary M., 64, F, W, W, DE, -, -, June, -, Chronic Diarrhea
20, Davis, William J., 7/12, M, W, -, DE, -, -, Mar, -, Pneumonia

21, Oney, Daniel, 66, M, B, M, DE, -, -, Jul, Sailor, Chronic Diarrhea
28, Barnes, Maggie, 9/12, F, W, -, DE, -, -, Dec, -, Consumption
30, Wilson, John, B, 11/12, M, W, -, DE, -, -, Feb, -, Pneumonia
32, Fowler, William P., 7, M, W, -, DE, -, -, Aug, -, Chronic Diarrhea
32, Fowler, Laura, 25, F, W, M, DE, -, -, Nov, Keeping House, Congestive Chills
38, Hood, Burton, 24, M, W, -, DE, -, -, Nov, Sailor, Hemorrhage of Lungs
52, Fenwick, Ellen, 9, F, W, -, DE, -, -, Dec, -, Erysipelas
52, Fenwick, Sallie, 2, F, W, -, DE, -, -, Dec, -, Erysipelas
62, Welsh, Florence, 17, F, W, -, DE, -, -, Apr, -, Consumption
65, Lingo, Margaret, 1, F, B, -, DE, -, -, Jul, -, Typhoid
65, Lingo, Saile, 68, F, B, M, DE, -, -, Mar, -, Paralytic
96, Oliver, David F., 11/12, M B, -, DE, -, -, June, -, Chronic Diarrhea
100, Lewis, John, 19, M, W, -, DE, -, -, Feb, -, Drowned
101, Johnson, Martha, 8, M (F), W, -, DE, -, -, May, -, Cholera
106, Oliver, David, 85, M, B, M, DE, -, -, Jul, Blacksmith, Old Age
108, Coulter, Ruth M., 73, F, W, M, DE, -, -, Jan, Keeping House, Bilious Fever
121, Prettyman, Lemuel, 65, M, W, M, DE, -, -, Dec, Wheelwright, Jaundice
130, Hazzard, Sarah, 10, F, B, -, DE, -, -, Jan, -, Scarlet Fever
146, Derman, Nehemiah, 43, M, W, M, DE, -, -, June, Sailor, Yellow Fever
156, Davidson, Edward, 10, M, W, -, DE, -, -, Apr, -, Unk
164, Watson, ___, 11/12, F, W, -, DE, -, -, Sept, -, Bilious Fever
2, Morgan, Mary, 80, F, W, W, DE, -, -, Feb, Keeping House, Dropsy of Heart
12, Warren, Jerry, 60, M, B, M, DE, -, -, June, Farmer, Dropsy of Heart
21, Clendaniel, Rachel C., 7, F, W, -, DE, -, -, Apr, At Home, Congestion of Brain
21, Hellis, Mary E., 1, F, W, -, DE, -, -, Apr, At Home, Gangrene
29, Shephard, William, 79, M, W, M, DE, -, -, June, Farmer, Dropsy
42, Hemmons, John B., 59, M, W, M, DE, -, -, Mar, Farmer, Cancer
42, Hemmons, Peggy, 78, F, W, W, DE, -, -, Jul, Keeping House, Heart Disease
56, Hopkins, Mary R., 26, F, B, -, DE, -, -, Apr, Domestic Servant, Disease of Bowels
85, Mellar, Frederick, 2, M, B, -, DE, -, -, May, At Home, Dysentery
81, Hudson, Vincent, 70, M, W, W, DE, -, -, Jul, Mallar, Paralysis
130, Clendaniel, Rachel, 50, F, W, M, DE, -, -, Mar, Keeping House, Consumption
144, Shockley, Josephine, 11/12, F, W, -, DE, -, -, Oct, At Home, Typhus
171, Stevens, Mary A., 1/12, F, W, -, DE, -, -, Apr, At Home, Croup
178, Deputy, Ella P., 1, F, W, -, DE, -, -, Sept, At Home, Dysentery
187, Warren, Fanny, 1, F, W, -, DE,-, -, Dec, At Home, Scrofula Dropsy
212, Livingston, W. H., 25, M, W, -, DE, -, -, May, Clerk in Store, Consumption
215, Salmons, George, 34, M, W, M, DE, -, -, Feb, Ship Carpenter, Intussusception
225, Eubanks, Mary, 60, F, W, M, DE, -, -, Mar, Keeping House, Tremors of Body
238, Murphy, Samuel, 4/12, M, W, -, DE, -, -, June, At Home, Cholera

238, Murphy, Mary, 4/12, F, W, -, DE, -, -, June, At Home, Cholera
294, Warren, Orpha, 77, F, W, W, DE, -, -, Nov, Keeping House, Heart Disease
294, Warren, Sarah A., 4/12, F, W, -, DE, -, -, Feb, At Home, Unk
283, Lynch, Minus, 60, M, W, M, DE, -, -, Aug, Farmer, Dropsy of Heart
308, Jones, Thomas, 2, M, W, -, DE, -, -, Sept, At Home, Paralysis
325, Dodd, Thomas, 1/12, M, W, -, DE, -, -, Nov, At Home, Still Born
334, Stephenson, John, 6/12, M, W, -, DE, -, -, Apr, At Home, Brain Fever
345, Ward, William, 2, M, W, -, DE, -, -, Aug, At Home, Salivated
372, Leverage, Mary, 1/12, F, W, -, DE, -, -, May, At Home, Unk
373, Draper, Henry R., 52, M, W, M, DE, -, -, Apr, Farmer, Dropsy
383, Dickerson, Elizabeth, 1/12, F, W, -, DE, -, -, Jul, At Home, Unk
400, Deputy, Ann M., 31, F, W, M, DE, -, -, Jan, Keeping House, Consumption
403, Houston, Susan, 3, F, W, -, DE, -, -, Mar, At Home, Unk
435, Davis, George M., 33, M, W, M, DE, -, -, Apr, Farmer, Unk
459, Wilkins, Lettia, 52, F, W, M, DE, -, -, Aug, Keeping House, Consumption
500, Steel, Normah, 48, F, B, M, DE, -, -, Oct, Keeping House, Consumption
500, Steel, Jacob H., 8, M, B, -, DE, -, -, Mar, At Home, Disease of Bowels
503, Morgan, Sarah, 24, F, W, -, DE, -, -, Jan, Domestic Servant, Consumption
505, Higmon, Matte A., 2, F, W, -, DE, -, -, Jan, At Home, Unk
516, Stayton, Thomas G., 26, M, W, M, DE, -, -, Oct, Retired Merchant, Typhoid
534, Shockley, Jesse, 65, M, B, W, DE, -, -, Dec, Farmer, Consumption
550, Wiswell, Ruth, 22, F, W, -, NY, -, -, Nov, At Home, Epileptic
577, Deputy, George G., 6, M, W, -, DE, -, -, Aug, At Home, Diphtheria
581, Mills, George, 21, M, W, -, DE, -, -, Jan, Farmer, Consumption
585, Warren, Nathl. L., 63, M, W, M, DE, -, -, Aug, Hotel Keeper, Unk
590, Fisher, George R., 78, M, W, M, DE, -, -, Dec, Farmer, Pneumonia
651, Masten, Norvina, 3, F, W, -, DE, -, -, Jan, At Home, Unk
656, Macklin, Jane, 1, F, W, -, DE, -, -, Feb, At Home, Congestion of Lungs
10, Derickson, Samuel H., 64, M, W, M, DE, -, -, Feb, Farmer, Pneumonia
16, Mitchell, Nancy, 8, F, B, -, DE, -, -, June, At Home, Unk
46, Steen, Peter, 36, M, W, M, DE, -, -, June, Farmer, Liver Disease
19, Taylor, William B, 42, M, W, M, DE, -, -, Feb, Justice of Peace, Consumption
29, Fooks, Robert, 62, M, W, M, MD, -, -, May, Keeping Hotel, Pneumonia
4, Mars, Maurine, 1, F, W, -, DE,-, -, Nov, At Home, Croup
93, Truitt, Sademish, 49, F, W, -, DE, -, -, Mar, At Home Consumption
120, Moore, Jane H., 4, F, W, -, DE, -, -, Feb, At Home, Diphtheria
127, McCabe, Mary C., 10, F, W, -, DE, -, -, Jan, At Home, Diphtheria
127, McCabe, Daniel, 5, M, W, -, DE, -, -, Jan, At Home, Diphtheria
130, Brasure, Joshua B., 4, M, W, -, DD, -, -, Apr, At Home, Diphtheria
130, Brasure, Vermillie, 1, F, W, -, DE, -, -, Apr, At Home, Diphtheria
150, Atkins, Sarah F., 57, F, W, M, DE, -, -, May, At Home, Consumption
151, Parsons, Hettie E., -, F, W, -, DE, -, -, Jul, At Home, Typhoid
157, Short, Georgella, 1/12, F, W, -, DE, -, -, Sept, At Home, Unk
172, Vickman, Jethey, 2, M, W, -, DE, -, -, Apr, At Home, Unk
202, Ennis, James, 69, M, W, M, MD, -, -, Mar, Farmer, Consumption
211, Brimer, Thomas, 66, M, W, M, VA, -, -, Mar, Farmer, Consumption

220, Cramfield, Pernal, 70, M, W, M, DE, -, -, Sept, Farmer, Old Age
239, Conaway, Elizabeth, 16, F, B, -, DE, -, -, Nov, At Home, Scrofula
243, Philops, Thomas, 41, M, W, M, DE, -, -, Apr, Blacksmith, Consumption
280, Butcher, Eliza, 32, F, W, M, DE, -, -, Oct, Keeping House, Congestion and Chills
293, Burris, Renpeth, 2, F, W, -, DE, -, -, June, At Home, Diarrhea
296, Dickerson, Stockly, 50, M, W, M, DE, -, -, Dec, Farmer, Pneumonia
298, Steel, Elon, 17, F, W, -, DE, -, -, Dec, At Home, Unk
322, Truitt, Nellie, 75, F, W, W, DE, -, -, Dec, At Home, Old Age
330, Johnson, Asa, 50, M, W, M, DE, -, -, Dec, Farmer, Dropsy
353, Marvel, Prudence, 15, F, W, -, DE, -, -, Mar, At Home, Unk
363, Harris, Lurena, 80, F, W, W, DE, -, -, Sept, At Home, Consumption
366, Warples, John, 53, M, W, M, DE, -, -, Sept, Farmer, Typhoid
380, Webb, Jones, 60, M, W, M, DE, -, -, Sept, Farmer, Dropsy
395, Timmons, Liran, 21, F, W, M, DE, -, -, Mar, Keeping House, Consumption
398, Littleton, Elizabeth, 34, F, W, M, DE, -, -, Sept, Keeping House, Consumption
398, Littleton, Sharp, 23, M, W, -, DE, -, -, Nov, Farmer, Pneumonia
14, Meurans, Prissila, 85, F, B, W, DE, -, -, Feb, No Occupation, Chronic Diarrhea
138, Collem, Isbell, 18, F, W, M, DE, -, -, Feb, Keeping House, Peritonitis
178, Fisher, Nancy, 65, F, W, W, DE, -, -, Aug, No Occupation, Face Cancer
184, Connor, Robert, 75, M, B, -, DE, -, -, Jul, Pauper, Consumption
184, Boyse, David, 70, M, W, -, DE, -, -, Feb, Pauper, Liver Disease
184, Dobson, Henney, 111, F, B, -, DE, -, -, Apr, Pauper, Old Age
14, Houston, Catherine, 90, F, W, W, DE, -, -, Mar, Keeping House, Consumption
34, Jones, Elias, 57, M, W, M, DE, -, -, Oct, Cabinet Maker, Consumption
45, Pepper, Shephard, 2, M, W, -, DE, -, -, Oct, -, Chronic Diarrhea
48, Martin, Mary, 5, F, W, -, DE, -, -, Mar, -, Typhoid
58, Cooper, George, W., 6/12, M, W, -, DE,-, -, Jul, -, Brain Fever
63, Mekise Reholiert L., 32, M, W, -, DE, -, -, Nov, Railroad Conductor, Consumption
72, Jones, Hester, 4, F, W, -, DE, -, -, Oct, -, Remitting Fever
111, West, Delphenia, 11/12, F, W, -, DE, -, -, May, -, Cholera
112, Dunning, Marthe, 5, F, W, W, DE, -, -, Dec, No Occupation, Old Age
15, Johnson, Sarah, 4/12, F, M, -, DE, -, -, Feb, Infant, Pneumonia
32, Norwood, Ann, 37, F, M, M, DE, -, -, Apr, Housekeeping, Consumption
35, Carey, Woolsey, B., 35, M, W, M, DE, -, -, Mar, Miller, Typhoid
42, Johnson, George M., 21, M, W, -, DE, -, -, June, Farm Laborer, Drowned
36, Hopkins, Wilbert S., 4, M, W, -, DE, -, -, Sept, At Home, Fits
88, Davidson, John W., 1/12, M, W, -, DE, -, -, Aug, At Home, Croup
114, Lawson, Martha, 35, F, W, M, DE, -, -, Mar, Keeping House, Child Birth
114, Lawson, Annie, 0/12, F, W, -, DE, -, -, Mar, At Home, Still Born
121, Cranfield, Burton, 58, M, W, M, DE, -, -, Nov, Farmer, Typhoid
121, Johnson, Paynter R., 67, M, W, W, DE, -, -, Jan, Farm Labor, Typhoid

121, Warrington, Thomas, 56, M, W, W, DE, -, -, Aug, Farm Labor, Unk
139, Harmon, Vonica, 5/12, F, M, -, DE, -, -, Aug, At Home, Diarrhea
138, Johnson, Eliza, 63, F, M, W, DE, -, -, June, Housekeeping, Pneumonia
155, Davidson, Dagworthy, 72, M, W, M, DE, -, -, Mar, Retired Farmer, Pneumonia
186, Lingo, John, 12, M, W, -, DE, -, -, Feb, Farmer, Dropsy of Heart
192, Burton, Anne, 1/12, F, B, -, DE, -, -, May, At Home, Still Born
195, Burton, John R., 1, M, B, -, DE, -, -, Mar, At Home, Croup
198, Massey, William 54, M, W, M, DE, -, -, Nov, Farmer, Typhoid
234, Robinson, George E., 1/12, M, W, -, DE, -, -, Oct, At Home, Inflammation of Bowels
235, Hazzard, Elizabeth, 53, F, W, W, DE, -, -, Mar, Housekeeping, Inflammation of Brain
263, Webb, Mary A., 70, F, W, M, DE, -, -, Apr, Keeping House, Pneumonia
288, Joseph, Elizabeth, 70, F, W, W, DE, -, -, Sept, Keeping House, Paralysis
31, Marshall, Hary, 8/12, M, W, -, DE, -, -, Mar, At Home, Inflammation of Brain
42, Marshall, Lewes, 2, M, W, -, DE, -, -, Jul, At Home, Croup
67, Twilley, _____, 1/12, M, W, -, DE, -, -, Jan, At Home, Cholera
68, Records, Wm T., 9/12, M, W, -, DE, -, -, Aug, At Home, Cholera
75, McColley, Charles, 2, M, W, -, DE, -, -, Apr, At Home, Brain Fever
21, Rodney, Penelope, 60, F, W, W, DE, -, -, Apr, Boarding, Consumption
152, Hazzard, Robert, 8/12, M, W, -, DE, -, -, Jul, At Home, Croup
163, West, Robert, 57, M, W, M, DE, -, -, Nov, Merchant, Paralysis
188, Hughey, William, 1/12, M, W, -, DE, -, -, Mar At Home, Croup
188, Hughey, Jane, 1/12, F, W, -, DE, -, -, Mar, At Home, Croup
188, Hughey, George, 1/12, M, W, -, DE, -, -, Mar, At Home, Croup
189, Hughey, Annie, E., 4/12, M(F), W, -, DE,-, - , Mar At Home, Pneumonia
195, Burton, John, H., 64, M, W, W, DE, -, -, Dec, Merchant, Hemorrhage of Lungs
199, Mustard, Cornelius, 65, M, W, W, DE, -, -, Jan, Minister of Gospel, Heart Disease
199, Mustard, Mary, 5, F, W, -, DE, -, -, Oct, At Home, Dropsy of Spleen
104, Lockwood, Wm., 70, M, B, M, DE, -, -, May, Farm Laborer, Inflammation of Bowels
25, Lingo, ___, 1/12, F, W, -, DE, -, -, Mar, At Home, Spasms
31, Prettyman, Lucey, 78, F, W, W, DE, -, -, Aug, At Home, Paralysis
65, Wiltbank, Eliza J., 1, F, B, -, DE, -, -, Mar, At Home, Croup
65, Wiltbank, Jeremiah, 5, M, B, -, DE, -, -, Mar At Home, Intermitting Fever
67, Hopkins, Sarah G., 9, F, B, -, DE, -, -, Feb, At Home, Pneumonia
67, Hopkins, Milford, 7, M, B, -, DE, -, -, Mar, At Home, Catarrh on Breast
67, Hopkins, Rachel, 4, F, B, -, DE, -, -, Mar, At Home, Catarrh on Breast
68, Breuton, Clarra, 7, F, B, -, DE, -, -, Mar, At Home, Spasms
68, Breuton, Rosana, 6, F, B, -, DE, -, -, Mar, At Home, Pneumonia
68, Breuton, Robert, 4, M, B, -, DE, -, -, Apr, At Home, Inflammation on Thigh
68, Breuton, John, 3, M, B, -, DE, -, -, Apr, At Home, Inflammation of Brain
68, Breuton, William, 1, M, B, -, DE, -, -, May, At Home, Deep Cold

72, Baker, Hannah, 22, F, B, -, DE, Jan, Domestic, Consumption
72, Baker, John, 7, M, B, -, DE, -, -, Apr, At Home, Pneumonia
146, Marsh, Esteller, 5, F, W, -, DE, -, -, Sept, At Home, Brain Fever
8, Brown, Jemima, 83, F, W, W, DE, -, -, Apr, Keeping House, Pneumonia
35, Brown, Matilda, 57, F, M, M, DE, -, -, Jul, Keeping House, Phthisis Pulmonalis
41, Short, UNNAMED, 2/12, M, W, -, DE, -, -, Feb, At Home, Unk
43, Prettyman, Ira Bell, 1, F, W, -, DE, -, -, Aug, At Home, Diarrhea
52, Short, Gilly M., 43, F, W, M, DE, -, -, Dec, Farmer, Accident
66, Smith, Mary E., 2, F, W, -, DE, -, -, Jul, At Home, Epilepsy
66, Smith, David R., 1, M, W, -, DE, -, -, June, At Home, Diarrhea
65, Lofland, Jones, 55, M, W, -, DE, -, -, Jan, Farm Labor, Dropsy of Heart
68, Dickerson, Mary E., 4/12, F, W, -, DE, -, -, Aug, At Home, Erysipelas
69, Esfery, Catherine, 22, F, W, -, DE, -, -, June, Domestic Servant, Palsy
75, Fleetwood, Annanias, 1/12, M, W, -, DE, -, -, Aug, At Home, Epilepsy
95, Conoway, Ginnie E., 2, F, W, -, DE, -, -, Mar, At Home, Scarlatina
109, Fleetwood, William, 9/12, M, W, -, DE, -, -, Jul, At Home, Brain Fever
114, Andrew, Eliza A., 6/12, F, W, -, DE, -, -, Jul, At Home, Diarrhea
128, Hitchens, Emeline, 29, F, W, -, DE, -, -, Nov, At Home, Phthisis Pulmonalis
160, Hill, William E., 30, M, W, M, DE, -, -, Jan, Huckster, Typhoid
169, Caffin, William, 1, M, W, -, DE, -, -, May, At Home, Pneumonia
197, Locland, UNNAMED, 1/12, M, W, -, DE, -, -, Jan, At Home, Diarrhea
207, Bannerman, Jeremiah, 30, M, W, M, DE, -, -, Apr, At Home, Pneumonia
220, Griffin, Purnell F., 49, M, W, M, DE, -, -, May, Farmer, Palsy
223, Passwaters, UNNAMED, 1/12, F, W, -, DE, -, -, Dec, At Home, Spasms
224, Banner, Charles, 2, M, W, -, DE, -, -, Jul, At Home, Dropsy Abdominal
225, Passwaters, Mary, 4/12, M(F), W, -, DE, -, -, May, At Home, Brain Fever
253, Lynch, George, 2, M, W, -, DE, -, -, Dec, At Home, Pneumonia
255, Tatman, Royal, 1, M, W, -, DE, -, -, June, At Home, Pneumonia
277, Milley, Missouri, 6/12, F, W, -, DE, -, -, Aug, At Home, Spasms
278, Lynch, Mariah, 33, F, W, -, DE, -, -, Jul, At Home, Unk
288, Macklin, Charles, 66, M, W, M, DE, -, -, Apr, Farmer, Disease of Heart
298, Johnson, Minerva, 1, F, W, -, DE, -, -, Nov, At Home, Scarlatina
298, Johnson, Mary E., 3/12, F, W, -, DE, -, -, Jul, At Home, Diarrhea
292, Debuty, Samuel, 7/12, M, B, -, DE, -, -, June, At Home, Ascites
309, Milley, Walter, 1, M, W, -, DE, -, -, Sept, At Home, Inflammation of Brain
310, White, James L., 13, M, B, -, DE, -, -, Sept, Farm Labor, Typhoid
311, Todd, William, 55, M, W, M, DE, -, -, Dec, Farmer, Accident
314, Layton, Frederick, 2, M, W, -, DE, -, -, Jul, At Home, Congestive Chills
338, Jones, Sarah, 28, F, W, -, DE, -, -, Oct, At Home, Typhoid
338, Jones, Clara, 24, F, W, -, DE, -, -, Sept, At Home, Typhoid
338, Jones, Martha, 16, F, W, -, DE, -, -, Sept, At Home, Typhoid
352, Holstein, William, 40, M, W, M, DE, -, -, Feb, Farmer, Pneumonia
353, Russell, Margaret, 19, F, W, M, DE, -, -, May, Keeping House, Pneumonia
7, Layton, Sudia, 5/12, F, W, -, DE, -, -, Jul, At Home, Diarrhea

50, Hubbard, Julia H., 4, F, W, -, DE, -, -, Nov, At Home, Scarlatina
63, Williams, Thomas, 75, M, W, W, DE, -, -, Mar, Farm Labor, Pneumonia
23, Layton, James, 2/12, M, W, -, DE, -, -, June, At Home, Pneumonia
94, Maurice, John, 2/12, M, W, -, DE, -, -, Jul, At Home, Dysentery
105, Hayes, Thomas C., 70, M, W, W, DE, -, -, Nov, Farmer, Palsy
144, Oday, Elisha Ann, 50, F, W, M, DE, -, -, Mar, Keeping House, Pneumonia
107, Pounds, Thomas 68, M, W, M, England, -, -, Oct, Farmer, Diabetes
153, Nichols, Jeremiah, 92, M, W, W, DE, -, -, Apr, Farmer, Old Age
153, Scott, Mary E., 46, F, W, M, DE, -, -, Aug, Keeping House, Congestive Chills
154, Ross, Elizabeth, 52, F, W, M, DE, -, -, Jul, Keeping House, Diarrhea
188, Griffith, Luke, 76, M, B, M, DE, -, -, May, Farm Labor, Intermittent Fever
216, Ross, William, 68, M, W, M, DE, -, -, Oct, Farmer, Diabetes
240, Coats, Jincy, 75, F, W, M, DE, -, -, Apr, Keeping House, Dropsy
276, Gales, Laura, 3, M(F), B, -, DE, -, -, Jul, At Home, Typhoid
300, Rust, Elvira, 22, F, W, M, DE, -, -, Aug, At Home, Phthisis Pulmonalis
302, Jordan, Sarah E., 34, F, B, W, DE, -, -, Mar, At Home, Phthisis Pulmonalis
303, Nichols, Andrew, 12, M, B, -, DE, -, -, Feb, Farm Labor, Phthisis Pulmonalis
306, Kinder, Laura, 6, F, W, -, DE, -, -, Apr, At Home, Congestion in Brain
308, Noble, Mahala, 73, F, W, W, DE, -, -, Jan, At Home, Hemiplegia
315, Foster, Peter, 59, M, B, M, DE, -, -, Sept, Farmer, Phthisis Pulmonalis
315, Jordan, Charles, 3/12, M, B, -, DE, -, -, Jul, At Home, Phthisis Pulmonalis
347, Davis, Mias, 6/12, M, W, -, DE, -, -, Oct, At Home, Cholera
26, David Williams, 66, M, W, M, DE, -, -, Apr, Farmer, Heart Disease
99, William Love, 38, M, W, M, DE, -, -, May, Sailor, Consumption
149, Madalan Dickson, 2, F, W, -, DE, -, -, May, At Home, Dysentery
86, Anne Huston, 39, F, W, M, DE, -, -, Mar, Keeping House, Consumption
140, Charles Wright, 71, M, W, M, DE, -, -, Mar, Farmer, Abscess on Lungs
154, John Dutton, 65, M, B, M, DE, -, -, May, Farmer, Consumption
157, Sarah Hall, 57, F, B, M, DE, -, -, Feb, Common Laborer, Pneumonia
171, Dolly Cannon, 22, F, B, M, DE, -, -, June, Domestic Servant, Burnt to Death
171, Selby Burton, 75, M, B, M, DE, -, -, Oct, Common Laborer, Pneumonia
171, Nancy Burton, 70, F, B, W, DE, -, -, Oct, Domestic Servant, Pneumonia
175, UNNAMED, 1/12, M, W, -, DE, -, -, Mar, -, Unk
42, Elizabeth Marvel, 35, F, W, M, MD, -, -, Dec, Keeping House, Pneumonia
55, Mary Ellingsworth, 22, F, W, M, DE, -, -, Mar, Keeping House, Pneumonia
87, Rhoda Slegwich, 3/12, F, W, -, DE, -, -, Nov, -, Pneumonia
89, Rhoda Frame, 20, F, B, M, DE, -, -, Feb, Keeping House, Consumption
106, Thomas Colburn, 53, M, W, M, DE, -, -, Jan, Farmer, Dyspepsia
125, Harvey Fields, 6, M, W, -, DE, -, -, Mar, No Occupation, Brain Fever
179, William Neal, 60, M, W, W, DE, -, -, June, Shoemaker, Consumption
142, Mark Williams, 47, M, W, M, DE, -, -, Aug, Grocer Merchant, Disease of Liver
144, John Catterha, 65, F(M), W, W, DE, -, -, Feb, Carpenter, Disease of Kidney
153, Selvey Blackson, 56, F, B, M, DE, -, -, Apr, Keeping House, Consumption

165, Edward Bosman, 72, M, W, M, DE, -, -, Feb, -, Croup
165, Rebecca Bosman, 67, F, W, W, DE, -, -, Feb, No Occupation, Pneumonia
175, Julia Wright, 65, F, W, M, DE, -, -, May, Keeping House, Heart Disease
241, Sopha Marten, 70, F, W, W, DE, -, -, Dec, Keeping House, Pneumonia

Sussex 1870 Index

Abbott, 147
Adams, 146
Andrew, 152
Atkins, 149
Baker, 152
Banner, 152
Bannerman, 152
Barnes, 148
Bell, 145
Bennett, 144
Betts, 146
Blackson, 153
Bonger, 146
Borge, 146
Bosman, 154
Bowden, 143
Boyce, 145-146
Boyse, 150
Brasure, 149
Breuton, 151
Brimmer, 149
Brown, 152
Bryon, 147
Bullock, 145
Burris, 150
Burton, 151, 153
Butcher, 150
Caffin, 152
Callaway, 147
Cannon, 153
Carey, 150
Catterha, 153
Clark, 144
Clendaniel, 148
Coats, 153
Cobb, 144
Colburn, 153
Collem, 150
Collins, 146-147
Conaway, 144, 150
Connor, 150
Cooper, 146, 150
Cordey, 146-147
Coulter, 148

Cramfield, 150
Cranfield, 150
Culver, 145, 147
Daby, 147
Daisey, 144
David, 144
Davidson, 148, 150-151
Davis, 144, 147, 149, 153
Debuty, 152
Dennis, 145
Deputy, 148-149
Derickson, 144, 149
Derman, 148
Dickerson, 149-150, 152
Dickson, 153
Dodd, 149
Downs, 146
Draper, 149
Dunning, 150
Dutton, 153
Ellingsworth, 153
Ellinsworth, 147
Elliott, 144-145, 147
Ennis, 149
Esfery, 152
Eubanks, 148
Evans, 144
Fenwick, 148
Fields, 153
Fisher, 149-150
Fleetwood, 152
Fooks, 149
Foster, 153
Fowler, 148
Frame, 153
Gales, 153
Gordey, 146
Griffin, 152
Griffith, 153
Hall, 145, 153
Harmon, 151
Harris, 150
Harrison, 143
Hart, 147

Hastings, 144, 146-147
Hauceleus, 147
Hayes, 153
Hazel, 147
Hazzard, 148, 151
Hearn, 144-146
Hellis, 148
Hemmons, 148
Hersey, 145
Higmon, 149
Hill, 143, 152
Hines, 146
Hitchens, 144, 146, 152
Holland, 147
Holstein, 152
Hood, 145, 148
Hopkins, 147-148, 150
Houston, 149-150
Hubbard, 153
Hudson, 144-145, 148
Hughey, 151
Huston, 153
Johnson, 148, 150-152
Jones, 144-145, 149-150, 152
Jordan, 153
Joseph, 151
Kinder, 153
Knox, 144
Lawson, 150
Layton, 152-153
Legate, 147
Legates, 147
Leverage, 149
Lewis, 148
Ling, 151
Lingo, 148, 151
Lister, 147
Littleton, 146, 150
Livingston, 148
Lockwood, 144, 151
Locland, 152
Lofland, 152
Long, 144, 146
Love, 147
Love, 153
Lucey, 151

Lynch, 143-144, 147, 149, 152
Macklin, 149, 152
Magee, 147
Many, 145
Marde, 145
Mars, 149
Marsh, 152
Marshall, 151
Marten, 154
Martin, 150
Marvel, 150, 153
Massey, 151
Masten, 149
Maurice, 153
McCabe, 143, 149
McColley, 151
McManus, 147
Megee, 143
Mekise, 150
Mellar, 148
Melson, 144
Messick, 144
Meurans, 150
Milley, 152
Mills, 149
Mingey, 145
Mitchell, 149
Moore, 145-146, 149
Morgan, 144, 148-149
Morris, 144, 147
Murphy, 148-149
Murrey, 144
Mustard, 151
Neal, 153
Nichols, 153
Noble, 153
Norwood, 150
Oday, 153
Oliphant, 145
Oliver, 148
Oneal, 146
Oney, 148
Parsons, 149
Passwaters, 152
Pepper, 147, 150
Phillip, 146

Phillips, 146
Philops, 150
Pounds, 153
Prettyman, 148, 151-152
Pride, 144
Purnell, 146
Pussey, 146
Quigley, 145
Quillins, 145
Ralph, 146
Records, 151
Reed, 147
Reynolds, 147
Rickards, 144
Riggin, 145
Robbinson, 147
Robinson, 151
Rodney, 151
Rogers, 143
Ross, 153
Russell, 152
Rust, 153
Salmons, 148
Scott, 153
Shephard, 148
Shockley, 148-149
Shoop, 145
Short, 149, 152
Sipma, 145
Sledwich, 153
Smith, 145, 152
Stayton, 149
Steel, 149-150
Steen, 144, 149
Stephenson, 149
Stevens, 148
Stuart, 145
Tatman, 152

Taylor, 145, 149
Thomas, 143
Thompson, 147
Timmons, 144, 146, 150
Tire, 144
Todd, 152
Truitt, 143, 149-150
Tunnell, 145
Turner, 144
Twilley, 151
UNNAMED, 153
Vickers, 143
Vickman, 149
Vinson, 144, 146
Wainwright, 145
Ward, 145, 147, 149
Warples, 150
Warren, 147-149
Warrington, 151
Watson, 148
Webb, 150-151
Welsh, 148
West, 145-147, 150-151
White, 145, 152
Wilgas, 143
Wilkins, 149
Williams, 153
Willingham, 147
Wilson, 147-148
Wiltbank, 151
Wiswell, 149
Wolford, 146
Woman, 147
Wooten, 145
Workman, 144-145
Wright, 145, 153-154
Young, 147

Delaware 1880 Mortality Schedule
Kent County

The Delaware Mortality Schedule was filmed by the Delaware Department of State, Division of Historical and Cultural Affairs. There are seventeen columns of information on this 1880 mortality schedule. The fifteen listed below have been transcribed:

1. Number from Column 1 Schedule 1
2. Name of Family Member
3. Age
4. Sex
5. Color White (W), Black (B), Mulatto (M)
6. Single
7. Married
8. Widowed or Divorced
9. Place of Birth
10. Where was Father Born
11. Where was Mother Born
12. Month Died
13. Profession, Occupation, or Trade
14. Disease or Cause of Death
15. How Long a Resident of This County?

The items in the above list are displayed in sequence and separated with the comma. Last names are listed first in sequence also separated by a comma. Where there is no information in a column a hyphen (-) is used. Where a column's information cannot be deciphered a question mark (?) is used. Some numbers in column one are repeated because they are in different census districts. There are a few first name first entries but not many and they are entered as first name first.

7, Newman, Hennie, 2, F, W, 1, -, -, DE, DE, MD, -, Nov, Diphtheria, 2
14, Collins, Leonard, 79, M, W, -, 1, -, DE, DE, DE, Blacksmith, Feb, Pericarditis, 30
16, Clark, Sampson E., 50, M, W, -, 1, -, England, England, England, House Painter, May, Paralysis, 14
26, Boyd, John R., 77, M, W, -, -, 1, DE, DE, DE, Farmer, Jul, Debility, 1
34, Williams, Alexander, 10/12, M, B, 1, -, -, DE, DE, DE, -, Sept, Dysentery, 10/12
47, Price, Thomas, 35, M, B, -, 1, -, MD, MD, MD, Laborer, Mar, Consumption, 38
67, Purnell, Annie J., 12, F, B, 1, -, -, DE, DE, DE, -, Feb, Typhus, 12
76, Hyrdon, Nettie E., 2, F, W, 1, -, -, DE, DE, DE, -, Nov, Diphtheria, 2
106, Daniel, Mary C., 52, F, W, -, 1, -, DE, DE, DE, Keeping House, Aug, Cancer 52

134, Bedford, BABY, 10/30, F, B, 1, -, -, DE, DE, DE, -, Mar, Malaria, 10/30
138, Jefferson, Edward, 4, M, B, 1, -, -, DE, DE, DE, -, June, Diphtheria, 4
139, Pennington, Sarah E., 29, F, B, 1, -, -, DE, DE, DE, Domestic Servant, Jan, Cold, 29
154, Smith, Susan L., 9/12, F, W, 1, -, -, DE, Denmark, DE, -, Jul, Cholera, 9/12
155, Thorn, Georgia, 2, F, B, 1, -, -, DE, DE, DE, -, Feb, Consumption, 2
156, Webster, William, 3/12, M, B, 1, -, -, DE, DE, DE, -, Nov, Pneumonia, 3/12
197, Hoffecker, John H., 4, M, W, 1, -, -, DE, DE, DE, -, Feb, Diphtheria, 4
204, Shane, Kate E., 3, F, W, 1, -, -, DE, DE, DE, -, Oct, Croup, 3
210, Hudson, Elizabeth, 75, F, W, -, -, 1, DE, DE, DE, Keeping House, Jul, Dropsy, 76
223, Horsey, Habert, 4/12, M, B, 1, -, -, DE, DE, DE, -, Mar, Asphyxia, 4/12
232, Rice, John, 8, M, B, 1, -, -, DE, PA, PA, -, Apr, Pneumonia, 8
241, Pleasanton, Mary, 50, F, W, -, 1, -, DE, DE, DE, Keeping House, Dec, Pneumonia, 50
268, Truax, Hannah, 51, F, W, -, 1, -, DE, DE, DE, Keeping House, Jan, Heart Disease, 51
268, Abbott, Mary, 85, F, W, -, -, 1, DE, DE, DE, Keeping House, Feb, Pericarditis, 85
290, Bryant, Anna C., 2/12, F, W, 1, -, -, PA, PA, PA, -, Jan, Marasmus, 2/12
325, Shaw, Stephen, 84, M, W, -, -, 1, DE, DE, DE, Farm Laborer, Mar, Consumption, 10
340, Killen, Alexander, 56, M, W, -, 1, -, DE, DE, DE, Farm Laborer, Jan, Pneumonia, 56
350, Frevel, Rolland, 1/12, M, W, 1, -, -, DE, DE, DE, -, Aug, Marasmus, 1/12
375, Allen, Henry, 57, M, W, -, -, 1, DE, DE, DE, Stove Coker, Feb, Pneumonia, 2
382, Johnson, William R., 19, M, W, 1, -, -, NJ, NJ, NJ, Student, Mar, Gunshot, 4
389, Williams, Alice, 1, F, B, 1, -, -, DE, MD, MD, -, Apr, Scalded, 1
398, Summers, Linda, 18, F, B, 1, -, -, DE, DE, DE, Domestic Servant, Aug, Brain Fever, 2
401, Rench, Millie C., 9, F, W, 1, -, -, DE, DE, DE, -, Sept, Typhoid, 9
----, Anderson, Susan, 75, F, W, -, -, 1, DE, DE, DE, Keeping House, Apr, Consumption, 75
420, Williams, Mary, 71, F, W, -, 1, -, DE, DE, DE, Keeping House, Aug, Paralysis, 71
435, Gorden, Bertha, 5/12, F, W, 1, -, -, DE, DE, DE, -, Oct, Whooping Cough, 5/12
187, Conner, Samuel J., 27, M, W, 1, -, -, DE, DE, DE, Cook on Schooner, Mar, Consumption, 27
9, Phillips, Mark, 1, M, W, 1, -, -, DE, DE, DE, -, Oct, Cholera, 1
15, Carrow, Elizabeth L., 4/12, F, W, 1, -, -, PA, DE, PA, -, Sept, Brain Fever, 2/12
23, Stevan, Chas. G., 41, M, W, -, 1, -, PA, -, -, Carriage Body Maker, Dec, Unk, 1/12

27, Magear, Jones James, 76, M, W, 1, -, -, DE, DE, DE, None, Apr, General Debility, 76
32, Thomas, Edward, 2, M, W, 1, -, -, DE, DE, DE, -, Apr, Inflammation of Brain, 1/12
34, Gordon, Eliza, 52, F, W, -, 1, -, MD, DE, DE, Keeping House, Jul, Child Birth, 3
40, Culbreath, Alice G., 1, F, W, 1, -, -, DE, DE, DE, -, Jul, Cholera, 1
47, Thomas, Lewis, Jas., 3/12, M, B, 1, -, -, DE, MD, DE, -, Jul, Cholera, 3/12
49, Smith, Frank W., 4, M, W, 1, -, -, DE, DE, DE, -, Dec, Brain Fever, 4
51, Raison, Lillian, 16/12, F, B, 1, -, -, DE, MD, MD, -, Aug, Consumption of Lungs, 1 ¼
80, Summers, Malinda, 16, F, B, 1, -, -, DE, DE, DE, Servant, Sept, Pneumonia, 16
82, Firestone, Mary C., 83, F, W, -, -, 1, PA, PA, PA, Keeping House, Sept, Disease of Kidney, 56
94, Henderson, Win R., 2, M, W, 1, -, -, DE, PA, DE, -, Apr, Typhoid, 2
108, Swiggate, ?, 1 hour, F, B, 1, -, -, DE, DE, MD, -, Jan, Inanition, -
111, Grotee, B. S., 49, M, W, -, 1, -, MD, MD, MD, Physician, Feb, Lung Congestion, 21
134, Moore, Lurena, 21, F, W, 1, -, -, DE, DE, MD, Dressmaker, Nov, Abscess on Heart, 6
147, VanFossen, Staneer, 6, M, W, 1, -, -, DE, PA, PA, -, Sept, Diphtheria, 6
157, Cook, Samuel, 36, M, W, -, 1, -, MD, MD, MD, Worked in Brickyard, Mar, Typhoid, 30
158, Hamilton, Mary E., 40, F, W, -, 1, -, DE, -, -, Keeping House, Mar, Consumption of Lungs, 2/12
180, Lasssell, Enoch S., ?, M, W, 1, -, -, DE, MD, MD, Hotel Clerk, Aug, Cholera, ?
192, Wilds, Charles, 27, W, 1, -, -, DE, VA, VA, Hotel Clerk, Oct, Consumption, 11/12
197, Abbott, Benj., 82, M, W, -, 1, -, NJ. NJ, NJ, Farmer, Sept, Dropsy, 45
200, Denning, Fran, 27, M, W, 1, -, -, DE, DE, DE, Clerk in Clothing Store, Apr, Consumption of Lungs, 3/12
233, Raymond, Laurance B., 11, M, W, 1, -, -, DE, DE, ?, At School, Mar, Brights Disease, 11
269, Allen, William, 15, M, W, 1, -, -, DE, MD, DE, At School, Jul, Drowned, 16
----, Hoffecker, Jas. H., 41, M, W, -, 1, -, DE, DE, DE, ?, Aug, Progressive Motor Ataxia, 41
----, Palmatory, Thos. R., 60, M, W, -, 1, -, DE, DE, DE, Carpenter, Feb, Consumption, 60
----, Perrey, Thomas C., 2, M, W, 1, -, -, MD, DE, DE, -, Oct, Meningitis, 1/24
298, Rice, Julia A., 1/24, F, B, 1, -, -, DE, PA, DE, -, Still Born, 1/24
----, Tindel, Purnel, 62, M, W, -, 1, -, DE, DE, DE, Farmer, Apr, Pneumonia, 20
----, Farrow, Ann, 76, F, W, -, 1, -, DE, DE, DE, Boarder, Nov, Cancer of Stomach, 76

----, Oneill, Daniel, 9, M, W, 1, -, -, DE, Ireland, Ireland, School, Oct, Lock Jaw, 2
----, Taylor, William, 15/12, M, W, 1, -, -, MD, PA, MD, -, Aug, Cholera, -
349, Brinkley, Annie L., 1 9/12, F, B, 1, -, -, MD, MD, MD, -, Mar, Dropsy, -
360, Thompson, Joseph, 66, M, W, -, 1, -, DE, DE, DE, Farmer, Feb, Consumption, 66
368, Conyear, Thos., 20, M, B, 1, -, -, MD, MD, MD, Laborer, Jul, Typhoid, 4
380, Allen, Howard C., 4/12, M, W, 1, -, -, DE, DE, France, -, Sept, Indigestion, -
PR, Green, Elizabeth, 65, F, W, -, 1, -, DE, DE, -, -, Feb, Hemorrhage of Stomach, -
PR, Connor, John, 1/12, M, W, 1, -, -, DE, DE, -, -, Sept, Marasmus, -
PR, Conner, William, 4/12, M, W, 1, -, -, DE, DE, -, -, Dec, Marasmus, -
PR, Jones, Walter, 11/12, M, B, 1, -, -, DE, DE, -, -, June, Rachitis, -
PR, Lewis, Howard, 4, M, B, 1, -, -, DE, DE, -, -, Jan, Pneumonia, -
PR. Mote, Clara, 2, F, B, 1, -, -, DE, DE, -, -, Aug, Meningitis, -
7, Butler, Araminta, 42, F, W, -, 1, -, DE, DE, DE, Keeping House, May, Ovarian Tumor, 42
32, Rash, Leuce, 1, F, W, 1, -, -, DE, DE, DE, -, June, Influenze, 1
104, Raymond, Mary, 65, F, W, -, 1, -, DE, DE, DE, Keeping House, Apr, Consumption, 65
124, Anderson, William, 70, M, B, -, 1, -, DE, DE, DE, Farmer, May, Old Age, 70
149, Bell, George C., 17, M, B, 1, -, -, DE, DE, DE, Farm Labor, Mar, Pneumonia, 17
169, Anderson, Sarah, 62, F, B, -, -, 1, DE, DE, DE, Keeping House, Apr, Sore Leg, 62
191, Hodge, Louis, 1, M, B, 1, -, -, DE, DE, DE, -, May, Deutition, 1
269, Dean, Napoleon B., 38, M, W, -, 1, -, DE, MD, MD, Grocer, Mar, Scirrhous of Liver, 38
329, Denney, Harriett, 6/12, F, W, 1, -, -, DE, DE, DE, -, Jul, Cholera, 6/12
375, Boon, William G., 47, M, W, -, 1, -, DE, DE, DE, Wheelwright, Feb, Consumption, 47
392, Dunning, Marriah, 9/12, F, W, 1, -, -, DE, MD, MD, -, Aug, Cholera, 9/12
692, Hunter, Mary P., 3, F, W, 1, -, -, DE, Scotland, DE, -, May, Croup, 3
555, Miller, Rachel, 70, F, B, -, -, 1, DE, DE, DE, Servant, Mar, Asthema, 70
584, Dockstader, Eliza A., 56, F, W, -, 1, -, NJ, Scotland, DE, -, May, Unk, 12
427, Pratt, Henry, 23, M, W, 1, -, -, DE, DE, DE, Can Maker, June, Consumption, 23
313, Huntington, Mrs., 76, F, W, -, 1, -, MD, MD, MD, Keeping House, Dec, Dropsy of Heart, -
536, Richards, Rebecca, 19, F, B, 1, -, -, DE, DE, DE, Servant, Mar, Consumption, 19
709, Tomlinson, Alfred, 14, M, W, 1, -, -, DE, DE, DE, ?, Jul, Fall from Tree, 14
22, Rittenhour, Adda, 15/30, F, W, 1, -, -, DE, NJ, DE, -, Jan, Whooping Cough, 15/30

59, Johnson, Mary Ann, 57, F, W, -, 1, -, MD, DE, MD, Housekeeper, May, Heart Disease, -
78, Williams, ?, -, F, W, 1, -, -, DE, DE, DE, -, Jul, Diarrhea, -
97, Willey, Ida, 1, F, W, 1, -, -, DE, DE, -, -, Jan, Whooping Cough, 1
168, Rash, Sarah, 67, F, W, -, 1, -, DE, DE, DE, Keeping House, Mar, Lung Congestion, 64
186, Mosely, Josephine, 3/12, F, B, 1, -, -, DE, DE, DE, -, May, Meningitis, 3/12
176, Ridgway, J. H., 25, M, B, -, 1, -, DE, DE, DE, Laborer, Sept, Drowned, 25
191, Whitenack, Thomas, 79, M, W, -, 1, -, NY, NJ, NY, Farmer, June, Pneumonia, -
191, Whitenack, Elen, 56, F, W, -, 1, -, NY, NY, NY, Keeping House, Jan, Pneumonia, -
266, Teet, Ida, 5/30, F, W, 1, -, -, DE, MD, MD, -, Apr, Meningitis, 5/30
269, Hastart, Mary, 46, F, W, -, 1, -, MD, ?, Ireland, Keeping House, June, Hiccoughs, 15
315, Hynson, Elisabeth, 16, F, B, 1, -, -, PA, DE, PA, Housework, Mar, Consumption, 3
261, Milbourne, Edward, 79, M, W, -, 1, -, MD, MD, MD, Farmer, Apr, Vertico, 79
344, Calahan, William E., 11/12, M, B, 1, -, -, DE, ?, DE, -, Mar, Pneumonia, 11/12
346, Matthews, Mary G., 45, F, B, -, 1, -, DE, DE, DE, Housekeeper, May Unk, -
347, Hays, George, 85, M, W, -, -, 1, DE, DE, DE, Farmer, Apr, Run Over By Cars, 4
350, Gomery, Stephen, 4, M, W, 1, -, -, DE, DE, DE, -, Apr, Pneumonia, -
372, Draper, Matthew, 60, M, B, -, 1, -, DE, DE, DE, Laborer, Apr, Neuralgia of Heart, 60
372, Draper, Harriett Ann, 3, F, B, 1, -, -, DE, DE, DE, -, Feb, Bilious Catarrh, 3
378, Smallwood, W. C. H. T., 21, M, W, 1, -, -, DE, DE, DE, Painter, Dec, Consumption, 21
382, Minos, Ann Elizabeth, 30, F, B, 1, -, -, DE, DE, MD, Laborer, Oct, Consumption, 30
392, Stoke, Arly, 3/12, F, W, 1, -, -, DE, DE, DE, -, June, Dysentery, -
471, Pearson, UNNAMED, 2/30, M, W, 1, -, -, DE, DE, DE, -, May, Debility, -
488, Grant, Horris E., 6, M, W, 1, -, -, DE, Canada, England, -, Mar, Inflammation of Bowel, 2/12
488, Grant, Eliza, 1/12, F, W, 1, -, -, DE, Canada, England, -, Apr, Pneumonia, -
604, Calahan, Rachel, 48, F, B, -, 1, -, DE, DE, DE, Keeping House, May, Bowel Consumption, -
CR, Lank, -, 2, F, W, -, -, -, DE, DE, DE, -, Jul, Cholera, -
CR, Wiswell, Mrs., 65, F, W, -, -, -, DE, DE, DE, Keeping House, Feb, Pneumonia, -

CR, Cleaves, -, 1/12, M, W, -, -, -, DE, DE, DE, -, Jul, ?
----, Cydorn, A. T., 60, M, W, -, -, -, DE, DE, DE, -, Apr, Malaria, -
39, Johns, Mary A., 73, F, B, 1, -, -, DE, DE, DE, Jan, Lived at Home, Consumption, Life
39, Johns, Ella, 12, F, B, 1, -, -, DE, DE, DE, Lived at Home, Mar, Consumption, Life
57, Harris, Anna, 16, F, B, 1, -, -, DE, DE, DE, Lived at Home, Nov, Consumption, Life
95, Aaren, Alice, 3/12, F, W, -, -, DE, DE, DE, -, June, Cholera, 3
96, Knotts, -, 27, F, W, -, 1, -, DE, DE, DE, Keeping House, Consumption, Life
176, Wooders, Howard, 5/12, M, B, 1, -, -, DE, DE, DE, -, Dec, Congestion of Brain, Life
182, Marshall, Alevera, 1/12, F, W, 1, -, -, DE, DE, DE, -, May, Meningitis, Life
239, Morris, Walter, 1/12, M, W, -, -, -, DE, DE, DE, -, Mar, Capillary Bronchitis, -
241, Carrow, James T., 37, M, W, -, 1, -, DE, DE, DE, Waterman, Sept, Drowned, Life
296, Benson, Hester A., 7/30, M, B, 1, -, -, DE, DE, DE, -, June, Unk, Life
301, Martin, James, 7/12, M, B, 1, -, -, DE, DE, DE, -, Apr, Pneumonia, Life
343, Cummin, -, 21/30, F, W, 1, -, -, DE, DE, DE, -, May, Unk, Life
15, Harris, -, -, M, W, 1, -, -, DE, DE, DE, -, Feb, Still Born, -
43, Smith, Mand, 8/12, F, W, 1, -, -, DE, MD, MD, -, Dec, Scrofula, Life
118, Marvel, Maud, 1, F, W, 1, -, -, DE, DE, DE, -, Aug, Cholera, 1
130, Orarine, Sarah E., 36, F, W, 1, -, -, DE, DE, DE, -, Feb, Pneumonia, 1
158, McColley, Robt. M., 91, M, W, -, 1, -, DE, DE, DE, Farmer, Jul, Old age, 18
158, Coverdale, Mary A., F, W, -, -, 1, DE, DE, DE, Housekeeper, Paralysis, 50
159, Williams, Fred, 2/30, M, W, 1, -, -, DE, DE, DE, -, Mar, Rupture of Vein, -
167, Riggs, Mary E., 25, F, W, -, 1, -, PA, DE, DE, Keeping House, Dec, Inflammation of Stomach, 23
169, Deputy, Samuel, 44, M, B, -, 1, -, DE, DE, DE, Farm Laborer, Jan, Consumption, 6
169, Deputy, Charles, 7/12, M, B, 1, -, -, DE, DE, DE, -, Feb, Consumption, 7/12
181, Rosa, Sarah M., 1/12, F, W, 1, -, -, DE, NY, NY, -, Aug, Cholera, 1/12
186, Woodruff, James, 73, M, W, -, 1, -, PA, NJ, NJ, Farmer, Jul, Cancer of Stomach, 9
188, Backley, Thomas, 4/12, M, B, 1, -, -, DE, SC, SC, -, Jul, Inflammation of Stomach, 4/12
196, Stockes, Priestly, 65, M, W, -, 1, -, DE, DE, DE, Farm Laborer, June, Cancer in Stomach, 60
197, Griffith, Wilhelmina, 32, F, W, 1, -, -, DE, DE, DE, -, Nov, Congestion of Bowels, 32
197, Griffith, Anna D., 76, F, W, 1, -, -, DE, DE, DE, -, Nov, Paralysis, 76
205, Potter, Celia, 90, F, B, -, 1, -, DE, DE, DE, -, Feb, Congestive Chills, 50
233, Paisley, Sarah, 40, F, W, -, 1, -, DE, DE, DE, Keeping House, Mar, Erysipelas, 40

248, Mille, Chas. W., 52, M, W, -, 1, -, NY, NY, NY, Engineer, June, Consumption, 4
248, Still, James, -, M, W, 1, -, -, DE, DE, PA, -, Jan, Still Born, -
284, Beswick, Curtis B., 73, M, W, -, -, 1, DE, DE, DE, -, Jan, Pneumonia, 53
286, Bailey, Areade W., 24, F, W, 1, -, -, DE, DE, DE, Seamstress, Feb, Consumption, 20
302, Goslin, Sallie, 3, F, W, 1, -, -, DE, DE, MD -, Oct, Brain Fever, 3
309, Welch, Shadrack, 49, M, W, -, 1, -, DE, DE, DE, Merchant, Mar, Consumption, 33
335, Brown, Jennel, 6/30, F, W, 1, -, -, DE, DE, DE, -, Sept, Congestion of Brain, 6/30
347, Purnell, Wm. J., 10/12, M, B, 1, -, -, DE, DE, DE, -, May, Cholera, 10/12
360, Wroten, Lily, 2/12, F, W, 1, -, -, DE, DE, DE, -, Apr, Consumption, 2/12
386, Collins, Chas. A., 3, M, B, 1, -, -, DE, DE, DE, -, Apr, Intermittent Fever, 3
389, Collins, Mary A., 69, F, W, -, -, 1, DE, DE, DE, Keeping House, Dec, Apoplexy, 60
433, Curry, Alcie, 55, F, B, -, 1, -, DE, DE, DE, Laundress, Nov, Consumption, 55
439, Horsey, Margaret, 28, F, B, 1, -, -, MD, MD, MD, Domestic, Aug, Typhoid, 5
441, Bernett, Virginia, 2, F, B, 1, -, -, DE, DE, DE, -, Sept, Scarlet Fever, 2
530, Colbourn, Mary, 59, F, W, -, -, 1, DE, DE, DE, Keeping House, Mar, Bilious Pneumonia, 13
537, Jester, John T., 75, M, W, -, 1, -, DE, DE, DE, -, Dec, Paralysis, 75
560, Burr, Daniel, 65, M, W, -, 1, -, DE, DE, DE, Farmer, Nov, Typhoid, 15
571, Cullen, George, 75, M, W, -, -, 1, DE, DE, DE, -, Sept, Asthema, 74
579, Masten, Wm. T., 79, M, W, -, 1, -, DE, DE, DE, Farmer, Mar, Old Age, 79
583, Hudson, James H., 3/12, M, W, 1, -, -, DE, DE, DE, -, Sept, Pleurisy, 3/12
588, Short, Rachel, 37, F, W, -, 1, -, DE, DE, DE, Keeping House, Jan, Tumor, 37
622, Bennett, Deborah, 77, F, W -, -, 1, DE, DE, DE, None, Aug, Old Age, 77
629, Hall, Mary, 2/30, F, W, 1, -, -, DE, DE, DE, -, Sept, Cholera, -
650, Cathrell, Martha, 78, F, W, 1, -, -, DE, DE, DE, Housework, Feb, Dropsy, 50
662, Jester, Mary E., 90, F, W, -, -, 1, DE, DE, DE, Housework, Jan, Pneumonia, 90
684, Maloney, John, 73, M, W, -, 1, -, DE, DE, DE, Farmer, Apr, Pneumonia, 73
690, Stokes, Anna B., 3/12, F, W, 1, -, -, DE, DE, DE, -, May, Intermittent Fever, 2/12
Alone, Cooper, Ann, 78, F, B, -, -, 1, DE, DE, DE, Housework, Apr, Consumption, 78
60, Connor, George W., 20, M, B, 1, -, -, DE, DE, DE, Laborer, Aug, Consumption, 20
16, Johnson, Lotta, 90, F, B, -, -, 1, DE, DE, DE, Domestic, Dec, Old Age, 50

PR, Lepo, Hannah, 25, F, W, 1, -, -, DE, DE, DE, Seamstress, Jul, Phthisis Pulmonalis, -
----, Clar—y, Coward, 1, M, W, 1, -, -, DE, DE, DE, -, Sept, Inflammation of Bowels, -
----, Thistlewood, Ida, 10/12, F, W, 1, -, -, DE, DE, NY, -, -, Aug, Pertusis, -
----, Nelson, Lewis, 1, M, W, 1, -, -, DE, PA, DE, -, Aug, Pneumonia, -
----, Clark, Mary A., 65, F, W, -, 1, -, MD, MD, MD, Keeping House, Mar, Consumption, 10/12
----, Simpson, Anna, 70, F, W, -, 1, -, MD, MD, MD, Keeping House, Feb, Consumption, 50
----, Neal, Lydia, 40, F, B, -, 1, -, DE, MD, MD, Keeping House, Mar, Catarrh, 5
----, Stapleford, Roland, -, M, W, 1, -, -, DE, DE, MD, -, May, Cholera, -
----, Shockley, George, 62, M, W, -, 1, -, DE, DE, DE, Farmer, Apr, Paralysis, -
----, Hoey, Jennie, 10/12, F, W, 1, -, -, DE, Ireland, DE, -, Aug, Meningitis, 1
----, Hathda, Nehemiah, 25, M, W, 1, -, -, DE, DE, DE, Farmer, Sept, Hephrites, 1
----, Cornish, Fannie M., 8, F, B, 1, -, -, DE, DE, MD, -, Jan, Diphtheria, -
----, Dickerson, Howard, 1, M, W, 1, -, -, DE, DE, DE, Jul, Cholera, -
----, Long, Nora, 2, F, W, 1, -, -, DE, MD, DE, -, Oct, Cholera, -
----, Prettyman, James, 11, M, W, 1, -, -, DE, DE, DE, -, June, Paralysis, -
----, Harmon, Chas J., 1, M, W, 1, -, -, DE, DE, DE, -, May, Dysentery, -
----, Wyatt, Mary, 73, F, W, -, 1, -, DE, DE, DE, Keeping House, Dec, Pleurisy, -
----, Harrington, Samuel R., 3/12, M, W, 1, -, -, DE, DE, DE, -, Jan, Cholera, -
----, Jester, Thomas H., 78, M, W, -, 1, -, DE, DE, DE, Farmer, Aug, Catarrh, -
----, UNNAMED CHILD, 3/12, M, W, 1, -, -, DE, DE, DE, -, Sept, Unk, -
----, Thomas, Sarah M, 1, F, W, 1, -, -, DE, DE, DE, -, Sept, Croup, -
----, Hopkins, Eleanor, 1, F, W, 1, -, -, DE, DE, DE, -, Nov, Croup, -
----, Dyer, John M., 1/12, M, W, 1, -, -, DE, DE, DE, -, Sept, Croup, -
----, Callaway, Moses, 17/30, M, W, 1, -, -, DE, DE, DE, -, May, Croup, -
----, West, Annie L., 53, F, W, -, 1, -, DE, DE, DE, Keeping House, Feb, Cancer of Womb, -
----, Rulester, James B., 4, M, B, 1, -, -, DE, DE, DE, -, Nov, Croup, -
----, Wheatley, Hary W., 10/12, F, W, 1, -, -, DE, DE, DE, -, Aug, Malformation, -
----, Mix, Frank W., 10/12, M, W, 1, -, -, DE, DE, DE, -, Aug, Consumption, -
----, Neal, William C., 5/12, M, W, 1, -, -, DE, DE, DE, -, Jan, Pneumonia, -
----, Raughley, Edith, 1/12, F, W, 1, -, -, DE, DE, DE, -, Jul, Cholera, -
----, Smith, Elizabeth, 33, F, W, -, 1, -, DE, DE, DE, Keeping House, Nov, Consumption, -
----, Taylor, David, 5, M, W, 1, -, -, DE, DE, DE, -, Aug, Consumption, -
----, Harrington, Richard J., 66, M, W, -, 1, -, DE, DE, DE, Farmer, Nov, Hepatitis, -
----, Blades, Sarah, 17, F, W, -, 1, -, DE, DE, DE, Keeping House, Jul, Consumption, -
----, Truene, Esther W., 5/30, F, W, 1, -, -, DE, DE, DE, -, Aug, Unk, -
----, Swiggert, James L., 1, M, W, 1, -, -, DE, DE, DE, -, June, Cholera, -
----, Dawson, Edward L., 9, M, W, 1, -, -, DE, MD, DE, -, Aug, Hydrocephalus, -
----, Burton, John, 2, M, W, 1, -, -, DE, DE, DE, -, Oct, Croup, 1

----, Smith, Martin, 67, M, W, -, 1, -, DE, DE, MD, Farmer, Feb, Pneumonia, -
PR, Walker, Annie, 24, F, B, -, 1, -, DE, DE, -, Housewife, Oct, Phthisis Pulmonalis, -
PR, Fountaine, ?, 4/12, F, B, 1, -, -, DE, DE, -, -, Sept, Ententis, -
PR, Maxwell, Georgia A., 2, F, W, 1, -, -, DE, DE, -, -, Aug, Whooping Cough, -
PR, Blades, Etta, 1/30, F, W, 1, -, -, DE, DE, -, -, Jul, Inanition, -
PR, Rosa, Sarah, 2/12, F, W, 1, -, -, DE, DE, -, -, Oct, Marasmus, -
6, Parvis, Cora V., 13, F, W, 1, -, -, DE, DE, DE, -, Nov, Dropsy, 13
9, Richards, Wm., 5/30, M, W, 1, -, -, DE, PA, DE, -, Jan, Heart disease, 5/30
11, Ayers, Geo. W., 30, M, W, 1, -, -, MD, MD, DE, Clerk in Store, Sept, Consumption, 25
16, Brown, Jane I., 2/12, F, W, 1, -, -, DE, PA, PA, -, Aug, Heart Disease, 2/12
16, Brown, Gundy S., 14/30, M, W, 1, -, -, DE, PA, PA, -, Oct, Thresh, 12/30
28, Fowler, Judson, 2/12, M, W, 1, -, -, DE, DE, DE, -, Aug, Gastric, 2/12
34, Johnson, John, 60, M, W, -, -, 1, DE, DE, DE, Farming, Mar, Pneumonia, 55
46, Gemmill, Elizabeth H., 3, F, W, 1, -, -, DE, DE, DE, -, Dec, Diphtheria, 3
7, Bell, Caleb, 2, M, B, 1, -, -, DE, DE, DE, -, Jul, Intermittent Fever, 3
7, Tillman, Georgiana, 19, F, B, 1, -, -, DE, DE, DE, -, Oct, Consumption, -
15, Graham, John L., 22, M, W, 1, -, -, DE, DE, DE, Druggist, Apr, Poison, -
23, Greenwood, Chas. H., 24, M, W -, 1, -, DE, DE, DE, Painter, May, Consumption, 24
34, Carrow, Jonathan, 74, M, W, -, 1, -, DE, DE, DE, Justice of the Peace, Oct, Neuralgia, 74
36, Woodall, Ann, 78, F, W, 1, -, -, DE, DE, DE, -, Sept, Heart Disease, 50
88, Mills, Rachel, 1, F, W, 1, -, -, DE, DE, DE, -, Aug, Colitis, -
51, Gibbs, Luther, 2/12, M, B, 1, -, -, DE, DE, DE, -, Jul, Unk, -
61, Carrow, Annie W., 26, F. W, -, 1, -, DE, DE, -, -, Mar, Consumption, 26
1, Bell, Mary, 66, F, W, -, -, 1, DE, -, -, -, Oct, Consumption, 6
140, Clark James H., 40, M, B, -, 1, -, DE, DE, DE, Laborer, May, Pneumonia, 40
166, Beddle, Edna, 11/12, F, W, 1, -, -, DE, DE, DE, -, Mar, Catarrh, 4/12
1, Congo, Anna, 8/12, F, B, 1, -, -, PA, PA, DE, -, Apr, Measles, 3/12
21, Kinney, Edgar J., 59, M, W, -, 1, -, NY, NY, NY, Farmer, Feb, Cancer of Stomach, 12
----, Price, Mary, 62, F, W, -, 1, -, DE, DE, DE, -, Aug, Consumption, -
30, Gray, Eliza, 81, F, B, -, 1, -, DE, DE, DE, -, June, Old Age, -
34, Dager, Elizabeth, 65, F, B(W), -, 1, -, England, England, England, -, Nov, Spasms, 15
92, Anderson, John, 62, M, B, -, 1, -, DE, DE, DE, Laborer, Jan, Pneumonia, -
144, Scott, George, 5/12, M, W, 1, -, -, DE, DE, DE, -, Sept, Cholera, -
132, Deputy, Effa, 6/12, F, W, 1, -, -, DE, MI, MD, -, Aug, Cholera, -
172, Collins, Chas., 74, M, W, -, 1, -, DE, DE, DE, -, Sept, Rheumatism, -
178, Maloney, William T., 52, M, W, -, 1, -, DE, DE, DE, Ship Carpenter, Aug, Dysentery, -
178, Maloney, A. A., 20, F, W, 1, -, -, DE, DE, DE, -, June, Consumption, -
----, Bell, Caleb, 5/12, M, B, 1, -, -, DE, DE, DE, -, Feb, Pneumonia, -
----, Jackson, Eliza, 20, F, B, 1, -, -, DE, DE, DE, -, Jul, Consumption, -

----, Pullman, Emma, 3/12, F, B, 1, -, -, DE, DE, DE, -, Aug, Diarrhea, -
240, King, Martin, 17, M, W, -, 1, -, -, Ireland, -, -, -, Aug, Consumption, -
240, Taylor, Rebecca, 22, F, W, 1, -, -, DE, -, -, -, Feb, Consumption, -
240, Anderson, Aaron, 80, M, B, -, -, 1, DE, -, -, -, Jul, Diarrhea, -
240, Cook, Charles, 40, M, B, -, 1, -, DE, -, -, -, June, Insanity, -
240, Harrison, John, 34, M, B, -, 1, -, DE, -, -, -, Sept, Congestion in Lungs, -
240 Baker, Sarah, 55, F W, 1, -, -, DE, -, -, -, Sept, Gen. Debility, -
240, Harris, James, 79, B, 1, -, -, DE, -, -, -, Jul, Unk, -
240, Jackson, Willis, 84, M, B, -, 1, -, DE, -, -, -, Jul, Old Age, -
240, Gales, Stephen, 75, M, B, -, -, 1, DE, -, -, -, Sept, Old Age, -
240, Dill, Nancy, 62, F, W, 1, -, -, -, DE, -, -, -, Jul, Diarrhea, -
240, Roe, Jane, 83, F, W, 1, -, -, DE, -, -, -, Jul, Old Age, -
240, McNatt, Chana, 81, F, W, -, -, 1, DE, Ireland, Ireland, -, Jul, Old Age, -
240, Jester, Mary, 70, F, W, 1, -, -, DE, -, -, -, Jul, Old Age, -
240, Murphy, Collins, 34, M, W, 1, -, -, DE, Ireland, Ireland, -, Feb, Heart Disease, -
240, Johnson, Sarah L., 1, F, B, -, -, DE, -, -, -, Sept, Meningitis, -
240, Fisher, Erettie, 60, F, B, -, 1, -, DE, -, -, -, Jul, Diarrhea, -
240, Smith, Ann M., 40, F, W, -, -, 1, MD, -, -, -, Jul, Unk, -
240, Shaw, Stephen, 83, M, W, -, -, -, DE, -, -, -, Mar, Gastric, -
240, Griffin, William, 80, M, W, -, 1, -, DE, Ireland, Ireland, -, Mar, Consumption, -
240, Wilkinson, Mary, 70, F, W, -, -, 1, DE, -, -, -, Mar, Pneumonia, -
240, Collins, Samuel, 95, M, W, -, -, 1, DE, Ireland, Ireland, -, May, Old Age, -
247, Larimore, Lydia A., 1, F, W, 1, -, -, DE, DE, DE, -, Nov, Dropsey, -
252, Gooding, James, L., 5/12, M, W, 1,-, -, DE, MD, DE, -, Sept, Cholera, 1
266, Broadaway, Ambrose, 73, M, W, -, -, DE, DE, DE, -, June, Gen. Dibility, -
305, Legg, Margaret A., 41, F, W, -, 1, -, DE, -, DE, -, May, Cancer, -
314, Cooper, Mary E., 9/12, F, W, 1, -, -, DE, DE, DE, -, Feb, Cholera, 1
360, Pickering, Jennie E., 6, F, W, 1, -, -, DE, DE, DE, -, Mar, Spine, -
----, Woodall, Eliza, 68, F, W, -, 1, -, DE, -, -, -, Jul, Diarrhea, -
----, Anderson, J. F., 25, M, W, 1, -, -, DE, DE, DE, Farmer, Nov, Gastric Fever, -
394, Justice, Ralph S., 1, M, W, 1, -, -, DE, PA, DE, -, Oct, Deutition, -
395, Anderson, John D., 69, M, W, -, 1, -, DE, -, DE, -, Farmer, Jul, Unk, -
441, Carter, Wm. T., 30, M, W, 1, -, -, DE, DE, DE, Railroad Agent, Nov, Pneumonia, -
526, Cluffin, James, 5, M, W, 1, -, -, DE, DE, DE, -, Nov, Croup, -
532, Smith, William, 59, M, W, 1, -, -, DE, DE, DE, -, Farmer, Jan, Lung Fever, -
PR, Cubbage, Sallie Ann, 53, F, W, -, 1, -, DE, DE, -, Housewife, Nov, Acute Cerebral Meningitis, -
PR, Whitcom, Sarah, 83, F, W, -, 1, -, DE, DE, -, Housewife, Feb, Paralysis, -
301, Rett, John H., 10, M, W, 1, -, -, DE, DE, DE, -, Sept, Catarrh, 10
302, Ratledge, Joseph, 9, M, W, 1, -, -, DE, DE, DE, -, Oct, Typhoid, 9

405, Reynolds, Thomas, 72, M, W, -, 1, -, DE, DE, DE, Farmer, June, Parotitis, 72

502, Donevan, Alice, 8, F, W, 1, -, -, DE, DE, DE, -, Nov, Scrofula, 3

305, Moore, Jefferson, 21, M, W, 1, -, -, DE, DE, DE, Student, Aug, Malaria, 21

497, Short, Jno. W., 45, M, W, -, 1, -, DE, DE, DE, Laborer, Jan, Typhoid, 15

518, Whitaker, Herrey, 65, M, W, -, 1, - DE, DE, DE, Farmer, Feb, Typhoid, 22

87, Faulkner, Jefferson, 74, M, W, -, 1, -, DE, DE, DE, Wood Sayer, May, Consumption, 28

PR, Conner, Mary, 20, F, B, -, 1, -, DE, DE, DE, Gen. Housework, May, Pneumonia, -

PR, Lloyd, Florence, 6/12, F, W, 1, -, -, DE, DE, DE, -, Jul, Cholera, -

PR, Wheeler, Annie, 24, F, W, -, 1, -, DE, DE, DE, Servant, Jul, Phthisis Pulmonalis, -

PR, Cohee, Saml. J., 75, M, W, -, -, 1, DE, DE, DE, Farmer, Mar, Pneumonia, -

24, Jane R. Burnett, 65, (F) M, W, -, 1, -, MD, MD, Manufacturer and Farmer, Mar, Hypertrophy of Liver, 20 years

----, William Cox, 60 M, W, -, 1, -, DE, DE, DE, Laborer, -, Pneumonia, -

30, Eliza Maskel, 66, F, W, -, -, 1, England, England, England, -, Nov, Rheumatism, 20

52, Edward Anderson, 61, M, W, -, 1, -, DE, DE, DE, Fruit Grower, Oct, Cancer, -

----, Elizabeth Hammond, 65, F, W, -, 1, -, DE, DE, DE, -, Feb, Phthisis Pulmonalis, -

----, _____, Harris, 3, M, B, 1, -, -, DE, DE, DE, None, Sept, Intermittent Fever, -

----, Samuel Hughes, 82, M, W, -, 1, -, DE, DE, DE, Farmer, June, Disease of Heart, -

----, Jacob Welsh, 81, M, W, -, -, 1, DE, DE, DE, Farmer, Jul, Hypertrophy of Heart, -

----, Robt. Greenlee, 80, M, W, -, 1, -, DE, DE, DE, Farmer, Jul, Old Age

----, Denlsbeck, S., 2/12, M, W, 1, -, -, DE, -, -, -, Jul, Pneumonia, -

----, Boggs, Anna, 2/12, F, W, 1, -, -, DE, -, -, -, Jul, Unk, -

----, Cox, Wm, 60, M, W, -, 1, -, MD, -, -, -, May, Inflammation of Bowel, -

45, Norfoud, Deborah, 28, F, B, -, 1, -, MD, MD, MD, Keeping House, Jan, Tetanus, 2

51, Brinkly, Clark, 3/12, F, B, 1, -, -, DE, DE, DE, -, Feb, Keeping House, 3/12

59, Clark, Lizzie, 25, F, B, -, 1, -, DE, DE, DE, Unk, Mar, Child Birth, 25

92, Roe, Annie, 2/12, F, B, 1, -, -, DE, MD, MD, -, June, Diphtheria, 2/12

108, Fams, Martha Jane, 5, F, W, 1, -, -, DE, MD, MD, -, Jul, Brain Fever, 5

135, Wollan, Margaret J., 30, F, B, -, 1, -, DE, DE, DE, Keeping House, Jan, Unk, 5

18, Hillyard, Baby, 1/30, M, W, 1, -, -, DE, DE, DE, -, Mar Premature Birth, 1/30

157, Carso___, Jane, 70, F, B, -, -, 1, DE, DE, DE, No Occupation, Jan, Paralysis, 70

169, Gibbs, Ule__, 40, F, B, -, 1, -, DE, DE, DE, Farmer, May, Dropsy, 40

178, Short, Mary A., 52, F, W, -, 1, -, DE, DE, DE, Keeping House, June, Inflammation of Bowel, -
214, Craig, Baby, 10/30, F, W, 1, -, -, DE, DE, DE, -, Sept, Cholera, 10/30
228, Reid Bertie, 2, F, W, 1, -, -, DE, DE, DE, -, Feb, Whooping Cough, 2
234, Poor, Susan Rebecca, 47, F, W, -, 1, -, MD, MD, MD, Keeping House, Aug, Consumption, 6
----, Willey, Emma, 1, F, W, 1, -, -, DE, DE, DE, -, Feb, Meningitis, 1
301, Short, Charles H., 3, M, W, 1, -, -, DE, DE, DE, -, May, D—ition, 3
332, Wilson, Baby, 1/12, M, B, 1, -, -, DE, DE, MD, -, May, Unk, 1/12
360, Price, John Henry, 4, M, B, 1, -, -, DE, MD, MD, -, Mar, Whooping Cough, 4
360, Price, Thomas, 9/12, M, B, 1, -, -, DE, MD, MD, -, Mar, Whooping Cough, 9/12
330, Garner, Amy, 18, F, B, 1, -, -, DE, DE, DE, Domestic Servant, June, Consumption, 17
428, Clayton, William, 63 M, W, -, 1, -, DE, DE, DE, Farmer, Jan, Heart Disease, 11/12
443, Firr, Elizabeth, 75, F, W, -, 1, -, Ireland, Ireland, Ireland, Keeping House, Jan, Paralysis, 30
33, Green, Samuel, E., 1, M, B, 1, -, -, DE, DE, DE, -, Feb, Pneumonia, 1
457, Henlock, Annie, P., 2/12, F, W, 1, -, -, DE, DE, DE, -, Mar, Whooping Cough, 2/12
466, Moody, James R., 1, M, B, 1, -, -, DE, DE, DE, -, Apr, Catarrh on Chest, 1
474, Ringgold, Samuel, 48, M, B, -, -, 1, DE, DE, DE, Farmer, Aug, Cancer of Stomach, 48
----, Blem, Azariah N., 39, M, W, 1, -, -, NJ, -, -, -, Sept, Congestion of Brain, -

Kent 1880 Index

Aaren, 163
Abbott, 159-160
Allen, 159-161
Anderson, 159, 161, 166-168
Ayers, 166
Backley, 163
Bailey, 164
Baker, 167
Beddle, 166
Bedford, 159
Bell, 161, 166
Bennett, 164
Bernett, 164
Beswick, 164
Blades, 165-166
Boggs, 168
Boon, 161
Boyd, 158
Brinkley, 161
Brinkly, 168
Broadaway, 167
Brown, 164, 166
Bryant, 159
Burnett, 1568
Burr, 164
Burton, 165
Butler, 161
Calahan, 162
Callaway, 165
Carrow, 159, 163, 166
Carso__, 168
Carter, 167
Cathrell, 164
Clark, 158, 165-166, 168
Clar—y, 165
Clayton, 169
Cleaves, 163
Cluffin, 167
Cohee, 168
Colbourn, 164
Collins, 158, 164, 166-167
Conner, 159, 161, 168
Connor, 161, 164
Conyear, 161

Cook, 160, 167
Cooper, 164, 167
Cornish, 165
Coverdadle, 163
Cox, 168
Craig, 169
Cubbage, 167
Culbreath, 160
Cullen, 164
Cummin, 163
Curry, 164
Cydorn, 163
Dager, 166
Daniel, 158
Dawson, 165
Dean, 161
Denlsbeck, 168
Denney, 161
Denning, 160
Denson, 163
Deputy, 163, 166
Dickerson, 165
Dill, 167
Dockstader, 161
Donevan, 168
Draper, 162
Duning, 161
Dyer, 165
Fams, 68
Farrow, 160
Firestone, 160
Firr, 169
Fisher, 167
Fountaine, 166
Fowler, 166
Frevel, 159
Gales, 167
Garner, 169
Gemmill, 166
Gibbs, 166, 168
Gomery, 162
Gooding, 167
Gorden, 159
Gordon, 160

Goslin, 164
Graham, 166
Grant, 162
Gray, 166
Green, 161, 169
Greenlee, 168
Greenwood, 166
Griffin, 167
Griffith, 163
Grotee, 160
Hall, 164
Hamilton, 160
Hammond, 168
Harmon, 165
Harrington, 165
Harris, 163, 167-168
Harrison, 167
Hastart 162
Hathda, 165
Hays, 162
Henderson, 160
Henlock, 169
Hillyard, 168
Hodge, 161
Hoey, 165
Hoffecker, 159-160
Hopkins, 165
Horsey, 159, 164
Hudson, 159, 164
Hughes, 168
Hunter, 161
Huntington, 161
Hynson, 162
Hyrdon, 158
Jackson, 166-167
Jefferson, 159
Jester, 164-165, 167
Johns, 163
Johnson, 159, 162, 164, 166-167
Jones, 161
Justice, 167
Killen, 159
King, 167
Kinney, 166
Knotts, 163
Lank, 162

Larimore, 167
Lassell, 160
Legg, 167
Lepo, 165
Lewis, 161
Lloyd, 168
Long, 165
Magear, 160
Maloney, 164, 166
Marshall, 163
Martin, 163
Marvel, 163
Maskel, 168
Masten, 164
Matthews, 162
Maxwell, 166
McColley, 163
McNatt, 167
Milbourne, 162
Mille, 164
Miller, 161
Mills, 166
Minos, 162
Mix, 165
Moody, 169
Moore, 160, 168
Morris, 163
Mosely, 162
Mote, 161
Murphy, 167
Neal, 165
Nelson, 165
Newman, 158
Norfoud, 168
Oneill, 161
Orarine, 163
Paisley, 163
Palmatory, 160
Parvis, 166
Pearson, 162
Pennington, 159
Perry, 160
Phillips, 159
Pickering, 167
Pleasanton, 159
Poor, 169

Potter, 163
Pratt, 161
Prettyman, 165
Price, 158, 166, 169
Pullman, 167
Purnell, 158, 164
Raison, 160
Rash, 161-162
Ratledge, 167
Raughley, 165
Raymond, 160-161
Reid, 169
Rench, 159
Rett, 167
Reynolds, 167
Rice, 159-160
Richards, 161, 166
Ridgway, 162
Riggs, 163
Ringgold, 169
Rittenhour, 161
Roe, 167-168
Rosa, 163, 166
Rulester, 165
Scott, 166
Shane, 159
Shaw, 159, 167
Shockley, 165
Short, 164, 168-169
Simpson, 165
Smallwood, 162
Smith, 159-160, 163, 165-167
Stapleford, 165
Stevan, 159
Still, 164
Stockes, 163
Stoke, 162
Stokes, 164

Summers, 159-160
Swiggate, 160
Swiggert, 165
Taylor, 161, 165, 167
Teet, 162
Thistlewood, 165
Thomas, 160, 165
Thompson, 161
Thorn, 159
Tillman, 166
Tindel, 160
Tomlinson, 161
Truax, 159
Truene, 165
Unnamed, 165
VanFossen, 160
Walker, 166
Webster, 159
Welch, 164
Welsh, 168
West, 165
Wheatley, 165
Wheeler, 168
Whitaker, 168
Whitcom, 167
Whitenack, 162
Wilds, 160
Wilkinson, 167
Willey, 162, 169
Williams, 158-159, 162-163
Wilson, 169
Wiswell, 162
Wollan, 168
Woodall, 166-167
Wooders, 163
Woodruff, 163
Wroten, 164
Wyatt, 165

Delaware 1880 Mortality Schedule
New Castle County

The Delaware Mortality Schedule was filmed by the Delaware Department of State, Division of Historical and Cultural Affairs. There are seventeen columns of information on this 1880 mortality schedule. The fifteen listed below have been transcribed:

1. Number from Column 1 Schedule 1
2. Name of Family Member
3. Age
4. Sex
5. Color White (W), Black (B), Mulatto (M)
6. Single
7. Married
8. Widowed or Divorced
9. Place of Birth
10. Where was Father Born
11. Where was Mother Born
12. Month Died
13. Profession, Occupation, or Trade
14. Disease or Cause of Death
15. How Long a Resident of This County?

The items in the above list are displayed in sequence and separated with the comma. Last names are listed first in sequence also separated by a comma. Where there is no information in a column a hyphen (-) is used. Where a column's information cannot be deciphered a question mark (?) is used. Some numbers in column one are repeated because they are in different census districts. There are a few first name first entries but not many and they are entered as first name first.

8, Hirst, Leon M., 1 ¼, M, W, 1, -, -, DE, MD, MD, -, Sept, Summer Complaint, 1 ¼
10, Marchall, Emelia, 69, F, W, -, -, 1, Ireland, Ireland, Ireland, -, Feb, Asthma, 25
12, Tayell, Emma, 19, F, W, 1, -, -, DE, MD, DE, Tremminger, Apr, Consumption, 19
24, Simmons, William F., 20, M, W, 1, -, -, DE, MD, DE, Telegraph Operator, Apr, Consumption, 20
42, Graham, Ellen M., 4, F, W, 1, -, -, DE, Ireland, Ireland, -, Dec, Diphtheria, 4
65, Stephens, John, 65, M, W, -, 1, -, PA, Scotland, Scotland, Carpenter, May, Water on Heart, 40
68, Mobe, Frank, 6/12, M, W, 1, -, -, DE, NY, NY, -, Jul, Cholera, ½
91, Gillen, John, 1/12, M, W, 1, -, -, PA, Ireland, Ireland, -, June, Cholera, 1/12
104, Madden, Mary T., 2/12, F, W, 1, -, -, DE, Ireland, Ireland, -, May, Cholera, 2/12

112, Glatts, Susan T., 34, F, W, 1, -, -, DE, Germany, DE, -, May, Liver Complaint, 34
112, Eckle, Eliza C., 28, F, W, -, 1, -, DE, Germany, DE, Dressmaker, Apr, Typhoid, 28
125, Foster, David, 52, M, W, -, 1, -, DE, Ireland, Ireland, Machinist, Jan, Dropsy, 52
242, Poole, J. Martin, 67, M, W, -, 1, -, DE, DE, PA, Machinist, Nov, Paralysis, 40
243, Poole, Thomas S., 38, M, W, -, 1, -, DE, DE, PA, Machinist, May, Consumption, 38
272, Carroll, Bridget, 43, F, W, -, 1, -, Ireland, Ireland, Ireland, -, Apr, Consumption, 20
337, O'Conner, Mary W., 2 ½, F, W, 1, -, -, DE, Ireland, DE, -, Apr, Croup, 2 ½
337, O'Conner, James R., 6/12, M, W, 1, -, -, DE, Ireland, DE, -, May, Diphtheria, ½
357, Bridgeport, Joseph, 72, M, W, -, 1, -, DE, DE, DE, Druggist, Mar, ?, 72
396, Williams, Whitten, 18, M, W, 1, -, -, MD, Ireland, Ireland, -, Nov, Spine Disease, 18
404, Hoope, Mary H., 30, F, B, -, 1, -, MD, MD, MD, Domestic Servant, Jan, Consumption, 12
469, Frames, Sarah, 77, F, W, -, -, 1, England, England, England, -, Feb, Old Age, 18
410, McDonnell, William, 6/12, M, W, 1, -, -, DE, Ireland, Ireland, -, Feb, Consumption, ½
509, Smith, George G., 1, M, W, 1, -, -, DE, DE, DE, -, May, Consumption, 1
519, Eaton, John W., 19, M, W, 1, -, -, MD, MD, MD, Milk Business, Feb, Consumption, 7
563, Jones, Martin, 6 weeks, M, W, 1, -, -, DE, Mass, Ireland, -, May, Cholera, 6 weeks
568, Kyser, Mary J., 3/12, F, W, 1, -, -, DE, Ireland, DE, -, May, Cholera, 3/12
591, Roberts, Elizabeth B., 25, F, W, -, 1, -, DE, PA, PA, -, Apr, Dropsy, 25
683, Sasse, Edward, 32, M, W, -, 1, -, DE, Germany, Germany, Brakeman, Nov, Killed by Accident
72, Sturgis, Frank, 22, M, W, 1, -, -, NJ, Maine, NY, Clerk, Nov, Typhoid, 17
86, Ureny, Daniel, 66, M, W, -, 1, -, PA, PA, PA, Carpenter, Mar, Paralysis of Brain, 45
90, Pierson, Daniel, 59, M, W, -, 1, -, PA, NJ, NJ, Machinist, May, Dropsy, 27
122, Lemon, Chas. L., 1/12, M, W, 1, -, -, DE, MD, MD, -, Mar, Erasmus, -
143, McKenna, William, 5, M, W, 1, -, -, DE, ?, DE, -, Sep, Dropsy, 5
177, Kersey, Alan, 8/12, M, W, 1, -, -, DE, DE, NJ, -, Aug, Marasmus, 8/12
184, Emerson, Henry, 6, M, W, 1, -, -, DE, MD, MD, -, Jul, Diphtheria, 6
196, Rooney, George, 4, M, W, 1, -, -, DE, ?, Denmark, -, June, Croup, 4
326, Powell, George, 51, M, W, -, 1, -, England, England, England, Fish Monger, Sep, Hydrocephalus, 18

343, Roach, John, 2/12, M, W, 1, -, -, DE, England, PA, -, Feb, Convulsion, 2/12
363, Dever, Charles, 1, M, W, 1, -, -, DE, ?, ?, -, Feb, Congestion of Bowels, 1
368, Fomer, Elizabeth, 8/12, F, W, 1, -, -, DE, NJ, NJ, -, Apr, Congestive Fever, 8/12
383, Palmer, Owen, 68, M, W, -, 1, -, DE, DE, DE, Sailor, Mar, Lock Jaw, 25
387, Demby, Harriett, 11/12, F, B, 1, -, -, DE, DE, DE, -, Jan, Croup, -
403, Burke, Francis, 74, F, W, -, -, 1, Germany, Germany, Germany, -, Oct, Paralysis, 6
481, Morgan, James, 3, M, W, 1, -, -, MD, CT, MD, -, Jan, Asthma, 2
26, Oehler, ____, -, F, W, 1, -, -, DE, Germany, Germany, -, Dec, Still Born, -
31, Jorden, Patrick, 10/12, M, W, 1, -, -, DE, Ireland, Ireland, -, May, Cholera, 10/12
119, Higgins, Elizabeth, 35, F, W, 1, -, -, DE, DE, DE, Keeping House, Jan, Consumption, 35
127, Countiss, Sarah A., 75, F, W, -, -, 1, DE, DE, DE, Keeping House, Apr, Paralytic Stroke, 75
134, Rowland, Mary E., 36, F, W, 1, -, -, DE, MD, DE, School Teacher, Apr, Consumption, 36
193, Kenyon, Henry, 9/12, M, W, 1, -, -, DE, England, England, -, May, Diphtheria, 9/12
221, Wilkins, Mary E., 32, F, W, -, 1, -, NY, NY, NY, -, Mar, Convulsions, 10
235, Tatman, Virginia, 1, F, W, 1, -, -, DE, DE, NJ, -, May, Catarrh, 1
242, Sweeney, Hugh, 4/30, M, W, 1, -, -, PA, DE, PA, -, Nov, Inflammation of Bowels, -
252, Collins, James T., 17, M, W, 1, -, -, PA, MD, MD, Worked in Spring Factory, Mar, Typhoid, 12
281, Freeton, Edward, 44, M, W, 1, -, -, DE, NY, MD, Machinist, May, Wound, 44
303, Smith, Georgeanna, 53, F, B, -, 1, -, PA, PA, PA, Keeping House, Aug, Cancer in Breast, 2
301, Smith Hary, 10/12, M, B, 1, -, -, DE, DE, DE, -, May, Cutting Teeth, 10/12
307, Schaffner, ___, -, F, W, 1, -, -, DE, DE, DE, -, Feb, Still Born, -
----, Schenith, Charles, 52, M, W, -, 1, -, Prussia, Prussia, Prussia, Machinist, Sept, Consumption, 26
----, Numburg, Louisa, 20, F, W, -, 1, -, DE, Prussia, Prussia, Dressmaker, Apr, Confinement, 20
----, Norris, Westley, 18, M, B, 1, -, -, MD, MD, MD, Laborer, Tumor in Brain, 8
----, Connel, Michael, 30, M, W, -, 1, -, Ireland, Ireland, Ireland, Laborer, Dec, Drowned, 10
----, List, Lavinia B., 31, F, W, 1, -, -, PA, PA, DE, Clerk in Store, Sept, Heart Disease, 2
----, Meredith, Hary K., 20, M, W, 1, -, -, DE, DE, DE, Brakeman on Railroad, Dec, Killed in Railroad Accident, 20

----, Mills, Samuel, 80, M, W, -, -, 1, England, England, England, Stone Mason, Nov, Pneumonia, 17

----, Cloud, Margaret, 53, F, W, -, 1, -, DE, DE, DE, Keeping House, May, Cancer of Stomach, 53

----, Holden, Eliza, 80, F, W, -, -, 1, DE, DE, DE, None, Apr, Congestion of Lungs, 80

----, Yates, Emma, 37, F, W, 1, -, -, DE, DE, DE, School Teacher, Feb, Consumption, 37

----, Richardson, William 82, M, W, -, 1, -, PA, PA, PA, Retail Grocer, Jan, Heart Disease, 25

----, Waters, John F., 1, M, W, -, -, -, DE, MD, MD, -, Jan, Diphtheria, 1

----Cornbrooks, William, 80, M, W, -, 1, -, England, England, England, Machinist, Aug, Inflammation of Bowels, 25

----, Burman, Louisa, 8/12, F, W, 1, -, -, DE, Prussia, Prussia, -, Jul, Measles, 8/12

----, Cash, William K., 5, M, W, 1, -, -, DE, PA, Ireland, -, Feb, Lock Jaw, 5

----, Vandenbraak, Lawrence, 60, M, W, -, 1, -, Holland, Holland, Holland, Machinist, May, Paralysis, 30

2, Fish, Luette C., 35, F, W, -, -, 1, DE, PA, PA, Housekeeper, May, Hemorrhage of Nose, 11

3, Mitchell, Eliza J., 53, F, W, -, 1, -, VA, VA, VA, Keeping House, Mar, Consumption of Lungs, 40

71, Cusey, Michael, 27, M, W, 1, -, -, DE, Ireland, Ireland, Carriage Maker, Apr, Consumption of Lungs, 27

76, Carpenter, William, 80, M, W, -, 1, -, England, England, England, Boarder, Jul, Erysipelas, 10

127, Games, Isabella, 6, F, W, 1, -, -, DE, PA, NY, -, Oct, Croup, 6

129, Bedford, Laura, 22, F, W, 1, -, -, MD, England, MD, Keeping House, Aug, Typhoid, 8

143, Dougherty, James, 30, M, W, -, 1, -, Ireland, Ireland, Ireland, Laborer, Feb, Jaundice, 9

164, Jones, William, C., 9/12, M, W, 1, -, -, DE, Prussia, Germany, -, Jul, Inflammation of Bowels, 9/12

169, Maloney, William, 41, M, W, -, 1, -, Ireland, Ireland, Ireland, Laborer, Apr, Pneumonia, 11

174, Collon, Joseph, 81, M, W, -, -, 1, PA, PA, PA, Carpenter, June, Asthma, 34

183, Henderson, William, 51, M, W, -, 1, -, DE, DE, DE, Painter, Mar, Kidney Disease, 51

188, Todd, Alfred, 60, M, W, -, 1, -, DE, DE, DE, Sailor, Oct, Congestion of Brain, 60

194, Bennett, Harrison H., 39, M, W, -, 1, -, MD, MD, MD, Kept Restaurant, Dec, Dropsy, -

212, Roberts, Lydie E., 5/12, F, W, 1, -, -, DE, PA, DE, -, Mar, Catarrh on Breast, 5/12,

231, Shannon, James, 60, M, W, -, 1, -, Ireland, Ireland, Ireland, Laborer, Feb, Consumption of Lungs, 2/12

268, Martin, Bertha, 6, F, W, 1, -, -, DE, DE, MD, -, Mar, Scarlet Fever, 6

271, Jones, Emma, ? F, W, 1, -, -, DE, DE, DE, -, June, Still Born, -
281, Garvin, William, 45, M, W, -, 1, -, Ireland, Ireland, Ireland, Gardner, Oct, Softening of Brain, 8
290, Thomas, Joseph R., 38, M, W, -, 1, -, PA, PA, PA, Coal Agent, Mar, Consumption of Lungs, 11
291, Fulmer, Anthony, 28, M, W, 1, -, -, DE, Bavaria, Bavaria, Made Shoes, Jan, Neuralgia of Brain, 38
293, Carrow, William M., 45, M, W, -, 1, -, DE, DE, DE, ?, Jan, Consumption of Lungs, 11/12
297, Jordan, George, 59, M, W, -, -, 1, Hesse, Hesse, Hesse, Dealer in Rugs, Sept, Dropsy Asthma, 19
321, Moore, Minnie, 19, F, W, 1, -, -, DE, DE, DE, None, Oct, Consumption, 19
326, Kauffey, Sarah J., 1, F, M, 1, -, -, DE, PA, DE, -, Jul, Congestion of Brain, 1
363, Wigglesworth, John, 1, M, W, 1, -, -, DE, DE, DE, -, Jul, Cholera, 1
363, Wigglesworth, ___, 0, M, W, 1, -, -, DE, DE, DE, -, Jul, Still Born, 0
381, Cury, John, 57, M, W, -, -, 1, DE, Ireland, DE, Crier, Nov, Consumption of Lungs, 57
411, Fahey, Francis, 3, M, W, 1, -, -, PA, PA, PA, -, Nov, Water on Brain, 1
415, Glem, Ella, 11/12, F, W, 1, -, -, DE, Ireland, Ireland, -, Aug, Congestion of Brain, 11/12
419, Palmer, ___, 1/12, M, W, 1, -, -, DE, PA, PA, -, May, Gen. Debility, 1/12,
2, Groves, Richard, 75, M, W, -, 1, -, DE, Scotland, Scotland, Farmer, Sept, Remitting Fever, 75
19, LeCompt, Susan, 75, F, W, -, -, 1, MD, MD, MD, Tailoress, Sept, Old Age, 8
24, Lafferty, Mary 83, F, W, 1, -, -, Ireland, Ireland, Ireland, Cook, Mar, ?, 50
44, Williams, Sarah, 9, F, W, 1, -, -, DE, England, DE, School Girl, Dec, Croup, 2 weeks
47, Dolbow, Emma, 14, F, W, 1, -, -, NJ, NJ, NJ, School Girl, Sep, Consumption, -
49, Sweatman, James, 81, M, W, -, 1, -, NJ, NJ, NJ, Carpenter, May, Old Age, 50
66, Barr, James, D., 11, M, W, 1, -, -, DE, NJ, DE, School Boy, Apr, Drowned, 11
76, Cottingham, Mary, 1, F, W, 1, -, -, DE, Ireland, DE, -, Mar, Measles, 1
90, Durham, John, 43, M, B, 1, -, -, DE, -, -, -, Feb, Congestive Chill, -
99, Gebled, Henery, 2 hours, M, W, 1, -, -, DE, NJ, NJ, -, May, 8 mo. child, -
106, Parks, Anderson, 24, M, B, 1, -, -, NC, NC, NC, Waiter, May, Run Over By Wagon, 7
113, Bailey, Francis, 3, M, W, 1, -, -, NJ, PA, NJ, -, Oct, Diphtheria, -
123, Speer, Sarah, 82, F, W, -, 1, -, PA, PA, PA, -, Apr, Severe Fall, 23
123, Speer, John S., 77, M, W, -, 1, -, PA, PA, PA, Printer, Apr, Asthma, 23
170, Wagner, William, 22, M, W, 1, -, -, PA, Baden, Baden, Cigar Maker, Apr, Suicide, 2 weeks
192, McVay, Delaware, 3, F, W, 1, -, -, DE, DE, DE, -, Mar Diphtheria, 3
192, McVay, William, 1, M, W, 1, -, -, DE, DE, DE, -, Mar, Diphtheria, 1
195, Aiken, John N., 32, M, W, 1, -, -, DE, Ireland, NJ, Bank Clerk, May, Consumption, 32

199, Teas, Joseph, 70, M, W, -, 1, -, MD, Ireland, Ireland, Blacksmith, Apr, Consumption, 45
214, Pratt, Armerica, 72, F, W, -, 1, -, DE, DE, DE, -, Apr, Consumption, 32
214, Maxwell, Elijah, 32,M, W, -, 1, -, DE, DE, DE, ?, Aug, Consumption, 32
221, Carr, Walter, 3/12, M, W, 1, -, -, DE, DE, DE, -, Jul, Consumption, 3/12
225, Roofe, Hattie C., 8, F, W, 1, -, -, PA, DE, DE, -, Jan, Diphtheria, 2
225, Roofe, Mary E., 1, F, W, 1, -, -, PA, DE, DE, -, Feb, Convulsions, 1
226, Sawdon, Frank, 22, M, W, 1, -, -, DE, DE, DE, Butcher, Consumption, 22
226, Sardon, Maria V., 79, F, W, -, 1, - DE, DE, DE, -, Nov, Consumption, 49
229, Woodrow, Elener, 3, M (F), 1, -, -, DE, DE, DE, -, Nov, Scalded, 3
233, Sterling, Sarah, 83, F, B, -, -, 1, MD, MD, MD, -, Apr, Old Age, 40
268, Otto, James, B, 1 10/12, M, W, 1, -, -, DE, DE, DE, -, Nov, Congestion of Brain, 1 10/12
271, McKnitt, James, 82, M, W, -, 1, -, MD, MD, MD, Farmer, Aug, Old Age, 60
275, Cranston, Sarah, 5 8/12, F, W, 1, -, -, DE, DE, DE, -, Nov, Croup, 5 8/12
282, Lynch, William, 68, M, W, -, 1, -, DE, Ireland, Ireland, Blacksmith, Apr, Demented Mind, 68
289, Poultney, Wm. B., 4, M, W, 1, -, -, DE, NY, England, -, June, Strangulated, 4
291, Richardson, George, 23, M, W, 1, -, -, MD, DE, MD, Carpenter, Feb, Cancer of Stomach, 7
246, Smeltz, Willard, 4/12, M, W, 1, -, -, DE, PA, DE, -, Oct, Asthma, 4/12
12, Rollo, Morrison, 77, M, W, -, -, 1, NY, NY, NY, Cloth Manufacturer, Mar, Congestion of Lungs, 4/12
50, Kelly, Ida T, 3 F, W, 1, -, -, DE, PA, DE, -, Jan, Asthma, 3
51, Pierce, Edward, 1/12, M, W, 1, -, -, DE, DE, MD, -, Jan, Debility, 1/12
96, Boyd, Ada, 13, F, B, 1, -, -, VA, VA, VA, -, Dec, Typhoid, 6
96, Boyd, John I., 8, M, B, 1, -, -, DE, VA, VA, -, Jan, Typhoid, 7
100, Fitzgerald, Wm. H., 43, M, W, -, 1, -, Ireland, England, Ireland, Worked in Mill, Nov, Typhoid, 20
151, Purnell, Harriet, 21, F, B, -, 1, -, DE, DE, DE, At Levie, Nov, Typhoid, 20
151, Purnell, Dotta, 5/12, F, B, 1, -, -, PA, DE, DE, -, Nov, Consumption, 2/12
174, Robertson, Aaron, 81, F, B, -, -, 1, MD, MD, MD, Cook, Apr, Old Age, -
178, Townie, James, 9, M, W, 1, -, -, DE, Scotland, PA, -, Jul, Drowned, 9
218, Carpenter, Chalkey, 56, M, W, -, 1, -, DE, DE, DE, -, Dec, Paralysis, 56
219, Lowder, Ann, 6/12, F, W, 1, -, -, DE, NJ, DE -, Jul, Cholera, 6/12
239, Baldwin, Mary E., 5, F, W, 1, -, -, DE, DE, NJ, -, June, Hip Disease, 5
269, Reynolds, John, 26, M, W, 1, -, -, DE, Ireland, Ireland, Coach Maker, Mar, Consumption, 26
299, Bennett, Henry, 6/12, M, W, 1, -, -, DE, PA, DE, -, Jul, Cholera, 6/12
308, Penlly, Mary, 17, F, W, 1, -, -, DE, Ireland, Ireland, -, Dec, Typhoid, 17
309, McGonigal, ___, 58, F, W, -, 1, -, Ireland, Ireland, Ireland, -, Mar, Gastric, 40
311, Riggs, Emma, 9/12, F, W, 1, -, -, DE, DE, PA, -, May, Diphtheria, 9/12
319, Campbell, William, 54, M, W, -, 1, -, Ireland, Ireland, Ireland, M. Finnisher, May, Consumption, 20

343, McKaig, Robt. B., 30, M, W, -, 1, -, DE, MD, MD, Coach Trim, Feb, Consumption, 30

354, Gallagher, Charles, 1, M, W, 1, -, -, DE, PA, MD, -, Oct, Pneumonia, 1

356, Richardson, Emily, 30, F, W, -, 1, -, MD, VA, MD, -, Jan, Consumption, 9

390, Barney, William, 65, M, W, -, 1, -, Ireland, Ireland, Ireland, Laborer, Aug, Prostatitis, -

144, O'Toole, John, 50, M, W, -, 1, -, Ireland, Ireland, Ireland, Laborer, Jul, Typhus, 24

412, Barney, Sarah, 39, F, W, -, 1, -, MD, Wales, Wales, -, May, Kidney Disease, 10

429, Wilson, Mary C., 6/12, F, W, 1, -, -, DE, Ireland, Ireland, -, May, Spasms, 6/12

96, Boyd, Dennie M., 7, F, B, 1, -, -, DE, VA, VA, -, Feb, Typhoid, 1

95, Green, Francis E., 6/12, M, W, 1, -, -, DE, MD, MD, -, May, Convulsions, 6/12

27, Donahoe, John P., 6, M, W, 1, -, -, DE, Ireland, Mass., -, Feb, Debility, 6

44, Johnson, John W., 78, M, W, -, 1, -, DC, TN, DC, Blacksmith, Oct, Dropsy, 20

44, Simmons, Lewis L., 3, M, W, 1, -, -, DE, DE, DE, -, Oct, Diphtheria, 3

49, Smith, Bayard F., 31, M, B, -, 1, -, NJ, DE, NJ, Physician, Neuralgia of Heart, 26

51, Malcom, Harry L., 7 M, W, 1, -, -, DE, MD, PA, At School, May, Consumption, 7

59, Dilahay, Walter, 4, M, B, 1, -, -, DE, DE, DE, -, Oct, Croup, 4

60, Wilson, Anna, 32, F, B, -, -, 1, D, DE, DE, Servant, Oct, Child Birth, 15

89, Pierce, Edward, 35, M, W, -, 1, -, PA, Ireland, Ireland, Blacksmith, Dec, Pneumonia, 2

91, Newsom, Rebecca, 39, F, W, 1, -, -, DE, MD, MD, Housekeeper, Oct Consumption, 39

116, Snelling, Clara E., 26, F, W, -, 1, -, DE, Mass., Mass., -, Jan, Dropsy of Heart, 3/12

124, Cleland, George, 65, M, W, -, -, 1, DE, Ireland, Ireland, Grocer, Apr, Pneumonia, 65

128, Wood, John, 55, M, W, -, 1, -, PA, PA, PA, Retired Merchant, Nov, Congestion of Brain, 35

152, Ervin, Henry, 49, M, W, -, 1, -, PA, PA, PA, Upholsterer, Sept, Tumor on Brain, 22

156, Harris, Wilber W., 27, M, W, 1, -, -, DE, DE, NY, Lumber Merchant, June, Catarrh Consumption, 27

184, Scott, Ann, 75, F, W, -, -, 1, Scotland, Scotland, Scotland, -, Jul, Paralysis of Brain, 67

189, Hochkeppal, Tillie, 20, F, W, -, 1, -, DE, Hanover, Hanover, -, Dec, Consumption, 20

189, Hochkeppal, George, 3/12, M, W, 1, -, -, DE, Prussia, DE, -, Jul, Cholera, 3/12

204, Wilson, Sarah V., 41, F, W, -, 1, -, MD, MD, MD, Keeping House, Apr,

Bronchitis, 6
249, Bates, Mary A., 36, F, W, 1, -, -, NY, Canada, Canada, Keeping House, June, Consumption, 9/12
251, Roberson, Margaret, 90, F, W, -, -, 1, DE, DE, DE, At Home, Sept, Old Age, 90
252, Maxwell, Marthe E., 38, F, W, -, 1, -, GA, GA, GA, At Home, Mar, Acute Rheumatism, 9
257, Coteman, George, 60, M, B, -, -, 1, DE, DE, DE, Farm Laborer, Jul, Dropsy & Asthma, 2
260, Pepper, Harry, 34, M, W, -, 1, -, PA, PA, PA, Lawyer, Mar, Cystitis, 7
176, Springer, Ella C., 14, F, W, 1, -, -, MD, DE, MD, -, Nov, Scarlet Fever, 11
283, Shaw, Lydia, 40, F, W, -, 1, -, RI, RI, RI, Keeping House, Apr, Unk, 8
292, Hampton, Susanna, 44, F, W, -, 1, -, MD, MD, MD, Keeping House, Mar, Consumption, 4
337, Toney, Isaac B., 25, M, B, -, 1, -, DE, DE, DE, Laborer, Dec, Consumption, 25
340, Biddle, Isaac, 26, M, B, -, 1, -, VA, VA, VA, Laborer, Aug, Dropsy of Heart, 8
343, Huffington, Marie, 22, F, B, -, -, 1, MD, DE, MD, Servant, Aug, Consumption, 10
343, Ambrose, Abraham, 13, M, B, 1, -, -, DE, DE, MD, -, June, Meningitis, 11/12
343, Huffington, Maggie, 6/12, F, B, 1, -, -, DE, DE, MD, -, Jul, Consumption, 6/12
344, Righter, James E., 11/12, M, B, 1, -, -, DE, DE, DE, -, June, Meningitis, 11/12
355, Chase, Mary J., 3, F, B, 1, -, -, DE, MD, MD, -, Jan, Scrofula, 3
361, Cooper, Maggie, -, F, B, 1, -, -, DE, DE, PA, -, May, Overwork of Mother and Child Still Born, 0
60, Wilson, Albin, -, M, B, 1, -, -, DE, DE, PA, -, Oct, Overwork of Mother, Child Still Born, 0
383, Harris, Charles, 44, M, B, -, 1, -, DE, DE, DE, Undertaker, Feb, -, 12
399, Benson, Elsie G., 3/12, F, B, 1, -, -, DE, DE, DE, -, Dec, Catarrh on Breast, 3/12
399, Benson, Juniper, 50, M, B, -, -, 1, DE, DE, DE, Laborer, Jul, Paralysis, 50
416, White, Eva, 10/12, F, B, 1, -, -, DE, VA, VA, -, May, Cholera, 10/12
417, Righter, Maria, 80, F, B, -, -, 1, MD, MD, MD, -, Mar, Asthma & Dropsy, 30
427, Knott, Mary J., 59, F, W, -, 1, -, MD, MD, MD, Huckster, Dec, Consumption, 40
431, Sipple, Waitman, 3/30, M, B, 1, -, -, DE, DE, PA, -, June, Consumption, 3/30
448, Allmand, T. F. B., 5/12, M, W, 1, -, -, DE, DE, DE, -, Feb, Dropsy, 5/12
451, Moore, Delware, 3, M, W, 1, -, -, DE, DE, Ohio, -, Apr, Convulsions, 3
14, O'Niell, Willie, 1/30, M, W, 1, -, -, DE, Ireland, Ireland, -, Mar, -, 1/30
23, Cleland, George, 70, M, W, -, -, 1, DE, -, -, -, May, Pneumonia, 70

45, Beeson, Walter, 7, M, W, 1, -, -, DE, PA, DE, -, Apr, Scarlet Fever, 7
104, Lowden, Howard, 5/12, M, W, 1, -, -, DE, NJ, MD, -, May, Convulsions, 5/12
106, Bradly, Julia, 22, F, W, 1, -, -, DE, PA, DE, -, Oct, Consumption, 22
124, McLaughlin, Wm., 24, M, W, 1, -, -, DE, Ireland, Ireland, Unk, Dec, Unknown, 24
124, Jones, Emma C., 16, F, W, 1, -, -, DE, DE, Ireland, -, Mar, Consumption, 16
140, O'Donnell, Sarah, 39, F, W, -, 1, -, Ireland, Ireland, Ireland, Keeping House, Oct, Consumption, 20
170, Frame, Elle, 11, F, B, 1, -, -, DE, DE, DE, -, Mar, Consumption 11
171, Wilson, John, 50, M, B, 1, -, -, DE, DE, MD, Laborer, Apr, Disease of Bladder, 50
200, Donahoe, ___, -, M, W, 1, -, - , DE, DE, MD, -, May, Still Born,
216, Daughten, Arthur, 1, M, W, 1, -, -, DE, DE, MD, -, Aug, Whooping Cough, 1
217, Christy, Sallie, 32, F, M, 1, -, -, MD, IL, MD, School Teacher, Jan, Consumption, 24
261, Henry, Eliza R., 38, F, W, -, 1, -, MD, MD, MD, Keeping House, Nov Consumption, 3
271, Hinson, Harvey, 1, M, B, 1, -, -, DE, DE, DE, -, Jul, Fractured Skull, 1
274, Hockster, ____, M, B, 1, -, -, DE, DE, DE, -, Apr, Still Born, -
288, Trabbold, Albert, 5, M, W, 1, -, -, DE, Baden, Baden, -, Nov, Unk, 5
288, Trabbold, Eddie, 2, M, W, 1, -, -, DE, Baden, Baden, -, Apr, Scarlet Fever, 2
293, Bass, Noah, 4, M, B, 1, -, -, DE, DE, DE, -, Feb, Pneumonia, 4
318, McDav, Rebecca, 52, F, W, -, -, 1, PA, PA, PA, -, Oct, Consumption, 4
398, McGowen, Bessie, 3/12, F, W, 1, -, -, DE, Ireland, Ireland, -, June, Diarrhea, 3/12
407, Johnson, Delaware, 1/30, M, W, 1, -, -, DE, PA, PA, -, Oct, Heart Disease, 1/30
409, McCall, Lizzie, 9/12, F, W, 1, -, -, DE, VA, DE, -, Apr, Water on Brain, 9/12
440, Logan, Agnes, 84, F, W, -, -, 1, Ireland, Ireland, Ireland, -, May, Old Age, 56
468, Bucmaster, Thomas, 75, F, W, -, 1, -, DE, -, -, -, June, Suicide by Shooting, 75
480, Templeman, Wm., 15, M, W, 1, -, -, DE, DE, DE, -, Jul, Tubercular, 7
495, Elliott, Mary, A., 69, F, W, -, -, 1, England, England, England, -, Apr, Paralysis, 15
538, Mitchell, Pasmore, 48, M, W, -, 1, -, PA, US, US, -, Jan, Tumor on Neck, 32
556, Kelly, Amanda, 36, F, W, -, 1, -, DE, DE, DE, -, June, Convulsions, 36
583, Beney, Sarah, 9, F, B, -, -, -, DE, DE, DE, -, Oct, Burned to Death, 9
593, Pryer, John, 45, M, B, -, 1, -, MD, MD, MD, -, Dec, Ruptured, 7
6, Stoops, Crawford, 5/12, M, W, 1, -, -, DE, MD, DE, -, Jul, Cholera, 5/12
45, Pfeiffer, Aleen, 9/12, F, W, 1, -, -, DE, Bavaria, Prussia, -, Sept, Spasms, 9/12

52, Crowding, Martha B., 7, F, W, 1, -, -, DE, DE, DE, -, Nov, Diphtheria, 7
91, Roberson, Edward, 2, M, W, 1, -, -, DE, Ireland, MD, -, Aug, Cholera, 2
112, Christy, Theophilus, 3/12, M, B, 1, -, -, DE, MD, MD, -, Oct, Cholera, 3/12
151, Bowman, Louis Cyrus, 2, M, W, 1, -, -, DE, Wirtzberg, DE, -, May, Typhoid, 2
236, Lewis, Mary E., 27 months, F, W, 1, -, -, DE, PA, DE, -, Aug, Scarlet Fever, 22 months
236, Lewis, Nellie, B., 8, 12, F, W, 1, -, -, DE, PA, DE, -, Aug, Scarlet Fever, 8/12
249, Dillman, John, 55, M, W, -, 1, -, PA, PA, PA, Laborer, Sept, Frosted Limb born in Army, 55
251, Talley, Francis P., 4, M, W, 1, -, -, DE, DE, DE, -, Apr, Convulsions, 4
237, Schockly, Ide, 1, F, B, 1, -, -, DE, DE, DE, -, May, Diphtheria, 1
254, Carroll, William, 3, M, W, 1, -, -, DE, NY, Ireland, -, Mar, Scarlet Fever, 3
281, Sadler, Richard M, 14 months, M, B, 1, -, -, DE, DE, DE, -, Jan, Croup 14 months
312, Saville, Edward, 9, M, W, 1, -, -, DE, DE, DE, -, Apr, Typhoid, 9
312, Saville, Bessie, 2, F, W, 1, -, -, DE, DE, DE, -, May, Scarlet Fever, 2
344, McElroy, Ella Loa, 2, F, W, 1, -, -, DE, PA, PA, -, Dec, Scarlet Fever, 2
401, Atwood, Jno. C., 2, M, W, 1, -, -, DE, DE, DE, -, Apr, Scarlet Fever, 2
415, Kennedy, _____, 65, F, W, -, 1, -, Ireland, Ireland, Ireland, -, May, Pneumonia, 65
418, Schulyer, Maggie, 5/12, F, W, 1, -, -, DE, PA, DE, -, May, Brain Fever, 5/12
434, Baker, Harry, 7, M, W, 1, -, -, DE, DE, PA, -, Nov, Scarlet Fever, 7
434, Baker, Emma F., 2, F, W, 1, -, -, DE, DE, PA, -, Nov, Scarlet Fever, 2
523, Wing, Mary E., 3, F, B, 1, -, -, DE, MD, PA, -, Mar, Pneumonia, 3
528, Canby, Walter, 5/12, M, W, 1, -, -, DE, MD, MD, -, Mar, Abscess of Stomach, 3/12
539, Bassard, Christopher, 60, M, W, -, -, 1, PA, PA, PA, Laborer, Mar, Consumption, 60
4, Kass, Eliza, 20, F, W, -, 1, -, Hess, Darmstadt, -, -, May, Premature Child Birth, 3/12
19, Glackin, Charles, 21, M, W, 1, -, -, DE, Ireland, Ireland, -, June, Consumption, 21
43, Pierson, Eliza, 52, F, W, -, 1, -, DE, DE, DE, -, Apr, Apoplexy, 43
55, Dutton, Rose M., 2/12, F, W, 1, -, -, DE, DE, NY, -, Jan, Meningitis, 2/12
72, Newlin, Amesley, 72, M, W, -, 1, -, PA, NJ, NJ, -, Apr, Epileptic Fits, 22
76, Lobdell, Howard, 3, M, W, 1, -, -, DE, DE, DE, -, Dec, Scarlet Fever, 3
76, Lobdell, Herbert _., 1, M, W, 1, -, -, DE, DE, DE, -, Jan, Scarlet Fever, 1
80, Ford, Helen R., 11/12, F, W, 1, -, -, DE, DE, DE, -, Jul, Cholera, 9/12
84, Andrew, Jane F., 44, F, W, -, -, 1, PA, England, England, -, Apr Pneumonia, 8
119, Talley, Mary J., 70, M (F), W, -, -, 1, PA, PA, PA, -, Mar, Pneumonia, 60
119, Spring, Bayard, 4/12, M, W, 1, -, -, DE, DE, DE, -, Jan, Marasmus, 4/12

120, Hickman, Charles A., 11, M, W, 1, -, -, PA, PA, PA, Attending School, Nov, Scarlet Fever, 10
146, Lindsay, Wm. H., 62, M, W, -, 1, -, DE, -, -, -, Feb, Dropsy, -
243, Palmer, ____, 8/12, M, W, 1, -, -, DE, DE, DE, -, Dec, Croup, -
241, Torbert, Mary R., 32, F, W, -, 1, -, MD, DE, DE, -, Jan, Consumption, 32
264, Welden, Lydia, 93, F, W, -, -, 1, DE, DE, -, -, Jan, Old Age, 93
269, Appleby, Jane, 1, M, W, 1, - -, DE, England, PA, ?, Sept, Consumption, 33
281, Lawson, Reed E., 1, M, W, 1, -, -, DE, PA, DE, -, Nov, Croup, 1
292, Todd, Frederick W., 24, M, W, 1, -, -, DE, DE, DE, Clerk, Jan, Lumbar Abscess, 2
304, Shockley, William, 7/12, M, B, 1, -, -, DE, DE, DE, -, Jan, Measles, 7/12
322, Smallwood, Sarah, 1, F, B, 1, -, -, DE, DE, DE, -, Feb, Croup, 1
322, Smallwood, Dora, 7/12, F, B, 1, -, -, DE, DE, DE, -, May, Consumption, 7/12
327, Hastings, Franklin, 26, M, W, 1, -, -, DE, DE, Clerk, Dec, Consumption, 26
----, Walker, Benjamin, 80, M, W, -, 1, -, PA, PA, PA, Bricklayer, Nov, Old Age, 48
373, Wynaul, Henrietta, 52, F, W, -, 1, -, NY, NY, PA, -, Dec, Dropsy, 5
375, Vurnall, Mary, 30, F, B, -, 1, -, MD, DE, DE, Washwoman, Sept, Consumption, 1 week
411, Springer, Mary C., 8, F, W, 1, -, -, DE, DE, DE, -, Aug, Diarrhea, 8
422, Burrell, Sophia, 22, F, W, 1, -, -, DE, DE, Ireland, -, June, Pneumonia, 22
426, Saundell, Lillie, 1, F, B, 1, -, -, DE, DE, DE, -, Sept, Meningitis, 1
426, Saundell, NO NAME, 2 days, M, B, 1, -, -, DE, DE, DE, -, Nov, Inanition, 2 days
432, Millbourn, Caleb, 75, M, B, -, 1, -, DE, MD, MD, Undertaker, Nov, Pneumonia, 24
434, Moore, Andrew, 37, M, B, 1, -, -, DE, DE, DE, Laborer, May, Murdered, -
437, Murkley, Marthe, -, F, W, -, 1, -, DE, DE, DE, -, June, Consumption, -
461, Frederick, Mary E., 1, F, B, 1, -, -, DE, MD, VA, -, Jan, Catarrh on Breast, 1
468, Jefferson, Emma, 20, F, B, 1, -, -, DE, DE, DE, At Service, Sept, Consumption, 20
471, Elias, William, 52, M, B, -, 1, -, DE, -, -, Tanner, Feb, Consumption, 52
486, Gayer, Olivia, 9/12, F, W, 1, -, -, DE, DE, DE, -, Mar, Pneumonia, 9/12
491, White, Jane, 41, F, W, -, 1, -, Scotland, Scotland, Scotland, -, Apr, Asthma, 28
492, Stanley, Henry, 3/12, M, B, 1, -, -, DE, MD, DE, -, Mar, Meningitis, 3/12
516, Schofield, Agnes, 19, F, W, 1, -, -, PA, England, England, Spooler, Apr, Consumption, 11
524, Smallwood, Rachel, 52, F, B, -, -, 1, DE, DE, DE, -, Mar, Paralysis, 52
----, Gray, James K., 19, M, B, 1, -, -, DE, MD, DE, Farm Hand, Sept, Pneumonia, 19
563, Maxwell, Elijah, 33, M, W, -, 1, -, DE, -, -, Cabinet Maker, Sept, Consumption, -

573, Cork, Jane, 29, M, B, 1, -, -, DE, DE, DE, Labor, June, Diarrhea, 29
573, Huffington, Rachel, 24, F, B, 1, -, -, DE, DE, DE, Seamstress, Aug, Bilious Fever, 25
578, Ilvilson, Wm. H., 3, M, B, 1, -, -, DE, DE, MD, -, May, Consumption, 3
583, Morrison, Jane, 60, F, W, -, 1, -, England, England, England, -, Sept, Apoplexy, -
7, Marchant, Ellen, 8, F, W, 1, -, -, IL, England, England, -, Sept, Typhoid, 1/12
84, Houston, Adaline, 60, F, W, -, 1, -, England, England, England, Keeping House, Dec, Consumption, 10
116, Rice, Charles S., 21, M, W, 1, -, -, DE, PA, MD, Student, Dec, Consmption, 21
101, Bradford, Alexis, 4/12, M, W, 1, -, -, DE, DE, DE, -, Feb, Cholera, 4/12
119, McKinney, Rosa, 14, F, W, 1, -, -, DE, Ireland, DE, At School, Apr, Spinal Fever, 14
142, Gavins, Alexander, 12, M, B, 1, -, -, DE, MD, DE, At Home, Feb, Congestion of Brain, 12
156, Loper, James, 4, M, B, 1, -, -, DE, DE, DE, -, May, Measles & Dropsy, 4
156, Loper, Eddie, 4, M, B, 1, -, -, DE, DE, DE, -, Feb, Marasmus, 4
156, Loper, David, 1, M, B, 1, -, -, DE, DE, DE, -, Nov, Dropsy, 1
158, Anderson, Gardiner, 4/12, F, B, 1, -, -, DE, TN, DE, -, Oct, Cholera, 4/12
160, Bruner, Thomas, 39, M, W, -, 1, -, Austria, Austria, Austria, Hotel Keeper, Sept, Consumption, 3
163, Price, Isaac S., 64, M, W, -, 1, -, DE, DE, DE, Cooker, Aug, Consumption, 64
163, Stout, Foster T., 4, M, W, 1, -, -, DE, PA, PA, -, Apr, Scarlet Fever, 4
183, Taylor, Ella, 23, F, W, -, 1, -, DE, PA, PA, Keeping House, Sept, Marasmus, 23
193, Donahue, Mary, 1, F, W, 1, -, -, DE, Ireland, Ireland, -, Jul, Typhoid, 1
203, Irwin, Malcom, 29, M, W, -, 1, -, PA, England, England, Blacksmith, Sept, Congestion of Lungs, 8
224, Dorsey, William, 1, M, W, 1, -, -, DE, Ireland, Ireland, -, Nov, Cholera, 1
232, McKendrick, Wm., 55, M, W, -, 1, -, Ireland, Ireland, Ireland, Laborer, Apr, Consumption, 45
237, Dougherty, Patrick, 20, M, W, -, 1, -, Ireland, Ireland, Ireland, Laborer, Mar, Yellow Jaundice, 25
249, Woods, Samuel P., 2, M, W, 1, -, -, DE, DE, PA, -, Oct, Congestion of Lungs, 2
253, Tull, Charlotte, 68, F, W, -, 1, -, PA, PA, PA, Keeping House, Sep, Congestion of Lungs, 5
254, Sharpler, Maggie, 1, F, W, 1, -, -, DE, DE, DE, -, Nov, Congestion of Brain, 1
264, Strictland, 70, F, W, -, -, 1, PA, PA, PA, At Home, Jan, Paralysis of Brain, 3
289, Baker, William, 1, M, W, 1, -, -, DE, Ireland, Ireland, -, Dec, Croup, 1
298, Foster, William, 65, M, W, -, -, 1, Ireland, Ireland, Ireland, Laborer, Jan, Brights Disease, 45

313, Prir, Edward, 44, M, W, -, 1, -, England, England, England, Laborer, Apr, Tumor of Abdomen, 25
317, Stickland, Rettie, 34, F, W, -, 1, -, PA, PA, PA, Keeping House, Mar, Consumption, 11
325, Vansant, Louis S., 9/12, M, W, 1, -, -, DE, DE, DE, -, Aug, Measles, 9/12
360, Etzel, Lily, 11/12, F, W, 1, -, -, PA, Germany, Saxony, -, Apr, Measles & Croup, 11/12
379, Haydon, Maggie, 9/12, F, W, 1, -, -, DE, Ireland, Ireland, -, Apr, Cholera, 9/12
391, Schultz, Thomas, 31, M, W, 1, -, -, Prussia, Breman, MD, Bookkeeper, Feb, Typhoid, 31
393, English, Henry, 58, M, W, -, 1, -, PA, PA, PA, Brass Finisher, Mar, Pleurisy, 58
419, McNair, Clarra, 7, M(F), W, 1, -, -, PA, PA, PA, -, Mar, Scarlet, Fever, 3
424, Curry, Elizabeth, 66, F, W, 1, -, -, DE, Ireland, -, Nurse, Apr, Sudden, 66
11, Griffith, Mary L., 1/12, F, W, 1, -, -, DE, VA, PA, -, Nov, Inflammation of Bowels, 1/12,
33, Loper, Dora, 2, lF, B, 1, -, -, DE, DE, MD, -, Mar, Consumption, 2
37, Young, John, 5/12, M, B, 1, -, -, DE, DE, DE, -, Aug, Croup, 5/12
43, Benson, J., 39, M, B, -, 1, -, DE, DE, DE, Laborer, Apr, Heart Disease, 20
48, Hull, William H., 6/12, M, B, 1, -, -, DE, DE, MD, -, Apr, Heart Disease, 6/12
61, Flinn, William, 6, M, W, 1, -, -, DE, Ireland, Ireland, -, June, Croup, 6
67, Davis, Elsworth, 2, M, W, 1, -, -, PA, Wales, MD, -, Aug, Croup, 2
84, Lord, Eddie, 7, M, W, 1, -, -, DE, DE, MD, -, Aug, Measles, 7
109, Hoution, Margaret, 50, F, W, -, 1, -, Ireland, Ireland, Ireland, -, Nov, Consumption, 30
114, Heinel, Charley A., 12, M, W, 1, -, -, DE, Bavaria, DE, -, May, Spine Disease, 12
121, Cooke, Virginia, 44, F, W, 1, -, -, MD, Ireland, Ireland, -, June, Consumption, 20
122, Jones, Minnie, 7/12, F, W, 1, -, -, DE, MD, MD, -, May, Measles, 2/12
122, Chance, Fannie, 26, F, W, -, 1, -, MD, MD, MD, -, May, Confinement, 3/12
122, Chance, Henry, 1/30, M, W, 1, -, -, DE, MD, MD, -, May, Inflammation of Brain, 1/30
151, Rlet, Elsie, L., 6/12, M(F), W, 1, -, -, DE, PA, Ireland, -, Nov, Spinal Disease, 6/12
163, McVay, May C., 7/12, F, W, 1, -, -, DE, Ireland, Ireland, -, Jul, Paralysis, 7/12
166, Hamlin, Kate, 1, F, W, 1, -, -, DE, DE, DE, -, Dec, Scarlet Fever, 1
180, Graham, William, 25, M, W, 1, -, -, Scotland, Ireland, Scotland, Engineer, Mar, Heart Disease, 20
192, Finnigan, Jennie, 1, F, W, 1, -, -, DE, Ireland, Ireland, -, Nov, Water on Brain, 1

210, Philips, Bayard, 60, M, B, -, 1, -, DE, DE, DE, Laborer, May, Consumption, 30
210, Philips, James, I., 18, M, B, 1, -, -, DE, DE, DE, -, Jul, Consumption, 15
327, McKaig, Sarah H., 6, F, W, 1, -, -, DE, MD, PA, -, Apr, Pneumonia followed by Measles, 6
337, Simons, Harry, 2, M, W, 1, -, -, MD, DE, MD, -, Feb, Whooping Cough, 2
339, Dougherty, Bidy, 28, F, W, -, 1, -, Ireland, Ireland, Ireland, -, Mar, Pneumonia, 1
348, Cummins, Rebecca, 61, F, W, -, 1, -, DE, DE, DE, -, May, Pneumonia, 40
373, Schorah, Florance, 9/12, F, W, 1, -, -, DE, England, NJ, -, Sept, Convulsions, 6/12
380, Todd, Mary A., 71, F, W, -, -, 1, MD, MD, MD, -, Mar, Paralysis, 25
400, Obler, Eviline, 11/12, F, W, 1, -, -, NJ, NJ, NJ, -, Aug, Whooping Cough, -
421, Miller, Sarah L., 28, F, W, 1, -, -, MD, MD, PA, -, May, Consumption, 18
469, Hart, Harriett, 1, F, W, 1, -, -, DE, DE, DE, -, Apr, Measles, 1
226, Carrow, John, 1, M, W, 1, -, -, DE, DE, DE, -, Jul, Cholera, 1
7, Wodington, Sadie, 4, F, W, 1, -, -, DE, NJ, DE, -, Feb, Diphtheria, 4
16, McKee, ____, 67, F, W, -, -, 1, PA, PA, PA, -, Dec, Dropsy, 22
40, Davis, Lemuel, 14, M, W, 1, -, -, PA, DE, PA, At School, October, Inflammation of Bowels, 9
62, Meyers, Bessie V., 1, F, W, 1, -, -, DE, DE, PA, -, Jul, Spasms, 1
109, View, Bessie V., 9, F, B, 1, -, -, DE, DE, DE, -, Jan, Whooping Cough & Pneumonia, 9
119, Drummond, Thos., 2, M, W, 1,-, -, MD, MD, PA, -, Sept, Croup, -
----, Horn, Calvin I., 40, M, W, -, 1, -, PA, PA, PA, Painter, Oct, Killed by Fall, 40
166, Shull, Relina R., 13, F, W, 1, -, -, DE, OH, DE, At School, Jan, Spinal Meningitis, -
167, Bradford, Mary J., 58, F, W, -, -, 1, DE, DE, DE, -, Mar, Inflammation of Bowels, -
178, McCalley, Annie, V., 19, F, W, 1, -, -, DE, PA, PA, -, Jul, Consumption, 19
207, Morine, Loratia, 14/30, F, W, 1, -, -, DE, DE, DE, -, Jan, Erysipelas, -
311, McCaulley, Wm., 42, M, W, -, 1, -, MD, MD, MD, Engineer, Mar, Pneumonia, 5/12
215, Houck, John W., 5, M, W, 1, -, -, DE, Baden, DE, -, Oct, Scarlet Fever, 5
234, Boggs, Margaret, 63, F, W, -, -, 1, DE, DE, DE, -, Jul, Inflammation of Bowels, -
243, Browers, Martha, 29, F, W, -, 1, -, MD, Germany, VA, -, May, Bilius Colic, -
273, Fowler, James W., 1, M, W, 1, -, -, DE, DE, DE, -, Apr, Measles, 1
310, Sherwood, William, 9/12, M, W, 1, -, -, DE, DE, DE, Jul, Congestion of Brain, 9/12
342, Townsley, John, 48, M, W, -, 1, -, Ireland, Ireland, Ireland, Retail Grocer, Oct, Consumption, 3

414, Dorsey, John, 8/12, W, M, 1, -, -, DE, Ireland, Ireland, -, Aug, Cholera, 8/12
419, Grisson, Frank, 6, M, W, 1, -, -, Ireland, PA, NJ, -, May, Drowned, 5
540, Stewart, Rosette, 65, F, W, -, 1, -, MD, MD, MD, -, Nov, Paralysis of Brain, 14
459, Campbell, Sarah A., 70, F, W, -, -, 1, NJ, NJ, NJ, -, May, Paralysis, 50
478, Ross, Murrey, 1/31, M, B, 1, -, -, MD, MD, MD, -, Oct, Brain Fever, -
----, Wilson, George, 5/12, M, B, 1, -, -, DE, MD, MD, -, May, Cholera, 5/12
559, Swift, James, 52, M, W, -, 1, -, Ireland, Ireland, Ireland, -, Feb, Consumption, 30
568, Murrey, Hannah, 68, F, B, -, -, 1, DE, DE, DE, -, Nov, Paralysis, 30
597, Glasgo, Sarah, 22, F, B, -, 1, -, DE, DE, DE, -, Jan, Dropsy, 22
597, Glasgo, George, 4/12, F(M), B, 1, -, -, DE, DE, DE, -, Feb, Weakness, 4/12
----, Bastine, Robert, 63, M, B, -, -, 1, DE, DE, DE, -, Aug, Dropsy, -
598, Wilson, Wm., 50, M, B, -, 1, -, DE, DE, DE, -, May, Consumption, -
644, Scribner, Bessie, 4/12, F, B, 1, -, -, DE, DE, DE, -, Feb, Strangulation, 4/12
599, Brown, Julia, 70, F, B, -, 1, -, DE, DE, DE, -, May, Heart Disease, -
603, Jackson, Charlotte, 8/31, M(F), B, 1, -, -, DE, DE, DE, -, Apr, Catarrh on Breast, 8/31
24, McCollin, Patrick, 54, M, W, -, 1, -, Ireland, Ireland, Ireland, Hotel Keeper, Dec, Consumption, 25
114, Gallagher, Florance E., 5, F, W, 1, -, -, DE, DE, DE, -, Apr, Scarlet Fever, 5
135, Murphy, Mary A., 69, F, W, -, 1, -, DE, DE, DE, Housekeeper, Mar, Old Age, 69
126, Lewis, Ann, 17, F, W, 1, -, -, PA, PA, PA, At Home, Mar, Scarlet Fever, 4/12
150, Alexander, Robt., 2, M, W, 1, -, -, DE, MD, PA, -, Jul, Pneumonia, 2
153, Hopkins, Robert, 19, M, W, 1, -, -, DE, DE, NJ, Work in Mills, Mar, Pneumonia, 19
165, Pierce, Annie, 2, F, W, 1, -, -, DE, DE, DE, -, Feb, Croup, 2
209, Shaw, William, W., 16, M, W, 1, -, -, DE, NJ, DE, Type Setter, Feb, Tyhpoid, 16
212, Megames, Charles, 49, M, W, -, 1, -, PA, Ireland, Wales, Blacksmith, Mar, Consumption, 22
233, Snowden, John, 8, M, W, 1, -, -, England, England, England, -, Nov, Typhoid, 8
241, Baylis, Saml. F., 32, M, W, -, 1, -, DE, DE, DE, Carpenter, Oct, Pneumonia, 32
281, Smith, Saml., 50, M, W, -, -, 1, Scotland, Scotland, Scotland, Laborer, Jan, Consumption, 30
311, Flincher, Geo., 6, M, W, 1, -, -, DE, DE, DE, -, June, Pneumonia, 6
311, Flincher, Lemon, 1, F, W, 1, -, -, DE, DE, DE, -, June, Whooping Cough, 1
405, McKeever, Danl., 50, M, W, -, 1, -, Ireland, Ireland, Ireland, Laborer, Dec, Consumption, 10

NAMES/ENTRIES BELOW ARE FROM COUNTY HOSPITAL
Walker, Wm. A., 51, M, W, 1, -, -, DE, DE, DE, Farmer, June, Cancer, 3 yr
Ritchardson, Joseph, 55, M, B, 1, -, -, MD, MD, MD, Sailor, June, Anuerism, 3/12
Reed, Eliza, 75, F, W, 1, -, -, MD, MD, MD, -, Jan, Paralysis, 6/12
Witacre, Sallie, 19, F, B, 1, -, -, DE, MD, MD, Servant, June, Consumption 5/12
Lynch, Rosa, 35, F, W, -, 1, -, Ireland, Ireland, Ireland, Servant, June, Pneumonia, 1/12
FOUNDLING, 2/12, F, W, 1, -, -, Unk, Unk, Unk, -, June, Marasmus, 1/12
Butcher, Ritchard, 63, M, W, -, -, 1, England, England, England, Farmer, June, General Debility, 1 yr
Draper, Jonathan, 73, M, B, -, -, 1, MD, MD, MD, Laborer, Jul, Consumption, 6/12
Craig, Daniel, 60, M, B, -, -, 1, DE, DE, DE, Laborer, Jul, Consumption, 1 yr
Winslow, John, 38, M, W, 1, -, -, DE, Ireland, Ireland, Laborer, Jul, Consumption 2 years
Brister, Rachel, 70, F, B, -, -, 1, DE, DE, DE, Servant, Jul, General Debility, 2/12
Meacham, James, 66, M, W, -, 1, -, Ireland, Ireland, Ireland, Laborer, Jul, Mortification, 1/12
Broome, Wm., 3/12, M, W, 1, -, -, DE, DE, DE, -, Jul, Exposure, 2/12
Barnhill, Michael, 54, M, W, -, -, 1, DE, DE, DE, Laborer, Aug, Heart Disease 3/12
Brown, Daniel, 52, M, W, -, -, 1, DE, DE, DE, Laborer, Aug, Heart Disease, 6/12
Demby, Lettia, 18, F, B, 1, -, -, DE, DE, DE, -, Aug, Consumption, 9/12
Smith, Joshua, 65, M, B, -, -, 1, DE, DE, DE, Laborer, Aug, General Debility, 2 yr
Jourden, Geo., 57, M, W, -, 1, -, Germany, Germany, Germany, Laborer, Aug, Dropsy, 1/12
Bell, Philip, 70, M, B, -, -, 1, PA, PA, PA, Laborer, Sept, General Debility, 1/12
Grey, James K., 21, M, B, 1, -, -, DE, DE, DE, Laborer, Sept, Congestion on Brain, 1/12
Wilson, Harriet, 65, F, B, -, -, 1, DE, DE, DE, -, Oct, Dropsy, 9/12
Galagher, Dick, 6/12, M, B, 1, -, -, DE, DE, DE, -, Oct, Catarrh, 6/12
Lowry, N. Rebecca, F, W, 1, -, -, DE, DE, DE, -, Oct, Syphilis, 3/12
Wiley, Mary, 24, F, B, -, 1, -, DE, DE, DE, -, Oct, General Debility, 2/12
Neals, John, 61, M, W, -, -, 1, DE, DE, DE, Laborer, Oct, General Debility, 6/12
Jaquet, Louisa, 65, F, W, -, -, 1, DE, France, France, -, Nov, Softening of Brain 11 yr
Marvel, Sarah, 18, F, B, 1, -, -, MD, MD, MD, -, Nov, Consumption, 1/12
Battle, Martin, 40, M, B, 1, -, -, MD, MD, MD, Laborer, Dec, Consumption, 2/12
Woods, Jeramiah, 34, M, B, -, 1, -, DE, DE, DE, Laborer, Dec, Syphilis, 2 yr
Newsun, Cathrine, 40, F, W, -, 1, -, DE, DE, DE, -, Jan, Syphilis, 2/12
Philips, Harriet, 55, F, W, -, -, 1, DE, DE, DE, -, Feb, General Debility, 3/12
Hannah, Benj., 80, M, W, -, -, 1, DE, DE, DE, -, Feb, General Debility, 2/12

Shain, Edward, 54, M, W, -, 1, -, MD, MD, MD, -, Feb, Consumption, 1/12
Clark, Emory, 57, M, W,-, -, 1, DE, DE, DE, Laborer, Feb, Exhaustion, 6/12
Francis, Sarah, 77, F, W, -, -, 1, England, England, England, -, Feb, General Debility, 2 yr
Lewis, John, 60, M, B, -, -, 1, DE, DE, DE, -, Mar, Consumption, 3/12
Hill, Andrew, 50, M, W, 1, -, -, Ireland, Ireland, Ireland, -, Mar, Pleurisy, 1/12
Washington, Jerry, 21, M, W, 1, -, -, DE, DE, DE, Laborer, Mar, Heart Disease, 6/12
Ray, Kate, 4, F, B, 1, -, -, DE, DE, DE, -, Mar, Marasmus, 6/12
Goalin, Kesiah, 12, F, B, 1, -, -, DE, DE, DE, -, Mar, Consumption, 6/12
Guy, Chas., 1/12, M, B, 1, -, -, DE, DE, DE, -, Mar, Syphilis, 1/12
Walace, Caroline, 60, F, B, -, -, 1, DE, DE, DE, -, Apr, Insanity, 15 yr
Carter, Emaline, 60, F, B, -, -, 1, DE, DE, DE, -, Apr, Consumption, 2 yr
Taminry, Owen, 49, M, W, -, 1, -, Ireland, Ireland, Ireland, -, Apr, Pneumonia 4/12
Kesiah King, 71, F, W, -, -, 1, DE, DE, DE, -, Apr, General Debility, 18 yr
Heller, Geo. T., 71, M, W, -, 1, -, PA, PA, PA, Hupter, Apr, Dropsy, 10 yr
Woolridge, Augustus, 26, M, B, 1, -, -, VA, VA, VA, Laborer, Apr, Pneumonia, 1/12
Parks, Anderson, 24, M, B, 1, -, -, SC, SC, SC, Laborer, May, Peritonitis, 1/12
McCloskey, John, 16, M, W, 1, -, -, DE, Ireland, Ireland, -, May, Epileptic, 4 yr
END COUNTY HOSPITAL

26, Callahan, Ella, 29, F, W, -, -, 1, DE, Ireland, Ireland, Servant, June, Scalded, 29
49, Meacham, Silas, 28, M, W, -, 1, -, DE, CT, DC, Boiler Maker, Dec, Consumption, 28
122, Morrow, James, 3, M, W, 1, -, -, DE, Ireland, Ireland, -, Dec, Croup, 3
143, Loftus, Winaford, 19, F, W, 1, -, -, England, Ireland, Ireland, -, Jul, Spine Disease, 7
165, Simpson, Mary E., 14, F, W, 1, -, -, DE, DE, Ireland, -, Oct, Consumption, 14
181, Kane, Mary, 60, F, W, -, 1, -, Ireland, Ireland, Ireland, Keeping House, Jan, Accumulation, 28
182, Aron, James L., 6/12, M, W, 1, -, -, DE, DE, DE, -, June, Cholera, 6/12
189, Rash, Edward R., 20, M, W, 1, -, -, DE, DE, DE, Carpenter, Dec, Kidney Disease, 9
193, Waters, Bertha, 2/12, F, W, 1, -, -, DE, DE, DE, -, Oct, Cholera, 2/12
218, Lafferty, Agness, 73, F, W, 1, -, -, DE, Ireland, DE, -, Apr, Croup, 73
237, McGinly, Mary, 1/12, F, W, 1, -, -, DE, DE, DE, -, May, At Birth, 1/12
230, Spahn, Peter, 51, M, W, -, 1, -, Bavaria, Bavaria, Bavaria, Liquor Dealer, Apr, Inflammation of Bowels, 25
255, Becket, Austin W., 7/12, M, W, 1, -, -, DE, DE, DE, -, Mar, Brain Fever, 7/12
257, Dillon, Agness, 1, F, W, 1, -, -, DE, Ireland, Ireland, -, Sept, Croup, 1
305, Marshal, Loyd L., 2/12, M, W, 1, -, -, PA, PA, PA, -, Jan, Hemorrhage, -

330, Strong, Hellen, 4, F, W, 1, -, -, DE, MD, MD, -, Feb, Scrofula, 4
338, Wood, Gertrude H., 8/12, F, W, 1, -, -, DE, DE, DE, -, Apr, Catarrh, 8/12
369, Murphy, Bridget, 35, F, W, -, 1, -, Ireland, Ireland, Ireland, Keeping House, Mar, Child Birth, ?
369, Murphy, Patrick, Birth, M, W, 1, -, -, DE, Ireland, Ireland, -, Mar, At Birth, Birth
380, Dutton, Rose, 3/12, F, W, 1, -, -, DE, DE, NJ, -, Nov, Inanition, 2/12
38, Sheridan, Dennis, 60, M, W, -, 1, -, Ireland, Ireland, Ireland, Laborer, Aug, Killed on Railroad, 30
39, Connell, Mary I., 21/30, F, W, 1, -, -, DE, Ireland, Ireland, -, Mar, Ulcerated Throat, 21/30
69, Barnes, Patrick, 28, M, W, 1, -, -, Ireland, Ireland, Ireland, Laborer, Aug, Phthisis Pulmonalis, 15
71, O'Connor, Annie, 38, F, W, -, 1, -, Ireland, Ireland, Ireland, Keeping House, Aug, Childbirth, 22
71, O'Connor, NO NAME, -, F, W, 1, -, -, DE, Ireland, Ireland, -, Aug, At Birth-Still Born, -
77, Hawkins, Mary, 2, F, W, 1, -, -, DE, Ireland, Ireland, -, Sept, Croup, 2
78, McCown, Robert, 2/30, M, W, 1, -, -, DE, Scotland, Ireland, -, Aug, Convulsions, 2/30
82, Mitchell, Legolia J., 6/12, F, W, 1, -, -, DE, DE, DE, -, Aug, Marasmus, 6/12
94, Coughlin, William, 1, M, W, 1, -, -, DE, Ireland, Ireland, -, Nov, Whooping Cough, 1
98, Hamilton, George, 19, M, W, 1, -, -, DE, MD, MD, None, Apr, Phthisis Pulmonalis, 19
98, Moore, George K., 6/12, M, W, 1, -, -, DE, MD, MD, -, June, Pneumonia, 6/12
150, Wetherell, Jane, 16, F, W, 1, -, -, DE, England, England, At Home, Oct, Pneumonia, 16
213, Develin, Mary Ann, 25, F, W, -, 1, -, MD, Ireland, MD, Keeping House, Mar, Fever, 7
213, Develin, William, 5/30, M, W, 1, -, -, DE, DE, MD, -, -, Inanition, 5/30
219, Querry, Clare V., 3, F, W, 1, -, -, DE, PA, DE, -, Sept, Convulsions, 3
226, Jerby, Howard, 1/30, M, W, 1, -, -, DE, PA, PA, -, Mar, Inanition, 1/30
238, Weston, Annie E., 40, F, W, -, 1, -, DE, DE, DE, Keeping House, Mar, Consumption, 40
246, Belfield, Frances, 2, F, W, 1, -, -, DE, England, England, -, Jul, Cholera, 2
260, Boggs, Isabelle, -, F, W, 1, -, -, DE, MD, DE, -, Jul, At Birth, -
272, Seibold, Gottlieb, 32, M, W, -, 1, -, Wurtemberg, -, -, Undertaker, Apr, Pleurisy & Dropsy, 12
277, Pusey, Clara E., 11/12, F, W, 1, -, -, DE, NY, Ireland, -, Jul, Pneumonia, 11/12
279, Sutton, Hary F., 23, M, W, 1, -, -, DE, DE, DE, Upholsterer, May, Consumption, 23

290, McFarland, I., 90, M, W, -, -, 1, Ireland, Ireland, Ireland, Laborer, Nov, Old Age, 60
336, Conaway, Michael, 57, M, W, -, 1, -, Ireland, Ireland, Ireland, Laborer, June, Consumption, 29
378, Jacobs, Hannah, 4/12, F, B, 1, -, -, DE, Unk, Unk, -, Sept, Pneumonia, 4/12
378, Jacobs, Carrie, 7/12, F, B, 1, -, -, DE, Unk, Unk, -, Sept, Pneumonia, 7/12
380, Sykes, Lydia A., 4, F, B, 1, -, -, DE, DE, DE, -, Jul, Consumption, 4
383, Meuton, John, 74, M, W, -, 1, -, Ireland, Ireland, Ireland, Laborer, May, Paralysis, 28
387, Reilly, Andrew, 53, M, W, 1, -, -, Ireland, Ireland, Ireland, Laborer, Jan, Tumor on Side, 25
388, Maloney, Winifred, 1, F, W, 1, -, -, DE, Ireland, NY, -, Apr, Pneumonia, 1
390, Smith, William, 9, M, B, 1, -, -, DE, DE, DE, -, Aug, Consumption, 9
393, Scrivener, Vernadelle, 4, F, B, 1, -, -, MD, MD, MD, -, Mar, Consumption, 2
403, Gartland, Mary, 3, F, W, 1, -, -, DE, Ireland, Ireland, -, Dec, Diphtheria, 3
394, Bundy, Mary, 39, F, B, -, 1, -, DE, ?, DE, Keeping House, Dec, Consumption, 39
420, McDermott, Bridgett, 85, F, W, -, -, 1, Ireland, Ireland, Ireland, -, Apr, Old Age, 35
431, Friel, John, 1, M, W, 1, -, -, DE, Ireland, Ireland, -, Nov, Whooping Cough, 1
431, Friel, Annie, 2, F, W, 1, -, -, DE, Ireland, Ireland, -, Nov, Whooping Cough, 2
437, McGrath, Ellen, 50, F, W, -, 1, -, Ireland, Ireland, Ireland, -, Mar, Dropsy, 28
444, Russell, William, 55, M, W, -, 1, -, Ireland, Ireland, Ireland, -, Nov, Killed on Railroad, 22
450, White, Clara, 3, F, B, 1, -, -, DE, MD, MD, -, Feb, Pneumonia, 3
458, Powell, Josephine, 40, F, B, -, 1, -, DE, Unk, Unk, -, Jan, Heart Disease, 40
479, Walker, Helen R., 1, F, B, 1, -, -, DE, MD, PA, -, Sept, Consumption, 1
480, Anderson, Clara, 30, F, B, -, 1, -, PA, PA, PA, -, Mar, Consumption, 4/12
486, Plater Richard B., 14/30, M, B, 1, -, -, DE, PA, PA, -, Feb, Catarrh, 14/30
486, Plater, Elizabeth, 1, F, B, 1, -, -, DE, PA, PA, -, Feb, Catarrh, 1
490, Thomas,Wm., 16, M, B, 1, -, -, DE, MD, DE, -, Nov, Consumption, 16
497, Woodrow, Joseph, 6, M, W, 1, -, -, DE, DE, MD, -, Dec, Croup, -

FOLLOWING ARE LISTED AS PHYSICIANS RETURNS (PR)
Allen, Samuel, 79, M, W, -, 1, -, DE, -, -, Gentleman, Apr, Typhoid, -
Archer, Annie, 2/12, F, B, 1, - -, DE, -, -, -, Aug, Cholera, -
Armour, John, 66, M, W, -, 1, -, DE, -, -, Stone Mason, Jul, Phthisis Pulmonalis, -
Brown, Catherine, 1, F, B, 1, -, -, DE, -, -, -, Feb, Pneumonia, -

Belk, Osborne, 68, M, W, -, 1, -, DE, Germany, Germany, Worked in Iron, May, Abscess, -
Barnes, Mary, 26, F, W, 1, -, -, DE, -, -, -, Aug, Phthisis Pulmonalis, -
Barnes, Jno. T., 63, M, W, -, -, 1, DE, -, -, Saloon, Keeper, Mar, Erysipelas, -
Bayard, Annie E., 21/30, F, B, 1, -, -, DE, -, -, -, Oct, Ianaition, -
Barney, Sarah, 39, F, W, -, 1, -, DE, -, -, Housekeeper, May, Nephritis, -
Bauman, Louis, 2, M, W, 1, -, -, DE, -, -, -, -, Pneumonia, -
Clark, Elizabeth, 72, F, W, -, -, 1, DE, -, -, Housekeeper, Sept, Brain Disease, -
Creawer, Marie D., 75, F, W, -, -, 1, DE, -, -, Housekeeper, Oct, Debility, -
Cox, Alfred, 1, M, W, 1, -, -, DE, -, -, -, May, Epilspsy, -
Crozier, Benj., 73, M, W, -, -, 1, DE, -, -, ?, Apr, Dropsy, -
Connor, Nellie, 19, F, W, 1, -, -, DE, -, -, Housewife, Nov, Phthisis Pulmonalis, -
Creswell, Eliza, 70, F, W, -, -, 1, DE, -, -, Housewife, Mar, Peritonitis, -
Dutton, Geo. W., 6/12, M, B, 1, -, -, DE, -, -, -, -, -, -
Doughton, James, 45, M, B (W), -, 1, -, DE, Ireland, Ireland, Laborer, Oct Dropsy, -
Donohue, John Jr., 6, M, W, 1, -, -, DE, -, - -, Feb, Meningitis, -
Evans, Emma, 1/12, F, B, 1, -, -, DE, -, -, -, June, Inanition, -
Elliott, Mary A., 69, F, W, -, 1, -, DE, -, -, Housewife, Apr, Paralysis, -
Edwards, Alice, 27, F, W, -, 1, -, DE, -, -, -, Mar, Phthisis Pulmonalis, -
Eastbum, Walter, 2, M, W, 1, -, -, DE, -, -, -, June, Asphyxia, -
Frams, Helen, 2, F, B, 1, -, -, DE, -, -, -, Nov, Hydocephalus, -
Fisher, Edward J., 10/12, M, B, 1, -, -, DE, -, -, -, Oct, Consumption, -
Fincher, Rebecca L., 9/12, F, W, 1, -, -, DE, -, -, -, Feb, Diphtheria, -
Flemming, Peter P., 30, M, W, -, 1, -, DE, Ireland, Ireland, Peddler, Sept, Typhoid, -
Files, Willie, 10/12, M, W, 1, -, -, DE, -, -, -, Apr, Head Disease, -
Grant, Lucinda, 6/12, F, W, -, 1, -, DE, -, -, -, Oct, Entenitis
Greer, Mrs, Jas., 39, F, W, -, 1,-, DE, -, -, Housekeeper, Oct, Liver Disease, -
Gilpin, Elizabeth, 64, F, W, -, -, 1, DE, -, -, Housekeeper, Mar, Congestion of Brain, -
Hubert, James, 2, M, B, 1, -, -, DE, -, -, -, Feb, Diphtheria, -
Highfield, Joseph, 58, M, W, -, 1, -, DE, -, -, Clerk, Apr, Lung Disease, -
Hunter, Geo. W., 55, M, W, -, -, 1, DE, -, -, Blacksmith, Dec, Cancer, -
Johnson, Alida, 22, F, W, -, 1, -, DE, -, -, Housewife, Dec, Typhoid, -
Johnson, Mrs. C. W., 30, F, W, -, 1, -, DE, -, -, Housewife, Mar, Nervous Exhaustion, -
Jefferson, John, 8/12, M, B, 1, -, -, DE, -, -, -, May, Hydrocephalus, -
Irwin, Lizzie, 14/12, F, W, 1, -, -, DE,-, -, -, Aug, Meningitis, -
Journey, Wm., 47, M, W, -, 1, -, DE, -, -, Machinist, Oct, Phthisis Pulmonalis, -
Kirkwood, Mary, 78, F, W, -, -, 1, DE, -, -, Housewife, Feb, Erysipelas, -
Keewan, Hannah, 61, F, W, -, 1, -, DE, -, -, Housewife, Oct, Gangrene, -
Kitchen, Mary, 81, F, W, -, 1, -, DE, -, -, Housewife, Nov, Old Age, -

Knotts, Margaret, 68, F, W, -, 1, -, DE, -, -, Housewife, Oct, Dropsy, -
Knie, Mrs. Ella, 41, F, W, -, 1, -, DE, -, -, Housewife, Jul, Phthisis Pulmonalis, -
Lindsay, Lily Belle, 5/12, F, B, 1, -, -, DE, -, -, -, May, Cholera, -
McKenna, Margaret, 60, F, W, -, 1, -, DE, Ireland, Ireland, Housewife, Jul, Phthisis Pulmonalis, -
Mitchel, Wm, T., 4/30, M, W, 1, -, -, DE, -, -, -, Dec, Jaundice, -
Miles, Flora, 1, F, B, 1, -, -, DE, -, -, -, Nov, Whooping Cough, -
McConaughey, David, 65, M, W, -, 1, -, DE, Ireland, Ireland, Laborer, Nov, Typhoid, -
Marr, Reba W., 2, F, W, 1, -, -, DE, -, -, -, Dec, Croup, -
Moore, Lizzie, 7/12, F, W, -, -, -, DE, -, -, -, Aug, Peritonitis, -
Carey, Cornelius, 66, M, W, -, 1, -, DE, Ireland, Ireland, Laborer, June, Apoplexy, -
Price, Eleanor, 5, F, W, 1, -, -, DE, -, -, -, Nov, Croup, -
Pruitt, Emeline, 45, F, W, -, 1, -, DE, -, -, Housewife, Dec, Phthisis Pulmonalis, -
Reed, Elizabeth, 73, F, W, -, 1, -, DE, -, -, Housewife, Nov, Phthisis Pulmonalis, -
Richardson, Samuel, 74, M, W, -, 1, -, DE, -, -, Farmer, Feb, Paralysis, -
Ralston, Mary, 80, F, W, -, 1, -, DE, -, -, Housewife, Aug, Apoplexy, -
Schwarz, Harry, 2/12, M, W, 1, -, -, DE, -, -, -, Feb, Convulsions, -
Swift, James, 70, M, W, -, 1, -, DE, -, -, Laborer, Mar, Phthisis Pulmonalis, -
Shannon, James, 50, M, W, -, 1, -, DE, -, -, Laborer, Jan, Phthisis Pulmonalis, -
Sorden, Emma, 4, F, B, 1, -, -, DE, -, -, -, Jan, Scarlet Fever, -
Snowden, Thomas, 38, M, W, 1, -, -, DE, -, -, Iron Worker, Apr, Heart Disease, -
School, Minnie, 3, F, W, 1, -, -, DE, -, -, -, Aug, Scrofula, -
Sherman, Willie H., 3, M, W, 1, -, -, DE, -, -, -, Mar, Measles, -
Schaefer, Daniel, 46, M, W, -, 1, -, DE, Germany, Germany, Tailor, June, Meningitis, -
Spencer, Henry, 54, M, W, -, 1, -, DE, -, -, Laborer, Oct, Internal Injury, -
Simpson, Hannah, 71, F, W, -, 1, -, DE, -, -, Housewife, Feb, Emphysema, -
Loper, Edward, 3/12, M, W, 1, -, -, DE, -, -, -, Jul, cholera, -
Thomson, S___, 19/12, F, W, 1, -, -, DE, -, -, -, Jul, Whooping Cough, -
Thompson, Hary, 10/12, M, W, 1, -, -, DE, -, -, -, Apr, Hydrocephalus, -
Tillman, Evalina, 6/12, F, B, 1, -, -, DE, -, -, -, Feb, Marasmus, -
Tressy, Josephine, 4/12, F, W, 1, -, -, DE, -, -, -, Apr, Esophagus, -
Welsh, Mike, 8, M, W, 1, -, -, DE, -, -, -, Aug, Meningitis, -
Whitman, ___, 3, M, W, 1, -, -, DE, -, -, -, May, Meningitis, -
Zebley, John, 2, M, W, 1, -, -, DE, -, -, -, Apr, Scarlet Fever, -
END PHYSICIANS RETURNS

FOLLOWING PERSONS LISTED HAVE INFORMATION MISSING. THIS RUNS FOR SEVERAL MONTHS. PERSONS HERE ARE LISTED FIRST NAME FIRST. THERE IS NO EXPLANATION. AT FIRST IT APPEARED THAT THESE PEOPLE MAY HAVE DIED SOMEPLACE ELSE AND WERE BROUGHT BACK FOR BURIAL—SOME WERE, SOME WEREN'T. BECAUSE OF ONE ENTRY I'M LED TO BELIEVE THAT THIS MAY BE SOME SORT OF HOSPITAL ALTHOUGH IT IS NOT IDENTIFIED.

Joseph Michael, 1 ½ days, M, W, -, - -, US, -, -, -, June, Atelectasis, -
William H. Ewing, 3 M, W, -, -, -, US, -, -, -, June, Consumption, -
Charles E. Farnan, 37, M, W, -, -, -, US, -, -, -, Jan, Consumption, -
Mrs. John Hutton, 83, F, W, -, -, -, US, -, -, -, June, Erysipelas, -
Mary E. Baldwin, 5, F, W, -, -, -, US, -, -, -, June, Hip Joint Disease
Samuel Saring, 69, M, W, -, -, -, US, -, -, -, June, Apoplexy, -
Francis Sawdon, 23, M, W, -, -, -, US, -, -, June, Consumption, -
William A. Walker, 50, M, W, -, -, -, US, -, -, -, June, Cancer, -
Sophy C. Bonell, 22, F, W, -, -, -, US, -, -, -, June, Consumption, -
Isaac Biddle, 44, M, B, -, -, -, US, -, -, -, June, Heart Disease, -
Joseph Richardson, 55, M, B, -, -, -, US, -, -, -, June, Aneurism, -
Lolo M. Pierce, 1, F, B, -, -, -, US, -, -, -, June, Consumption, -
Frisby Simmons, 68, M, B, -, -, -, US, -, -, -, June, Consumption, -
Joseph Collom, 80, M, W, -, -, -, US, -, -, -, June, Old Age, -
William W. Harris, 27, M, W, -, -, -, US, -, -, -, June, Consumption, -
George Moore, 7, M, W, -, -, -, US, -, -, -, June, Pneumonia, -
Elizabeth P. Wagner, 18, F, W, -, -, -, US, -, -, -, June, Consumption, -
R. McGinley, 5 weeks, M, W, -, -, -, US, -, -, -, June, Natural Causes, -
Samuel D. Blackston, 13, M, B, -, -, -, US, -, -, -, June, Accident, -
Cornelius McCary, 66, M, W, -, -, -, US, -, -, -, June, Apoplexy, -
Mary S. Shaw, 11 weeks, F, W, -, -, -, US, -, -, -, June, Bronchitis, -
Sarah E. Blest, 40, F, W, -, -, -, US, -, -, -, June, Consumption, -
Geo. H. Trusty, 9, M, B, -, -, -, US, -, -, -, June, Consumption, -
Emma Dick, 53, F, W, -, -, -, Germany, -, -, -, June, Congestion of Brain, -
Henry H. Hinson, 11/12, M, B, -, -, -, US, -, -, -, June, Anasarca, -
Eliza Reed, 75, F, W, -, -, -, US, -, -, -, June, Apoplexy, -
Thos. S. Buckmaster, 68, M, W, -, -, -, US, -, -, -, June, Accident, -
M. Amanda Kelley, 36, F, W, -, -, -, US, -, -, -, June, Convulsions, -
Saml. Sipple, 7 days, M, W, -, -, -, US, -, -, -, June, Asphyxia, -
Rich Leonard, 5/12, M, B, -, -, -, US, -, -, -, June, Inflammation of Brain, -
Leopold Schumaker, 52, M, W, -, -, -, Germany, -, -, -, June, Pericarditis, -
Mary A. Bats, 35, F, W, -, -, -, US, -, -, -, June, Consumption, -
Fred Huber, 35, M, W, -, -, -, US, -, -, -, June, Consumption, -
Mrs. S. Cook, 40, F, W, -, -, -, US, -, -, -, June, Pneumonia, -
Nelly Lummis, 3, F, W, -, -, -, US, -, -, -, June, Meningitis, -
John Caulk, 32, M, B, -, -, -, US, -, -, -, June, Tuberculosis
John O'Connell, 70, M, W, -, -, -, Ireland, -, -, -, June, Perforation of Bowels, -
Mamie Loftus, 18, F, W, -, -, -, England, -, -, -, June, Rickets, -

Parker R. Mahan, 33, M, W, -, -, -, US, -, -, -, June, Heart Disease, -
Sallie Witaker, 17, F, B, -, -, -, US, -, -, -, June, Dropsy, -
Sarah Bowman, 50, F, B, -, -, -, US, -, -, -, Heart Disease, -
UNKNOWN, -, F, B, -, -, -, US, -, -, -, June, Natural Causes, -
UNKNOWN, -, F, B, -, -, -, US, -, -, -, June, Natural Causes, -
Michael Conway, 57, M, W, -, -, -, Ireland, -, -, -, June, Softening of Brain, -
William B. Shaw, 3 mo, M, W, -, -, -, US, -, -, -, June, Softening of Brain, -
Rose Lynch, 38, F, W, -, -, -, England, -, -, -, June, Diphtheria, -
Mary Jane Clair, 5 mo, F, W, -, -, -, US, -, -, -, June, Brain Disease, -
Jennie Melrine, 5 mo, F, W, -, -, -, US, -, -, -, June, Hereditary Syphilis, -
John H. Vinson, 4 mo, M, W, -, -, -, US, -, -, -, June, Meningitis, -
Daniel Schaffer, 46, M, W, -, -, -, Germany, -, -, -, June, Typhoid, -
Mary A. Ewbanks, 82, F, W, -, -, -, US, -, -, -, June, Congestion of Brain, -
William Coon, 2 mo, M, B, -, -, -, US, -, -, -, June, Marasmus, -
William Brown, 49, M, B, -, -, -, US, -, -, -, June, Typhoid, -
Bertha Miller, 7 mo, F, W, -, -, -, US, -, -, -, June, Cholera, -
Edmond McClintock, 9 mo, M, W, -, -, -, US, -, -, -, June, Cholera, -
Saml. T. Bayliss, 30, M, W, -, -, -, US, -, -, -, June, Pneumonia, -
James O. Rider, 1, M, B, -, -, -, US, -, -, -, June, Meningitis, -
Mary McCall, 2 weeks, F, W, -, -, -, US, -, -, -, June, Marasmus, -
Mary A. Howard, 12, F, B, -, -, -, US, -, -, -, June, Consumption, -
Richard Butcher, 63, M, W, -, -, -, England, -, -, -, June, General Debility, -
UNKNOWN, 50, M, W, -, -, -, UNK, -, -, -, June, UNKNOWN, -
Howard McClintock, 2 mo, M, W, -, -, -, US, -, -, -, June, Diarrhea, -
Robert McClintock, 22 days, M, W, -, -, -, US, -, -, -, June, Diarrhea, -
Jennifer Benson, 56, F, B, -, -, -, US, -, -, -, Jul, Paralysis, -
John O'Toole, 50, M, W, -, -, -, Ireland, -, -, -, Jul, Typhoid, -
Margaret McKenna, 60 F, W, -, -, -, Ireland, -, -, -, Jul, Consumption, -
Ferris, Darmon, 4, M, B, -, -, -, US, -, -, -, Jul, Hydrocephalus, -
Lena Mason, 6 mo, F, W, -, -, -, US, -, -, -, Jul, Cholera, -
Mary Hughes, 26, F, W, -, -, -, US, -, -, -, Jul, Consumption, -
C. W. Jones, 11 mo, M, W, -, -, -, US, -, -, -, Jul, Inflammation of Bowels, -
Margaret Boggs, 63, F, W, -, -, -, US, -, -, -, Jul, Gastritis, -
Maggie Winks, 15 mo, F, W, -, -, -, US, -, -, -, Jul, Spasms, -
Lydia Stiles, 3, F, B, -, -, -, US, -, -, -, Jul, Pneumonia, -
__ H. Ashley, 36, M, W, -, -, -, US, -, -, -, Pneumonia, -
Susan H. Thomas, 19 mo, F, W, -, -, -, US, -, -, -, Jul, Convulsions, -
James McGinley, 20 mo, M, W, -, -, -, US, -, -, -, Jul, Croup, -
Geo. G. Hochkeppel, 4 mo, M, W, -, -, -, US, -, -, -, Jul, Cholera, -
Bridget Flannery, 15 mo, F, W, -, -, -, US, -, -, -, Jul, Died for Want of Proper Treatment, -
Franklin Davis, 5 mo, M, W, -, -, -, US, -, -, -, Jul, Marasmus, -
Child of J. Stein, -, F, W, -, -, -, US, -, -, -, Jul, Abortion, -
Ellen Kane, 41, F, W, -, -, -, Ireland, -, -, -, Jul, Consumption, -
Harriet _. Richardson, 3 mo, F, B, -, -, -, US, -, -, -, Jul, Summer Complaint, -
Jos. C. Stoops, 5 mo, M, W, -, -, -, US, -, -, -, Jul, Cholera, -

Rosann Miller, 7 mo, F, W, -, -, -, US, -, -, -, Jul, Cholera, -
Isreal Phillips, 19, M, B, -, -, -, US, -, -, -, Jul, Consumption, -
Wm. D. Hope, 2, M, W, -, -, -, US, -, -, -, Jul, Convulsions, -
Mary E. Donahoe, 15 mo, F, W, -, -, -, US, -, -, -, Jul, Meningitis, -
Flora Jones, 5 mo, F, B, -, -, -, US, -, -, -, Jul, Typhoid, -
Fanny M. Bellfield, 2, F, W, -, -, -, US, -, -, -, Jul, Typhoid, -
Daniel L. Carty, 3, M, B, -, -, -, US, -, -, -, Jul, Typhoid, -
Peter D. Hubert, 74, M, B, -, -, -, US, -, -, -, Jul, Cardiac Dropsy, -
James Toner, 10, M, W, -, -, -, US, -, -, -, Jul, Accident, -
MaryE. McVey, 7 mo, F, W, -, -, -, US, -, -, -, Jul, Paralysis, -
Jonathan Draper, 73, M, B, -, -, -, US, -, -, -, Jul, General Debility, -
Victor Morris, 5 mo, M, W, -, -, -, US, -, -, -, Jul, Cholera, -
Mary A. Murphy, 69, F, W, -, -, -, US, -, -, -, Jul, Old Age, -
Carrie Bailey, 5 mo, F, B, -, -, -, US, -, -, -, Jul, Marasmus, -
John Winslow, 38, M, W, -, -, -, US, -, -, -, Jul, Consumption, -
Daniel Craig, 60, M, B, -, -, -, US, -, -, -, Jul, Consumption, -
Thomas Smith, 35, M, W, -, -, -, Ireland, -, -, -, Jul, Accident, -
Joseph H. Conrow, 7 mo, M, W, -, -, -, DE, -, -, -, Jul, Cholera, -
Catherine Connell, 10 mo, F, W, -, -, -, DE, -, -, -, Jul, Diarrhea, -
Edward Loper, 2 ½ years, M, B, -, -, -, DE, (Should be 2 ½ months), Jul, Diarrhea, -
Henry Bennett, 6 mo, M, W, -, -, -, DE, -, -, -, Jul, Cholic, -
Sarah A. Parker, 31, F, W, -, -, -, MD, -, -, -, Jul, Typhoid, -
Henry Hyndman, 11 mo, M, W, -, -, -, DE, -, -, -, Jul, Inanition, -
Agnes Flannigan, 4 weeks, F, W, -, -, -, DE, -, -, -, Jul, Inflammation of Bowels, -
Ann Lowden, 5 mo, F, W, -, -, -, DE, -, -, -, Jul, Effusion on Brain, -
Rebecca Murry, 40 F, B, -, -, -, DE, -, -, -, Jul, Hemorrhage, -
Maggie Huffington, 6 mo, F, B, -, -, -, DE, -, -, -, Jul, Tabes Mesenterica, -
L. H. Wigglesworth, 5 weeks, M, W, -, -, -, DE, -, -, -, Jul, Cholera, -
Sarah J. Kauffy, 5 mo, F, B, -, -, -, DE, -, -, -, Jul, Acute Meningitis, -
Mary Gaston, 60, F, W, -, -, -, NJ, -, -, -, Jul, Dropsy, -
John Armour, 66, M, W, -, -, -, MD, -, -, -, Jul, Consumption, -
Christie Scott, 79, F, W, -, -, -, Ireland, -, -, -, Jul, Consumption, -
Margaret Robinson, 90, F, W, -, -, -, DE, -, -, -, Jul, Old Age, -
Mary Summers, 4 mo, F, W, -, -, -, DE, -, -, -, Jul, Cholera, -
John F. Carrow, 11 mo, F(M), W, -, -, -, DE, -, -, -, Jul, Cholera, -
Rachel Brister, 70, F, B, -, -, -, DE, -, -, -, Jul, General Debility, -
Child of Mrs. Ford, 11 mo, F, W, -, -, -, DE, -, -, -, Jul, Hepatic Congestion, -
Richard Z. Darrah, 82, M, W, -, -, -, PA, -, -, -, Jul, Brights Disease, -
Child of L. McIntire, 7 hours, M, W, -, -, -, DE, -, -, -, Jul, Premature Birth, -
Sarah C. V. Bennett, 2 mo, F, W, -, -, -, DE, -, -, -, Jul, Disease of Bowels, -
Clara Pusey, 12 mo, F, W, -, -, -, DE, -, -, -, Jul, Convulsions, -
Frank Moore, 6 mo, M, W, -, -, -, DE, -, -, -, Jul, Cholera, -
Catherine Tully, 51, F, W, -, -, -, Ireland, -, -, -, Jul, Gastritis, -
Annie V. McCaulley, 19, F, W, -, -, -, DE, -, -, -, Jul, Consumption, -
William Davis, 22 mo, M, W, -, -, -, DE, -, -, -, Jul, Scarlet Fever, -

Theressa McGinly, 6 mo, F, W, -, -, -, DE, -, -, -, Jul, Diphtheria, -
James Meacum, 66, F(M), W, -, -, -, Ireland, -, -, -, Jul, Mortification, -
Edmonia Dutton, 5 mo, F, B, -, -, -, DE, -, -, -, Jul, Meningitis, -
Mary McDavitt, 5 mo, F, W, -, -, -, DE, -, -, -, Jul, Cholera, -
Wm. O. Templeman, 15, M, W, -, -, -, DE, -, -, -, Jul, Tubercular, -
Mary Ann Stout, 8 mo, F, B, -, -, -, DE, -, -, -, Jul, Marasmus, -
Kate Lord, 31, F, W, -, -, -, MD, -, -, Jul, Apoplexy of Brain, -
William Sherwood, 10 mo, M, W, -, -, -, DE, -, -, -, Jul, Meningitis, -
Tryphora V. Cariole, 61, F, W, -, -, -, DE, -, -, -, Jul, Consumption, -
William Leonard, 7 mo, M, W, -, -, -, DE, -, -, -, Jul, Meningitis, -
Louisa Bierman, 8 mo, F, W, -, -, -, DE, -, -, -, Jul, Meningitis, -
Bridget Mailey, 19, F, W, -, -, -, Ireland, -, -, -, Jul, Consumption, -
Charles H. Davis, 5 weeks, M, W, -, -, -, DE, -, -, -, Jul, Marasmus, -
Mary Hamilton, 87, F, W, -, -, -, DE, -, -, -, Jul, Congestion of Brain, -
Leona Marrow, 1 mo, F, W, -, -, -, DE, -, -, -, Jul, Cholera, -
Adaline Lee, 23, F, W, -, -, -, DE, -, -, -, Jul, Consumption, -
William Aspin, 79, M, W, -, -, -, England, -, -, -, Jul, Consumption of Bowels, -
Mathias Kerr(Kem), 54, M, W, -, -, -, Germany, -, -, -, Jul, Rheumatism
    of Heart, -
John Newlon (Newton), 14, M, W, -, -, -, England, -, -, -, Jul, Senile Gangrene, -
Edward P. Price, 60, M, W, -, -, -, DE, -, -, -, Jul, Gastritis, -
James Mullen, 19, M, W, -, -, -, DE, -, -, -, Jul, Rheumatism, -
Elizabeth Douglas, 3, F, B, -, -, -, US, -, -, -, Aug, Consumption, -
Joseph Q. Woodrow, 5, M, W, -, -, -, UD, -, -, -, Aug, Diphtheria, -
Anna P. Johnson, 7, F, W, -, -, -, US, -, -, -, Aug, Inanition, -
Laura Johnson, 82, F, B, -, -, -, US, -, -, -, Aug, Ascetes Senality, -
Annie Crane, 18 months, F, W, -, -, -, US, -, -, -, Aug, Hydrocephalus, -
Walter Karr, 7 weeks, M, W, -, -, -, US, -, -, -, Diphtheria, -
John Dorsey, 8 months, M, W, -, -, -, US, -, -, -, Aug, Cholera, -
Michael Barnhill, 55, M, W, -, -, -, US, -, -, -, Aug, Heart Disease, -
Mariah Havington, 23, F, B, -, -, -, US, -, -, -, Aug, Consumption, -
Michael Welch, 8, months, M, W, -, -, -, US, -, -, -, Aug, Acute Inflammation
    of Brain, -
Robert Fountain, 36 hours, M, W, -, -, -, US, -, -, -, Aug, Premature Birth, -
Lizzie Irwin, 14 months, F, W, -, -, -, US, -, -, -, Aug, Tuborculor, -
Mary C. Springer, 7, F, W, -, -, -, US, -, -, -, Aug, Spine, -
Ella Glenn, 11 months, F, W, -, -, -, US, -, -, -, Aug, Meningitis, -
Daniel Brown, 52, M, B, -, -, -, US, -, -, -, Heart Disease, -
Sallie Stewart, -, F, W, -, -, -, US, -, -, -, Aug, Asphyxia, -
John E. Moss, 47, F, W, -, -, -, England, -, -, -, Aug, Asthma, -
Mary J. Williams, 60, F, W, -, -, -, US, -, -, -, Aug, Kidney Disease, -
Joseph Flanigan, 66, M, W, -, -, -, Ireland, -, -, -, Aug, Consumption, -
____ Miller, 1 day, F, W, -, -, -, US, -, -, -, Aug, Weakness, -
Baby Wonn, 5 days, F, W, -, -, -, US, -, -, -, Aug, Weakness, -
Catharine Quinn, 3 months, F, W, -, -, -, US, -, -, -, Aug, Scrofula, -
Howard Batty, 4, M, W, -, -, -, US, -, -, -, Tabes Mesenterica, -

Mary Ralston, 80, F, W, -, -, -, US, -, -, -, Aug, Apoplexy, -
Laura Wagner, 57, F, W, -, -, -, Germany, -, -, -, Aug, Brights Disease, -
Marietta Doud, 12, F, W, -, -, -, US, -, -, -, Aug, Scarlatina, -
Nettie R. Spear, 4, F, W, -, -, -, US, -, -, -, Aug, Remittent Fever, -
Wm. H. Rucker, 39, M, W, -, -, -, US, -, -, -, Aug, Gastritis, -
Geo. W. Holoman, 13, M, W, -, -, -, US, -, -, -, Aug, Cholera, -
Louisa Vansant, 9, F, W, -, -, -, US, -, -, -, Aug, Colic, -
Ellen McGrath, 50, F, W, -, -, -, Ireland, -, -, -, Aug, Dropsy, -
Daniel McKeever, 40, M, W, -, -, -, Ireland, -, -, -, Aug, Accident, -
Phoepe Smith, 84, F, W, -, -, -, US, -, -, -, Aug, Paralysis
Mary L. Barr, 39, F, W, -, -, -, US, -, -, -, Aug, Hepatitis, -
Mary E. Kinney, 2, F, W, -, -, -, US, -, -, -, Aug, Convulsions, -
Shade A. Snell, 9 months, M, W, -, -, -, US, -, -, -, Aug, Cholera, -
Wm. H. Smith, 10, M, W, -, -, -, US, -, -, -, Aug, Consumption, -
William Murry, 3, M, W, -, -, -, US, -, -, -, Aug, Cerebritis, -
William Bentley, 25, M, B, -, -, -, US, -, -, -, Aug, Consumption, -
James McNitt, 79, M, W, -, -, -, US, -, -, -, Aug, Old Age, -
Mary Bormat, 24, F, W, -, -, -, US, -, -, -, Aug, Consumption, -
L. J. Mitchell, 6 months, M, W, -, -, -, US, -, -, -, Aug, Marasmus, -
Minnie Strool, 8 months, F, W, -, -, -, US, -, -, -, Aug, Hip Joint Disease, -
Mary E. Tilghman, 5, F, B, -, -, -, US, -, -, -, Aug, Whooping Cough, -
Laura Bedford, 22, F, W, -, -, -, US, -, -, -, Aug, Typhoid, -
Mary E. Bedwell, 4 months, F, W, -, -, -, US, -, -, -, Aug, Convulsions, -
Lilly Bradley, 4 months, F, B, -, -, -, US, -, -, -, Aug, Cholera, -
Amelia B. Patterson, 37, F, W,-, -, -, US, -, -, -, Aug, Cancer of Womb, -
Edward Robinson, 19 months, M, W, -, -, -, US, -, -, -, Aug, Whooping Cough, -
Mary W. Hayes, 73, F, W, -, -, -, US, -, -, -, Aug, Paralysis, -
Alvine Kersey, 8 months, F, W, -, -, -, US, -, -, -, Aug, Marasmus, -
Lizzie Harper, 6 months, F, W, -, -, -, US, -, -, -, Aug, Aphthae, -
Patrick Barnes, 26, M, W, -, -, -, Ireland, -, -, -, Aug, Consumption, -
Nancy Chase, 90, F, B, -, -, -, DE, -, -, -, Aug, Paralysis, -
Arthor P. Doughten, 1, M, W, -, -, -, US, -, -, -, Aug, Marasmus, -
Dennis Sheridan, 50, M, W, -, -, -, Ireland, -, -, -, Aug, Accident, -
Catherine McLaughlin, 25, F, W, -, -, -, Ireland, -, -, -, Aug, Drowned, -
Isaac S. Price, 64, M, W, -, -, -, DE, -, -, -, Aug, Paralysis, -
Lettita Demby, 29, F, B, -, -, -, DE, -, -, -, Aug, Consumption, -
Maggie Dorsey, 28, F, B, -, -, -, PA, -, -, -, Aug, Typhoid, -
Rev. Edward Town, 67, M, W, -, -, -, DE, -, -, -, Aug, Angina Pectoris, -
Nellie B. Lewis, 8 months, F, W, -, -, -, DE, -, -, -, Aug, Scarlet Fever, -
A. Comeges, 7, M, W, -, -, -, DE, -, -, -, Aug, Drowned, -
Wm. H. Cornbrook, 79, M, W, -, -, -, England, -, -, -, Aug, Inflammation of Brain, -
Rachel Huffington, 27, F, B, -, -, -, DE, -, -, -, Aug, Typhoid, -
Joshua Smith, 64, M, B, -, -, -, DE, -, -, -, Aug, General Debility, -
Baby of J & E Young, 5 days, M, B, -, -, -, DE, -, -, -, Aug, Meningitis, -
M. Elizabeth White, 34, F, B, -, -, -, US, -, -, -, Aug, Scarlet Fever -

Mary E. Lewis, 22 months, F, W, -, -, -, DE, -, -, -, Aug, Scarlet Fever, -
Georgianna Smith, 53, F, B, -, -, -, US, -, -, -, Aug, Congestion of Brain, -
Charles Schockley, 38, M, W, -, -, -, US, -, -, -, Aug, Accident, -
Fred H. Foster, 27, M, W, -, -, -, US, -, -, -, Aug, Hydrocephalus, -
Mary M. Collins, 14 months, F, B, -, -, -, US, -, -, -, Aug, Whooping Cough, -
David Peirce, 3 months, M, B, -, -, -, US, -, -, -, Aug, Summer Complaint, -
Edith Ford, 5 months, F, W, -, -, -, US, -, -, -, Aug, Cholera, -
Ann Hayatt, 79, F, W, -, -, -, US, -, -, -, Aug, Old Age, -
Mary Z. Noble, 58, F, W, -, -, -, NJ, -, -, -, Aug, Consumption, -
James W. Mercer, 12, M, B, -, -, -, DE, -, -, -, Aug, Tetanus, -
Charles O. Becket, 1, M, W, -, -, -, DE, -, -, -, Sept, Inanition, -
Charles Schmidth, 51, M, W, -, -, -, Prussia, -, -, -, Sept, Congestion of Brain, -
Stephen Menlshew, 51, M, W, -, -, -, DE, -, -, -, Sept, Heart Disease, -
George Fiderman, 41, M, W, -, -, -, Germany, -, -, -, Sept, Abscess, -
Hellen J. Walker, 1, F, B, -, -, -, DE, -, -, -, Sept, Consumption, -
Sadie Penney, 1 month, F, W, -, -, -, DE, -, -, -, Sept, Marasmus, -
Bridget Monger, 6 months, F, W, -, -, -, DE, -, -, -, Sept, Enteritis, -
Abigal Watson, 53, F, W, -, -, -, US, -, -, -, Sept, Cancer, -
Florance Schorah, 9 months, F, W, -, -, -, US, -, -, -, Sept, Convulsions, -
Catharine Wyatt, 91, F, W, -, -, -, US, -, -, -, Sept, Old Age, -
Marianna Dakfer, 16, F, W, -, -, -, Germany -, -, -, Sept, ?, -
Eliza Maxwell, 55 F, W, -, -, -, DE, -, -, -, Sept, Consumption, -
Lolia Haret, 15 months, F, W, -, -, -, DE, -, -, -, Sept, Cholera, -
George Jorden, 61, M, W, -, -, -, Germany, -, -, -, Sept, Dropsy, -
Joseph Feeney, 15 months, M, W -, -, -, DE,-, -, -, Sept, Meningitis, -
Helman Pfeiffer, 9 Months, F, W, -, -, -, DE, -, -, -, Sept, Convulsions, -
William Carrens, 72, M, W, -, -, -, Ireland, -, -, -, Sept, Consumption, -
Annie O'Conner, 38, F, W, -, -, -, Ireland, -, -, -, Sept, Exhaustion, -
Meneroa Gooding, 1, F, B, -, -, -, DE, -, -, -, Sept, Teething, -
Rose Dougherty, 6 months, F, W, -, -, -, DE, -, -, -, Sept, Convulsions, -
Mary Purnell, 20, F, B, -, -, -, MD, -, -, -, Sept, Consumption, -
James G. Alexander, 28, M, W, -, -, -, DE, -, -, -, Sept, Consumption, -
Emma Murphey, 36, F, W, -, -, -, DE, -, -, -, Sept, Consumption, -
Annie Schaefer, 3, F, W, -, -, -, DE, -, -, -, Sept, Meningitis, -
Elizabeth Riley, 8 months, F, W, -, -, -, DE, -, -, -, Sept, Meningitis, -
Leslie Monckton, 7, M, W, -, -, -, DE, -, -, -, Sept, Inanition, -
Philip Bell, 10, M, B, -, -, -, DE, -, -, -, Sept, General Debility, -
Samuel Scout, 25, M, W, -, -, -, DE, -, -, -, Sept, Typhoid, -
Mary A. Dorsey, 16, F, W, -, -, -, DE, -, -, -, Sept, Typhoid, -
Joshua Mercer, 8 months, M, B, -, -, -, DE, -, -, -, Sept, Convulsions, -
Clara V. Querey, 3 months, F, W, -, -, -, DE, -, -, -, Sept, Convulsions, -
John Ginder, 2 weeks, M, W,-, -, -, DE, -, -, -, Sept, Debility, -
Lavinia B. List, 31, F, W, -, -, -, DE, -, -, -, Sept, Endometritis, -
William Russell, 60, M, W, -, -, -, Ireland, -, -, -, Sept, Accident, -
Jane Morrese, 63, F, W, -, -, -, England, -, -, -, Sept, Heart Disease, -
Fletcher Shader, 2 weeks, M, B, -, -, -, DE, -, -, -, Sept, Natural Causes, -

Ella M. Carswell, 8 months, F, W, -, -, -, DE, -, -, -, Sept, Diphtheria, -
Henry Erwin, 48, M, W, -, -, -, PA, -, -, -, Sept, Cerebral Neuralgia, -
Mary A. Courtney, 48, F, W, -, -, -, England, -, -, -, Sept, Consumption, -
Richard Groves, 74, M, W, -, -, -, DE, -, -, -, Sept, Old Age, -
Thomas Bruner, 39, M, W, -, -, -, Bohemia, -, -, -, Sept, Consumption, -
Willie McKenna, 5, M, W, -, -, -, DE, -, -, -, Sept, Hydropericardium, -
James K. Gray 21, M, B, -, -, -, DE, -, -, -, Sept, Congestion of Brain, -
John Dillman, 55, M, W, -, -, -, Philadelphia, -, -, -, Sept, Abscess, -
Neil Ramsdell, 5 days, M, W, -, -, -, DE, -, -, -, Sept, Cyanosis, -
Elizabeth Clark, 72, F, W, -, -, -, NJ, -, -, -, Sept, Softening of Brain, -
Peter P. Flemming, 30, M, W, -, -, -, NJ, -, -, -, Sept, Typhoid, -
John H. Prince, 28, M, B, -, -, -, VA, -, -, -, Sept, Congestive Chills, -
Mrs. Ella Taylor, 23, F, W, -, -, -, DE, -, -, -, Sept, Typhoid, -
Minnie Moore, 19, F, W, -, -, -, DE, -, -, -, Sept, Consumption, -
John Medley (Mealey), 3 months, M, W, -, -, -, DE, -, -, -, Sept, Cholera, -
Abigal Shaw, 77, F, W, -, -, -, England, -, -, -, Sept, Heart Disease, -
Mary Hankins (Hawkins), 2, F, W, -, -, -, DE, -, -, -, Sep, Croup, -
Mary L. McIntire, 18, F, W, -, -, -, DE, -, -, -, Sept, Consumption, -
Jesse G. Brady, 2, M, W, -, -, -, DE, -, -, -, Sept, Croup, -
Berthe Woodland, 4 months, F, B, -, -, -, DE, -, -, -, Sept, Marasmus, -
Elizabeth Evans, 95, F, W, -, -, -, US, -, -, -, Sept, Old Age, -
Charles H. Parker, 31, F, W, -, -, -, NJ, -, -, -, Sept, Accident on PW & B Railroad, -
Mrs. K. Wheatley, 76, F, W, -, -, -, DE, -, -, -, Sept, Senile Bronchitis, -
James Doughten, 29, M, B, -, -, -, US, -, -, -, Oct, Dropsy, -
James H. Spencer, 53, M, B, -, -, -, US, -, -, -, Oct, Killed by Fall, -
Mary E. Simpson, 14, F, W, -, -, -, US, -, -, -, Oct, Consumption, -
Margaret Houghton, 65, F, W, -, -, -, Ireland, -, -, -, Oct, Hepatitis, -
Alice O. Moffit, 1 month, F, W, -, -, -, US, -, -, -, Oct, Asthma, -
M. Ella Baine, 33, F, W, -, -, -, US, -, -, -, Oct, Consumption, -
Harriet Wilson, 68, F, B, -, -, -, US, -, -, -, Oct, Heart Disease, -
Richard Gallagher, 10 months, M, B, -, -, -, US, -, -, -, Oct, Catarrh, -
John W. Houck, 5, M, W, -, -, -, US, -, -, -, Oct, Scarlatina, -
Emma J. Foreman, 6 months, F, B, -, -, -, US, -, -, -, Pneumonia, -
Rebecca Newson, 39, F, W, -, -, -, US, -, -, -, Oct, Syphilis, -
Margaret A. Knotts, 68, F, W, -, -, -, US, -, -, -, Oct, Dropsy, -
Marion Grelt, 40, F, W, -, -, -, Scotland, -, -, -, Oct, Jaundice, -
Lucinda M. Grant, 6 months, F, W, -, -, -, US, -, -, -, Oct, Enteritis, -
William Elias, 50, M, B, -, -, -, US, -, -, -, Oct, General Debility, -
Isabelle Gerns, 7, F, W, -, -, -, US, -, -, -, Oct, Croup, -
Florence, Hiller, 24, F, W, -, -, -, US, -, -, -, Typhoid, -
Sarah E. O'Donnell, 39, F, W, -, -, -, Ireland, -, -, -, Oct, Consumption, -
Edward G. Fisher, 10 months, M, B, -, -, -, DE, -, -, -, Oct, Consumption, -
Alfred Toll, 61, M, W, -, -, -, DE, -, -, -, Oct, Paralysis, -
May Wiley, 28, F, B, -, -, -, DE, -, -, -, Oct, Asthma, -
Hannah Rowson, 61, F, W, -, -, -, Ireland, -, -, -, Oct, Colitis, -

John Neils, 61, M, W, -, -, -, DE, -, -, -, Oct, Asthma, -
Anna Styer, 72, F, W, -, -, -, Ireland, -, -, -, Oct, Consumption, -
Jacob M. Garretson, 79, M, W, -, -, -, DE, -, -, -, Oct, General Debility, -
Charles H. Spencer, 1 hour, M, B, -, -, -, DE, -, -, -, Oct, Neglect, -
Mary F. Burke, 75, F, W, -, -, -, Germany, -, -, -, Oct, Paralysis, -
Elizabeth Dorman, 5 months, F, B, -, -, -, DE, -, -, -, Oct, Catarrh, -
Bertha Yates, 6 weeks, F, W, -, -, -, DE, -, -, -, Oct, Marasmus, -
T. D. Christy, 2 months, M, B, -, -, -, DE, -, -, -, Oct, Cholera, -
Mrs. Maria D. Creanel, 75, F, W, -, -, -, DE, -, -, -, Oct, Debility, -
John T. French, 60, M, W, -, -, -, DE, -, -, -, Oct, Pneumonia, -
J. C. Ware, 29, F, W, -, -, -, DE, -, -, -, Oct, Consumption, -
Minta Delaney, 1 hour, F, B, -, -, -, DE, -, -, -, Oct, Neglect, -
UNKNOWN INFANT, -, M, W, -, -, -, DE, -, -, -, Oct, Neglect, -
Charles Gallagher, 15 months, M, W, -, -, -, DE, -, -, -, Oct, Pneumonia, -
Sarah P. Williams, 8, F, W, -, -, -, DE, -, -, -, Oct, Diphtheria, -
William Gavin, 46, M, W, -, -, -, Ireland, -, -, -, Oct, Softening of Brain,-
David Loper, 1, M, B, -, -, -, DE, -, -, -, Oct, Consumption, -
Laura F. Jones, 3, weeks, F, B, -, -, -, DE, -, -, -, Oct, Catarrh, -
Lemuel Davis, 14, F, W, -, -, -, DE, -, -, -, Oct, Inflammation of Bowels, -
John Watson, 10 months, M, W, -, -, -, DE, -, -, -, Oct, Meningitis, -
Jane M. Wetherell, 15 months, F, W, -, -, -, DE, -, -, -, Oct, Whooping Cough, -
Malinda Wilner, 63, F, W, -, -, -, PA, -, -, -, Oct, Hydropericardium, -
John Townley, 48, M, W, -, -, -, Ireland, -, -, -, Oct, Consumption, -
Mary E. Scott, 1, F, B, -, -, -, DE, -, -, -, Oct, Catarrh, -
Willie R. Roberts, 10, M, W, -, -, -, DE, -, -, -, Oct, Meningitis, -
Agnes Briggs, 36, F, W, -, -, -, England, -, -, -, Oct, Inflammation of Bowels, -
Dolly Purnell, 5 months, F, B, -, -, -, DE, -, -, -, Oct, Consumption, -
William Janney, 47, M, W, -, -, -, DE, -, -, -, Oct, Consumption, -
Lewis W. Simmons, 4, M, W, -, -, -, DE, -, -, -, Oct, Diphtheria, -
Anna E. Byard, 3 weeks, F, B, -, -, -, DE, -, -, -, Oct, Inanition, -
M. G. Irwin, 1, F, W, -, -, -, DE, -, -, -, Oct, Malarial Fever, -
G. Q. Sigers, 3 months, F, B, -, -, -, DE, -, -, -, Oct, Croup, -
Charles Emmerson, 5, M, W, -, -, -, DE, -, -, -, Oct, ?, -
Bulah A. Weldin, 74, F, W, -, -, -, US, -, -, -, Oct, Old Age, -
Isaac Toney, 27, M, B, -, -, -, US, -, -, -, Oct, Consumption, -
John Mullen, 48, F, W, -, -, -, DE, -, -, -, Oct, Strangulation
Ann Milligan, 48, F, W, -, -, -, Ireland, -, -, -, Oct, Enteric Fever, -
Jane G. Appleby, 33, F, W, -, -, -, DE, -, -, -, Oct, Consumption, -
Washington Rider, 38, M, B, -, -, -, MD, -, -, -, Oct, Neglect, -
Ann M. Vanornmier, 33, F, W, -, -, -, US, -, -, -, Oct, Consumption, -
Jacob Hesser, 1, M, W, -, -, -, US, -, -, -, Oct, Peritonitis, -
Elmer Appleby, 5, M, W, -, -, -, DE, -, -, -, Oct, Meningitis, -
Elsie Klett, 6 months, F, W, -, -, -, DE, -, -, -, Nov, Meningitis, -
Cecilia Murry, 74, F, W, -, -, -, Ireland, -, -, -, Nov, Paralysis, -
Arabella Meyer, 2, F, W, -, -, -, DE, -, -, -, Nov, Croup, -
Jonas August, 20 hours, M, W, -, -, -, DE, -, -, -, Nov Premature Birth, -

Edward Sasse, 32, M, W, -, -, -, DE, -, -, -, Nov, Killed on PW & B Railroad, -
Hary Meredith, 20, M, W, -, -, -, DE, -, -, -, Nov, Killed on PW & B Railroad, -
John Gallagher, 30, M, W, -, -, -, DE, -, -, -, Nov, Killed on PW & B Railroad, -
Sarah Seahay, 10, F, B, -, -, -, De, -, -, -, Nov, Burald(Bealed), -
William Flinn, 67, M, W, -, -, -, DE, -, -, -, Nov, Old Age, -
Reed Lawson, 20 months, M, W, -, -, -, DE, -, -, - Nov, Croup, -
Hannah Murray, 70, F, B, -, -, -, DE, -, -, -, Nov, Paralysis of Head, -
Richard Mercer, 6, M, B, -, -, -, DE, -, -, -, Nov, Tabes Mesenterica, -
Walter Delahay, 4, M, W, -, -, -, DE, -, -, -, Nov, Croup, -
Frank Winard, 2 days, M, W, -, -, -, DE, -, -, -, Nov, Inanition, -
Alena T. McCoy, 9 months, F, W, -, -, -, DE, -, -, -, Nov, Croup, -
Samuel P. Woods, 2, M, W, -, -, -, DE, -, -, -, Nov, Croup, -
Emma E. Warren, 64, F, W, -, -, -, US, -, -, -, Nov, Dropsy, -
John Wright, 43, M, W, -, -, -, DE, -, -, -, Nov, Consumption, -
Maria V. Sawdon, 49, F, W, -, -, -, DE, -, -, -, Nov, Consumption, -
Elizabeth C. Davis, 63, F, B, -, -, -, DE, -, -, -, Nov, General Paralysis, -
Henry Batten, 1 day, M, W, -, -, -, DE, -, -, -, Nov, Neglect, -
Mary Baker, 2, F, W, -, -, -, DE, -, -, -, Nov, Scarlatina, -
William Thomas, 3, weeks, M, W, -, -, -, DE, -, -, -, Nov, Catarrh, -
Mathew R. Crowding, 7, M, W, -, -, -, DE, -, -, -, Nov, Diphtheria, -
Elenor Grier, 6, F, W, -, -, -, DE, -, -, -, Nov, Crop, -
Frank V. Sturgis, 21, M, W, -, -, -, NJ, -, -, -, Nov, Typhoid, -
John Freal, 13 months, M, W, -, -, -, De, -, -, -, Nov, Whooping Cough, -
Francis Fahey, 4, M, W, -, -, -, PA, -, -, -, Nov, Convulsions, -
Margaret McCullough, 3 months, F, B, -, -, -, DE, -, -, -, Nov, Convulsions, -
James McLarran, 54, M, W, -, -, -, PA, -, -, -, Nov, Cirrhosis, -
Florey Miles, 1 F, B, -, -, -, MD, -, -, -, Nov, Whooping Cough, -
Adeline P. Houston, 60, F, W, -, -, -, MD, -, -, -, Nov, Tumor, -
Annie Wilson, 25, F, B, -, -, -, MD, -, -, -, Nov, Hemorrhage, -
W. Howard Baker, 6, M, W, -, -, -, DE, -, -, -, Nov, Scarlatina, -
Maggie Sharpless, 11 months, F, W, -, -, -, DE, -, -, -, Nov, Inflammation of
    Brain, -
William H. Johnson, 3, weeks, M, B, -, -, -, DE, -, -, -, Nov, Debility, -
Emma Berry, 22, F, B, -, -, -, DE, -, -, -, Nov, Tubercular, -
Bridget Maguire, 84, F, W, -, -, -, Ireland, -, -, -, Nov, General Debility, -
Hellen France, 27, F, B, -, -, -, DE, -, -, -, Nov, Hydrocephalus, -
Harry Gibbs, 7 months, M, B, -, -, -, DE, -, -, -, Nov, Congestion of Lungs, -
Maggie Dixon, 30, F, W, -, -, -, MD, -, -, -, Nov, Rheumatism, -
Cabel Milbourn, 74, M, B, -, -, -, MD, -, -, -, Nov, Heart Disease, -
Anna Friel, 2 ½, F, W, -, -, -, DE, -, -, -, Nov, Pneumonia, -
Rosette Stewart, 65, F, W, -, -, -, MD, -, -, -, Nov, Apoplexy, -
Emma B. Husbands, 27, F, W, -, -, -, DE, -, -, -, Nov, Malaria, -
Charles A. Hickman, 20, M, W, -, -, -, PA, -, -, -, Nov, Scarlatina, -
Joseph Kline, 53, M, W, -, -, -, Germany, -, -, -, Nov, Heart Disease, -
Mary J. Knott, 60, F, W, -, -, -, MD, -, -, -, Nov, Remittent Fever, -
Sally Hamilton, 83, F, W, -, -, -, DE, -, -, -, Nov, Apoplexy, -

Benj. Walker, 81, M, W, -, -, -, PA, -, -, -, Nov, Old Age, -
Amelia Stewart, 26, F, W, -, -, -, DE, -, -, -, Nov, Consumption, -
Wm. H. Fitzgerald, 41, M, W, -, -, -, Ireland, -, -, -, Nov, Pneumonia, -
David McConaughey, 65, M, W, -, -, -, PA, -, -, -, Nov, Typhoid, -
Jane Finnegan, 13 months, F, W, -, -, -, DE, -, -, -, Nov, Hydrocephalus, -
John Wood, 55, M, W, -, -, -, PA, -, -, -, Nov, Spasms, -
Sarah L. Townsend, 2, F, W, -, -, -, DE, -, -, -, Nov, Scarlet Fever, -
Mary McGartlan, 2, F, W, -, -, -, DE, -, -, -, Nov, Croup, -
Jane McFarlan, 87, F, W, -, -, -, Ireland, -, -, -, Nov, Senile Debility, -
Samuel Mills, 80, M, W, -, -, -, England, -, -, -, Nov, Debility, -
Esthel A. Ellis, 6 weeks, F, W, -, -, -, DE, -, -, -, Nov, Enteritis, -
Susana Senix, 1 week, F, W, -, -, -, DE, -, -, -, Nov, Natural Causes, -
Mary E. Reed, 28, F, W, -, -, -, DE, -, -, -, Nov, Tubercular, -
Rose M. Dutton, 5 weeks, F, W, -, -, -, DE, -, -, -, Nov, Convulsions, -
Willie Wheelen, 16, M, W, -, -, -, DE, -, -, -, Nov, Inflammation of Bowels, -
Wm. Coughlan, 17 months, M, W, -, -, -, US, -, -, -, Nov, Whooping Cough, -
William Dorsey, 18, days, M, W, -, -, -, DE, -, -, -, Nov, Inanition, -
Agnes F. Dillon, 18 months, F, W, -, -, -, DE, -, -, -, Nov, Croup, -
J. Morton Poole, 67, M, W, -, -, -, DE, -, -, -, Nov, Paralysis, -
Mary P. Kitchen, 82, F, W, -, -, -, DE, -, -, -, Nov, Senile Debility, -
Mary A. King, 38, F, W, -, -, -, PA, -, -, -, Nov, Injury to Spine, -
Jane H. Collins, 26, M, W, -, -, -, DE, -, -, -, Nov, Consumption, -
Albert Frabhold, 4, M, W, -, -, -, DE, -, -, -, Nov, Croup, -
John Curry, 56, M, W, -, -, -, US, -, -, -, Nov, Consumption, -
Elizabeth Henning, 36, F, W, -, -, -, MD, -, -, -, Nov, Consumption, -
William H. Beckley, 48, M, W, -, -, -, DE, -, -, -, Nov, Consumption, -
Child of H. M. Talley, 20 minutes, M, W, -, -, -, DE, -, -, -, Nov, Exhaustion, -
Annie M. Lewis, 17, F, W, -, -, -, DE, -, -, -, Nov, Scarlet Fever, -
Andrew Fisher, 62, M, W, -, -, -, Germany, -, -, -, Nov, Delirium Tremors, -
Matilda Lange, 38, F, W, -, -, -, Ireland, -, -, -, Nov, Convulsions, -
Henry Jourdan, 18 months, M, W, -, -, -, US, -, -, -, Nov, Meningitis, -
Wm. W. Frazer, 5, M, W, -, -, -, US, -, -, -, Nov, Diphtheria, -
S. M. Smith, 27, M, W, -, -, -, US, -, -, -, Nov, Consumption, -
Mary McGaugle, 1, F, W, -, -, -, PA, -, -, -, Inflammation of Bowels, -
Jonnie Hall, 15, M, W, -, -, -, PA, -, -, -, Nov, ?, -
John Smith, 75, M, W, -, -, -, PA, -, -, -, Nov, Paralysis, -
Ellen McKee, 67, F, W, -, -, -, US, -, -, -, Dec, Paralysis, -
Kate M. Taylor, 23, F, W, -, -, -, US, -, -, -, Dec, Typhoid, -
Thomas Kennard, 19, F, W, -, -, -, DE, -, -, -, Dec, Typhoid, -
Charles S. Price, 21, M, W, -, -, -, DE, -, -, -, Dec, Consumption, -
Margaret Harkins, 40, F, W, -, -, -, Ireland, -, -, -, Dec, Lock Jaw, -
Enos Walton, 80, M, W, -, -, -, DE, -, -, -, Dec, Paralysis, -
Amelia Pruitt, 46, F, Wm, -, -, -, Germany, -, -, -, Dec, Consumption, -
Theokla M. Hochkeppel, 20, F, W, -, -, -, DE, -, -, -, Dec, Consumption, -
Hugh McCairn, 46, M, W, -, -, -, Ireland, -, -, -, Dec, Accident, -
Oliver H. Appleby, 37, M, W, -, -, -, DE, -, -, -, Dec, Consumption, -

George Toney, 20, M, B, -, -, -, DE, -, -, -, Dec, Consumption, -
Ridgway Brown, 30, M, B, -, -, -, DE, -, -, -, Dec, Heart Disease, -
Amanda Tyson, 6, F, W, -, -, -, MA, -, -, -, Dec, Scarlet Fever, -
Henrietta A. Wyman, 52, F, W, -, -, -, NY, -, -, -, Dec, Dropsy, -
Howard G. Haunan, 3 months, M, B, -, -, -, DE, -, -, -, Dec, Asthma, -
Sarah Marble, 15, F, B., -, -, -, DE, -, -, -, Dec, Consumption, -
Sarah Speer, 82, F, W, -, -, -, PA, -, -, -, Dec, Died from Fall, -,
James Morrow, 2, M, W, -, -, -, DE, -, -, -, Dec, Croup, -
Anna Campbell, 27, F, W, -, -, -, DE, -, -, -, Dec, Consumption
Geo. W. Hunter, 55, M, W, -, -, -, PA, -, -, -, Dec, Cancer of Penis, -
Howard Bennett, 16 months, M, W, -, -, -, DE, -, -, -, Dec, Diphtheria, -
W. W. McLaughlin, 25, M, W, -, -, -, DE, -, -, -, Dec, Meningitis, -
Hannah Boyd, 7 hours, F, B, -, -, -, DE, -, -, -, Dec, Natural Causes, -
NoFriet Jackson, 1 week, M, B, -, -, -, DE, -, -, -, Dec, Pneumonia
Lewis Palmer, 8 months, M, W, -, -, -, DE, -, -, -, Dec, Anemia, -
Mary Graham, 34, F, W, -, -, -, DE, -, -, -, Dec, Consumption, -
Martin Battle, 40, M, B, -, -, -, DE, -, -, -, Dec, Consumption, -
Mary McGartland, 70, F, W, -, -, -, Ireland, -, -, -, Dec, Enteritis, -
Edward Pearce, 35, M, W, -, -, -, PA, -, -, -, Dec, Enlargement of Spleen, -
Howard W. Lobdell, 3, M, W, -, -, -, DE, -, -, -, Dec, Scarlantina, -
Kate Hammond, 13, months, F, W, -, -, -, DE, -, -, -, Dec, Gastritis, -
Elsie G. Brusen, 3, months, F, B, -, -, -, DE, -, -, -, Dec, Hydrocephalus, -
Mary Bundy, 89, F, B, -, -, -, DE, -, -, -, Dec, Consumption, -
Child of Geo. Biddle, ½ month, M, W, -, -, -, DE, -, -, -, Dec, Atelectasis, -
John Price, 43, M, B, -, -, -, DE, -, -, -, DE, Pneumonia, -
Emma L. Stoopes, 25, F, W, -, -, -, DE, -, -, -, DE, Consumption, -
Ellen M. Graham, 4, F, W, -, -, -, DE, -, -, -, Dec, Croup, -
Thomas C. Carpenter, 55 M, W, -, -, -, PA, -, -, -, Dec, Obstruction of
    Esophagus, -
Franklin Hastings, 28, M, W, -, -, -, DE, -, -, -, Dec, Consumption, -
Mrs. Lydia Johnson, 21, F, W, -, -, -, PA, -, -, -, Dec, Typhoid, -
Edward R. Rash, 20, M, W, -, -, -, DE, -, -, -, Dec, Brights Disease, -
Silas J. Meachum, 28, M, W, -, -, -, US, -, -, -, Dec, Consumption, -
Reba W. Marr, 2, F, W, -, -, -, DE, -, -, -, Dec, Croup, -
John Smith, 3, M, W, -, -, -, DE, -, -, -, Dec, Heart Disease, -
James T. Benson, 2, M, B, -, -, -, DE, -, -, -, Dec, Diphtheria, -
William, Bakey, 1, M, W, -, -, -, DE, -, -, -, Dec, Croup, -
Hattie Pennell, 21, F, B, -, -, -, DE, -, -, -, Dec, Consumption, -
Henry Green, 2, M, B, -, -, -, DE, -, -, -, Dec, Pneumonia, -
Catharine L. Lobb, 67, F, W, -, -, -, NJ. -, -, -, Dec, Paralysis, -
Francis, A. Caulk, 68, M, B, -, -, -, DE, -, -, -, Dec, Pneumonia
Mary A. Scully, 18, F, W, -, -, -, DE, -, -, -, Dec, Typhoid, -
Mrs. Tyson, 26, F, W, -, -, -, MD, -, -, -, Dec, ?, -
Jeremiah Woods, 34, M, B, -, -, -, DE, -, -, -, Dec, Potts Disease, -
Laura G. Ogle, 40, F, W, -, -, -, DE, -, -, -, Dec, Carcinoma, -
Hester J. Gould, 52, F, W, -, -, -, PA, -, -, -, Dec, Carcinoma, -

William F. Mitchell, 4 days, M, W, -, -, -, DE, -, -, -, Dec, Jaundice, -
Jonas M. Walls, 48, M, W, -, -, -, DE, -, -, -, Dec, Consumption, -
Lydia Welden, 93, F, W, -, -, -, DE, -, -, -, Dec, Old Age, -
Charles Murphy, 3, M, W, -, -, -, DE, -, -, -, Dec, Diphtheria, -
Ella L. McElroy, 30 months, F, W, -, -, -, DE, -, -, -, Dec, Scarlet Fever, -
Willie Poultney, 5, M, W, -, -, -, DE, -, -, -, Dec, Meningitis, -
Blanch P. Johnson, 14 months, F, W, -, -, -, Philadelphia, -, -, -, Dec, Bronchitis, -
James Meggett, 53, M, W, -, -, -, MD, -, -, -, Dec, Pneumonia, -
Moses Lambson Jr., 20, M, W, -, -, -, DE, -, -, -, Dec, Typhoid, -
Sharpley Foulk, 55, M, W, -, -, -, DE, -, -, -, Dec, Killed on PW & B Railroad, -
George E. Murray, 6 months, M, W, -, -, -, DE, -, -, -, Jan, Bronchitis, -
Wm. A. Ruthwin, 30, M, W, -, -, -, DE, -, -, -, Jan, Heart Disease, -
Eva Briggs, 14 months, F, W, -, -, -, VA, -, -, -, Jan, Meningitis, -
James A. Morton, 2, M, W, -, -, -, DE, -, -, -, Jan, Marasmus, -
Patrick, McCullin, 50, M, W, -, -, -, Ireland, -, -, -, Jan, Consumption, -
Passmore Mitchell, 49, M, W, -, -, -, DE, -, -, -, Jan, Abdominal Tumor, -
Annie E. Pierce, 21, F, W, -, -, -, DE, -, -, -, Jan, Croup, -
Willie Reed, 5 days, M, W, -, -, -, DE, -, -, -, Jan, Improforate Rectum, -
Henry Shields, 20 months, M, W, -, -, -, DE, -, -, -, Jan, Pneumonia, -
Herbert D. Lobdell, 14 months, M, W, -, -, -, DE, -, -, -, Jan, Scarlet Fever, -
Sarah E. Glasco, 22, F, B, -, -, -, DE, -, -, -, Jan, Consumption, -
Catharine Neuman, 30, F, W, -, -, -, DE, -, -, -, Jan, Syphilis, -
Benj. Jefferson, 80, M, B, -, -, -, DE, -, -, -, Jan, Old Age, -
Charlie W. Allcotts, 47, M, W, -, -, -, CT, -, -, -, Jan, Aneurism, -
Wm. Richardson, 81, M, W, -, -, -, PA, -, -, -, Jan, Dropsy, -
David Foster, 53, M, W, -, -, -, DE, -, -, -, Jan, Heart Disease, -
Andrew Riley, 55, M, W, -, -, -, Ireland, -, -, -, Jan, Cancer of Liver, -
Clara Sneckking, 23, F, W, -, -, -, DE, -, -, -, Jan, Dropsy, -
Byard Springer, 4 months, M, W, -, -, -, DE, -, -, -, Jan, Marasmus, -
Hannah A. Strickland, 70, F, W, -, -, -, PA, -, -, -, Jan, Paralysis, -
Mary A. Casperson, 52, F, W, -, -, -, NJ, -, -, -, Jan, Rush of Blood on Brain, -
Anna McCoy, 32, F, W, -, -, -, PA, Jan, Consumption, -
Alice D. Vine, 9, F, B, -, -, -, DE, -, -, -, Jan, Consumption, -
Child of Jas. & Mary Morgan, 7 months, M, B, -, -, -, DE, -, -, -, Jan, Marasmus, -
Solomon Douglas, 48, M, B, -, -, -, DE, -, -, -, Jan, Heart Disease, -
Richard M. Sadler, 14 months, M, B, -, -, -, DE, -, -, -, Jan, Croup, -
John W. Watters, 9 months, M, W, -, -, -, DE, -, -, -, Jan, Diphtheria, -
James Quinn Sr., 65, M, W, -, -, - Ireland, -, -, -, Jan, Consumption, -
Mary J. Watson, 64, F, W, -, -, -, DE, -, -, -, Jan, Dropsy
Adaline Morris, 27, F, B, -, -, -, DE, -, -, -, Jan, General Debility, -
Emma Richardson, 33, F, W, -, -, -, MD, -, -, -, Jan, Consumption, -
Emma Sordan, 4, F, B, -, -, -, DE, -, -, -, Jan, Scarlet Fever, -
Andhoney Fullmer, 37 M, W, -, -, -, DE, -, -, -, Jan, Neuralgia, -

Francis C. Ferris, 29, M, W, -, -, -, MD, -, -, -, Jan, Consumption, -
Mary J. Chase, 3, F, B, -, -, -, DE, -, -, -, Jan, Scrofula, -
James Shannon, 50, M, W, -, -, -, Ireland, -, -, -, Jan, Consumption, -
Herbert Williams, 21, M, W, -, -, -, MD, -, -, -, Jan, Consumption, -
Halter C. Roop, 7 months, F, W, -, -, -, PA, -, -, -, Jan, Diphtheria, -
Thomas Weir, -, M, W, -, -, -, Ireland, -, -, -, Jan, **This case was brought in here and entered as such,** -
Fred W. Todd, 23, M, W, -, -, -, DE, -, -, -, Jan, Abscess, -
Chas. W. Norris, 18, M, B, -, -, -, MD, -, -, -, Jan, Tumor on Brain, -
Annie E. Higgins, 35, F, W, -, -, -, DE, -, -, -, Jan, Consumption, -
Jacob Dilley, 33, M, W, -, -, -, DE, -, -, -, Jan, Consumption, -
Agreth Yarnell, 31, F, W, -, -, -, MD, -, -, -, Jan, Tumor, -
Hester Hooper, 32, F, B, -, -, -, MD, -, -, -, Jan, Consumption, -
Florence E. Gallagher, 5, F, W, -, -, -, DE, -, -, -, Jan, Scarlet Fever, -
Nellie Connor, 19, F, W, -, -, -, DE, -, -, -, Jan, Consumption, -
Sarah Christmas, 33, F, B, -, -, -, MD, -, -, -, Jan, Consumption, -
Laura B. Price, 24, F, W, -, -, -, MD, -, -, -, Jan, Consumption, -
Annie Fredericks, 10 months, F, B, -, -, -, DE, -, -, -, Jas, Catarrh, -
Annie Evans, 1 month, F, B, -, -, -, DE, -, -, -, Jan, Marasmus, -
Loretta Morice, 14, F, W, -, -, -, DE, -, -, -, Jan, Erysipelas, -
Alice Davis, 55, F, B, -, -, -, DE, -, -, -, Jan, Old Age, -
Robt. Hopkins, 18, M, W, -, -, -, DE, -, -, -, Jan, Pneumonia, -
Lindsay's Child, 2 days, M, W, -, -, -, DE, -, -, -, Jan, Congestion of Lungs, -
William M. Carrow, 45, M, W, -, -, -, DE, -, -, -, Jan, Consumption, -
Ernest L. Holt, 2, M, W, -, -, -, DE, -, -, -, Jan, Hydrocephalus, -
Mary R. Torbert, 33, F, W, -, -, -, DE, -, -, -, Jan, Consumption, -
Willie Porter, 64, M, W, -, -, -, Ireland, -, -, -, Jan, Cystitis, -
Mary Kane, 69, F, W, -, -, -, Ireland, -, -, -, Jan, Fatty Degeneration, -
Jacob Nellus, 42, M, B, -, -, -, DE, -, -, -, Jan, Accident, -
Child of James Stafford, 5 days, M, W, -, -, -, DE, -, -, -, Jan, Colic, -
Velma K. Huell, 13, F, W, -, -, -, DE, -, -, -, Jan, Meningitis, -
Mable V. Jones, 20 months, F, W, -, -, -, DE, -, -, -, Jan, Inflammation of Lungs, -
Magdalene Winterhalter, 81, F, W, -, -, -, Germany, -, -, -, Jan, Paralysis, -
Mary C. Henly, 11 months, F, W, -, -, -, DE, -, -, -, Jan, Scarlet Fever, -
Ida P. Kelly, 3 ½, F, W, -, -, -, DE, -, -, -, Jan, Inflammation of Lungs, -
Fanny Benson, 86, F, W, -, -, -, MD, -, -, -, Jan, Inflammation of Lungs, -
Alice Sharp, 5, F, W, -, -, -, PA, -, -, -, Jan, Scarlatina, -
Thomas Weir, -, M, W, -, -, -, Ireland, -, -, -, Jan, Acute Mania, -
Rebecca L. Fincher, 9 months, F, W, -, -, -, DE, -, -, -, Feb, Bronchial Catarrh, -
Anna Smith, 76, F, W, -, -, -, NJ, -, -, -, Feb, Dropsy, -
James Kane, 51, M, W, -, -, -, Ireland, -, -, -, Feb, Gastritis, -
Edmond B. Simpson, 3, M, W, -, -, -, DE, -, -, -, Feb, Croup, -
Mary Kettlewood, 78, F, W, -, -, -, England, -, -, -, Feb, Erysipelas, -
Hannah Watson, 1 hour, F, B, -, -, -, DE, -, -, -, Feb, Unk, -
Edward J. Dougherty, 32, M, W, -, -, -, DE, -, -, -, Feb, Accident
Louisa Speakman, 29, F, B, -, -, -, DE, -, -, -, Feb, Consumption, -

Sarah Woodington, 4, F, W, -, -, -, DE, -, -, -, Feb, Diphtheria, -
Rachel C. Ayers, 40, F, W, -, -, -, MD, -, -, -, Feb, Consumption, -
Catharine Brown, 1, F, B, -, -, -, DE, -, -, -, Feb, Pneumonia, -
James Traynor, 35, M, W, -, -, -, England, -, -, -, Feb, Drowned, -
Hyman A. Covens, 11, M, B, -, -, -, DE, -, -, -, Feb, Meningitis, -
Sarah E. Hurbert, 2, F, B, -, -, -, DE, -, -, -, Feb, Meningitis, -
Richard Plater, 3 weeks, M, B, -, -, -, DE, -, -, -, Feb, Neglect, -
James Dougherty, 35, M, W, -, -, -, Ireland, -, -, -, Feb, Dropsy, -
John P. Donohoe Jr., 6, M, W, -, -, -, DE, -, -, -, Feb, Meningitis, -
Walter J. Denney, 3 months, M, W, -, -, -, DE, -, -, -, Feb, Pneumonia, -
John Roach, 18 days, M, W, -, -, -, DE, -, -, -, Feb, Asphyxia, -
Bessie Gumby, 3 months, F, B, -, -, -, DE, -, -, -, Feb, Convulsions, -
Margaret J. Richardson, 56, F, W, -, -, -, DE, -, -, -, Feb, Heart Disease, -
Harriet Phillips, 85, F, W, -, -, -, DE, -, -, -, Feb, General Debility, -
Evaline Tillman, 8 months, F, B, -, -, -, DE, -, -, -, Feb, Pneumonia, -
Phoebe Ash, 85, F, W, -, -, -, Ireland, -, -, -, Feb, Old Age, -
Bridget Dougherty, 78, F, W, -, -, -, Ireland, -, -, -, Feb, Consumption, -
Roseanna Maloney, 77, F, W, -, -, -, NY, -, -, -, Feb, Heart Disease, -
Fernanda Glascow, 4 months, F, B, -, -, -, DE, -, -, -, Feb, Marasmus, -
Sarah Green, 85, F, W, -, -, -, Ireland, -, -, -, Feb, Old Age, -
James Brophy, 43, M, W, -, -, -, Ireland, -, -, -, Feb, Congestion of Brain, -
David Bayard, 73, M, B, -, -, -, DE, -, -, -, Feb, Nephritis, -
Benjamin Hanna, 83, M, W, -, -, -, DE, -, -, -, Feb, General Debility, -
Amelia Marshal, 69, F, W, -, -, -, Ireland, -, -, -, Feb, Fatty Degeneration
    of Heart, -
Edward Shain, 54, M, W, -, -, -, Wales, -, -, -, Feb, Consumption, -
Clara J. White, 3 months, F, B, -, -, -, DE, -, -, -, Feb, Neglect, -
B. Plator, 16 months, F, B, -, -, -, DE, -, -, -, Feb, Catarrh on Breast, -
Noah C. Bass, 4, M, B, -, -, -, DE, -, -, -, Feb, Pneumonia, -
Clara Dorsey, 3, F, B, -, -, -, DE, -, -, -, Feb, Consumption, -
Hanna A. Simpson, 71, F, W, -, -, -, DE, -, -, -, Feb, Erysipelas, -
William McDonnell, 4 months, M, W, -, -, -, DE, -, -, -, Feb, Marasmus, -
Thos. F. B. Allmond, 7 months, M, W, -, -, -, DE, -, -, -, Feb, Hydrocephalus, -
Charles Dever, 13 months, M, W, -, -, -, DE, -, -, -, Feb, Convulsions, -
Geo. S. Richardson, 22, M, W, -, -, -, DE, -, -, -, Feb, Carcinoma, -
Michael Connell, 30, M, W, -, -, -, Ireland, -, -, -, Feb, Drowned, -
Rachel Grinidge, 27, F, B, -, -, -, NJ, -, -, -, Feb, Consumption, -
Sarah Smallwood, 18 months, F, B, -, -, -, DE, -, -, -, Feb, Bronchitis, -
Hellen Straughn, 18 months, F, W, -, -, -, DE, -, -, -, Feb, Scrofula, -
Thomas Schultz, 31, M, W, -, -, -, Russia, -, -, -, Feb, Typhoid, -
John Maloney, 60, M, W, -, -, -, Ireland, -, -, -, Feb, Pneumonia, -
Elizabeth Frero, 5, F, W, -, -, -, Philadelphia, -, -, -, Feb, Diphtheria, -
Emory Clark, 57, M, W, -, -, -, DE, -, -, -, Feb, Exhaustion, -
Clarence S. McNair, 7, M, W, -, -, - NJ, -, -, -, Feb, Scarlatina, -
Hary Schwarz, 3 months, M, W, -, -, -, DE, -, -, -, Feb, Convulsions, -
Sarah Merrehill, 78, F, W, -, -, -, DE, -, -, -, Feb, Gangrene of Leg, -

Mary E. Roop, 14 months, F, W, -, -, -, DE, -, -, -, Feb, Convulsions, -
Sarah Francis, 17, F, W, -, -, -, England, -, -, -, Feb, General Debility, -
Alexander Eneored, 45, M, W, -, -, -, France, -, -, -, Feb, Typhoid, -
Michael McCormick, 50, M, W, -, -, -, Ireland, -, -, -, Feb, Jaundice, -
Samuel Richardson, 73, M, W, -, -, -, DE, -, -, -, Feb, Paralysis, -
Wm. A. Lindsey, 62, M, W, -, -, -, PA, -, -, -, Feb, Dropsy, -
Elsie G. Lewis, 24 days, F, W, -, -, -, PA, -, -, -, Feb, Measles, -
Lucinda King, 30, F, W, -, -, -, MD, -, -, -, Feb, Abortion, -
Emma A. Yates, 39, F, W, -, -, -, DE, -, -, -, Feb, Consumption, -
Annie Allen, 28, F, W, -, -, -, PA, -, -, -, Feb, Consumption, -
John Rooney, 14, M, W, -, -, -, PA, -, -, -, Feb, Rheumatism, -
James Williams, 36, M, W, -, -, -, DE, -, -, -, Feb, Malaria, -
Ann C. Savage, 85, F, W, -, -, -, DE, -, -, -, Feb, Pneumonia
James V. Emelen, 60, M, W, -, -, -, DE, -, -, -, Feb, Senile Debility, -
Joseph Collins, 17, M, W, -, -, -, DE, -, -, -, Mar, Typhoid, -
Rachael A. Searls, 59, F, W, -, -, -, DE, -, -, -, Mar, Bronchitis, -
Winnaford Miland, 18 months, F, W, -, -, -, DE, -, -, -, Mar, Pneumonia, -
William Miller, 55, M, W, -, -, -, PA, -, -, -, Mar, Rheumatism, -
Owen Palmer, 64, M, W, -, -, -, DE, -, -, -, Mar, Tetanus, -
Henry Pepper, 34, M, W, -, -, -, Philadelphia, -, -, -, Mar, Apoplexy, -
Ella O. France, 11, F, B, -, -, -, DE, -, -, -, Mar, Consumption, -
Vermaddle Scribner, 3, F, B, -, -, -, DE, -, -, -, Mar, Consumption, -
Mary A. Tindall, 31, F, W, -, -, -, NJ. -, -, -, Mar, Brights Disease, -
Sarah E. Draper, 18 months, F, B, -, -, -, NJ, -, -, -, Mar, Marasmus, -
Lewis John, 60, M, B, -, -, -, DE, -, -, -, Mar, Consumption, -
Hary T. Barnhill, 8 months, M, W, -, -, -, DE, -, -, -, Mar, Convulsions, -
William Graham, 25, M, W, -, -, -, Scotland, -, -, -, Mar, Heart Disease, -
Sidney A. Perkins, 71, F, W, -, -, -, MD, -, -, -, Mar, Consumption, -
Elizabeth Wilkins, 32, F, W, -, -, -, NY, -, -, -, Mar, Convulsions, -
Joseph McCaully, 42, M, W, -, -, -, MD, -, -, -, Mar, Pneumonia, -
Mary Ann Todd, 71, F, W, -, -, -, MD, -, -, -, Mar, Paralysis, -
Mrs. C. W. Johnson, 30, F, W, -, -, -, DE, -, -, -, Mar, Spinal Irritation, -
Rollo Morrison, 78, M, W, -, -, -, NY, -, -, -, Mar, Congestion of Lungs, -
Baby of Oliver Jones & wife, 1 day, M, W, -, -, -, DE, -, -, -, Mar, Pulmonary
    Consumption, -
Mary J. Talley, 70, F, W, -, -, -, PA, -, -, -, Mar, Pneumonia, -
Nellie Baker, 6 months, F, W, -, -, -, DE, -, -, -, Mar, Convulsions, -
Austin W. Beckett, 7 months, F, W, -, -, -, DE, -, -, - Mar, Inanition, -
William T. Carroll, 13, M, W, -, -, -, US, -, -, -, Mar, Scarlatina, -
Amos Dubois, 73, M, W, -, -, -, NJ, -, -, -, Mar, Congestion of Lungs, -
Mary E. Wing, 4 months, F, B, -, -, -, DE, -, -, -, Mar, Inanition, -
Hester Duckey, 50, F, B, -, -, -, DE, -, -, -, Mar, Pneumonia, -
Alex. DuPont Bradford, 4 weeks, M, W, -, -, -, DE, -, -, -, Mar, Pneumonia, -
George W. Dutton, 6 months, M, W, -, -, -, DE, -, -, -, Mar, Bronchitis, -
Cora V. Hawke, 4, F, W, -, -, -, DE, -, -, -, Mar, Pneumonia, -
Emma Jones, 17, F, W, -, -, -, DE, -, -, -, Mar, Consumption, -

Patrick Dougherty, 55, M, W, -, -, -, Ireland, -, -, -, Mar, Consumption, -
Joseph Bringhurst, 72, M, W, -, -, -, DE, -, -, -, Mar, Albuminuria, -
Rachael Smallwood, 55, F, B, -, -, -, DE, -, -, -, Mar, Paralysis, -
Mrs. M. Bradford, 58, F, W, -, -, -, PA, -, -, -, Mar, Inflammation of Bowels, -
Christopher Bassett, 60, M, W, -, -, -, PA, -, -, -, Mar, Lungs & Liver, -
Bertha O'Guyer (O. Guyer), 9 months, F, W, -, -, -, DE, -, -, -, Mar, Pneumonia, -
Lizzie Steward, 3, F, W, -, -, -, DE, -, -, -, Mar, Diphtheria, -
Dora Loper, 2 ½, F, B, -, -, -, DE, -, -, -, Mar, Consumption, -
Owen Nyman, 12, M, W, -, -, -, DE, -, -, -, Mar, Accident, -
Charles McGinnis, 49, M, W, -, -, -, PA, -, -, -, Mar, Consumption, -
William Devlin, 7 days, M, W, -, -, -, DE, -, -, -, Mar, Asphyxia, -
Andrew Hill, 50, M, W, -, -, -, Ireland, -, -, -, Mar, Pneumonia, -
Mary A. Devlin, 24, F, W, -, -, - MD, -, -, -, Mar, Peritonitis, -
Bridget McGonegal, 58, F, W, -, -, -, Ireland, -, -, -, Mar, Gastritis, -
Jerey Washington, 21, M, B, -, -, -, DE, -, -, -, Mar, Dropsy, -
James Swift, 70, M, W, -, -, -, Ireland, -, -, -, Mar, Consumption, -
Cora Anderson, 50, F, B, -, -, -, PA, -, -, -, Mar, Typhoid, -
Mary E. Starr, 23 months, F, W, -, -, -, DE, -, -, -, Mar, Croup, -
William Landers, 45, M, W, -, -, -, PA, -, -, -, Mar, Intemperance, -
Lydia E. Roberts, 5 months, F, W, -, -, -, DE, -, -, -, Mar, Catarrh on Breast, -
Elizabeth Gilpin, 54, F, W, -, -, -, Philadelphia, -, -, -, Mar, Congestion of Brain, -
Maria Rider, 50, F, B, -, -, -, MD, -, -, -, Mar, Dropsy, -
John Reynolds, 26, M, W, -, -, -, DE, -, -, -, Mar, Consumption, -
Delaware B. McVey, 4, M, W, -, -, -, DE, -, -, -, Mar, Diphtheria, -
William Shearman, 3, M, W, -, -, -, DE, -, -, -, Mar, Measles, -
Rettie (Bettie) Strickland, 34, F, W, -, -, -, PA, -, -, -, Mar, Consumption, -
Henry English, 58, M, W, -, -, -, PA, -, -, -, Mar, Pleurisy, -
John Durham, 75, M, B, -, -, -, MD, -, -, -, Mar, Gastritis, -
Alice Edwards, 28, F, W, -, -, -, DE, -, -, -, Mar, Consumption, -
Ella M. Maxwell, 38, F, W, -, -, -, US, -, -, -, Mar, Rheumatism, -
John Hurly, 45, M, W, -, -, -, Ireland, -, -, -, Mar, Killed on Delaware & West Railroad, -
Daniel Murrey, 66, M, W, -, -, -, US, -, -, -, Mar, Paralysis of Brain, -
Wm. M. Woodrow, 1, M, W, -, -, -, DE, -, -, -, Mar, Convulsions, -
Charles L. Lemon, 2 weeks, M, W, -, -, -, DE, -, -, -, Mar, Marasmus, -
John Darrough, 1 day, M, W, -, -, -, DE, -, -, -, Mar, Inanition, -
Percefor F. Hook, 84, M, W, -, -, -, PA, -, -, -, Mar, Heart Disease, -
Anna E. Watson, 4 days, F, W, -, -, -, DE, -, -, -, Consumption, -
Wm. Henderson, 62, M, W, -, -, -, DE, -, -, -, Mar, ?, -
Kate Roy (Ray), 3, F, B, -, -, -, DE, -, -, -, Mar, Infantile Paralysis, -
Miss Eliza Caldwell, 75, F, W, -, -, -, Ireland, -, -, -, Mar, Bronchitis, -
Bridget Murphey, 35, F, W, -, -, -, Ireland, -, -, -, Mar, Pneumonia, -
Clara Robinson, 85, F, B, -, -, -, DE, -, -, -, Mar, Old Age, -
Eliza J. Mitchell, 51, F, W, -, -, -, DE, -, -, -, Mar, Consumption, -
Lena Lafferty, 3, F, W, -, -, -, DE, -, -, -, Mar, Diphtheria, -
Keziah Gooden, 13, F, W, -, -, -, DE, -, -, -, Mar, Consumption

Mary Cottingham, 17 months, F, W, -, -, -, DE, -, -, -, Mar, Measles, -
John T. Barns, 63, M, W, -, -, -, England, -, -, -, Mar, Erysipelas, -
Susan H. Hampton, 44, F, W, -, -, -, NJ, -, -, -, Mar, Consumption, -
Nell P. McVey, 20 months, F, W, -, -, -, DE, -, -, -, Mar, Diphtheria, -
Geo K. Wiley, 13, M, W, -, -, -, Ohio, -, -, -, Mar, Accident, -
Maggie Hall, 20, F, B, -, -, -, DE, -, -, -, Mar, Consumption, -
Wm. Gray's child, 1 month, F, B, -, -, -, DE, -, -, -, Mar, Syphilis, -
Mary Denney, 74, F, W, -, -, -, Ireland, -, -, -, Mar, Bronchitis, -
James B. Otto, 20 months, M, W, -, -, -, DE, -, -, -, Mar, Convulsions, -
Mary Lafferty, 83, F, W, -, -, -, Ireland, -, -, -, Mar, Gangrene of Foot, -
Jessie Osmond, 40, M, W, -, -, -, DE, -, -, -, Mar, Inflammation of Lungs, -
Jane T. Sawdon, 75, F, W, -, -, -, DE, -, -, -, Mar, Congestion of Lungs, -
Joseph R. Thomas, 38, M, W, -, -, -, DE, -, -, -, Mar, Consumption, -
Minnie Haney, 3 months, F, W, -, -, -, DE, -, -, -, Mar, Meningitis, -
Ellen A. Derrickson, 52, F, W, -, -, -, DE, -, -, -, Mar, Consumption, -
Mary Blessing, 41, F, W, -, -, -, DE, -, -, -, Mar, Inflammation of Bowels, -
Wilson H. Jones, 38, M, W, -, -, -, PA, -, -, -, Mar, Tetanus, -
Wm. B. DuBois, 6 months, M, W, -, -, -, DE, -, -, -, Mar, Cyanosis, -
George Lodge, 83, M, W, -, -, -, DE, -, -, -, Mar, Cerebreal Congestion, -
Richard Blessdale, 5, M, W, -, -, -, MD, -, -, -, Mar, Meningitis, -
Bridget Carroll, 44, F, W, -, -, -, Ireland, -, -, -, Apr, Pneumonia, -
Russel, Mary L., 2, F, W, -, -, -, DE, -, -, -, Apr, Congestive Chill, -
John Speer, 77, M, W, -, -, -, PA, -, -, -, Apr, Angina Pectoris, -
Mary Colwell, 80, F, B, -, -, -, DE, -, -, -, Apr, Apoplexy, -
Caroline Wallace, 60, F, B, -, -, -, DE, -, -, -, Apr, Consumption, -
_. H. Hull, 7 months, M, B, -, -, -, DE, -, -, -, Apr, Pneumonia, -
Lydia M. Shaw, 41, F, W, -, -, -, Ireland, -, -, -, Apr, Angina Pectoris, -
John C. Zebley, 2, M, W, -, -, -, DE, -, -, -, Apr, Scarlet Fever, -
Louisa E. Numbers, 20, F, W, -, -, -, DE, -, -, -, Apr, Puerperal Fever, -
Wilmer Palmer, 4 days, M, W, -, -, -, DE, -, -, -, Apr, Anemia, -
Eliza Pierson, 52, F, W, -, -, -, DE, -, -, -, Apr, Apoplexy, -
James H. Stanley, 3 months, M, B, -, -, -, DE, -, -, -, Apr, Bronchitis, -
Willie B. Foote, 10 months, M, W, -, -, -, DE, -, -, -, Apr, Meningitis, -
Benj. Crozier, 73,M, W, -, -, -, DE, -, -, -, Apr, Dropsy, -
Francis Jones, 42, F, B, -, -, -, MD, -, -, -, Apr, Consumption, -
Roseana C. McKinney, 14, F, W, -, -, -, DE, -, -, -, Apr, Congestion of Brain, -
Agnes Scofield, 19, F, W, -, -, -, PA, -, -, -, Apr, Consumption, -
Lizzie Tornov, 8 months, F, W, -, -, -, DE, -, -, -, Apr, Pneumonia
_____ Wood, 8 months, F, W, -, -, -, DE, -, -, -, Apr, Catarrh, -
John Connell, 4 days, M, W, -, -, -, DE, -, -, -, Apr, Marasmus, -
Clayton L. Duputy, 19, M, W, -, -, -, DE, -, -, -, Apr, Consumption, -
James W. Filas, 18 months, M, W, -, -, -, DE, -, -, -, Apr, Peritonitis, -
Francis W. England, 19, months, F, W, -, -, -, MD, -, -, -, Apr, Pneumonia, -
George Hamilton, 18 M, W, -, -, -, DE, -, -, -, Apr, Consumption, -
Josephine T. McCormick 3 ½, F, W, -, -, -, DE, -, -, -, Apr, ?, -
William Thomas, 14, M, B, -, -, -, DE, - -, -, Apr, Consumption, -

Lizzie B. Roberts, 26, F, W, -, -, -, DE, -, -, -, Dropsy, -
Sarah Sterling, 83, F, B, -, -, -, MD, -, -, -, Apr, General Debility, -
Elizabeth Walker, 2 weeks, F, B, -, -, -, DE, -, -, -, Apr, Croup, -
Bridget McDermit, 85, F, W, -, -, -, Ireland, -, - -, Apr, Old Age, -
Anna Belville, 4 months, F, W, -, -, -, DE, -, -, -, Apr, Meningitis, -
Edward Frobbold, 2, M, W, -, -, -, DE, -, -, -, Apr, Scarlet Fever, -
Mary A. Elliott, 69, F, W, -, -, -, England, -, -, -, Apr, Paralysis, -
Arimina Pratt, 32, F, W, -, -, -, DE, -, -, -, Apr, Consumption, -
Delaware Moore, 3, M, W, -, -, -, DE, -, -, -, Apr, Convulsions, -
Mary Sauerlander, 28, F, W, -, -, -, Ireland, -, -, -, Apr, Peritonitis, -
Emma Foswell, 19, F, W, -, -, -, DE, -, -, -, Apr, Consumption, -
Lissetta Comfort, 33, F, W, -, -, -, DE, -, -, -, Apr, Hemorrhage, -
William Maloney, 42, M, W, -, -, -, Ireland, -, -, -, Apr, Pneumonia, -
Owen Tamany, 49, M, W, -, -, -, Ireland, -, -, -, Apr, Pneumonia, -
Walter Beeson, 7, M, W, -, -, -, DE, -, -, -, Apr, Scarlet Fever, -
M. L. Ash, 7 months, F, W, -, -, -, DE, -, -, -, Apr, General Debility, -
Sarah H. McKaig, 6, F, W, -, -, -, DE, -, -, -, Apr, Pneumonia, -
George Keller, 71, M, W, -, -, -, NY, -, -, -, Apr, Anasarca, -
Armsly Newlin, 71, M, W, -, -, -, PA, -, -, -, ?, -
Thomas Snowden, 38, M, W, -, -, -, England, -, -, -, Apr, Heart Disease, -
Ida Briggs, 3 months, F, B, -, -, -, DE, -, -, -, Apr, Natural Causes, -
Lizzie Munda, 9 months, F, W, -, -, -, DE, -, -, -, Apr, Hydrocephalus, -
Edward Peer, 44, M, W, -, -, -, England, -, -, -, Apr, Tubercular, -
Harry Thompson, 10 months, M, B, -, -, -, DE, -, -, -, Hydrocephalus, -
Susan A. LeCompt, 76, F, W, -, -, -, MD, -, -, -, Apr, Old Age, -
Eliza C. Eckel, 28, F, W, -, -, -, DE, -, -, -, Apr, Typhoid, -
Bertha H. Martin, 6, F, W, -, -, -, DE, -, -, -, Apr, Scarlet Fever, -
Mary E. Rowland, 37, F, W, -, -, -, DE, -, -, -, Apr, Consumption, -
Samuel Allen, 76, M, W, -, -, -, DE, -, -, -, Apr, Typhoid, -
Margaretta Cloud, 52, F, W, -, -, -, DE, -, -, -, Apr, Enteritis, -
Michael T. Casey, 27, M, W, -, -, -, DE, -, -, -, Apr, Consumption, -
Sarah A. Countis, 75, F, W, -, -, -, DE, -, -, -, Apr, Apoplexy, -
Francis D. Talley, 3, F, W, -, -, -, De, -, -, -, Apr, Convulsions, -
Eliza Holden, 88, F, W, -, -, -, DE, -, -, -, Apr, Old Age, -
Henry Kenyon, 8, months, M, W, -, -, -, DE, -, -, -, Apr, Diphtheria, -
Godleib Seibold, 32, M, W, -, -, -, Germany, -, -, -, Apr, Pleuritic Effusion, -
John Wilson, 66, M, B, -, -, -, DE, -, -, -, Apr, General Debility, -
Jennie Tatman, 19 months, F, W, -, -, -, DE, -, -, -, Apr, Bronchitis, -
Harriet Hart, 17 months, F, W, -, -, -, DE, -, -, -, Apr, Measles, -
Child of Wm. Powell, 2 days, F, W, -, -, -, DE, -, -, -, Apr, Epilepsy, -
Wm. F. Simmons, 20, M, W, -, -, -, DE, -, -, -, Apr, Consumption, -
Edward Moore, 4 months, M, B, -, -, -, DE, -, -, -, Apr, Marasmus, -
Edward Saville, 8, M, W, -, -, -, DE, -, -, -, Apr, Typhoid, -
Mary J. White, 41, F, W, -, -, -, Scotland, -, -, -, Apr, Asthma, -
Jane T. Anderson, 44, F, W, -, -, -, PA, -, -, -, Apr, Heart Disease, -
Elizabeth Beckley, 45, F, W, -, -, -, DE, -, -, -, Apr, Overdose of Chloroform, -

Joseph Teas, 70, M, W, -, -, -, US, -, -, -, Apr, Paralysis, -
Mary W. O'Connor, 2, F, W, -, -, -, DE, -, -, -, Apr, Croup, -
Ester V. Wilson, 39, F, W, -, -, -, MD, -, -, -, Apr, Scarlet Fever, -
Joshua Benson, 42, M, B, -, -, -, MD, -, -, -, Apr, Heart Disease, -
Peter Spahn, 52, M, W, -, -, -, Germany, -, -, -, Apr, Inflammation of Stomach, -
Isab S. Berlin, 57, M, W, -, -, -, US, -, -, -, Apr, Hemorrhage of Brain, -
Wm. G. Wagner, 22, M, W, -, -, -, Maine, -, -, -, Apr, Overdose of Laudanum, -
Keziah King, 71, F, W, -, -, -, DE, -, -, -, Apr, General Debility, -
C. C. Righter, 36, M, W, -, -, -, DE, -, -, -, Apr, Consumption, -
James Hemphill Jones, 57, M, W, -, -, -, DE, -, -, -, Apr, Pneumonia, -
August Woolridge, 26, M, B, -, -, -, VA, -, -, -, Apr, Pneumonia, -
Winfer Maloney, 4 months M, W, -, -, -, DE, -, -, -, Apr, Catarrh, -
Elizabeth Righter, 65, F, W, -, -, -, DE, -, -, -, Apr, Pneumonia, -
Catherine O'Toole, 85, F, W, -, -, -, Ireland, -, -, -, Apr, Old Age, -
Anna Klein, 61, F, W, -, -, -, Germany, -, -, -, Apr, Natural Causes, -
Walter C. Johnson, 7 weeks, M, W, -, -, -, DE, -, -, -, Apr, Marasmus, -
Pheobe E. Burgess, 3 months, F, W, -, -, -, Philadelphia, -, -, -, Apr, Marasmus, -
John Draper, 3, M, B, -, -, -, DE, -, -, -, Apr, Neglect, -
William Campbell, 56, M, W, -, -, -, Ireland, -, -, -, May, Consumption, -
William Wilson, 3 ½, M, B, -, -, -, DE, -, -, -, May, Consumption, -
Jane Craig, 3, F, B, -, -, -, DE, -, -, -, May, Enteric Catarrh, -
James C. Sweatman, 82, M, W, -, -, -, NJ, -, -, -, May, Kidney Disease, -
Lillie Etezel, 10 months, F, W, -, -, -, PA, -, -, -, May, Congestion of Lungs, -
Ida Shockley, 11 months, F, B, -, -, -, DE, -, -, -, May, Meningitis, -
John W. Jefferson, 8 months, M, B, -, -, -, DE, -, -, -, May, Hydrocephalus, -
Abram Ambrose, 13, M, B, -, -, -, DE, -, -, -, May, Consumption, -
Polk Jordan, 10, M, W, -, -, -, DE, -, -, -, May, Cholera, -
Evalina Courtney, 16 months, F, W, -, -, -, DE, -, -, -, May, Meningitis, -
George Cleland, 66 M, W, -, -, -, DE, -, -, -, May, Pneumonia, -
William McKendrick, 56, M, W, -, -, -, Ireland, -, -, -, May, Typhoid, -
Ann H. Wrolmer, 60, F, W, -, -, -, US, -, -, -, May, Consumption, -
Child of Wilbert & Martha Riley, 3 days, M, W, -, -, -, US, -, -, -, May, Convulsions, -
Hewey Malcom, 7, M, W, -, -, -, DE, -, -, -, May, Consumption, -
Howard Louden, 4 months, M, W, -, -, -, DE, -, -, -, May, Convulsions, -
Lulu McCullough, 26, F, W, -, -, -, DE, -, -, -, May, Inanition, -
Davis Jones, 80, M W, -, -, -, Wales, -, -, -, May, General Debility, -
Alfred Cox, 16 months, M, W, -, -, -, DE, -, -, -, May, Convulsions, -
T. Bayard Smith, 34, M, B, -, -, -, DE (Black Physician), -, -, -, May, Consumption, -
Isaac Green, 17 months, M, B, -, -, -, DE, -, -, -, May, Rubeola, -
Jane Loper, 4, F, B, -, -, -, DE, -, -, -, May, Measles, -
John Mewton, 14, M, W, -, -, -, Ireland, -, -, -, May, Paralysis, -
Byard Phillips, 59, M, B, -, -, -, DE, -, -, -, May, Consumption, -

Daniel L. Pierson, 59, M, W, -, -, -, PA, -, -, -, May, Paralysis, -
Maggie Haydon, 9 months, F, W, -, -, -, DE, -, -, -, May, Croup, -
Rebecca Cummins, 61, F, W, -, -, -, DE, -, -, -, May Emphysema, -
Lizzie Miller, 30, F, W, -, -, -, MD, -, -, -, May, Dementia, -
Bessie Smith, 24, F, W, -, -, -, DE, -, -, -, May, Scarlet Fever, -
Robert McKaig, 31, M, W, -, -, -, DE, -, -, -, May, Consumption, -
Harry Carpenter, 10 months, M, B, -, -, -, DE, -, -, -, May, Meningitis, -
Charles Hines, 13, M, W, -, -, -, DE, -, -, -, May, Meningitis, -
Annie Morris, 3, F, B, -, -, -, DE, -, -, -, May, Meningitis, -
Martha Brown, 29, F, W, -, -, -, MD, -, -, -, May, Kidney Disease, -
Mamie Jones, 3, F, W, -, -, -, DE, -, -, -, May, Congestion of Brain, -
Osbourn Bell, 68, M, W, -, -, -, MD, -, -, -, May, Pyemia Abscesses, -
Prudence Kennedy, 65, F, W, -, -, -, Ireland, -, -, -, May, Pneumonia, -
Emma Riggs, 9 months, F, W, -, -, -, DE, -, -, -, May, Diphtheria, -
Thos. S. Poole, 38, M, W, -, -, -, DE, -, -, -, May, Consumption, -
Lizzie Kase, 21, F, W, -, -, -, Germany, -, -, -, May, Convulsions, -
Lewis S. Brauman, 2, M, W, -, -, -, DE, -, -, -, May, Typhoid, -
Mary E. Wilson, 6 months, F, W, -, -, -, DE, -, -, -, May, Convulsions, -
Francis E. Green, 6 months, M, W, -, -, -, DE, -, -, -, May, Convulsions, -
John McCloskey, 14, M, W, -, -, -, DE, -, -, -, May, Epilepsy, -
Mary Curey, 66, F, W, -, -, -, Ireland, -, -, -, May, Natural Causes, -
Fred Berry, 1, M, B, -, -, -, DE, -, -, -, May, Consumption, -
James E. Deane, 21 months, M, W, -, -, -, DE, -, -, -, May, Consumption, -
Francis Grisson, 6, M, W, -, -, -, DE, -, -, -, May, Accident, -
Julia Brown, 53, F, B, -, -, -, DE, -, -, -, May, Heart Disease, -
Henry Baynerd, 6 months, M, B, -, -, -, DE, -, -, -, May, Marasmus, -
Fannie Chase, 24, F, W, -, -, -, MD, -, -, -, May, Convulsions, -
Sarah Barney, 39, F, W, -, -, -, DE, -, -, -, May, Nephritis, -
Sarah A. Campbell, 69, F, W, -, -, -, NJ, -, -, -, May, Old Age, -
Louisa Hicks, 19 months, F, W, -, -, -, PA, -, -, -, May, Pneumonia, -
J. Russell O'Conner, 7 months, M, B, -, -, -, DE, -, -, -, May, Diphtheria, -
Geo. A. Wilson, 5 months, M, B, -, -, -, DE, -, -, -, May, Cholera, -
Dora Smallwood, 7 months, F, B, -, -, -, DE, -, -, -, May, Meningitis, -
Laurence Vanderbraek, 60, M, W, -, -, -, Holland, -, -, -, May, Epileptic
    Convulsions, -
Charles R. Turner, 16 months, M, W, -, -, -, DE, -, -, -, May, Diphtheria, -
Lilly B. Lindsay, 5 months, F, B, -, -, -, DE, -, -, -, May, Cholera, -
Maggie Gendler, 6 months, F, W, -, -, -, DE, -, -, -, May, Cholera, -
Geo. G. Smith, 9 months, M, W, -, -, -, DE, -, -, -, May, Cholera, -
John Gillen, 7 months, M, W, -, -, -, DE, -, -, -, May, Cholera, -
James D. Baer, 11, M, W, -, -, -, DE, -, -, -, May, Accident, -
Hattie Demby, 1 week, F, B, -, -, -, DE, -, -, -, May, Marasmus, -
Child of F. Chance, 14 days, M, W, -, -, -, DE, -, -, -, May, Cholera, -
Walter Kennedy, 6 months, M, W, -, -, -, DE, -, -, -, May, Abscesses, -
Flarance Bell, 8 months, F, W, -, -, -, DE, -, -, -, May, Marasmus, -
Agnes Logan, 84, F, W, -, -, -, Ireland, -, -, -, May, Pleurisy, -

Edward A. Fulton, 47, M, W, -, -, -, DE, -, -, -, May, Exhaustion, -
Chas. Antodes, 4 months, M, W, -, -, -, DE, -, -, -, May, Cholera, -
Joseph Highfield, 58, M, W, -, -, -, DE, -, -, -, May, Abscess on Lungs, -
Walter Loper, 3, M, W, -, -, -, DE, -, -, -, May, Pneumonia, -
Eliza M. Ferris, 82, F, W, -, -, -, DE, -, -, -, May, Pneumonia, -
Charles S. Black, 9 months, M, W, -, -, -, DE, -, -, -, May, Diphtheria, -
Anderson Parks, 24, M, B, -, -, -, NC, -, -, -, May, Peritonitis, -
Amos Grube, 15, M, W, -, -, -, US, -, -, -, May, Accident, -
Mary A. Jackson, 67, F, W, -, -, -, US, -, -, -, May, Apoplexy, -
John McClintock, 79, M, W,-, -, -, Ireland, -, -, -, May, Senile ?, -
29, Talley, Penrose, 74, M, W, -, -, 1, DE, -, DE, Farmer, Nov, Consumption, 74
96, Weldin, Elizabeth, 71, F, W, -, -, 1, DE, DE, DE, -, Sept, Obstruction of Bowel, 71
104, Pierce, Sarah, 70, F, W, -, -, 1, DE, DE, DE, -, Aug, Congestion of Brain, 70
129, Lodge, George, 84, M, W, -, 1, -, DE, DE, DE, Farmer, Mar, Paralytic Stroke, 84
160, McClintock, John, 79, M, W, -, -, 1, Ireland, Ireland, Ireland, Railroader, May, Gangrene in Foot, 31
185, Talley, William, 1, M, W, 1, -, -, DE, DE, DE, -, Jan 1880, -, 1
189, Hamby, William, 75, M, W, -, 1, -, DE, -, -, Farmer, May, ?, -
214, Forwood, Harry J., 27, M, W, 1, -, -, DE, DE, DE, Farmer, Jul, Killed in Mine in Colorado, 26,
215, McNamara, Margarett, 16, F, W, 1, -, -, PA, Ireland, Ireland, -, May, Burned in House, 3/12
218, Rosborough, Sallie, 7/12, F, W, 1, -, -, DE, Ireland, England, -, Nov, Cholera, 7/12
221, Myers, Anna R., 67, F, W, -, -, 1, NJ, NJ, NJ, -, Apr, Paralysis, 29
272, Pierce, Frankin, 26, M, W, 1, -, -, PA, DE, DE, Farmer, Nov, Consumption, 23
275, Osborn, John, 37, M, W, -, 1, -, Ireland, Ireland, Ireland, Farmer, Jan, Congestion of Brain, 34
282, America, James, W., 11, M, B, 1, -, -, DE, DE, DE, School, Aug, Lock Jaw, 11
59, Pierce, Alexis D., 37, M, B, -, 1, -, DE, DE, DE, Farmer, Jul, Typhoid, 37
PR, Fraim, Hester, 57, F, W, -, 1, -, DE, DE, DE, Housekeeper, June, Pneumonia, -
PR, Ferris, Eliza M., 82, F, W, -, 1, -, DE, -, -, Housekeeper, May, Pneumonia, -
PR, Blackwell, Alice M., 2/12, F, W, 1, -, -, DE, -, -, -, Nov, Congestion of Lungs, -
PR, McCormick, Marshal, 52, M, W, -, 1, -, DE, -, -, Watchman, Feb, Jaundice, -
11, Chandler, Theodore, 24, M, W, -, 1, -, DE, DE, DE, Laborer, Nov, Gun Shot Wound, 8
13, Paling, Hannah E., 2, F, W, 1, -, -, -, DE, PA, PA, -, Nov, Dropsy, 2
26, Righter, Elizabeth, 64, F, W, -, 1, -, DE, DE, DE, Keeping House, Apr, Pneumonia, 31

17, Bell, Helen E., -, F, B, 1, -, -, DE, MD, PA, -, Jan, Still Born, -
46, Journey, Leah, 2, F, W, 1, -, -, DE, DE, DE, -, Apr, Scarlet Fever, 2
50, Righter, Marcia C., 33, F, W, -, 1, -, DE, PA, PA, Keeping House, Apr, Consumption, 33
62, Sharpley, Jane, 76, F, W, -, -, 1, DE, DE, PA, -, Nov, Paralysis, 76
64, Jane Torbert, 73, F, W, -, -, 1, DE, DE, DE, -, Aug, Consumption, 73
120, Jones, Mary, 79, F, W, -, 1, -, DE, France, France, Keeping House, Apr, Anasarca, 79
124, Chase, Nancy, 97, F, B, -, -, 1, DE, -, -, -, Aug, Old Age, 97
165, Cochran, William, 2, M, W, 1, -, -, DE, Ireland, Ireland, -, Nov, Scarlet Fever, 2
169, Wood, Frank, 1, M, W, 1, -, -, DE, PA, Ireland, -, Jan, Erysipelas, 1
183, Sloan, Martha, 2, F, W, 1, -, -, DE, Ireland, Ireland, -, Oct, Scarlet Fever, 2
209, Massey, Wm. H., 18, M, W, 1, -, -, DE, PA, PA, Apprentice to Cooper, Oct, Congestive Chills, 18
215, Applegate, Susan, 29, F, W, -, 1, -, DE, DE, DE, Keeping House, May, Kidney Disease, 29
247, Brown, Charles, 38, M, W, -, 1, -, Sweden, Sweden, Sweden, Laborer, Sept, Gravel, 8
261, Black, Charles, 9/12, M, W, 1, -, -, DE, Ireland, Ireland, -, May, Diphtheria, 9/12
298, Horn, Esther N., 13, F, W, 1, -, -, PA, PA, PA, At School, Apr, Diphtheria, 2
351, Todd, Blanche, -, F, W, -, 1, -, DE, DE, DE, -, Dec, Premature Birth, -
375, Malin, Harvy, 72, M, W, -, 1, -, PA, PA, PA, -, Jan, Dropsy, 10
379, Starr, Mary E., 1, F, W, 1, -, -, DE, PA, PA, -, Mar, Croup, 1
----, Anna Giber, 5, F, W, 1, -, -, DE, -, -, -, June, Heart Disease, -
----, Webb, Mary, 40, F, W, 1, -, -, PA, Ireland, Ireland, Works in Cotton Mill, Feb, Consumption, 26
----, Bethel, Edith, 1, F, W, 1, -, -, DE, England, England, -, Sep, Summer Complaint, 1
----, Bethel, Edward, 4/12, M, W, 1, -, -, DE, England, England, -, Mar, -, 4/12,
----, Malloy, Bridget, 19, F, W, 1, -, -, Ireland, Ireland, Ireland, Worked in Cotton Mill, Jul, Consumption, 14
----, McClees, George, 73, M, W, -, 1, -, PA, PA, PA, Laborer, Aug, ?, 22
----, McClees, Rachael, 42, F, W, 1, -, -, PA, PA, PA, Without Occupation, Jul, General Debility, 22
----, Taylor, John Thomas, 8/12, M, W, 1, -, -, DE, England, England, -, Sep, Cholera, 8/12
----, Williams, Thomas, 45, M, W, 1, -, -, DE, DE, DE, Worked in Cotton Mill, Jul, Kidney Disease, 45
----, Vansant, Samuel, 72, M, W, -, 1, -, DE, DE, DE, Stone Mason, Mar, Erysipelas, 20

----, Cambell, Elizabeth, 36, F, B, -, 1, -, DE, DE, DE, Keeping House, Apr, Consumption, 36
----, Berry, William, 53, M, W, -, 1, -, DE, England, England, -, Mar, Typhoid, 21
----, Collins, Mary M., 1, F, B, 1, -, -, DE, DE, DE, -, Aug, Whooping Cough, 1
----, Boon, George, 10, M, W, 1, -, -, DE, MD, MD, -, Mar, Pleurisy, 10
----, Gray, William, 1, M, B, 1, -, -, DE, NC, PA, -, Mar, Whooping Cough, 1
----, McGrellins, Neal, 40, M, W, -, 1, -, Ireland, Ireland, Ireland, Farmer, Aug, Heart Disease, 39
----, Keelher, Ellen, 52, F, W, -, 1, -, Ireland, Ireland, Ireland, Keeping House, Aug, Hurt, 16
----, Tobin, Allice, 35, F, W, -, 1, -, DE, Ireland, Ireland, Keeping House, Jan, Consumption, 35
----, Crosett, Elizabeth 56, F, W, 1, -, -, DE, DE, DE, Nurse, Oct, Brain Fever, 56
----, Boyd, Magie, 20, F, W, 1, -, -, DE, Ireland, Ireland, Servant, Oct, Consumption, 20
----, Chandler, Rebeccah, 2, F, W, 1, -, -, DE, DE, PA, -, Aug, Cerebral Inflammation, 2
----, Kane, Thomas, 79, M, W, -, 1, -, Ireland, Ireland, Ireland, Farmer, Feb, Rupture, 29
----, Golding, Catherine, 31, F, W, -, 1, -, Ireland, Ireland, Ireland, Keeping House, Jul, Child Birth, 7
----, Reese, Thomas J., 50, M, W, -, 1, -, PA, PA, PA, Blacksmith, Mar, Paralysis, 25
----, Calhill, James, 1, M, W, 1, -, -, DE, Ireland, Ireland, -, Jan, Hydrocephalus, 1
----, Reed, Anna M., 2, F, W, 1, -, -, DE, DE, DE, -, Mar, Croup, 2
----, Reed, Mary E., 26, F, W, -, 1, -, DE, DE, DE, Keeping House, Nov, Consumption, 20
----, McIlheney, William, 4/12, M, W, 1, -, -, DE, DE, DE, -, Nov, Unk, 4/12
----, Fox, Elizabeth 47, F, W, -, 1, -, DE, DE, Ireland, Keeping House, Dec, Typhoid, 47
----, Rowe, Susan, 5, F, W, 1, -, -, DE, Ireland, Ireland, -, Feb, Diphtheria, 5
----, Bannerman, Ellin, 51, F, W, -, 1, -, Ireland, Ireland, Ireland, Keeping House, Jan, Consumption, 31
----, Devine, Ann, 62, F, W, -, 1, -, Ireland, Ireland, Ireland, Servant, Mar, Consumption, 40
----, Gallagher, James, 6/12, M, W, 1, -, -, DE, Ireland, Ireland, -, Nov, Tonsolitis, 6/12
----, Gallagher, Mary, 3, F, W, 1, -, -, DE, Ireland, Ireland, -, Nov, Pneumonia, 3
----, Doron, Hannah, 39, F, W, -, 1, -, Ireland, Ireland, Ireland, Keeping House, May, Cancer in Stomach, 24
----, Lynch, Catherine, 30, F, W, -, 1, -, Ireland, Ireland, Ireland, Keeping House, Apr, Pneumonia, 15

----, Biddle, Leander, 37, M, W, 1, -, -, -, PA, Ireland, MD, -, May, Consumption, 36
----, Toy, Rosana, 103, F, W, -, -, 1, Ireland, Ireland, Ireland, -, Aug, Old Age, 64
PR, Baldwin, Caroline, 80, F, W, -, 1, -, DE, -, -, Housekeeper, Mar, Old Age, -
PR, Butcher, Amelia, 70, F, B, -, 1, -, DE, -, -, Housekeeper, Jan, Anasarca, -
PR. Cousings, Bessie, 3/12, F, W, 1, -, -, DE, -, -, -, Sep, Marasmus, -
PR, Cousings, Bertha, 3/12, F, W, 1, -, -, DE, -, -, -, Sep, Marasmus, -
PR, Dixon, Mary, 76, F, W, -, 1, -, DE, -, -, Farmer's Wife, June, Brain Disease, -
PR, Hawkins, Mary, 8/12, F, W, 1, -, -, DE, -, -, -, Sept, Enteritis, -
PR, Holland, Martha, 57, F, W, -, 1, -, DE, -, -, Housekeeper, Nov, Heart Disease, -
PR, Kelly, John M., 78, M, W, -, 1, -, DE, Ireland, Ireland, Spinner, Nov, ?, -
PR, Lynch, John H., 2, M, W, 1, -, -, DE, -, -, -, Dec, Burned, -
PR, McCoais, Annie, 18/12, F, W, 1, -, -, DE, -, -, -, Aug, Hydrocephalus, -
PR, Phenney, John, 28, M, W, -, 1, -, DE, -, -, Laborer, Nov, Obstruction of Bowels, -
PR, Steptoe, Harry, 2, M, W, 1, -, -, DE, -, -, -, Oct, Croup, -
PR, Stout, Frank S., 4, M, W, 1, -, -, DE, -, -, -, Apr, Scarlet Fever, -
PR, Walters, Enos, 80, M, W, -, -, 1, DE, -, -, Farmer, Dec, Paralysis of Lungs, -
PR, Woolford, Hannah, 21, F, B, -, 1, -, DE, -, -, Wife, Feb, Phthisis, -
PR, Holland, Katy, 7/30, F, W, 1, -, -, DE, -, -, -, Sep, Cyanosis, -
----, ____ Grace, 1/12, F, W, 1, -, -, DE, England DE, May, Asthma, 1/12
----, Edna L. Gooding, 4/12, F, B, 1, -, -, DE, DE, DE, -, Feb, Brain Fever, 4/12
----, Annie Peterson, 80, F, B, -, -, 1, MD, -, -, Laborer, Nov, Old Age, 20
----, Ellin Peterson, 40, F, B, -, 1, -, MD, -, -, Keeping House, Feb, Consumption, 25
----, Asbury Peterson, 1, M, B, 1, -, -, DE, MD, MD, -, Mar, Summer Complaint, 1
----, Cora V. Hawk, 3, F, W, 1, -, -, DE, England, DE, -, Mar, Collapse of Lung, 3
----, Mary J. Taylor, 20, F, W, 1, -, -, DE, MD, PA, At Home, June, Consumption, 15
144, Emma Coleberry, 5, F, W, 1, -, -, DE, Sweden, Sweden, -, Mar, Pneumonia, 5
----, Minnie Coleberry, 8/12, F, W, 1, -, -, DE, Sweden, Swede, -, Mar, Pneumonia, 8/12
----, Robert Dailey, 1, M, W, 1, -, -, PA, PA, PA, -, Dec, Croup, 1
----, Folk Sharpley, 53, M, W, -, 1, -, DE, DE, DE, Courier, Dec, Killed By Cars, 52
----, Maggie Parks, 3/12, F, W, 1, -, -, PA, PA, PA, -, Sep, Decline, 3/12
----, Smith, Jane, 89, F, W, -, -, 1, DE, -, -, -, Nov, General Debility, 88
----, Ellen A. Derrefar, 51, F, W, -, 1, -, DE, DE, DE, Keeping House, Mar, Consumption, 51

----, Theodore Richards, 15, M, B, 1, -, -, DE, DE, DE, Laborer, Jan, Consumption, 15
----, Alfred Perry, 3/12, M, W, 1, -, -, DE, DE, DE, -, Feb, Diphtheria, 3/12
----, Roseana Maloney, 29, F, W, -, 1, -, Ireland, Ireland, -, Laborer, Mar, Child Birth, 11
----, Wilmer, Vuthen, 33, M, W, -, 1, -, DE, DE, DE, Laborer, Jan, Heart Disease, -
----, McKeown, Namoett, 61, F, W, -, 1, -, Ireland, Ireland, -, -, Oct, Cholera, 29
---, Broomall, Henry H., 22, M, B, -, 1, -, PA, PA, PA, Farmer, Feb, Tyhpid, 20
----, Samuel Richardson, 65, M, W, -, -, 1, DE, DE, DE, Farmer, Mar, ?, 65
----, James B. Benson, 5/12, M, B, 1, -, -, DE, DE, PA, -, Nov, Heart Disease, 5/12
36, Klair, Aaron, 4, M, W, 1, -, -, DE, DE, DE, -, Sep, Run Over by Cars, 4
71, Bartlett, Henry, 5, M, W, 1, -, -, DE, Prusia, DE, -, Apr, Diphtheria, 5
82, Cranston, Hannah, 69, F, W, -, 1, -, PA, PA, PA, Keeping House, Apr, Consumption, -
76, Jones, William, 1, M, W, 1, -, -, DE, DE, DE, -, Feb, Diphtheria, 1
63, Hoops, Charles, 5/12, M, W, 1, -, -, DE, DE, DE, -, Mar, Convulsions, 1
96, Guthrie, John, L., 6/12, M, W, 1, -, -, DE, DE, MD, -, Apr, Brain Fever, 6/12
104, Allen, Maggie, 2, F, B, 1, -, -, DE, DE, DE, -, Feb, Pneumonia, 2
118, Thompson, Cyrus, 39, M, W, -, 1, -, PA, DE, PA, Deputy Collector, Apr, Consumption, 39
126, Vance, James, P, 22, M, W, 1, -, -, DE, Ireland, Ireland, Blacksmith, Jul, Consumption, -
137, Boughman, Jacob, 84, M, W, -, -, 1, DE, DE, DE, Carpenter, Feb, Paralysis, 84
168, Clairnan, Henry, 89, M, W, -, 1, -, PA, Ireland, Ireland, Farmer, Jul, Congestion of Brain, -
176, Ryan, Ella, 6/12, F, W, 1, -, -, DE, Ireland, Ireland, -, Jul, Cholera, 6/12
185, Parris, Charles, 6/12, M, W, 1, -, -, DE, Ireland, NJ, -, Mar, Cyanosis, -
192, Crouch, Agnes, 9/12, F, W, 1, -, -, DE, PA, MD, -, Jul, Convulsions, 9/12
230, Mitchell, Lamanda, 24, F, -, 1, -, DE, DE, DE, At Home, Sep, Heart Disease, 24
233, Dolen, John E., 5/12, M, W, 1, -, -, DE, Ireland, DE, -, Mar, Heart Disease, 5/12
243, Collins, Mary A., 63, F, W, -, 1, -, MD, MD, MD, Keeping House, Dec, Consumption, -
250, Love, Rev. Thomas, 83, M, W, -, -, 1, PA, PA, PA, Minister, Dec, Bronchitis, -
344, Dixon, Samuel, 80, M, W, -, -, 1, DE, DE, DE, Farmer, May, Old Age, 80
341, Fisher, Mary, 71, F, W, -, 1, -, England, England, England, Keeping House, Aug, Asphyxia, -
PR, Artertha, Chas., 16/12, M, B, 1, -, -, DE, -, -, -, Feb, Pneumonia, -
PR, Charles, Henrietta, 19, F, B, -, 1, -, DE, -, -, Wife, Nov, Phthisis Pulmonalis, -

PR, Eastburn, Martha, 39, F, W, -, 1, -, DE, -, -, Wife, Nov, Cancer of Stomach, -
PR, Davis, Catherine, 39, F, W, -, 1, -, DE, -, -, Housekeeper, Nov, Heart Disease, -
PR, Hyfield, Louisa, 58, F, W, -, 1, -, DE, -, -, Housekeeper, June, Congestion of Brain, -
PR, Smith, Jalena, 33, M, W, -, 1, -, DE, -, -, Farmer, Mar, Phthisis Pulmonalis, -
----, Hurley, John, 44, M, W, -, 1, -, Ireland, -, -, -, Mar, Killed on Railroad, -
2, Moore, Ruthanna, 32, F, W, -, 1, -, PA, PA, PA, Keeping House, May, Congestion of Lungs, 5
15, Woodward, Abner, 74, M, W, -, 1, -, PA, PA, PA, Farmer, Nov, Kidney Disease, 72
66, Chambers, John B., 80, M, W, -, -, 1, DE, DE, DE, -, Mar, Paralysis, 79
125, Brown, Rebecca, 64, F, W, -, -, 1, PA, DE, DE, Keeping House, Jan, Cancer in Stomach, 57
152, Hamua, Mary A., 2, F, W, 1, -, -, DE, DE, MD, -, Jan, Croup, 2
162, Mahortly, John A., 12, M, W, 1, -, -, DE, Ireland, Ireland, At Home, Dec, Diphtheria, 12
162, Mahortly, Sarah A., 9, F, W, 1, -, -, DE, Ireland, Ireland, At Home, Nov, Diphtheria, 9
162, Mahortly, Emma M., 1 F, W, 1, -, -, DE, Ireland, Ireland, -, Dec, Diphtheria, 1
166, Thorp, Joseph, 60, M, W, -, 1, -, PA, -, -, Laborer, Jan, Thought to Be Leprosy, 11
----, Harkness, William, 86, M, W, -, 1, -, PA, Ireland, Germany, Farmer, Jan, Gangrene of Leg, 75
202, Banks, Jabez, 54, M, W, -, 1, -, England, England, England, Farmer, Mar, Pneumonia, 38
204, Foote, William R., 76, M, W, -, 1, -, Ireland, Ireland, Ireland, Farmer, Aug, Pneumonia, 43
227, Chambers, Rachael J., 33, F, W, -, 1, -, DE, DE, DE, Keeping House, Sept, Consumption, 33
230, Turner, William, 21, M, W, 1, -, -, PA, England, England, Worked in Steel Mill, Feb, Consumption of Bowels, 17
230, Turner, Benjamin F., 12, M, W, 1, -, -, DE, England, England, Worked in Woolen Mills, Feb, Brain Fever, 12
28 (?), Marshal, Joseph, 76, M, W, -, 1, -, England, England, England, Worked in Woolen Mills, Mar, Kidney Disease, 19
243, Dennis, John, 1, M, W, 1, -, -, DE, MD, MD, -, Dec, Strangled, 1
252, Brooks, Mary C., 31, F, W, -, 1, -, PA, PA, -, Keeping House, Oct, Typhoid, -
257, Hamilton, William T., 38, M, W, -, 1, -, DE, Hamburg, MD, Farm Laborer, April, Rush of Blood to Head, 38
258, Pevey, James L., 5/12, M, W, 1, -, -, DE, England, England, -, Mar, Stricken in throat, 5/12
262, Jones, Jane B., 1, F, W, 1, -, -, DE, DE, DE, -, Jan, Croup, 1

277, Chillas, David, 63, M, W, -, -, 1, Scotland, Scotland, Scotland, Farmer, Jan, General Debility, 23
300, Lynch, Ellen, 55, F, W, -, 1, -, County Cork Ireland, County Cork Ireland, County Cork Ireland, May, Billious Attack, 6
301, Guyers, Preston T., 15/30, M, W, 1, -, -, DE, PA, PA, -, May, Inanition, 15/30
301, Arthur, M. Myers, 7/12, M, W, 1, -, -, DE, PA, PA, -, May, Inanition, 1/12
75, Wood, James, 97, M, W, -, -, 1, PA, -, -, -, Oct, Old Age, -
29, Gray, Hattie L., 34, F, W, -, 1, -, DE, DE, DE, -, May, Convulsions, 34
39, Postles, Isaac, 76, M, B, -, -, 1, DE, DE, DE, Laborer, Mar, Old Age, 76
60, Williams, Martha, 1 hour, F, B, 1, -, -, DE, DE, DE, -, May, Pneumonia, -
66, Early, Edward, 70, M, W, 1, -, -, Ireland, Ireland, Ireland, Laborer, May, Paralysis, 51
68, Brown, Walter, 7, M, B, 1, -, -, DE, DE, DE, -, Dec, Diphtheria, 7
68, Brown, Wolf, 3, M, B, 1, -, -, -, DE, DE, DE, -, Apr, Diphtheria, 3
80, Crawford, Amanda, 4, F, B, 1, -, -, DE, VA, DE, -, May, Diphtheria, 4
111, Wilmot, Mary A., 16, F, W, 1, -, -, DE, England, England, -, Dec, Diphtheria, 16
113, Yarnall, Joseph, 9, M, W, 1, -, -, DE, VA, Ireland, -, Nov, Diphtheria, 9
116, Gallaher, Ellen K., 33, F, W, -, -, 1, PA, Ireland, Ireland, -, May, Scalded, 27
141, Norton, Ferdinand, 4, M, W, 1, -, -, DE, PA, PA, -, Dec, Diphtheria, 4
186, Lambson, Moses, 20, M, W, 1, -, -, DE, DE, DE, -, Jan, Typhoid, 20
189, Dobbs, Wm. H., 67, M, W, -, 1, -, England, England, England, Mechanical Engineer, Jul, Hygrophobia, 47
31, Leckler, Margaret, 52, F, W, -, 1, -, PA, PA, PA, -, Apr, Pneumonia, 31
199, Hardeman, Benj., 10/12, M, W, 1, -, -, DE, DE, DE, -, Nov, Diphtheria, 10/12
203, Breeding, Mary, 30, F, W, -, 1, -, DE, DE, PA, -, Mar, Consumption, 30
213, Russell, Laura E., 7/12, F, B, 1, -, -, DE, DE, DE, -, Apr, Spinal Fever, 7/12
274, Denison, Maggie, 9, F, W, 1, -, -, DE, NJ, NJ, -, Oct, Diphtheria, 9
288, Wier, Elizabeth, 5, F, W, 1, -, -, DE, DE, MD, -, Sept, Diphtheria, 5
308, Fritz, Alexander, 9, M, W, 1, -, -, PA, PA, PA, -, Dec, Diphtheria, 9
308, Kindell, John, 59, M, W, 1, -, -, NJ, NJ, NJ, Painter, Feb, Consumption, 42
326, Whitfield, Catherine, 41, F, W, -, 1, -, Ireland, Ireland, Ireland, -, Aug, Pneumonia, 34
347, Janvier, Lillian G., 14, F, W, 1, -, -, DE, DE, DE, -, Sept, Diphtheria, 14
362, Furlken, Emma, 19, F, W, 1, -, -, PA, PA, PA, Cotton Mill, Sept, Typhoid, 5
421, Wolston, John, 16, M, W, 1, -, -, DE, DE, DE, -, Mar, Diphtheria, 16
429, Lancaster, Malin, 54, M, W, -, 1, -, PA, PA, PA, Superintendent of Gas House, Mar, Paralysis, 12
460, McGrovy, Johnnie, 2, M, W, 1, -, -, DE, Ireland, Ireland, -, Jul, Scarlet Fever, 2
461, Fry, Benjamin, 38, M, W, -, 1, -, DE, DE, DE, Cotton Mill, Feb, Consumption, 38
467, Langston, Ida, 3, F, W, 1, -, -, DE, Ireland, Ireland, -, Oct, Diphtheria, 3

495, Able, Charles, 18, M, W, 1, -, -, DE, DE, DE, -, May, Consumption, 18
500, Saunders, Chas. C., 2, M, W, 1, -, -, DE, PA, PA, -, Oct 9, Croup, 2
561, Toner, Jane P., 4/12, M (F), W, 1, -, -, DE, Ireland, Ireland, -, Jul 23, Diphtheria, 4/12
601, Wyman, Barret, 68, M, W, -, 1, -, MD, MD, MD, Farmer, Mar 29, Diphtheria, 68
610, McCafferty, 1/12, M, W, 1, -, -, DE, Ireland, Ireland, -, Sept 1, Diphtheria, 1/12
611, Temple, Mary, 2, F, W, 1, -, -, DE, NJ, PA, -, Oct, Diphtheria, 2
611, Palmer, William C., 6, M, W, 1, -, -, DE, DE, DE, -, Oct, Diphtheria, 6
611, Palmer, Maggie, 4, F, W, -, -, -, DE, DE, DE, -, Oct, Diphtheria, -
528, Gibson, Jas., 40, M, W, -, -, -, PA, PA, PA, Laborer, Oct, Drunken Fits, -
----, Hill Frank, 54, M, W, 1, -, -, PA, -, -, -, Aug, Drowned, -
PR, Bogue, John, 65, M, W, -, 1, -, DE, Ireland, Ireland, -, Aug, Cholera, -
PR, Bradford, Margaret, 85, F, W, -, 1, -, DE, -, -, ?, Jul, Senile Debility, -
PR, Callahan, Nellie, 5, F, W, 1, -, -, DE, -, -, -, Oct, Diphtheria, -
PR, Davis, Mary E., 6, F, B, 1, -, -, DE, -, -, -, Nov, Diphtheria, -
PR, Duffy, John, 4, M, W, 1, -, -, DE, -, -, -, Oct, Diphtheria, -
PR, Flynn, Thos., 45, M, W, -, 1, -, DE, Ireland, Ireland, Butcher, Mar, Cancer of Liver, -
PR, Hughes, Emma, 5, F, W, 1, -, -, DE, -, -, -, Mar, Diphtheria, -
PR, King, Barbara, 73, F, W, -, 1, -, DE, -, -, Housewife, Aug, Cholera, -
PR, Lawler, Frank, 17/12, M, W, 1, -, -, DE, -, -, -, Nov, Diphtheria, -
PR, Hattin, Mary, 60, F, W, -, 1, -, DE, -, -, Cook, Apr, Consumption, -
PR, Newlove, John, 74, M, W, -, 1, -, DE, -, -, Farmer, Jul, Gangrene, -
PR, Newlove, Frank, 4, M, W, 1, -, -, DE, -, -, -, Jan, Diphtheria, -
PR, Parks, Mary, 2, F, W, 1, -, -, DE, -, -, -, Sept, Croup, -
PR, Podrick, John, 7, M, W, 1, -, -, DE, -, -, -, Nov, Meningitis, -
PR, Platt, Clayton, 65, M, W, -, 1, -, DE, -, -, Gentleman, Oct, Brights Disease, -
PR, Saunders, J., 18/12, M, W, 1, -, -, DE, -, -, -, Oct, Diphtheria, -
PR, Ware, Bessie, 5, F, W, 1, -, -, DE, -, -, -, Jul, Diphtheria, -
PR, Carmmonicle, Wm. H., 11, M, B, 1, -, -, DE, -, -, -, Jul, Phthisis, -
10, Cogue, Janey, 30, F, B, -, 1, -, DE, DE, DE, Servant, Apr, Inflammatory Rheumatism, 1
19, Grantham, Hiram, C., 1/12, M, W, 1, -, -, DE, DE, DE, -, Mar, Throat Consumption, 1/12
57, Hamilton Susana, 90, F, W, 1, -, -, DE, DE, DE, None, Feb, Nervous Prostration, 90
79, Landers, Ann D., 52, F, W, -, 1, -, Ireland, Ireland, Ireland, Keeping House, Jan, Disease of Liver, 20
89, Laws, Martha A., 25, F, B, -, 1, -, DE, DE, DE, Keeping House, Apr, Congestion of Brain, 24
108, Barnaby, Joseph, 69, M, W, -, 1, -, DE, DE, DE, Farmer, Mar, Dropsy & Heart Disease, 69
146, Gardiner, James, 60, M, B, -, 1, -, DE, DE, DE, Worked on Farm, Jan Consumption, 60

146, Gardiner, Jane, 60, F, B, -, 1, -, DE, DE, DE, Keeping House, Nov, Consumption, 60
146, Gardiner, Millie, 8, M(F), B, 1, -, -, DE, DE, DE, -, Jan, Consumption, 8
144, Taylor, Harriet, 3/12, F, B, 1, -, -, DE, DE, DE, -, Oct, Dropsy, 3/12
151, Carnagy, Peter, 64, M, W, -, 1, -, Scotland, Scotland, Scotland, Blacksmith, Oct, General Debility, 30
156, Booth, Benjamin, 71, M, W, -, 1, -, DE, DE, DE, Farmer, Nov, Cancer, 71
----, Baldwin, Caroline, 80, F, W, -, -, 1, MD, MD, MD, Keeping House, Apr, Old Age, 60
110, McFarland, ____, -, M, W, 1, -, -, DE, DE, DE, -, May, Still Born, -
177, Slack, Mark, 3/12, M, W, 1, -, -, DE, DE, NJ, -, Sept, Marasmus, 3/12
180, Lofland, Norman, 11/12, M, W, 1, -, -, DE, DE, DE, -, Aug, Summer Complaint, 11/12
187, Appleby, Elmer, 6, M, W, 1, -, -, DE, DE, DE, -, Oct, Typhus, 6
191, Grose, Ida, 16/12, F, W, 1, -, -, DE, DE, NJ, -, Aug, Cholera, 16/12
213, Jackson, Mary A., 68, F, W, -, 1, -, DE, DE, DE, Keeping House, May, Apoplexy, 68
----, Juxon, Lillie, 7/12, F, B, 1, -, -, DE, DE, VA, -, Aug, Cholera, 7/12
----, Willey, Robert, 63, M, W, -, 1, -, MD, DE, MD, Farmer, Oct, Consumption, 25
----, Henderson, Caroline, 29, F, B, -, 1, -, DE, DE, DE, -, Dec, Consumption, 29
----, Marcus, Carrie, J, 6/12, F, W, 1, -, -, DE, MD, DE, -, Aug, Cholera, 6/12
----, Singles, Julia, 2, F, W, 1, -, -, DE, DE, PA, -, Apr, Brain Fever, 2
----, Koontz, Matilda, 77, F, W, -, -, 1, MD, MD, MD, Apr, Heart Disease, 70
----, Macklin, Rebeccca, 78, F, W, -, -, 1, DE, PA, PA, -, Apr, Cancer in Breast, 60
----, Heisler, William E., 64, M, W, -, 1, -, DE, DE, DE, Broker, Mar, Heart Disease, 30
----, McDougal, Natalie, 4/12, F, W, 1, -, -, DE, England, DE, -, Mar, Croup, 4/12
----, McKinsey, Maria, 77, F, W, -, -, 1, MD, PA, PA, -, June, Jaundice, 10
----, Parker, William H., 1, M, B, 1, -, -, DE, DE, DE, -, Mar, Catarrh Fever, 1
----, Bradford, Anabel, 10, F, B, 1, -, -, DE, PA, DE, -, Apr, Consumption, 6
----, Miller, Annie, 8/12, F, W, 1, -, -, DE, Ireland, Ireland, -, Dec, Mortification, 8/12
----, McQuicklin, Mary, 8/12, F, W, 1, -, -, DE, PA, NJ, -, Feb, Hemorrhage of Bowels, 8/12
----, Wright, Ann R., 78, F, B, -, -, 1, MD, MD, MD, -, Mar, Dropsy, 20
----, Gregg, Ella, 2/12, F, W, 1, -, -, DE, MD, PA, -, Aug, Unknown, 2/12
----, Miller, Jane E., 72, F, W, -, 1, -, MD, MD, MD, -, May, Abscess on Liver, 40
----, Myers, Elizabeth, 45, F, W, -, 1, -, Ireland, Ireland, Ireland, -, Oct, Cancer of Liver, 12
----, Brooks, William, 79, M, W, -, -, 1, DE, DE, DE, Farmer, Jan, Debility, 40
----, Thorp, Dorah, 4, F, W, 1, -, -, DE, PA, PA, -, Mar, Colic, 4
----, Thorp, Mary S., 7/12, F, W, 1, -, - DE, PA, PA, -, Aug, Cholera, 7/12
----, Mote, Mary A., 4, F, W, 1, -, -, DE, DE, DE, -, Feb, Diphtheria, 4

----, McClintock, Jacob, 62, M, W, -, 1, -, PA, MD, PA, Blacksmith, Mar, Consumption, 40
----, Wier, Ametta, 9/12, F, W, 1, -, -, DE, DE, DE, -, Aug, Cholera, 9/12
----, Smalley, Ida, 16, F, W, 1, -, -, DE, NJ, DE, -, Nov, Scarlet Fever, 16
----, Smalley, Anna, 14, F, W, 1, -, -, DE, NJ, DE, -, Nov, Scarlet Fever, 14
----, Brown, George H., 5/12, M, B, 1, -, -, DE, DE, DE, -, Mar, Catarrh, 5/12
----, Bryson, Laura, 2/12, F, W, 1, -, -, DE, DE, DE, -, June, Cholera, 2/12
----, Bryson, Lillie, 2/12, F, W, 1, -, -, DE, DE, DE, -, June, Cholera, 2/12
5, Kane, John, W., 69, M, W, -, 1, -, DE, Unknown, DE, Farmer, Nov, Apoplexy, 69
89, King, William, 1, M, B, 1, -, -, DE, DE, DE, -, Nov, Whooping Cough & Pneumonia, 1
90, Ruley, Linwood, 1, M, B, 1, -, -, DE, DE, DE, -, Nov, Whooping Cough & Pneumonia, 1
113, Hollett, Joseph, 2/12, M, W, 1, -, -, DE, DE, DE, -, May, Pneumonia, 2/12
119, Buck, Lydia, 40, F, B, -, 1, -, DE, DE, DE, Keeping House, Feb, Peritonitis from Labor, -
133, Jitter, John D., 64, M, W, -, 1, -, DE, DE, DE, Farmer, Mar, Phthisis, 25
139, Scott, Susan T., 55, F, W, -, 1, -, MD, MD, MD, Keeping House, Oct, Brights Disease, 8
253, Ash, John G., 58, M, W, -, 1, -, MD, MD, MD, Farmer, Sept, Suicide by Hanging, 25
253, Ash, Henry, 3, M, W, 1, -, -, DE, MD, MD, -, Jan, Pneumonia, -
261, Bristow, Ella, 5/12, F, W, 1, -, -, DE, DE, PA, -, Sept, Pneumonia, -
206, Miller, Emma J., 15, F, B, 1, -, -, DE, MD, PA, Domestic Servant, Feb, Phthisis, 15
314, Roy, Jane, 75, F, B, -, 1, -, DE, MD, MD, Keeping House, Jan, Pneumonia, 44
314, Roy, Rubine J., 1, F, B, 1, -, -, DE, MD, VA, -, Jan, Pneumonia, 1
363, Jones, Winifred, 1/12, M, W, 1, -, -, DE, MD, MD, -, Oct, Hemorrhage of Lungs, 1
----, Nelson, Rebecca, 52, F, B, -, 1, -, DE, DE, DE, Keeping House, Oct, Cancer of Stomach, 2
374, Lewis, Alfred, 19, M, B, 1, -, -, DE, DE, DE, Farm Laborer, Jan, Phthisis, 19
374, Lewis, Mary J., 10/12, F, B, 1, -, -, DE, DE, DE, -, Feb, Whooping Cough & Pneumonia, 10/12
34, Jefferson, Walter, 14, M, W, 1, -, -, DE, DE, DE, -, Sept, Malaria, 8
390, Grindage, Ezra, F, 6/12, M, B, 1, -, -, DE, DE, DE, -, Jul, Congestion of Brain, 6/12
391, McIntire, Matilda, 60, F, W, -, 1, -, DE, DE, DE, Keeping House, Jan, Pneumonia, 40
398, Grindage, Ida, 4/12, F, B, 1, -, -, DE, DE, DE, -, Jul, Cholera, 4/12
PR, Green (Greer), Daisy H., 1, F, B, 1, -, -, DE, DE, DE, -, Dec, Marasmus, -
1, Beck, Lillian, 20, F, W, -, 1, -, DE, England, DE, None, Apr, Child Birth, 20
1, Beck, William, 10/365, M, W, 1, -, -, DE, DE, DE, -, Jul, ?, 10/365
44, Draper, Cecilia, 83, F, B, -, -, 1, DE, DE, DE, None, Nov, Old Age, 83

57, McWhorter, Curtis B., 23, M, W, 1, -, -, DE, DE, DE, None, Sept, Typhoid, 23
86, Boyer, John W., 9/365, M, B, 1, -, -, DE, MD, MD, -, Jan, Pneumonia, 9/365
129, Hutchinson, Dalpha, 10/12, M, W, 1, -, -, DE, DE, DE, -, Mar, Scalded, 10/12
212, Jones, William, 61, M, W, -, 1, -, DE, DE, DE, Farmer, Apr, Brights Kidney Disease, 61
218, Reybold, Justice T., 14/365, M, W, 1, -, -, DE, DE, PA, -, Jan, Cholera, 14/365
241, Johnson, Mary, 8/12, F, W, 1, -, -, DE, DE, DE, -, Jan, Congestion of Lungs, 8/12
261, Perrine, Lydia, 26, F, W, -, 1, -, DE, DE, DE, -, Jan, Dropsy of Chest, 24
321, Whipf, Wilson, 10/12, M, W, 1, -, -, DE, DE, Germany, -, Nov, Croup, 10/12
335, Castelow, Jeremiah, 74, M, W, -, 1, -, DE, DE, DE, Laborer, Sept, Paralysis, 74
404, Alexander, Richard G., 34, M, W, -, 1, -, DE, DE, PA, Carriage Builder, Jan, Hydrophobia, 34
430, Hoffecker, Joseph, 72, M, W, -, 1, -, NJ, NJ, NJ, -, Apr, Consumption, 3
449, Foard, Charles, 1, M, W, 1, -, -, DE, DE, DE, -, Mar, Diphtheria, 1
516, Calaghan, Patrick, 21/365, M, W, 1, -, -, DE, Ireland, Ireland, -, Sept, Ulcerated Stomach, 21/365
529, Davidson, Mary, 30, F, W, -, 1, -, DE, DE, MD, -, Sept, Child Birth, 6
556, Cleaver, George G., 56, M, W, -, 1, -, DE, DE, DE, Farmer, Feb, Cancer of Face, 56
582, Clare, Julia K., 45, F, W, 1, -, -, DE, DE, MD, -, Apr, Pneumonia, 45
40, Empson, Babe, 1/12, M, B, 1, -, -, DE, DE, DE, -, Apr, Meningitis, 1/12
96, Spencer, Rae, 6/12, F, B, 1, -, -, DE, DE, DE, - Oct, Cholera, 6/12
107, Riley, Samuel, 50, M, W, -, 1, -, DE, DE, DE, Farmer, May, Consumption, 25
126, Hopkins, Temperance, 56, F, W, -, 1, -, DE, DE, DE, Keeping House, Aug, Cancer, 56
143, Slaughter, John, 23, M, W, 1, -, -, DE, DE, DE, Laborer, Aug, Drowned, 2
143, Moody, Ann W., 2/12, F, W, 1, -, -, DE, DE, -, May, Congenital Spina Bifida, 2/12
148, Price, Mary R., 5/12, F, W, 1, -, -, DE, DE, DE, -, Jul, Cholera, 5/12
162, Hammon, Samuel, 2, M, B, 1, -, -, DE, DE, DE, -, Aug, Cholera, 2
181, Segars, Martha F., 29, F, B, -, 1, -, DE, DE, DE, Keeping House, Aug, Child Birth, 29
207, Bendler, Joseph, 4/12, M, W, 1, -, -, DE, DE, DE, -, Aug, Croup, 4/12

198, Easton Thomas, S., 61, M, W, -, 1, -, DE, DE, DE, Farmer, Feb, Consumption, 61
229, Kirk, George L., 7/12, M, W, 1, -, -, DE, MD, MD, -, Sept, Brain Fever, 7/12
232, Conrad, Elsey, 2/12, F, W, 1, -, -, DE, PA, DE, -, Aug, Whooping Cough, 2/12
248, Davis, Jane, 6/12, F, W, 1, -, -, DE, DE, DE, -, Jan, Cholera, 6/12
337, Long, Anna, 3/12, F, W, 1, -, -, DE, DE, DE, -, Oct, -, 3/12
342, Corbet, Mary W., 68, F, W, -, -, 1, DE, DE, DE, Keeping House, Mar, Debility, 33
343, Hayes, Martha A., 51, F, W, -, -, 1, DE, DE, DE, Keeping House, Feb, Consumption, 51
356, Aspril, Mary, 60, F, W, -, 1, -, DE, DE, DE, Keeping House, Aug, Softness of Brain, 60
359, Bratten, John S., 38, M, W, 1, -, -, DE, DE, DE, Huckster, Feb, Consumption, 30
359, Eccles, William H., 4, M, W, 1, -, -, DE, DE, DE, -, Feb, Congestion of Liver, 4
363, Polk, Mary J., 67, F, W, -, -, 1, DE, DE, DE, Keeping House, Oct, Heart Disease, 67
388, Vandergrift, Sarah, 67, F, W, -, 1, -, DE, DE, DE, Keeping House, Mar, Consumption, 37
422, Johnson, William D., 31, M, W, -, 1, -, DE, NJ, NJ, Engineer Station, Oct, Brights Disease, 9
422, Johnson, Thos. W., 26, M, W, 1, -, -, DE, NJ, NJ, Engineer Station, Nov, Brights Disease, 26
422, Johnson, Arenia, 8/12, F, W, 1, -, -, DE, NJ, NJ, -, Mar, Cholera, 8/12
438, Knotts, Margaret, 69, F, W, -, 1, -, DE, DE, DE, Keeping House, Oct, Heart Disease, 51
PR, Baker, Mary S., 37, F, W, -, 1, -, DE, -, -, School Teacher, Aug, Heart Disease, -
PR, Blackson, Sarah J., 40, F, B, -, 1, -, DE, -, -, Servant, Dec, Phthisis, -
PR, Carty, Thomas, 75, M, B, -, 1, -, DE, -, -, Laborer, Aug, Old Age, -
PR, Craven, Ester N., 37, F, W, -, 1, -, DE, -, -, Housewife, Sep, Phthisis Pulmonalis, -
PR, Dingle, Wm., 75, M, B, - 1, -, DE, -, -, Laborer, Nov, Old Age, -
PR, Hanson, Edith M., 3, F, W, 1, -, -, DE, -, -, -, Jul, Inflammation of Brain, -
PR, Jackson, Senwille, 54, M, W, 1, -, -, DE, -, -, Farmer, Jul, Anasarca, -
PR, Reuther, Christine, 32, F, W, -, 1, -, DE, -, -, Housewife, Aug, Phthisis Pulmonalis, -
PR, Staats, Mary, 80, F, W, -, -, 1, DE, -, -, Housekeeper, Aug, Dysentery, -
PR, Junior, Isaac, 15, F, B, 1, -, -, DE, -, -, Servant, Jul, Burned, -
PR, Fisher, Geo, 35, M, B, -, 1, -, DE, -, -, Hostler, Nov, Hemorrhage of Lungs, -

PR, Torcum, Mary, 35, F, W, -, 1, -, DE, -, -, Housewife, Jan, Phthisis, -
PR, Carmmonicle, Elizabeth, 13, F, B, 1, -, -, DE, -, -, -, Aug, Pneumonia, -
PR, Henry, Susan, 30, F, B, -, 1, -, DE, -, -, Servant, Nov, Malaria, -
PR, Jones, Rachael, 2, F, B, 1, -, -, DE, -, -, -, June, Whooping Cough, -
PR, Morton, Hamilton, 78, M, W, -, 1, -, DE, -, -, Gentleman, Mar, Apoplexy, -
39, Lockwood, Edward M., 58, M, W, -, 1, -, DE, DE, DE, Gentleman, Mar, Congestion of Liver, 9
83, Ireland, John, 85, M, W, -, -, 1, NJ, England, England, Carpenter, Mar, Gravel, 60
86, Warren, Charles E., 4, M, W, 1, -, - DE, DE, DE, -, Mar, Summer Complaint, 4
93, Morton, Hamilton, 76, M, W, -, 1, -, MD, MD, MD, Gentleman, Mar, Disease of Kidney, 4
117, Frisby, James, 25, M, B, 1, -, -, MD, MD, MD, Domestic Servant, Sep, Consumption, 4
148, Gears, Alexander, 27, M, W, 1, -, -, DE, DE, DE, -, Mar, Croup, 2
161, Peacock Robt. A., 5/12, M, W, 1, -, -, DE, NJ, NJ, -, Jul, Cholera, 2/12
162, Wright, Oscar, 12 hours, M, W, 1, -, -, NJ, NJ, PA, -, May, Strangulated, -
196, Oliver, William, 2, M, W, 1, -, -, DE, DE, DE, -, May, Diphtheria, 2
217, Miles, Hanah, 3, F, B, 1, -, -, DE, MD, DE, -, Feb, Whooping Cough, 3
226, Hazzard, Minta, 60, F, B, -, 1, -, MD, MD, MD, ?, June, Consumption, 20
232, Jones, Alfred, 44, M, B, -, 1, -, DE, DE, DE, Cobler, Mar, Consumption, 44
236, Carmmonicle, Alfred, 10, M, B 1, -, -, DE, DE, DE, Jul, Consumpton, 10
246, Carmmonicle, Anne, 5, F, B, 1, -, -, DE, DE, DE, Jul, -, Rheumatism, 5
----, Morris, Emily J., 4, F, B, 1, -, -, DE, DE, MD, -, Dec, -, Whooping Cough, 4
227, Simmons, Joshua, 22, M, B, -, 1, -, DE, MD, MD, Farm Hand, Aug, Congestive Chills, 20
251, Draper, Sarah, 55, F, B, -, 1, -, DE, DE, DE, ?, Jan, Consumption, 55
----, Hall, William 6/12, M, B, 1, -, -, DE, DE, DE, -, Apr, Ruptured -, -
310, Ratledge, Rebecca, 76, F, W, -, -, 1, DE, DE, DE, Lady, Mar, Paralysis, 76
312, Jefferson, Harriet, 29, F, B, -, 1, -, DE, DE, DE, ?, Dec, Rush of Blood to Head, 29
313, Corsey, William, 11, M, B, 1, -, -, MD, MD, MD, -, Apr, Consumption, 1
----, Draper, Rebecca, 48, F, B, -, 1, -, DE, DE, DE, Domestic Servant, Apr, Apoplexy, 48
----, Devon, Henry, 2/12, M, W, 1, -, -, DE, England, NJ, -, Oct, Summer Complaint, -

314, Blackston, M. E., 7/12, M, B, 1, -, -, DE, DE, -, Mar, Summer Complaint, -
381, Hutt, James H., 5/12, M, B, 1,-, -, DE, DE, DE, -, Jul, Summer Complains, -
381, Hutt, Willia, 2, M, B, 1,-, -, DE, DE, DE, -, Sept, Brain Fever, 2,
380, Simpkins, Anna, 18, F, W, 1, -, -, DE, DE, DE, -, Aug, Typhoid, 18
409, Wiertner, Clementine, 20, F, W, 1, -, -, DE, DE, DE, Worked in Cotton Mill, Sept, Consumption, 10
451, McGinnis, Samuel, 90, M, W, -, -, 1, Ireland, Ireland, Ireland, Maver, June, Old Age, 50
451, Moody, Walter, 9/12, M, B, 1, -, -, DE, DE, DE, -, Aug, Cholera, -
----, Mason, Nathaniel, 3/12, M, B, 1, -, -, DE, DE, DE, -, Sept, Unknown, -
414, Murphey, Sarah, 76, F, W, -, 1, -, DE, PA, PA, Lady, Feb, Congestion of Lungs, 76
416, Blackson, M, F, 5/12, F, B, 1, -, -, DE, DE, DE, -, Sept, Strangulation –
270, Ryan, Sarah J., 44, F, W, 1,-, -, DE, MD, MD, Housework, Nov, Dropsy, 40
464, Cochran, -, -, -, -, 1, -, -, DE, DE, DE, -, Mar, Rupture, -
261, Draper, Henry, 1, M, B, 1, -, -, DE, DE, DE, -, Apr, Meningitis, 1
----, Lorenzo D. Ginn, 50, M, W, -, 1, -, DE, DE, DE, Farmer, June, Apoplexy, life
----, Kate A. Ginn, -, F, W, -, -, 1, Baltimore, MD, VA, ?, Nov, Unk, 18
----, Susan Ratledge, -, F, W, -, -, 1, DE, DE, DE, ?, Nov, Paralysis, Life
----, Jefferson, Susan, 35, F, B, -, 1, -, DE, DE, DE, Keeping House, Mar, Paralysis, 35
----, Greer, Susan, 28, F, W, 1, -, -, DE, DE, DE, Boarding, May, Cholera 28
----, Fisher, Rachel, 6/12, F, B, 1, -, -, DE, DE, DE, Jul, Cholera, 6/12
----, Rothwell, Abraham, 9/12, M, B, 1, -, -, DE, DE, DE, -, Jul, ?, 3/12
----, Hogg, Mary, 60, F, W, -, 1, -, DE, DE, DE, -, Sept, Cancer, 3
----, Johnson, James, 66, M, W, -, 1, -, DE, DE, -, -, Sept, Typhoid, Life
----, Choge, James, 33, F, B, -, 1, -, DE, DE, DE, Keeping House, Apr, Typhoid, 33
----, Issaz, Sarah, 2, F, W, 1, -, -, DE, DE, DE, -, May, Brain Fever, 2
----, Fore, Thomas, 60, M, W, -, -, 1, DE, DE, DE, Boarding, Mar, Debility, 60
----, Powe, William, 25, M, W, 1, -, -, DE, DE, DE, Boarder, Apr, Cancer, 25
----, Davis, William 57, M, B, -, 1, -, DE, DE, DE, Farming, Feb, Consumption, 57
----, Andrews, Wilson, 7, M, B, -, 1, -, DE, DE, DE, Farmer, Feb, Consumption, 57
----, Green, Ross, -, M, W, 1, -, -, DE, DE, DE, -, May, Still Born, -
----, Purse, Mary, 73, F, W, -, -, 1, DE, DE, DE, Nursing, Feb, Apoplexy, life
----, Hobson, Mary, 43, F, W, -, 1, -, DE, DE, DE, Keeping House, Nov, Consumption, 43

----, Shaw, Nathan, 33, M, B, -, 1, -, DE, DE, DE, Laborer, Mar, Consumption, 33
----, White, Cara, -, F, B, 1, -, -, DE, DE, DE, -, Mar, Still Born,
----, Wilson, Henry W., 3/12, M, W, 1, -, -, DE, DE, DE, -, Mar, Cholera, -
----, Wilson, W., 65, M, W, -, 1, -, DE, DE, DE, Farming, Aug, Apoplexy, 65
PR, Dorrell, John, 3, M, W, 1, -, -, DE, DE, DE, -, Dec, Croup, -
121, Shivley, Ann S., 51, F, W, -, 1, -, NJ, -, -, Keeping House, Oct, Tuberculosis, 5
138, Hartup, Thomas M., 51, M, W, -, 1, -, DE, -, -, Farmer, Aug, Remittent Fever, 51
148, Reynolds, Mina V., 40, F, W, 1, -, -, DE, DE, NJ, -, Dec, Tuberculosis, 40
189, Walter, Leon, 1/12, M, W, 1, -, -, DE, DE, PA, -, Oct, Cholera, 1/12
223, Stephenson, Jonathan 13, M, 1, -, -, DE, England, England, At Home, Feb, Unknown, 13
242, Wright, Isabelle, 63, F, W, -, 1, -, DE, -, -, Keeping House, Mar, Heart Disease, 63
271, Williams, Phebe A., 2, F, B, 1, -, -, DE, DE, DE, -, May, Unknown, 2
391, Truax, James, F, 22, M, W, 1, -, -, DE, DE, DE, Working on Farm, Jul, Enterica Fever, -
401, Wells, Catharine, 8/12, F, W, 1, -, -, DE, PA, DE, -, Apr, Cholera, 8/12
416, Wright, John M., 37, M, W, -, 1, -, DE, DE, DE, Farmer, Aug, Cubsitis, 12
430, Alpee, Andrew, C, 2, M, W, 1, -, -, DE, DE, DE, -, Aug, Bilious Dysentery, -
----, Pyole, S. H., 31, F, W, 1, -, -, PA, -, -, -, Oct, Pneumonia, -
----, Pierson, Anna M., F, W, 1, -, -, DE, -, -, - Nov, Diphtheria, -
PR, Walker, Wm., 1, M, W, 1, -, -, DE, -, -, -, Oct, Marasmus, -
PR, Golt, Lewis, 69, M, W, -, 1, -, DE, -, -, Farmer, Aug, Heart Disease, -
PR, Corey, James, 76, M, B, -, 1, -, DE, -, -, Farmer, Jul, Cancer of Stomach, -
PR, Carmmonicle, Edward, 3, M, B, 1, -, -, DE, -, -, -, Feb, Pneumonia, -
PR, Morris, Anna, 3, F, B, 1, -, -, DE, -, -, -, May, Meningitis, -
PR, Hayden, Maggie, 9/12, F, W, 1, -, -, DE, -, -, -, May, Croup, -
PR, Jefferson, Walter, 14, M, W, 1, -, -, DE, -, -, -, Sept, Inanition, -
PR, Kane, Jno. W., 69, M, W, -, 1, -, DE, Ireland, Ireland, Farmer, Nov, Unknown, -
PR, Simpking Annie M., 8, F, W, -, 1, -, DE, -, -, ?, Aug Typhoid, -
PR, Ringold, Enos, 30, F, W, -, 1, -, DE, -, -, Servant, Aug, Pneumonia, -
PR, Shorter, Harriet, 19, F, B, -, 1, -, DE, -, -, Servant, Jul, Consumption, -
PR, Hoffman, Joseph, 67, M, W, -, 1, -, DE, Germany, Germany, Ship Carpenter, Apr, Consumption, -

PR, Bateman, Rachel, 69, F, W, -, 1, -, DE, -, -, Housekeeper, Sept, Paralysis, -

PR Edwards, Joseph, 79, M, W, -, 1, -, DE, -, -, Farmer, Aug, Brights Disease, -

PR, Hasllow, John B., 62, M, W, -, 1, -, DE, -, -, Farmer, Sept, Lung Disease, -

PR, Thompson, Cyrus B., 38, M, W, -, 1, -, DE, -, -, Collector of Customs, Apr, Consumption, -

PR, Creaden Amanda, 2/12, F, W, 1, -, -, DE, -, -, -, Apr, Convulsions, -

PR, Chambers, Amanda, 25, F, W, -, 1, -, DE, -, -, Housekeeper, Sept, Unknown, -

PR, Sharpness, Martha, 81, F, W, -, 1, -, DE, -, -, Housekeeper, Jul, Disease Of Liver, -

PR, Mears, Bessie, 1, F, W, 1, -, -, DE, -, -, -, Sept, Convulsions, -

----, Meredith, -, 1/30, F, W, 1, -, -, DE, DE, DE, - Jul, Attelectasis Pulmonalis, -

----, Bosyer (Besyer), George, -, M, W, 1, -, -, DE, DE, DE, -, Sept, Still Born, -

----, Palmer, Infant, 4 days, F, W, 1, -, -, DE, DE, DE, -, Apr, Anemia, -

----, UNKNOWN, 8/12, F, W, 1, -, -, DE, DE, DE, -, Jul, Catarrh, -

Able, 221
Aiken, 177
Alexander, 187, 199, 224
Allcotts, 205
Allen, 191, 208, 211, 218
Allmand, 180
Allmond, 207
Alpee, 228
Ambrose, 180, 212
America, 214
Anderson, 184, 191, 209, 211
Andrew, 182
Andrews, 227
Antodes, 214
Appleby, 183, 201, 203, 222
Applegate, 215
Archer, 191
Armour, 191, 196
Aron, 189
Artertha, 218
Arthur, 220
Ash, 207, 211, 223
Ashley, 195
Aspin, 197
Aspril, 225
Atwood, 182
August, 201
Ayers, 207
Baer, 213
Bailey, 177, 196
Baine, 200
Baker, 182, 184, 202, 208, 225
Bakey, 204
Baldwin, 178, 193, 217, 222
Banks, 219
Bannerman, 216
Barnaby, 221
Barnes, 190, 192, 198
Barney, 179, 192, 213
Barnhill, 188, 197, 208
Barns, 210
Barr, 177, 198
Bartlet, 218
Bass, 181, 207

Bassard, 182
Bassett, 209
Bastine, 187
Bateman, 229
Bates, 180
Bats, 194
Batten, 202
Battle, 188, 204
Batty, 197
Bauman, 192
Bayard, 192, 207
Baylis, 187
Bayliss, 195
Baynerd, 213
Beck, 223
Becket, 189, 199
Beckett, 208
Beckley, 203, 211
Bedford, 176, 198
Bedwell, 198
Beeson, 180, 211
Belfield, 190
Belk, 192
Bell, 188, 199, 213, 215
Bellfield, 196
Belville, 211
Bendler, 224
Beney, 181
Bennett, 176, 178, 196, 204
Benson, 180, 185, 195, 204, 296, 212, 218
Bentley, 198
Berlin, 212
Berry, 202, 213, 216
Besyer, 229
Bethel, 215
Biddle, 180, 193, 204, 217
Bierman, 197
Black, 214-215
Blackson, 225, 227
Blackston, 194, 227
Blackwell, 214
Blessdale, 210
Blessing, 210

Blest, 194
Boggs, 186, 190, 195
Bogue, 221
Bonell, 193
Boon, 216
Booth, 222
Bormat, 198
Bosyer, 229
Boughman, 218
Bowman, 182, 195
Boyd, 178-179, 204, 216
Boyer, 224
Bradford, 184, 186, 208-209, 221-222
Bradley, 198
Bradly, 181
Brady, 200
Bratten, 225
Brauman, 213
Breeding, 220
Bridgeport, 174
Briggs, 201, 205, 211
Bringhurst, 209
Brister, 188, 196
Bristow, 223
Brooks, 219, 222
Broomall, 218
Broome, 188
Brophy, 207
Browers, 186
Brown, 187-188, 191, 195, 197, 204, 207, 213, 215, 219-220, 223
Bruner, 184, 200
Brusen, 204
Bryson, 223
Buck, 223
Buckmaster, 194
Bucmaster, 181
Bumburg, 175
Bundy, 191, 204
Burgess, 212
Burke, 175, 201
Burman, 176
Burrell, 183
Butcher, 188, 195, 217
Byard, 201

Calaghan, 224
Caldwell, 209
Calhill, 216
Callahan, 189, 221
Cambell, 216
Campbell, 178, 187, 204, 212, 213
Canby, 182
Carey, 193
Cariole, 197
Carmmonicle, 221, 226, 228
Carnagy, 222
Carpenter, 176, 178, 204, 213
Carr, 178
Carrens, 199
Carroll, 174, 182, 208, 210
Carrow, 177, 186, 196, 206
Carswell, 200
Carter, 189
Carty, 196, 225
Casey, 211
Cash, 176
Casperson, 205
Castelow, 224
Caulk, 194, 204
Chambers, 219, 229
Chance, 185, 213
Chandler, 214, 216
Charles, 218
Chase, 180, 198, 206, 213, 215
Chillas, 220
Choge, 227
Christmas, 206
Christy, 181-182, 201
Clair, 195
Clairnan, 218
Clare, 224
Clark, 189, 192, 200, 207
Cleaver, 224
Cleland, 179-180, 212
Cloud, 176, 211
Cochran, 215, 227
Cogue, 221
Coleberry, 217
Collins, 175, 199, 203, 208, 216, 218
Collon, 176, 194
Colwell, 210

Comeges, 198
Comfort, 211
Conaway, 191
Connel, 175
Connell, 190, 190, 196, 207, 210
Connor, 192, 206
Conrad, 225
Conrow, 196
Conway, 195
Cook, 194
Cooke, 185
Coon, 195
Cooper, 180
Corbet, 225
Corey, 220
Cork, 184
Cornbrook, 176, 198
Corsey, 226
Coteman, 180
Cottingham, 177, 210
Coughlan, 203
Coughlin, 190
Countis, 211
Countiss, 175
Courtney, 200, 212
Cousings, 217
Covens, 207
Cox, 192, 212
Craig, 188, 196, 212
Crane, 197
Cranston, 178, 218
Craven, 225
Crawford, 220
Creaden, 229
Creanel, 201
Creawer, 192
Creswell, 192
Crosett, 216
Crouch, 218
Crowding, 182, 202
Crozier, 192, 210
Cummins, 186, 213
Curey, 213
Curry, 185, 203
Cury, 177
Cusey, 176

Dailey, 217
Dakfer, 199
Darmon, 195
Darrah, 196
Darrough, 209
Daughten, 181
Davidson, 224
Davis, 185-186, 195-197, 201-202, 206, 219, 221, 225, 227
Deane, 213
Delahay, 202
Delaney, 201
Demby, 175, 188, 198, 213
Denison, 220
Denney, 207, 210
Dennis, 219
Derrefar, 217
Derrickson, 210
Develin, 190
Dever, 175, 207
Devine, 216
Devlin, 209
Devon, 226
Dick, 194
Dilahay, 179
Dilley, 206
Dillman, 182, 200
Dillon, 189, 203
Dingle, 225
Dixon, 217-218
Dobbs, 220
Dolbow, 177
Dolen, 218
Donahoe, 179, 196
Donahue, 184
Donohoe, 181
Donohue, 192
Dorman, 201
Doron, 216
Dorrell, 228
Dorsey, 184, 187, 197-199, 203, 207
Doud, 108
Dougherty, 176, 184, 186, 199, 206-207, 209
Doughten, 198, 200
Doughton, 192

Douglas, 197, 205
Draper, 188, 196, 208, 212, 223, 226-226
Drummond, 186
Dubois, 208, 210
Duckey, 208
Duffy, 221
Duputy, 210
Durham, 177, 209
Dutton, 182, 190, 192, 197, 203, 208
Early, 220
Eastbum, 192
Eastburn, 219
Easton, 225
Eaton, 174
Eccles, 225
Eckel, 211
Eckle, 174
Edwards, 192, 209, 229
Elias, 183, 200
Elliott, 181, 192, 211
Ellis, 203
Emelen, 208
Emerson, 174
Emmerson, 201
Empson, 224
Enerored, 208
England, 210
English, 185, 209
Ervin, 179
Erwin, 200
Etezel, 212
Etzel, 185
Evans, 192, 200, 206
Ewbanks, 195
Ewing, 194
Fahey, 177, 202
Farnan, 194
Feeney, 199
Ferris, 206, 214
Fiderman, 199
Filas, 210
Files, 192
Fincher, 192, 206
Finnegan, 203
Finnigan, 185

Fish, 176
Fisher, 192, 200, 203, 218, 225, 227
Fitzgerald, 178, 203
Flanigan, 197
Flannery, 195
Flannigan, 196
Flemming, 192
Flincher, 187
Flinn, 185, 202
Flynn, 221
Foard, 224
Fomer, 175
Foote, 210, 219
Ford, 182, 196, 199
Fore, 227
Foreman, 200
Forwood, 214
Foster, 174, 184, 199, 205
Foswell, 211
Foulk, 205
FOUNDLING, 188
Fountain, 197
Fowler, 186
Fox, 216
Frabhold, 203
Fraim, 2114
Frame, 181
Frames, 174
Frams, 192
France, 202, 208
Francis, 189, 208
Frazer, 203
Freal, 202
Frederick, 183
Fredericks, 206
Freeton, 175
French, 201
Frero, 207
Friel, 191, 202
Frisby, 226
Fritz, 220
Frobbold, 211
Fry, 220
Fullmer, 205
Fulmer, 177
Fulton, 214

Furlken, 220
Galagher, 188
Gallagher, 179, 187, 200-202, 206, 216
Gallaher, 220
Games, 176
Gardiner, 221-222
Garretson, 201
Gartland, 191
Garvin, 177
Gaston, 196
Gavin, 201
Gavins, 184
Gayer, 183
Gears, 226
Gebled, 177
Gendler, 213
Gerns, 200
Gibbs, 202
Giber, 215
Gibson, 221
Gillen, 173, 213
Gilpin, 192, 209
Ginder, 199
Ginn, 227
Glackin, 182
Glascow, 207
Glasgo, 187, 205
Glatts, 174
Glem, 177
Glenn, 197
Goalin, 189
Golding, 216
Golt, 228
Gooden, 209
Gooding, 199, 217
Gould, 204
Grace, 217
Graham, 137, 185, 204, 208
Grant, 192, 200
Grantham, 221
Graves, 200
Gray, 183, 200, 210, 216, 220
Green, 179, 204, 207, 212-213, 223, 227
Greer, 192, 223, 227

Gregg, 222
Grelt, 200
Grey, 188
Grier, 202
Griffith, 185
Grindage, 223
Grinidge, 207
Grisson, 187, 213
Grose, 222
Groves, 177
Grube, 214
Gumby, 207
Guthrie, 218
Guy, 189
Guyer, 209
Guyers, 220
Hall, 203, 210, 26
Hamby, 214
Hamilton, 190, 197, 202, 210, 219, 221
Hamlin, 185
Hammon, 224
Hammond, 204
Hampton, 180, 210
Hamua, 219
Haney, 210
Hankins, 200
Hanna, 207
Hannah, 188
Hanson, 225
Hardeman, 220
Haret, 199
Harkins, 203
Harkness, 219
Harper, 198
Harris, 179-180, 194
Hart, 185, 211
Hartup, 228
Hasllow, 229
Hastings, 183, 204
Hattin, 221
Haunan, 204
Havington, 197
Hawk, 217
Hawke, 208
Hawkins, 190, 200, 217

Hayatt, 199
Hayden, 228
Haydon, 185, 213
Hayes, 198, 225
Hazzard, 226
Heinel, 185
Heisler, 222
Heller, 189
Henderson, 176, 209, 222
Henly, 206
Henning, 203
Henry, 181, 226
Hesser, 201
Hickman, 183, 202
Hicks, 213
Higgins, 175, 206
Highfield, 92 214
Hill, 189, 209, 221
Hiller, 200
Hines, 213
Hinson, 181, 194
Hirst, 173
Hobson, 227
Hochkeppal, 179
Hochkeppel, 195, 203
Hockster, 181
Hoffecker, 224
Hoffman, 228
Hogg, 227
Holden, 176, 211
Holland, 217
Hollett, 223
Holoman, 198
Holt, 206
Hook, 209
Hoope, 174
Hooper, 206
Hoops, 218
Hope, 196
Hopkins, 187, 206, 224
Horn, 186, 215
Houck, 186, 200
Houghton, 200
Houston, 184, 202
Hoution, 185
Howard, 195

Huber, 194
Hubert, 192, 196
Huell, 206
Huffington, 180, 184, 196, 198
Hughes, 195
Hughes, 221
Hull, 185, 210
Hunter, 192, 204
Hurbert, 207
Hurley, 209, 219
Husbands, 202
Hutchinson, 224
Hutt, 227
Hutton, 193
Hyfield, 219
Hyndman, 196
Ilvilson, 184
Ireland, 226
Irwin, 184, 192, 201
Issaz, 227
Jackson, 187, 204, 214, 222, 225
Jacobs, 191
Janney, 201
Janvier, 220
Jaquet, 188
Jefferson, 183, 192, 205, 212, 223, 226-228
Jerby, 190
Jitter, 223
John, 208
Johnson, 179, 181, 192, 202, 204-205, 208, 212, 224-225, 227
Jones, 174, 176-177, 181, 185, 195-196, 201, 206, 208, 210, 212, 215, 218-219, 223-224, 226
Jordan, 177, 212
Jorden, 175, 199
Jourdan, 203
Jourden, 188
Journey, 192, 215
Junior, 225
Juxon, 222
Kane, 189, 195, 206, 216, 223, 228
Karr, 197
Kase, 213
Kass, 182

Kauffey, 177
Kauffy, 196
Keelher, 216
Keewan, 192
Keller, 211
Kelley, 194
Kelly, 178, 181, 206, 217
Kem, 197
Kennard, 203
Kennedy, 182, 213
Kenyon, 175, 211
Kerr, 197
Kersey, 174, 198
Kettlewood, 206
Kindell, 220
King, 189, 203, 208, 212, 221, 223
Kinney, 198
Kirk, 225
Kirkwood, 192
Kitchen, 192, 203
Klair, 218
Klein, 212
Klett, 201
Kline, 202
Knie, 193
Knott, 180, 202
Knotts, 193, 200, 225
Koontz, 222
Kyser, 174
Lafferty, 177, 189, 209-210
Lambson, 205, 220
Lancaster, 220
Landers, 209, 221
Lange, 203
Langston, 220
Lawler, 221
Laws, 221
Lawson, 183, 202
Leckler, 220
LeCompt, 177, 211
Lee, 197
Lemon, 174, 209
Leonard, 194, 197
Lewis, 182, 187, 189, 198-199, 203, 208, 223
Lindsay, 183, 193, 206, 213

Lindsey, 208
List, 175, 199
Lobb, 204
Lobdell, 182, 204-205
Lockwood, 226
Lodge, 210, 214
Lofland, 222
Loftus, 189, 194
Logan, 181, 213
Long, 225
Loper, 184-185, 193, 196, 201, 209, 212, 214
Lord, 185, 197
Louden, 212
Love, 218
Lowden, 181, 196
Lowder, 178
Lowry, 188
Lummis, 194
Lynch, 178, 188, 195, 216-217, 220
Machant, 184
Macklin, 222
Madden, 173
Maguire, 202
Mahan, 195
Mahortly, 219
Mailey, 197
Malcom, 179, 212
Malin, 215
Malloy, 215
Maloney, 176, 191, 207, 211-212, 218
Marble, 204
Marchall, 173
Marcus, 222
Marr, 193, 204
Marrow, 197
Marshal, 189, 207, 219
Martin, 176, 211
Marvel, 188
Mason, 195, 227
Massey, 215
Maxwell, 178, 180, 183, 199, 209
McCafferty, 221
McCairn, 203
McCall, 181, 195

McCalley, 186
McCary, 194
McCaulley, 186, 196
McCaully, 208
McClees, 215
McClintock, 195, 214, 223
McCloskey, 189, 213
McCoais, 217
McCollin, 187
McConaughey, 193, 203
McCormick, 208, 210, 214
McCown, 190
McCoy, 202, 205
McCullin, 205
McCullough, 202, 212
McDav, 181
McDavitt, 197
McDermit, 211
McDermott, 191
McDonnell, 174, 207
McDouglas, 222
McElroy, 182, 205
McFarlan, 203
McFarland, 191, 222
McGarland, 204
McGartlan, 203
McGaugle, 203
McGinley, 194-195
McGinly, 189
McGinnis, 209, 227
McGinty, 197
McGonegal, 209
McGonigal, 178
McGowen, 181
McGrath, 191, 198
McGrellins, 216
McGrovy, 220
McIlheney, 216
McIntire, 196, 200, 223
McKaig, 179, 186, 211, 213
McKee, 186, 203
McKeever, 187, 198
McKendrick, 184, 212
McKenna, 174, 193, 195, 200
McKeown, 218
McKinney, 184, 210

McKinsey, 222
McKnitt, 178
McLarran, 202
McLaughlin, 181, 198, 204
McNair, 185, 207
McNamara, 214
McNitt, 198
McQuicklin, 222
McVay, 177, 185
McVey, 196, 209-210
McWhorter, 224
Meacham, 188-189
Meachum, 204
Meacum, 197
Mealey, 200
Mears, 229
Medley, 200
Megames, 187
Meggett, 205
Melrine, 195
Menlshew, 199
Mercer, 199, 202
Meredith, 175, 202, 229
Merrehill, 207
Meuton, 191
Mewton, 212
Meyer, 201
Meyers, 186
Michael, 194
Miland, 208
Milbourn, 202
Miles, 193, 202, 226
Millbourn, 183
Miller, 186, 195-197, 208, 213, 222-223
Milligan, 201
Mills, 176, 203
Mitchel, 193
Mitchell, 176, 181, 190, 198, 205, 209, 218
Mobe, 173
Moffit, 200
Monckton, 199
Monger, 199
Moody, 224, 227

Moore, 177, 180, 183, 190, 193-194, 196, 200, 211, 219
Morgan, 175, 205
Morice, 206
Morine, 186
Morrese, 199
Morris, 196, 205, 213, 226, 228
Morrison, 184, 208
Morrow, 189, 204
Morton, 205, 226
Moss, 197
Mote, 222
Mullen, 197, 201
Munda, 211
Murkley, 183
Murphey, 199, 209, 227
Murphy, 187, 190, 196, 205
Murray, 202, 205
Murrey, 187, 209
Murry, 196, 198, 201
Myers, 214, 222
Neals, 188
Neils, 201
Nellus, 206
Nelson, 223
Neuman, 205
Newlin, 182, 211
Newlon, 197
Newlove, 221
Newsom, 179
Newson, 200
Newsun, 188
Newton, 197
Noble, 199
Norris, 175, 206
Norton, 220
Numbers, 210
Nyman, 209
O'Connell, 194
O'Conner, 174, 199, 213
O'Connor, 190, 212
O'Donnell, 181, 200
O'Guyer, 209
O'Niell, 180
O'Toole, 179, 195, 212
Obler, 186

Oehler, 175
Ogle, 204
Oliver, 226
Osborn, 214
Osmond, 210
Otton, 178, 210
Paling, 214
Palmer, 175, 177, 183, 204, 208, 210, 221, 229
Parker, 196, 222
Parks, 177, 189, 214, 217, 221
Parris, 218
Patterson, 198
Peacock, 226
Pearce, 204
Peer, 211
Peirce, 199
Penlly, 178
Pennell, 204
Penney, 199
Pepper, 180, 208
Perkins, 208
Perrine, 224
Perry, 218
Peterson, 217
Pevey, 219
Pfeiffer, 181, 199
Phenney, 217
Philips, 186, 188
Phillips, 196, 207, 212
Pierce, 178-179, 187, 194, 205, 214
Pierson, 174, 182, 210, 213, 228
Plater, 191, 207
Plator, 207
Platt, 221
Podrick, 221
Polk, 225
Poole, 174, 203, 213
Porter, 206
Postles, 220
Poultney, 178, 205
Powe, 227
Powell, 174, 191, 211
Pratt, 178, 211
Price, 184, 193, 197-198, 203-204, 206, 224

Prince, 200
Prir, 185
Pruitt, 193, 203
Pryer, 181
Purnell, 178, 199, 201
Purse, 227
Pusey, 190, 196
Pyole, 228
Querey, 199
Querry, 190
Quinn, 197, 205
Ralston, 193, 198
Ramsdell, 200
Rash, 189, 204
Ratledge, 226-227
Ray, 189, 209
Reed, 188, 193-194, 203, 205, 216
Reese, 216
Reilly, 191
Reuther, 225
Reybold, 224
Reynolds, 178, 209, 228
Rice, 184
Richards, 218
Richardson, 176, 178-179, 193, 195, 205, 207-208, 218
Rider, 195, 201, 209
Riggs, 178, 213
Righter, 180, 212, 214-215
Riley, 199, 205, 212, 224
Ringold, 228
Ritchardson, 188
Rlet, 185
Roach, 175, 207
Roberson, 180, 182
Roberts, 174, 176, 201, 209, 211
Robertson, 178
Robinson, 196, 198, 209
Rollo, 178
Roofe, 178
Rooney, 174, 208
Roop, 206, 208
Rosborough, 214
Ross, 187
Rothwell, 227
Rowe, 216

Rowland, 175, 211
Rowson, 200
Roy, 209, 223
Rucker, 198
Ruley, 223
Russell, 191, 199, 210, 220
Ruthwin, 205
Ryan, 218, 227
Sadler, 182, 205
Sardon, 178
Saring, 194
Sasse, 174, 202
Sauerlander, 211
Saundell, 183
Saunders, 221
Saundes, 221
Savage, 208
Saville, 182, 211
Sawdon, 178, 193, 202, 210
Schaefer, 193, 199
Schaffer, 195
Schaffner, 175
Schenith, 175
Schmidth, 199
Schockley, 183, 199
Schockly, 182
Schofield, 183
School, 193
Schorah, 186, 199
Schultz, 185, 207
Schulyer, 182
Schumaker, 194
Schwarz, 193, 207
Scofield, 210
Scott, 179, 196, 201, 223
Scout, 199
Scribner, 187, 208
Scrivener, 191
Scully, 204
Seahay, 202
Searls, 208
Segars, 224
Seibold, 190, 211
Senix, 203
Seward, 209
Shader, 199

Shain, 189, 207
Shannon, 176, 193, 206
Sharp, 206
Sharpler, 184
Sharpless, 202
Sharpley, 215, 217
Sharpness, 229
Shaw, 180, 187, 194-195, 200, 210, 228
Shearman, 209
Sheridan, 190, 198
Sherman, 193
Sherwood, 186, 197
Shields, 205
Shivley, 228
Shockley, 212
Shorter, 228
Shull, 186
Sigers, 201
Simmons, 137, 179, 194, 201, 211, 226
Simons, 186
Simpking, 228
Simpkins, 227
Simpson, 189, 193, 200, 206-207
Singles, 222
Sipple, 180, 194
Slack, 222
Slaughter, 224
Sloan, 215
Smalley, 223
Smallwood, 183, 207, 209, 213
Smeltz, 178
Smith, 174-175, 179, 187-188, 191, 196, 198-199, 203-204, 206, 212-213, 217, 219
Sneckking, 205
Snell, 198
Snelling, 179
Snowden, 187, 193, 211
Sordan, 205
Sorden, 193
Spahn, 189, 212
Speakman, 206
Spear, 108
Speer, 177, 204, 210

Spencer, 193, 200-201, 224
Spring, 182
Springer, 180, 183, 197, 205
Stafford, 206
Stanley, 183, 210
Starr, 209, 215
Stein, 195
Stephens, 173
Stephenson, 228
Steptoe, 217
Sterling, 178, 211
Stewart, 187, 197, 202-203
Stickland, 185
Stiles, 195
Stoopes, 204
Stoops, 181, 195
Stout, 184, 197, 217
Straughn, 207
Strickland, 204, 209
Strictland, 184
Strong, 190
Strool, 198
Sturgis, 174, 202
Styer, 201
Summers, 196
Sutton, 190
Sweatman, 177, 212
Sweeney, 175
Swift, 187, 193, 209
Sykes, 191
Talley, 182, 203, 208, 211, 214
Tamany, 211
Taminry, 189
Tatman, 175, 211
Tayell, 173
Taylor, 184, 200, 203, 215, 217, 222
Teas, 178, 212
Temple, 221
Templeman, 181, 197
Thomas, 177, 191, 195, 202, 210
Thompson, 193, 211, 218, 229
Thomson, 193
Thorp, 219, 222
Tilghman, 198
Tillman, 193, 207
Tindall, 208

Tobin, 216
Todd, 176, 183, 186, 206, 208, 215
Toll, 200
Toner, 196, 221
Toney, 180, 201, 204
Torbert, 183, 206, 215
Torcum, 226
Tornov, 210
Town, 198
Townie, 178
Townley, 201
Townsend, 203
Townsley, 186
Toy, 217
Trabbold, 181
Traynor, 207
Tressy, 193
Truax, 228
Trusty, 194
Tull, 184
Tully, 196
Turner, 213, 219
Tyson, 204
UNKNOWN, 195, 210, 229
Ureny, 174
Vance, 218
Vandenbraak, 176
Vanderbraek, 213
Vandergrift, 225
Vanornmier, 201
Vansant, 185, 198, 215
View, 186
Vine, 205
Vinson, 195
Vurnall, 183
Wagner, 177, 194, 198, 212
Walace, 189
Walker, 183, 188, 191, 193, 199, 203, 211, 228
Wallace, 210
Walls, 205
Walter, 228
Walters, 217
Walton, 203
Ware, 201, 221
Warren, 202, 226

Washington, 189, 209
Waters, 176, 189
Watson, 199, 201, 205-206, 209
Watters, 205
Webb, 215
Weir, 206
Welch, 197
Welden, 183, 205
Weldin, 201, 214
Wells, 228
Welsh, 193
Weston, 190
Wetherell, 190, 201
Wheatley, 200
Wheelen, 203
Whipf, 224
White, 180, 183, 191, 198, 207, 211, 228
Whitfield, 220
Whitman, 193
Wier, 220, 223
Wiertner, 227
Wigglesworth, 177, 196
Wiley, 188, 200, 210
Wilkins, 175, 208
Willey, 222
Williams, 174, 177, 197, 201, 206, 208, 215, 220, 228
Wilmer, 218
Wilmot, 220
Wilner, 201
Wilson, 170, 179-181, 187-188, 200, 202, 211-213, 228
Winard, 202
Wing, 182, 208
Winks, 195
Winslow, 188, 196
Winterhalter, 206
Witacre, 188
Witaker, 195
Wodington, 186
Wolston, 220
Wonn, 197
Wood, 179, 190, 203, 210, 215, 220
Woodington, 207
Woodland, 200

Woodrow, 178, 191, 197, 209
Woods, 184, 188, 202, 204
Woodward, 219
Woolford, 217
Woolridge, 189, 212
Wright, 202, 222, 226, 228
Wrolmer, 212
Wyatt, 199

Wyman, 204, 221
Wynaul, 183
Yarnall, 220
Yarnell, 206
Yates, 176, 201, 208
Young, 185, 198
Zebley, 193, 210

Delaware 1880 Mortality Schedule
Sussex County

The Delaware Mortality Schedule was filmed by the Delaware Department of State, Division of Historical and Cultural Affairs. There are seventeen columns of information on this 1880 mortality schedule. The fifteen listed below have been transcribed:

1. Number from Column 1 Schedule 1
2. Name of Family Member
3. Age
4. Sex
5. Color White (W), Black (B), Mulatto (M)
6. Single
7. Married
8. Widowed or Divorced
9. Place of Birth
10. Where was Father Born
11. Where was Mother Born
12. Month Died
13. Profession, Occupation, or Trade
14. Disease or Cause of Death
15. How Long a Resident of This County?

The items in the above list are displayed in sequence and separated with the comma. Last names are listed first in sequence also separated by a comma. Where there is no information in a column a hyphen (-) is used. Where a column's information cannot be deciphered a question mark (?) is used. Some numbers in column one are repeated because they are in different census districts. There are a few first name first entries but not many and they are entered as first name first.

10, Murray, Violeta E., 43, F, W, -, 1, -, DE, DE, MD, Keeping House, Dec Consumption, 43
28, Hudson, Jeremiah, 69, M, W, -, -, 1, DE, DE, DE, Farming, Nov, Chronic Gastritis, 69
73, Murrey, _____, -, M, W, 1, -, -, DE, DE, DE, -, Jan, Still Born, -
113, Banks, Anna K., 5/12, F, W, 1, -, -, DE, DE, MD, -, June, Found Dead- Cause Unknown, 5/12
137, Hall, Minnie, 1, F, B, 1, -, -, DE, DE, DE, -, Dec, Cold, 1
183, Hall, Hester E., 45, F, B, -, -, 1, DE, DE, DE, Cooking, Apr, Dropsy, 45
181, Dasey, Mary J., 81, F, W, -, -, 1, DE, DE, DE, Keeping House, Mar, Old Age, 81
223, Johnson, Burton H., 68, M, W, -, 1, -, DE, DE, DE, Farming, Mar, Congestive Chill, 68

207, Burbage, Matilda, 33, F, W, -, 1, -, DE, DE, DE, Keeping House, May, Child Bed, 33
207, Burbage, Infant, -, F, W, 1, -, -, DE, DE, DE, -, May Nearly Dead Born, -
235, Lynch, Henry M., 17, M, W, 1, -, -, DE, DE, DE, At School, Dec, Consumption, 17
291, Hall, Betsy, 87, F, W, -, -, 1, DE, DE, DE, Housework, Apr, Paralyzed, 67
266, Pusy, Infant, 7/30, M, W, 1, -, -, DE, DE, DE, -, June, Spinal Disease, -
269, Evans, Oliver K., 32, M, W, 1, -, -, DE, DE, DE, Sailor, Sept, Consumption, 32
278, Derland, Henrietta, 70, F, W, -, -, 1, DE, DE, DE, Keeping House, Aug, Consumption, 70
280, Dasey, Ella, 11/12, F, W, 1, -, -, PA, DE, MD, -, May, Inflammation of Bowels, 11/12
295, Hutson, Infant, 1, M, W, 1, -, -, DE, DE, DE, -, Dec, Frightened, -
299, Simpler, John, 24, M, W, -, 1, -, DE, DE, DE, Farming, Dec, Typhoid, 25
300, Furman, Casandra, 1, F, W, 1, -, -, DE, DE, DE, -, May, Cholera, 1
304, Walter, Ebe, 59, M, W, -, 1, -, DE, DE, DE, Farmer, Sept, Heart Disease, 59
304, Tompson, Ann E., 58, F, W, -, -, 1, DE, MD, DE, Dressmaking, Sept, Dropsy of Heart, -
319, Jefferson, Francis M., 7/12, F, W, 1, -, -, DE, DE, DE, -, June, Fits, -
369, Clagg, Infant, 17/365, M, W, 1, -, -, DE, DE, DE, -, Mar, Diarrhea, -
398, Holsoway, Tabitha, 54, F, W, -, 1, -, MD, -, DE, Keeping House, June, Cancer, 54
418, Hudson, Perrey F., 5/12, M, W, 1, -, -, MD, DE, MD, -, Apr, Neglect in Dressing when Born, -
447, Timmons, Levica, 18, F, W, -, 1, -, DE, DE, DE, Keeping House, Jul, Pneumonia, 18
447, Timmons, Rena, 16, F, W, 1, -, -, DE, DE, DE, -, Jul, Unknown, 16
453, Dingle, Kate, 18, F, B, 1, -, -, DE, DE, DE, -, Nov, ?, 18
453, Dingle, Infant, 1/30, M, B, 1, -, -, DE, DE, DE, -, Feb, Premature Birth, -
453, Dingle, Infant, 1/30, M, B, 1, -, -, DE, DE, DE, -, Feb, Premature Birth, -
478, Tyree, Thomas A., 4, M, B, 12, -, -, DE, MD, DE, -, Oct, Dropsy, 14(?)
494, Quillin, Sallie L., 1, F, W, 1, -, -, DE, DE, DE, -, Aug, Cholera, -
499, Wharton, Martha H., 62, F, W, -, -, 1, DE, DE, DE, Keeping House, Dec, Consumption, 62
514, Hudson, Irene, 4, F, W, 1, -, -, DE, DE, DE, -, Malaria, -,
521, Williams, Charles, 24, M, W, 1, -, -, DE, DE, DE, Farming, June, Consumption, -
538, Halloway, Aaron, 53, M, W, -, 1, -, DE, MD, MD, Farming, June, Typhoid, -
562, Lewis, Bippy, 73, F, W, -, -, 1, DE, DE, DE, Keeping House, June, Consumption, -
568, Oliver, Ridgeway M., 2, F(M), B, 1, -, -, DE, DE, -, Apr, Inflammation of Bowels, -
574, Hudson, James E., 21, M, W, 1, -, -, DE, DE, DE, Farming, May, Consumption, -

594, Warrington, Elijah, 68, M, W, -, 1, -, MD, MD, MD, Farming, June, Consumption, -
595, Bunting, Isaach L., 47 M, W, -, 1, -, DE, -, -, Farming, Feb, Pneumonia, -
622, McCabe, Charles, 6/12, M, W, 1, -, -, DE, DE, DE, -, Apr, Lung Disease, -
639, Brasure, Willie, 4/12, M, W, 1, -, -, DE, DE, DE, -, June, Cholera, -
641, Davis, Infant, 7/30, F, W, 1, -, -, DE, DE, DE, -, Jul, ?, -
661, Hudson, Joseph A., 8/12, M, W, -, -, DE, DE, DE, -, May, Brain Fever, -
660, Bishop, Belle, 24, F, W, -, 1, -, DE, DE, DE, Keeping House, Jan, Consumption, -
663, Morris, Flora, 20, F, W, -, 1, -, MD, MD, MD, Keeping House, Aug, Died in Child Bed, -
665, Hortin, Lizzie, 40, M(F), W, -, 1, -, MD, -, -, Keeping House, Aug, Typhoid, -
675, Bunting, Maggie A., 7, F, W, 1, -, -, DE, DE, DE, -, May, Dropsy on Brain, -
680, Lockwood, Wm H., 50, M, W, -, 1, -, DE, -, -, Farming, May, Consumption, -
683, Long, Addie, 2/12, F, W, 1, -, -, DE, DE, MD, -, Aug, Diarrhea, -
686, Hastings, Julia M., 8/12, F,W, 1, -, -, DE, DE, DE, -, Jul, Cholera, -
699, Munford, Mary E., 33, F, W, -, 1, -, DE, DE, MD, Keeping House, Jan, Chronic Dysentery, -
701, Hudson, Infant, 1/30, F, W, 1, -, -, DE, DE, DE, -, Jan, Premature Birth, -
703, Fisher, Lenora A., 1, F, W, 1, -, -, DE, MD, MD, -, Apr, Palsy, -
711, Campbell, ___, -, F, W, 1, -, -, DE, MD, MD, -, Jul, Dead Born, -
725, Stephens, William C., 1, M, W, 1, -, -, DE, -, MD, -, June, Diarrhea, -
PR, Lynch, Laura D., 22, F. W. -, 1, -, DE, -, -, Housewife, Nov, Puerperal Fever, -
PR, Davis, Callie, 3, M, W, 1, -, -, DE, -, -, -, Oct, Diphtheria, -
PR, Davidson, Wm. M., 47, M, W, -, 1, -, DE, -, -, Farmer, Dec, Phthisis, -
14, Moore, Edwin, W., 8, M, W, 1, -, -, DE, DE, DE, -, June, Drowned, 8
14, Moore, Louisa, 3/12, F, W, 1, -, -, DE, DE, DE, -, June, Cholera, 3/12
14, Moore, Infant, -, M.W, 1, -, -, DE, DE, DE, -, May, Still Born, -
15, Outten, Sarah, 37, M(F), W, -, 1, -, DE, DE, DE, Keeping House, Sept, Consumption, 37
23, Moore, Joseph, 1/12, M, W, 1, -, -, DE, DE, DE, -, Nov, Cholera, 1/12
26, Hearn, George W., 1, M, W, 1, -, -, DE, DE, DE, -, May, Brain Fever, 1
31, Thompson, Millie, 61, F, W, -, -, 1, DE, DE, DE, Boarding, May, Softening of Brain, 61
60, Shiles, Jacob H., 1, M, W, 1, -, -, DE, DE, DE, -, Nov, Pneumonia, 1
27, Thompson, Eva, 1, M (F), 1, -, -, DE, DE, DE, -, Aug, Brain Fever, 1
27, Riggin, Madilda, 78, F, W, -, -, 1, DE, DE, DE, Boarder, Dec, Paralysis, 78
40, Penter, Susan, 78, F, W, 1, -, -, DE, DE, DE, Boarder, May, Old Age, 78
43, Riggin, Landers, 1, M, W, 1, -, -, DE, DE, DE, -, Feb, Brain Fever, 1
64, Hearn, Samuel, 2, M, W, 1, -, -, DE, DE, DE, -, May, Cholera, 2
67, Baker, Easter, 17, F, W, 1, -, -, DE, DE, DE, Keeping House, Jan, Typhoid, 17

67, Baker, Wm. H., 12, M, W, 1, -, -, -, DE, DE, DE, -, Jan, Typhoid, 12
79, Sirman, Sarah, 8/12, F, W, 1, -, -, DE, DE, DE, -, Sept, Teething, -
86, Hearn, N. J., 3/12, F, W, 1, -, -, DE, DE, DE, -, Jul, Dysentery, 3/12
93, Hutchens, Mary J., 55, F, W, -, 1, -, DE, DE, DE, Keeping House, Oct, Consumption, 55
99, Caloway, Anna, 2, F, W, 1, -, -, DE, DE, DE, -, Nov, Dysentery, 2
130, Games, Goldsbury, 1/12, M, W, 1, -, -, DE, DE, DE, -, Feb, Unk, -
133, Holt, Nora E., 2, F, W, 1, -, -, DE, DE, DE, -, May, Pneumonia, 1
134, Chase, Kate M., 5/12, F, B, 1, -, -, DE, DE, DE, -, Apr, Dysentery, -
135, Hill, Arddia J., 1/12, F, W, 1, -, -, DE, DE, DE, -, Sept, Dysentery 1/12
134, Chase, Sina, 80, F, B, -, -, 1, DE, DE, DE, -, Feb, Old Age, -
134, Conaway, John, 50, M, B, -, 1, -, DE, DE, DE, Farmer, Sep, Dropsy, -
142, Landers, Ruin J., 39, M, W, -, 1, -, DE, DE, DE, Sailor, Dec, Yellow Fever, -
147, Wilson, James, 1, M, W, 1, -, -, DE, DE, -, Mar, Dysentery, -
153, Culver, Margaret, 7/12, F, W, 1, -, -, DE, DE, DE, -, Mar, Consumption, -
156, Clift, Eli, 56, M, W, -, 1, -, DE, DE, DE, Farmer, Apr, Heart Disease, -
157, Walter, Haney E., 36, F, W, 1, -, -, DE, DE, DE, Keeping House, Aug, Pneumonia, -
159, INFANT, 1/12, F, W, 1, -, -, DE, DE, DE, -, Feb, Unk, -
163, Boyer, George, 2, M, B, 1, -, -, DE, DE, DE, -, Feb, Typhoid, -
164, Condley, Eliza, 80, F, W, 1, -, -, 1, DE, DE, DE, Boarding, Nov, Old Age, -
218, Thompson, Cortha, 9/12, F, W, 1, -, -, DE, DE, DE, -, May, Dysentery, 9/12
226, Laws, Lina, 26, F, B, -, 1, -, DE, DE, DE, Keeping House, Sept, Consumption, 26
274, Larks, Urias E., 53, M, W, -, 1, -, DE, DE, DE, Sailor, Dec, Yellow Fever, 53
274, Morris, Grace, 117, F, B, -, -, 1, MD, MD, MD, -, Feb, Old Age, 20
263, Silivan, Thomas W., 64, M, W, -, 1, -, DE, DE, DE, Farmer, Feb, Pneumonia, 64
264, Murphy, Sena, 1, F, W, 1, -, -, DE, DE, DE, -, Oct, Lung Fever, 1
272, Kinny, Isaac H., 4/12, M, B, 1, -, -, DE, DE, DE, -, Nov, Pneumonia, 4/12
290, Wainwright, James, 81, M, W, -, 1, -, DE, DE, DE, Farmer, Sep, Paralysis, 80
300, INFANT, 1/12, M, W, 1, -, -, DE, DE, DE, -, May, Unk, 1/12
300, Beach, Rossie, 4, F, W, 1, -, -, DE, DE, DE, -, Oct, Diphtheria, 4
309, Waller, Sallie, E., 19, F, W, -, 1, -, DE, DE, DE, Keeping House, Jan, Child Bed, 19
323, Phillips, M. J., 59, F, 1, -, -, 1, DE, DE, DE, Keeping House, Mar, Liver Consumption, 59
347, Knowles, William J., 12, M, W, 1, -, -, DE, DE, DE, At Home, Dec, Accehet, 12
347, INFANT, 1/12, M, W, 1, -, -, DE, DE, DE, -, Apr, Not Known, -
361, Benson, Nancy, 78, F, W, -, -, 1, DE, DE, DE, Boarder, Oct, Old Age,, 78
362, Boyer, James, H., 7/12, M, W, 1, -, -, DE, DE, DE, -, Nov, Brain Fever, -

381, Chipman, Margaret, 51, F, W, -, -, 1, DE, DE, DE, Keeping House, Dec, Cerebral Congestion, 51
415, Vincent, John, 52, M, B, -, 1, -, DE, DE, DE, Laborer, Oct, Consumption, 52
421, Giles, Mary E., 3/12, F, W, 1, -, -, DE, DE, DE, -, Jan, Coup, -
422, Giles, Elizabeth E., 37, F, W, 1, -, -, DE, DE, DE, Keeping House, Apr, Meningitis, 37
430, INFANT, 1/12, F, W, 1, -, -, DE, DE, DE, -, Apr, Meningitis, -
454, Phillips, Wingate, 55, M, W, 1, -, -, DE, DE, DE, Farmer, Apr, Lung Disease, 55
499, Truitt, Philetus, 4, M, W, 1, -, -, DE, DE, DE, At Home, Apr, Congestive Chill, 4
518, Harman, Thomas, 5, M, B, 1, -, -, DE, DE, DE, At Home, Dysentery, 5
514, Matthews, Hezekiah, 83, M, W, -, 1, -, DE, DE, DE, Farmer, Pneumonia, 83
522, Hudson, Blanche, 6/12, F, W, 1, -, -, DE, DE, DE, -, Dec, Diphtheria, -
535, Cannon, Burton, 79, M, W, -, 1, -, DE, DE, DE, Farmer, Nov, Heart Disease, 79
----, Mitchell, Wm. J., 30, M, W, -, 1, -, DE, -, -, -, Sept, Typhoid, -
PR, Chipman, Clara, 18/12, F, W, 1, -, -, DE, -, -, -, June, Cholera, -
10, Morris, Thomas, 77, M, B, -, 1, -, DE, DE, DE, Farmer, Mar, Old Age, 77
41, Abbott, Mary, 11/30, F, W, 1, -, -, DE, DE, DE, -, Nov, Black Hives, 11/30
53, Wortman, Philip, 74, M, W, -, 1, -, DE, DE, DE, Farmer, Mar, Liver Complaint, 74
55, Messick, Levi, 68, M, W, -, 1, -, DE, DE, DE, Farmer, May, Gastritis, 68
79, Chase, James, H, 14, M, W, 1, -, -, DE, DE, DE, Farm Boy, Aug, Consumption, 14
97, Hill, Edward G., 58, M, B, -, 1, -, DE, DE, DE, Laborer, May, Brain Affection, 56
98, West, INFANT, 3/30, M, W, 1, -, -, DE, DE, DE, -, Jul, No Cause, 3/30
111, Warrington, Cassie, 11/30, F, W, 1, -, -, DE, DE, DE, -, Jul, No Cause, 11/30
116, Tingle, Solomon, 60, M, W, -, 1, -, DE, DE, DE, Laborer, May, Congestive Chills, 60
144, Marsh, Elizabeth, 26, F, W, 1, -, -, DE, DE, DE, Seamstress, Mar, Consumption, 26
153, Fisher, Lydia A., 17, F, W, 1, -, -, DE, DE, DE, -, Aug, Consumption, 17
192, Jester, Nellie, 80, F, W, -, -, 1, DE, DE, DE, Lived with Niece, Mar, Old Age, 80
217, Roach, Annie A., 3/12, F, W, 1, -, -, DE, DE, DE, -, Aug, Catarrh, 3/12
229, Havelow, Susan, 3/12, F, B, 1, -, -, DE, DE, DE, -, Jan, Croup, 3/12
233, Wright, Abraham M., 1, M, B, 1, -, -, DE, DE, DE, -, May, Typhoid, 1
254, Johnson, Henry W., 72, M, W, -, 1, -, DE, DE, DE, Steamboat Pilot, Jan, Asthma, 72
280, Warrington, Roland P., 2/12, M, W, 1, -, -, DE, DE, DE, -, Oct, Whooping Cough, 2/12
2, Johnson, Mary L., 25, F, W, -, 1, -, DE, DE, DE, Keeping House, Jan, Consumption, 25
13, Carey, George W., 5/30, M, W, 1, -, -, PA, DE, DE, -, Mar, Unk, 5/30

23, Davidson Andrew F., 47, M, W, -, 1, -, DE, DE, DE, Ship Carpenter, May, Typhoid, 47
27, Sherman, Jacob, F, 32, M, W, 1, -, -, PA, PA, MD, Druggist, May, Chronic Sistitis, 1/12
38, Olliver, Milley, 52, F, B, -, -, 1, DE, DE, DE, Cook, Apr, Pneumonia, 52
66, Fulmer, Frederic, 70, M, W, -, 1, -, PA, PA, PA, Cooper, June, Inflammation of Bowels, 30
66, Fulmer, Hester K., 73, F, W, -, -, 1, DE, DE, DE, Keeping House, Apr, Paralysis, 73
84, Davidson, Emma, 42, F, W, -, 1, -, PA, PA, DE, Keeping House, June, Child Birth, 23
84, Davidson Emma C., 2/12, F, W, 1, -, -, DE, DE, PA, -, Jul, No Cause, 2/12
82, Wiltby, Sallie, 78, F, W, -, -, 1, DE, DE, DE, Boarder, Mar, Old Age, 78
83, Simpler, Peter, 7/12, M, B, 1, -, -, DE, DE, DE, -, Apr, Dropsy, 7/12
100, Martin, Samuel, 73, M, W, -, 1, -, DE, DE, DE, Ship Carpenter, Feb, General Debility, 73
113, Mustard, Lora H., 1, F, W, 1, -, -, DE, DE, DE, -, Oct, Inflammation of Bowels, 1
115, Lacey, Mary S., 19, F, W, 1, -, -, DE, DE, DE, -, Aug, Hip Disease, 19
120, Coverdale, Minnie, 1, F, W, 1, -, -, DE, DE, NJ, -, Mar, Whooping Cough, 1
133, Hazzard, Elizabeth H., 36, F, B, -, 1, -, DE, DE, DE, Servant, May, Consumption, 36
142, Shanklen, Joseph, 65, M, B, -, 1, -, DE DE, DE, Laborer, Oct, Paralysis, 65
180, Burrows, Lydie, 79, F, W, -, -, 1, DE, DE, DE, -, Nov, Paraylsis, 79
182, Prettyman, Elisha, 7/30, M, B, 1, -, -, DE, DE, DE, -, June, Cholic, 7/30\188,
188, Hazzard, David T., 39, M, W, 1, -, -, PA, DE, DE, Sailor, Nov, Consumption, 28
91, Moseley, Caleb, 65, M, B, -, -, 1, DE, DE, DE, Laborer, Jul, Strangulated Hernia, 65
93, Ingraham, Nathaniel P., 7/30, M, W, 1, -, -, DE, DE, DE, -, May, Unk, 7/30
----, Hall, Samuel, 7, M, W, 1, -, -, DE, DE, DE, -, Mar, Pneumonia, 7
----, Coverdale, Jeremiah, 72, M, B, 1, -, -, DE, DE, DE, Laborer, Apr, Consumption, 22
----, Rogers, Henry, 1/12, M, W, 1, -, -, DE, NY, NY, -, Jan, Croup, -
----, Warren, Saml., 10, M, W, 1, -, -, DE, DE, DE, -, May, Pneumonia, 10
----, Sorden, Elias, 16, M, B, 1, -, -, DE, DE, DE, Laborer, June, Consumption, 16
----, Jefferson, T. V., 1, F. W, 1, -, -, DE, DE, DE, -, June, Unk, -
----, Conoway, Martha, 37, F, W, 1, -, -, DE, DE, DE, Clerk in Store, Aug, Consumption, 37
----, Cordsy, Aaron, 72, M, W, 1, -, -, DE, DE, DE, Laborer, Oct, Consumption, 22
----, Roach, Sarah, 1, F, W, 1, -, -, DE, DE, DE, -, Oct, Marasmus, -
----, Bridgham, S., 13, M, W, 1,-, -, DE, DE, DE, -, Mar, Pneumonia, 13
----, Roberts, R. D., 65, M, W, -, 1, -, PA, PA, PA, Blacksmith, Apr, Pneumonia, 65

----, Torbert, Phillip, 40, M, W, 1, -, -, DE, DE, DE, Laborer, Aug, Dropsy, 40
----, Prettyman, Joel, 80, M, W, -, -, 1, DE, DE, DE, Farmer, May, Pleurisy, 80
----, Shockley, Bartholomew, 1, F, B, 1, -, -, DE, DE, DE, -, May,
    Intermittent Fever, 1
----, Groves, Mary, 61, F, B, -, -, 1, DE, DE, DE, -, Feb, Pneumonia, 61
----, Watson, Hannah, 81, F, W, -, -, 1, DE, DE, DE, -, Dec, Cancer, 81
----, NOT NAMED, 1/12, M, W, 1, -, -, DE, DE, DE, -, Aug, Meningitis, -
----, Agroe, Eddie, 1, M, W, 1, -, -, DE, DE, DE, -, Aug, Brain Fever, -
----, Smith, Eddie, 8/12, M, W, 1, -, -, DE, DE, DE, -, Aug, Unk, -
----, Isaacs, John, 40, M, B, 1, -, -, DE, DE, DE, Laborer, Jan, Don't Know, -
----, Sceine, James, 55, M, W, -, 1, -, DE, DE, DE, Farmer, Apr, Consumption, -
----, Cary, Carrie, 7, F, W, 1, -, -, DE, DE, DE, -, Aug, Diphtheria, -
----, Cary, Davis, 3, M, W, 1, -, -, DE, DE, DE, -, Aug, Diphtheria, -
PR, Norcross, Ametta, 4, F, W, 1, -, -, DE, DE, DE, -, Jul, Cholera, -
PR, Betts, Mrs. Isaac, 78, F, W, -, -, 1, DE, DE, DE, Wife of Retired Farmer,
    Dec, Brain Disease, -
PR. Harry, Annie, 8, F, B, 1, -, -, DE, DE, DE, -, May, Typhoid, -
PR, Bridgham, Saml., 7, M, W, 1, -, -, DE, DE, DE, -, Mar, Pneumonia, -
----, Warren, Joseph, 64, M, W, -, -, 1, DE, DE, DE, Farmer, May, Paralysis, 64
----, Truitt, Nemiah, 81, M, W, -, 1, -, DE, DE, DE, Farmer, Pneumonia, 81
----, Bradly, Annie, 41, F, B, -, 1, -, DE, DE, DE, Keeping House, Mar,
    Consumption, 41
----, Henry, Annie, 8, F, B, 1, -, -, DE, DE, DE, -, Apr, Brain Fever, 8
----, Betts, William, 30, M, W, -, 1, -, DE, DE, DE, Farmer, Jan, Killed by
    Falling Tree, 30
----, Shockly, Hubert, 6, M, W, 1, -, -, DE, DE, DE, -, Aug, Fell Out of
    Window, 6
----, Shockly, Mary, 28, F, W, -, 1, -, PA, PA, PA, Keeping House, Nov,
    Consumption, 16
----, Smith, Wilson, 1, M, W, 1, -, -, DE, DE, DE, -, Aug, Dysentery, 1
----, LeCompt, Minerve, 1, F, W, 1, -, -, DE, DE, DE, -, Jan, Pneumonia, 1
40, Johnson, Hiram, 55, M, W, -, 1, -, DE, DE, DE, Farmer, Feb, Dropsy, 55
69, Hitchens, Peggy, 90, F, W, -, 1, -, DE, DE, DE, Keeping House, Old, 90
77, Fooks, Cyrus Q., 64, M, W, -, 1, -, DE, DE, DE, Farmer, Apr, Paralysis, 40
148, Messick, Joseph O., 7/12, M, W, 1, -, -, DE, DE, DE, -, Dec, Teething, 7/12
181, Thoroughgood, Georgia A., 8/12, F, B, 1, -, -, DE, DE, DE, -, Dec,
    Diarrhea, 8/12
187, Ellingsworth, Mary C., 20, F, W, -, 1, -, DE, DE, DE, -, Apr, Cholera, 12
194, Shockley, Annie B., 2, F, W, 1, -, -, DE, DE, DE, -, Apr, Cholera 2
194, Timmons, Mary H., 20, F, W, -, 1, -, DE, DE, DE, Boarding, Apr,
    Consumption, 20
264, Wimbrow, Infant, 5/12, M, W, 1, -, -, DE, MD, DE, -, Mar, Premature
    Birth, 5/12
275, Johnson, Burton H., 67, M, W, -, 1, -, DE, DE, DE, House Carpenter, Mar,
    Congestive Chills, 65

411, Daisey, Nemoah, 54, F, W, -, 1, -, DE, DE, DE, Keeping House, Jan, Consumption, 54
415, Davidson, Williamson, 48, M, W, -, -, 1, DE, DE, DE, Farmer, Mar, Consumption, 48
418, Hickman, L. J., 4, F, W, 1, -, -, DE, DE, DE, -, May, Unk, 4
441, Debard, John, 37, M, B, -, 1, -, DE, DE, DE, Laborer, Mar, Consumption, 37
455, Donoway, Daniel B., 1, M, W, 1, -, -, DE, MD, MD, -, June, Cholera, 1
462, Rickets, Annie W., 4, F, B, 1,-, -, DE, DE, DE, -, Sept, Typhoid, 4
474, Wingett, George C., 4, M, W, 1, -, -, DE, DE, DE, -, Apr, Typhoid, 4
501, Bunting, Maggie A., 1, F, W, 1, -, -, DE, DE, DE, -, May, Cholera, 1
506, Houston, Isaac H., 1/12, M, W, 1, -, -, DE, DE, DE, -, May, Premature Birth, 1/12
510, Whaley, Laura B., 3, F, W, 1, -, -, DE, DE, DE, -, Jul, Typhoid, 3
520, Derickson, Hetty, 66, F, W, -, -, 1, DE, DE, DE, Boarder, Dec, Consumption, 66
536, Short, Annie, 2, F, B, 1, -, -, DE, DE, DE, -, Dec, Brain Fever, 2
560, Salmons, Sarah A., 76, F, B, -, -, 1, DE, DE, DE, At Home, Sep, Consumption, 76
589, Hudson, Willie, 6/12, M, W, 1, -, -, DE, DE, DE, -, Aug, Cholera, 6/12
598, Hudson, Infant, 1/12, M, B, 1, -, -, DE, DE, DE, -, Jan, Premature Birth, 1/12
598, Hudson, Infant, 1/12, F, B, 1, -, -, DE, DE, DE, -, Jan, Premature Birth, 1/12
600, Hudson, Peter C. B., 5/12, M, W, 1, -, -, DE, DE, DE, -, Aug, Cholera, 5/12
611, Swayer, Alben, 9/12, M, W, 1, -, -, DE, PA, PA, -, Oct, Cholera, 9/12
633, Taylor, Rebecca, 44, F, W, -, 1, -, VA, VT, VT, Keeping House, Nov, Congestive Chills, 4
639, Lynch, Laura, 24, F, W, -, 1, -, DE, DE, DE, Keeping House, Oct, Child Birth, 24
645, Evans, William O., 1, M, W, 1, -, -, DE, DE, DE, -, June, Worms, 1
647, Wharton, Mary H., 1, F, W, 1, -, -, DE, DE, DE, -, Oct, Cholera, 1
578, White, Mary H., 17, M(F), W, 1, -, -, DE, DE, DE, Worked on Farm, Mar, Killed by Cart Upsetting, 17
648, Hudson, Lizzie R., 2, F, W, 1, -, -, DE, DE, DE, -, Feb, Cholera, 2
701, Irons, Joshua H., 47, M, W, 1, -, -, DE, DE, DE, Navigator, Feb, Brights Disease, 47
677, Morris, Mary C., 36, F, W, -, 1, -, DE, DE, DE, Keeping House, Jul, Bowel Consumption, 36
677, Morris, Kate E., 8/12, F, W, 1, -, -, DE, DE, DE, -, Aug, Brain Fever, 8/12
PR, Tyndle, Sarah, 34, F, B, -, 1, -, DE, DE, DE, Servant, Oct, Pneumonia, -
PR, Long, Benj. L., 69, M, W, -, 1, -, DE, DE, DE, Farmer, Nov, Carbuncle, -
PR, Thompson, Eliza Ann, 50, F, W, -, 1, -, DE, DE, DE, Seamstress, Sept, Angina Pectora, -
PR, Phillips, Horace, 13/12, M, W, 1, -, -, DE, DE, DE, -, Jan, Cholera, -
4, Salmon, James, 2/30, M, W, 1, -, -, DE, DE, DE, -, Aug, ?, 2/30

37, Dickerson, George, 28, M, W, -, 1, -, DE, DE, DE, Laborer, Aug, Chronic Arthritis, 28
47, Dickerson, ___, -, F, W, 1, -, -, DE, DE, DE, -, Jul, Still Born, -
70, Spicer, ___, -, F, W, 1, -, -, DE, DE, DE, -, Apr, Still Born, -
78, Bennum, Ellen, 79, F, W, -, 1, -, DE, DE, DE, Keeping House, Feb, Dropsy, 79
103, Conaway, Noah, 1, M, B, 1, -, -, DE, DE, DE, -, May, Teething, 1
117, Wilson, Wm., A. 20, M, W, 1, -, -, DE, DE, DE, House Carpenter, Jul, Typhoid, 20
139, Lofland, Solomon, 72, M, B, -, -, 1, DE, DE, DE, Laborer, June, Gravel, 72
164, Conaway, Charley, 5/12, M, W, 1, -, -, DE, DE, DE, -, Mar, Catarrh of Breast, 5/12
193, Donovan, ___, -, M, W, 1, -, -, DE, DE, DE, -, Nov, Still Birth, -
197, West, Lydia, 1 yr 5 mo, F, W, 1, -, -, DE, DE, DE, -, Sept, Chronic Diarrhea, 1 yr 5 mo
208, King, Albert, 1/12, M, W, 1, -, -, DE, DE, DE, -, Jan, Hemorrhage, 1/12
226, Conaway, Gertrude, 3/12, F, W, 1, -, -, DE, DE, DE, -, Sept, Whooping Cough & Pneumonia, 3/12
232, Reynolds, Alcey, 107, F, B, -, 1, -, DE, DE, DE, Keeping House, May, Dropsy, 107
247, White, Willie, 1, M, B, 1, -, -, DE, DE, DE, -, Aug, Whooping Cough & Teething, 1
253, Hitchens, Harrie P., 1, M, W, 1, -, -, DE, DE, DE, -, Dec, Hemorrhage of Bowels, 1
257, Kollack, Jas. P. W., 89, M, W, -, 1, -, DE, DE, DE, Justice of Peace and Notary Public, Mar, Inflammation of Brain, 89
263, Dodd, George W., 59, M, W, 1, -, -, DE, DE, DE, Shoemaker, Aug, Dropsy of Abdomen, 59
277, Mears, Robinson, 73, M, W, -, 1, -, DE, DE, DE, Shoemaker, Mar, Dropsy of Chest, 73
280, Miflin, Moses, 56, M, B, -, 1, -, DE, DE, DE, Laborer, Feb, Drowned, 56
285, Windsor, Lollata, 5/12, F, W, 1, -, -, DE, DE, DE, -, Jan, Consumption, -
296, Jones, Eliza, 79, F, W, -, -, 1, DE, DE, DE, Keeping House, Feb, Old Age, 79
302, Peppers, Joshua S., 1, M, W, 1, -, -, DE, DE, DE, -, Aug, Intermittent Fever, 1
322, Torbert, Eli, 74, M, W, -, 1, -, DE, DE, DE, Brick Mason, May, Consumption, 74
350, Barker, Mary E., 23, F, W, -, 1, -, DE, DE, DE, Keeping House, Feb, Consumption, 23
369, Parker, Jas. E., 28, M, W, -, 1, -, DE, DE, DE, Druggist, Jul, Apoplexy, 28
379, Pettyjohn, Wilber C., 4/12, M, W, 1, -, -, DE, DE, DE, -, Dec, Whooping Cough & Pneumonia, 4/12
380, Stanley, Wm. H., 66, M, W, -, 1, -, MD, MD, MD, House Carpenter, Apr, Disease of Bowels, 1/12
405, Niven, ___, -, M, W, 1, -, -, DE, Scotland, DE, -, Sept, Still Birth, -

406, Torbert, Bessie M., 11/12, F, W, 1, -, -, DE, DE, PA, -, May, Whooping Cough, 11/12
433, Hall, Georgana, 18, F, B, 1, -, -, DE, DE, DE, Servant, Mar, Consumption, 18
435, Welford, Annie, 10, F, B, 1, -, -, DE, DE, DE, -, June, Consumption, 10
450, Hurly, Clara, 1, F, W, 1, -, -, DE, DE, DE, -, Feb, Brain Fever, 1
455, Tunnell, Charles, 76, M, W, -, 1, -, DE, DE, DE, Without Occupation, Jan, Gastritis, 76
----, Palmer, John, 47, M, W, 1, -, -, DE, DE, DE, -, June, Consumption, 47
----, Bennett, John, 16, M, W, 1, -, -, DE, DE, DE, -, June, Epilepsy, 16
----, Shiles, Wm., 47, M, W, -, 1, -, DE, DE, DE, -, Jul, Consumption, 47
----, Adams, Henry, 65, M, W, 1, -, -, DE, DE, DE, -, Aug, Paralysis, 65
----, Lawson, Henry, 77, M, W, -, 1, -, DE, DE, DE, -, Sept, Consumption, 77
----, Davis, Nancy, 37, F, B, 1, -, -, DE, DE, DE, -, Nov, Diarrhea, 37
----, Wilson, John, 63, M, W, 1, -, -, DE, DE, DE, -, Nov, Diarrhea, 63
----, Andrews, Saulsbery, 56, M, W, 1, -, -, DE, DE, DE, -, Dec, Dropsy of Chest, 56
----, Campfield, Wm., 27, M, W, -, 1, -, DE, DE, DE, -, Jan, Inflammation of Brain, 27
PR, Cooper, Hazlett, 72, M,W, -, 1, -, DE, DE, DE, Farmer, June, Consumption, -
PR, Nelson, Wm., 71, M, W, -, -, 1, DE, DE, DE, Farmer, Apr, Stomach Disease, -
PR, Phillips, Elijah W., 56, M, W, -, 1, -, DE, DE, DE, Farmer, Pneumonia, -
PR, Isaacs, Mary, 62, F, W, -, 1, -, DE, DE, DE, Housewife, Mar, Pneumonia, -
20, Jennie English, 1/30, F, W, 1, -, -, DE, DE, DE, -, Aug, Early Birth, 1/30
36, Samuel H. Warrintgon, 1, M, W, 1, -, -, DE, DE, DE, -, May, Dysentery, 1
46, Ephraim J. West, 68, M, W, -, 1, -, DE, DE, DE, Farmer, Oct, Consumption, 68
54, Benj. F. Johnson, 18, M, W, 1, -, -, DE, DE, DE Worked on Farm, Sept, Typhoid, 18
86, Johna Downs, 1/12, M, W, 1, -, -, DE, DE, DE, -, Aug, Unk, 1/30
100, Lorenzo Workman, 12/30, M, W, 1, -, -, DE, -, -, -, Sept, Fever, 12/30
135, Elisha M. Parker, 63, M, W, -, 1, -, MD, England, DE, Farmer, Nov, Pneumonia, 1
135, Mollie Parker, 21/30, F, W, 1, -, -, DE, DE, MD, -, May, Head Fall, 21/30
162, Arther Gordy, 11/12, M, W, 1, -, -, DE, DE, DE, -, Mar, Teething, 11/12
191, Willard S. Donoway, 12, M, W, 1, -, -, DE, DE, DE, Laborer, Oct, Typhoid, 12
202, Mary E. Jerman, 2, F, W, 1, -, -, DE, DE, DE, -, Apr, Bilious Remitent, 2
209, John C. Cormeans, 24, M, W, 1, -, -, DE, DE, DE, ?, Feb, Chronic Rheumatism, 24
212, Sallie Lewis, 10/12, F, W, 1, -, -, DE, MD, DE, -, Mar, Brain Fever, 10/12
222, Cynthia Watson, 18, F, W, -, 1, -, DE, DE, MD, Keeping House, May Typhoid, 18

263, Mary Nicholson, 14/30, F, W, 1, -, -, DE, MD, DE, -, Aug, Thrush, 14/30
12, Marsh, Mathew W., 60, M, W, -, 1, -, DE, DE, DE, Farmer, Nov, Apoplexy, 60
16, Harmon, Nathaniel, 11, M, B, 1, -, -, DE, DE, DE, At Home, Apr, Dropsy, 11
46, Watts, Rhoda, 7/12, F, W, 1, -, -, DE, DE, DE, -, Aug, Chronic Diarrhea, 2/12
47, Steel, Eliza, 41, F, W, -, 1, -, DE, DE, DE, Keeping House, June, Consumption, 41
60, Hazzard, Caroline, 33, F, W, -, 1, -, DE, DE, DE, Keeping House, May, Inflammation of Throat, 33
61, Johnson, Catharine, 55, F, W, -, 1, -, DE, DE, DE, Keeping House, Jan, Asthma, 55
75, Messick, Joseph, 1, M, W, 1, -, -, DE, DE, DE, -, Oct, Diarrhea, 1
103, Burton, Mathew -., 1, M, W, 1, -, -, DE, DE, DE, -, Apr, Croup, 1
179, Burton, Elizabeth, 65, F, B, -, -, 1, DE, DE, DE, At Home, Dec, Asthma, 65
353, Griffith, Ada E., 4/12, F, W, 1, -, -, DE, DE, DE, -, Sept, Cholera, 4/12
PR, Norwood, Nathan, 15, M, B, 1, -, -, DE, DE, DE, -, Apr, Brights Disease, -
----, Rowland, Jacob A., 58, M, W, -, 1, -, DE, DE, DE, Pilot, June, Inflammation of Liver & Bladder, 58
----, Hickman, Mary W., 81, F, W, -, -, 1, DE, DE, DE, -, Jan, Pulmonary Abscess, 81
----, Marshell, Hetty, 7, F, W, 1, -, -, DE, DE, DE, -, Jan, Apoplexy, 7
----, Chambers, Sarah, 63, F, W, -, 1, -, DE, DE, DE, -, Jul, Croup, 63
----, Connor, Sarah, 4/12, F, W, 1, -, -, DE, DE, DE, Jul, Cholera, 4/12
----, Burton, Ann E., 24, M, W, -, 1, -, DE, DE, DE, -, Aug, Inflammation of Liver, 24
----, Wolfe, Lewis, 3, M, B, 1, -, -, DE, DE, -, Dec, Typhoid, 3
----, McGill, Alfred, 9/12, M, W, 1, -, -, DE, DE, DE, -, Aug, Cholera, 9/12
----, McCugat, Baird, 45, M, W, -, 1, -, PA, PA, PA, Painter, Sept, Lung Disease, 10
----, Waples, Annie, 5/12, F, W, 1, -, -, DE, DE, DE, -, Jan, Lung, Disease, 5/12
----, Otten, Elizabeth R., 37, F, W, -, 1, -, DE, DE, DE, -, Dec, Lung Disease, 37
----, Otten, Eugenia R., 6/12, F, W, 1, -, -, DE, DE, DE, -, Mar, Whooping Cough, 6/12
----, Bulmer, Harry, 7/12, M, W, 1, -, -, DE, DE, DE, -, Mar, Meningitis, 7/12
----, McGuire, Lewis, 4/12, M, W, 1, -, -, DE, DE, DE, -, Sept, -, 4/12
----, Burton, Joshua L., 74, M, W, -, 1, -, DE, DE, DE, Farmer, May, Pneumonia, 74
----, Burton, Burton L., 25, M, W, 1, -, -, DE, DE, DE, -, Jul, Pneumonia, 25
----, Beebe, Elizabeth, 2/12, F, W, 1, -, -, DE, DE, DE, -, Jul, Pneumonia, 2/12
----, Spicer, Emma C., 6/12, F, W, 1, -, -, DE, DE, DE, -, Mar, Whooping Cough, 6/12
----, Hudson, Walter B., 15, M, W, 1, -, -, DE, DE, DE, Mar, Meningitis, 5
----, Warner, Ira K., 18, M, W, 1, -, -, DE, DE, DE, Apr, Drowned, 18

----, Lodge, John, 10/12, M, W, 1, -, -, DE, DE, DE, -, Jan, Whooping Cough, 10/12
----, Carson, Ralph, 1/12, M, W, 1, -, -, DE, DE, DE, -, Feb, Whooping Cough, 11/12
----. Sommer, Charlott, 80, F, B, -, -, 1, DE, DE, DE, -, Jul, Old Age, 80
----, Marshall, Joab, 3, M, W, 1, -, -, DE, DE, DE, -, Jan, Remittent Fever, 3
----, Smith, Albert W., 4/12, M, B, 1, -, -, DE, DE, DE, -, Feb, Remittent Fever, 4/12
----, Burton, Sarah, 25, F, B, -, 1, -, DE, DE, DE, -, Jan, Consumption, 25
----, Burton, Eliza, 74, F, B, -, 1, -, DE, DE, DE, -, May, Old Age, 74
----, Phollips, ___, 65, F, W, -, 1, -, DE, DE, DE, -, Oct, Chronic Inflammation, 65
----, Chambers, Julia, 10, F, W, 1, -, -, DE, DE, DE, -, Nov, Chronic Inflammation, 10
----, Sprigs, Taylor, 20, M, W, 1, -, -, DE, DE, DE, -, May, ?, 20
----, Bailey, Sarah, 20, F, B, -, 1, -, DE, DE, DE, -, May, Convulsions, 20
----, Tunnell, Mary, 25, F, B, 1, -, -, DE, DE, DE, -, Sept, New Fever, 25
----, Cooper, Noah, 65, M, W, -, 1, -, DE, DE, DE, Farming, June, Consumption, -
----, Phillips, Mariah, 62, F, W, -, 1, -, DE, DE, DE, Keeping House, June Consumption, -
----, Cooper, Elinor, 70, F, W, 1, -, -, DE, DE, DE, -, Apr, Unknown, -
----, White, Sharlot, 19, F, W, 1, -, -, DE, DE, DE, At Home, May, Dropsy, -
----, Record, Jas. A., 19, M, W, 1, -, -, DE, DE, DE, Farming, Aug, Bilious, -
----, Record, Daniel J., 8, M, W, 1, -, -, DE, DE, DE, -, Jul, Bilious Dysentery, -
----, Record, Harris C., 8, M, W, 1, -, -, DE, DE, DE, -, Jul, -, -,
----, Owens, Moranda A., 2, F, W, 1, -, -, DE, DE, DE, At Home, May, Unk, -
----, Phillips, Isaac G., 63, M, W, -, 1, -, DE, DE, DE, Farming, May, Unk, -
----. Walston, Julia A., 71, F, W, -, -, 1, DE, DE, DE, Keeping House, Oct, Unk, -
----, Hitchens, T.C., 5, M, B, 1, -, -, DE, DE, DE, -, May, Unk, -
----, Ellis, Harllie J., 7/12, F, W, 1, -, -, DE, DE, DE, -, Oct, Brain Fever, -
----, Collins, Levin H., 53, M, W, -, 1, -, DE, DE, DE, Farmer, Aug, Consumption, -
----, Melser, W., 19, M, W, 1, -, -, DE, MD, MD, Farming, Nov, Typhoid, -
----, Gordy, B. H., 63, M, W, -, 1, -, DE, DE, DE, Farming, Nov, Typhoid, -
----, Records, L. E., 24, F, W, 1, -, -, DE, DE, DE, At Home, Sept, Typhoid, -
----, Howard, Josephene, 30, F, W, 1, -, -, DE, DE, DE, Servant, Nov, Hemorrhage, -
----, Culver, Eligha, 79, M, W, -, 1, -, DE, DE, DE, Shoemaker, June, Consumption, -
----, Short, Nancy, 80, F, W, -, -, 1, DE, DE, DE, Keeping House, Jan, Bilious, -
----, Hearn, Sallie, 50, F, W, -, 1, -, DE, DE, DE, Keeping House, Jan, Bilious, -
----, Ward, Sallie, 73, F, W, -, -, 1, DE, DE, DE, Keeping House, Jan, Bilious, -
----, Messick, Sade, 23, F, W, -, 1, -, DE, DE, DE, -, Jul, Child Birth, -

PR, Williams, Trusy W., 60, F, W, -, 1, -, DE, DE, DE, Housekeeper, May, Heart Disease, -
PR, Hall, Lemuel, 75, M, W, -, 1, -, DE, DE, DE, -, May, Dysentery, -
PR, Donlan(Doncan), Handy, 50, M, B, -, 1, -, DE, DE, DE, Farmer, Aug, Erysipelas, -
PR, Hastings, Martha, 40, F, W, -, 1, -, DE, DE, DE, Servant, Nov, Inflammation of Bowels, -
15, Prettyman, Bagwell B., 52, M, W, -, 1, -, DE, DE, DE, Farmer, Mar, Heart Disease, 51
20, Short, William D., 1, M, W, 1, -, -, DE, DE, DE, -, May, Brain Fever, 1
29, Coverdale, Cora, 1, F, B, 1, -, -, DE, DE, DE, -, Aug, Brain Fever, 1
31, Short, Albert, 2/30, M, W, 1, -, -, DE, DE, DE, -, Apr, Mortification, 2/30
33, Isaacs, Mary A., 62, F, W, -, 1, -, DE, DE, DE, Keeping House, Mar, Dropsy of Heart, -
42, Wilson, Joseph, 4/30, M, W, 1, -, -, DE, DE, DE, -, Apr, Meningitis, -
105, Fleetwood, Catherine, 45, F, W, 1, -, -, DE, DE, DE, Keeping House, June, Cancer in Breast, 41
118, Welch, Amelia F., 84, F, W, 1, -, -, DE, DE, DE, -, Apr, Pneumonia, -
130, Taylor, Elizabeth 19, F, W, 1, -, -, DE, DE, DE, Keeping House, Dec, Consumption, 19
130, Taylor, Georgie E., 2, F, W, 1, -, -, DE, DE, DE, -, Apr, Brain Fever, 2
131, Warrington, Allison, 11/12, M, W, 1, -, -, DE, DE, DE, -, Jul, Brain Fever, 11/12
155, Tindal, Sallie, 21, F, B, 1, -, -, DE, DE, DE, -, Aug, Typhoid, 21
165, Given, Sarah, 45, F. W, -, 1, -, DE, DE, DE, Keeping House, Jan, Phthisis Pulmonalis, 45
180, Lingo, Annie A., 1, F, W, 1, -, -, DE, DE, DE, -, Jul, Dysentery, 1
255, Griffith, John, 4, M, W, 1, DE, DE, DE, -, Nov, Croup, 4
291, Davis, John, 67, M, W, -, 1, -, DE, DE, DE, Farmer, Sept, Consumption, 67
305, Carey, Julia A., 65, F, W, -, -, 1, DE, DE, DE, -, Dec, Consumption, 63
330, Owens, Isaac D., 51, M, W, -, 1, -, DE, DE, DE, Farmer, Mar, Consumption and Cancer, 51
337, Records, Jerrie, 1/30, F, W, 1, -, -, DE, DE, DE, -, May, Inanition, 1/30
357, Paswaters, Fred, 2/12, M, W, 1, -, -, DE, DE, DE, -, Jul, Diarrhea, 2/12
364, West, Elizabeth A., 53, F, W, -, 1, -, DE, DE, DE, Keeping House, Mar, Inflammation of Brain, 51
373, Joseph, Orlando W., 5, M, W, 1, -, -, DE, DE, DE, -, Sept, Diphtheria, 5
377, Littleton, John, 1/30, M, W, 1, -, -, DE, MD, MD, -, Sept, Unknown, 1/30
385, McDowell, James, 57, M, W, -, -, 1, DE, DE, DE, House Carpenter, Mar, Pneumonia, 57
391, Swain, Polly, 89, F, W, -, -, 1, DE, DE, DE, -, Apr, Rheumatism, 89
PR, Hinson, Sallie, 71, F, W, -, 1, -, DE, DE, DE, Housewife, June, Dysentery, -
----, Fosque, Nancy, 73, F, W, -, 1, -, DE, DE, DE, -, Apr, Un, -
----, Roach, ___, 5/12, M, W, 1, -, -, DE, DE, DE, -, Oct, Marasmus, -
----, Crairfield, Comfort, 54, M, W, -, 1, -, DE, DE, DE, -, Feb, Unknown, -
32, Cannon, Willliam, 65, M, W, -, 1, -, DE, DE, DE, Farmer, Dec, Typhoid, 65

36, Stewart, Caleb, 70, M, W, -, 1, -, DE, DE, DE, Carriage Painter, Nov, Abscess Prostate, 70
43, Graham, Alice, 2/12, F, W, 1, -, -, DE, MD, MD, -, Jul, Cholera, 2/12
43, Graham, Julia, 2/12, F, W, 1, -, -, DE, MD, MD, -, Jul, Cholera, 2/12
67, Hallswell, Harry, 10/12, M, W, 1, -, -, DE, DE, DE, -, Nov, Cholera, 10/12
79, Sandler, Wm, 10/12, M, W, 1, -, -, DE, DE, PA, -, Feb, Pneumonia, 10/12
86, West, Florence, 2, F, W, 1, -, -, DE, DE, PA, -, May, Cholera, 2
98, NO NAME, 2/30, M, B, 1, -, -, DE, DE, DE, -, June, Brain Diseased, 2/30
177, Jacobs, Henrietta, 85, F, W, -, -, 1, DE, DE, DE, -, May, Paralysis, 65
261, Vandenberg, Isabell, 30, F, W, -, -, 1, England, England, England, -, Dec, Consumption, 14
263, Price, Jno. G., 62, M, W, -, -, 1, MD, MD, MD, Farmer, Apr, Dropsy, 2
337, Vanse, Louisa, 19, F, W, 1, -, -, DE, DE, DE, Keeping House, Apr, Result of Burns, 19
339, Redden, Mary, 42, F, B, -, 1, -, DE, DE, DE, -, Nov, Epilepsy & Paralysis, 42
339, Redden, Ann S., 69, F, B, -, -, 1, DE, DE, DE, -, Mar, Paralysis, 69
346, Graham, Alvan, 1, M, W, 1, -, -, DE, DE, DE, -, Nov, Croup, 1
348, Adams Garretson, 91, M, W, -, 1, -, DE, DE, DE, Farmer, June, Inflammation of Brain, 91
392, Lord, Henry C., 10, M, W, 1, -, -, DE, DE, DE, -, Aug, Inflammation of Bowels, 10
395, Callafield, Archibald, 79, M, W, -, 1, -, DE, DE, DE, Farmer, Apr, Blood Poison, 79
PR, Connaway, Harrie, 1, M, W, 1, -, -, DE, DE, DE, -, May, Cholera, -
----, Phillips, Jno., 2/30, M, W, 1, -, -, MD, -, -, -, Aug, Scarlet Fever, -
----, Selby, Mary C., 14, F. B, 1, -, -, DE, -, -, -, June, Bilious Dysentery, -
----, Cardy, Lourina, 27, F, W, -, 1, -, DE, -, -, -, Mar, Child Birth, -
----, Jones, Samuel, 9, M, W, 1, -, -, Maine, -, -, -, Jul, Injuries from Fall, -
----, Garretson, McCabe, 32, M, W, -, 1, -, DE, -, -, -, Dec Consumption, -
PR, Hickman, Elisha D., 6/12, M, W, 1, -, -, DE, -, -, -, Dec, Congestion of Brain, -
PR, Shiles, Ulisus G., 18/12, M, W, 1, -, -, DE, -, -, -, Nov, Pneumonia, -
2, Waller, Mary, 6/12, F, W, 1, -, -, DE, DE, DE, -, May, Inflammation of Brain, -
7, Taylor, Mary, 22, F, W, 1, -, -, DE, DE, DE, -, Apr, Typhoid, -
45, Canes, Bertha, 8/12, F, W, 1, -, -, DE, DE, DE, -, May, Dysentery, -
62, Loyed, Elizabeth, 48, F, W, -, 1, -, DE, DE, DE, Feb, Pneumonia, -
74, Brigand, Willey, 24, F, W, -, 1, -, DE, DE, DE, -, May, Typhoid, -
74, Sunnus, Lori, 3/12, F, W, 1, -, -, MD, MD, DE, -, May, Dysentery, -
75, Cannon, Martha, 25, F, W, -, 1, -, DE, DE, DE, -, Jul, Typhoid, -
85, Collins, ___, -, F, W, 1, -, -, DE, DE, DE, -, Nov, Still Born, -
86, Messick, ___, 9/30, F, W, 1, -, -, DE, DE, DE, -, Mar, Convulsions, -
104, Manship,. ___, -, F, B, 1, -, -, DE, DE, DE, -, Mar, Still Born, -
105, Connor, A., 9/12, M, B, 1, -, -, DE, MD, MD, -, Apr, Dysentery, -

107, Neal, Thomas, 37, M, W, -, 1, -, MD, MD, MD, -, Nov, Inflammation of Brain, -
108, INFANT, 11/12, M, W, 1, -, -, DE, MD, MD, -, May, ?, -
118, Ward, Emma May, 3, F, W, 1, -, -, DE, DE, DE, -, Jan, Inflammation of Brain, -
123, King, Dabra, 63, F, W, -, 1, -, NY, NY, NY, -, Apr, Consumption, -
123, Smith, John, 32, M, B, 1, -, -, DE, DE, DE, -, Oct, Epilepsy, -
144, Roach, Edward, 2, M, B, 1, -, -, DE, MD, MD, -, Aug, Dysentery, -
154, Tuilford, Jno. H., 77, M, W, -, -, 1, DE, DE, DE, Farmer, Sept, Cancer in Neck, 79
158, Ringold, Hattie, 2, F, W, 1, -, -, DE, DE, DE, -, Sept, Dysentery, 2
187, Short, Uriah Y., 58, M, W, -, 1, -, DE, DE, DE, Farmer, Feb, Dropsy, -
196, Lankford, James, 10, M, W, 1, -, -, DE, DE, DE, -, Mar, Typhoid, 10
197, White, Nancy H., 2, F, W, 1, -, -, DE, MD, DE, -, Mar, Burned, 2
213, Hall, Ethelinda, 1, F, W, 1, -, -, DE, DE, MD, -, Sept, Dropsy, -
215, Allen, Howard, 9, M, W, 1, -, -, DE, DE, DE, -, Jan, Typhoid, 9
216, Cannon, Infant, 1/12, F, B, 1, -, -, DE, DE, DE, -, May, Inflammation of Bowels, -
216, Cannon, Infant, 6/30, F, B, 1, -, -, DE, DE, DE, -, Sept, Unknown, -
216, Cannon, Infant, 3/30, F, B, 1, -, -, DE, DE, DE, -, Mar, Inanition, -
230, Reed, Ezekiel, 74, M, W, 1, -, -, DE, DE, DE, Farmer, Jan, Accident, 74
235, Low, Rebecca, 51, F, W, -, 1, -, MD, MD, MD, -, Dec, Consumption, -
241, Ellis, Infant, -, M, W, 1, -, -, DE, DE, DE, -, June, Still Born, -
246, Callaway, Julia, 10/12, F, W, 1, -, -, DE, DE, DE, -, Dec, Croup, -
257, Wright, W. W., 37, M W, 1, -, -, DE, MD, DE, Gentleman, Jan, Consumption, 37
257, Wright, Lewis, 22, M, W, 1, -, -, DE, MD, DE, Gentleman, Mar, Consumption, 22
286, Palmer, James, 67, M, B, -, -, 1, DE, DE, DE, Laborer, Apr, Consumption, -
286, Dashields, Louis, 25 M, B, -, 1, -, MD, MD, MD, Laborer, Oct, Consumption, -
286, Dashields, Infant, 9/12, F, B, 1, -, -, DE, MD, MD, -, Sept, Dysentery, -
294, Phillips, Mary E., 1, F, W, 1, -, -, DE, DE, DE, -, Jul, Cholera, -
323, Wright, Sallie, 43, F, W, -, 1, -, DE, DE, DE, -, Oct, Consumption, -
327, Blades, William, 79, M, W, 1, -, -, DE, DE, DE, Huckster, Apr, Asthma, -
329, Schallenger, Linda, 7/12, F, W, 1, -, -, DE, DE, DE, -, Jul, Cholera, -
330, Griffith, ___, -, F, W, 1, -, -, DE, DE, DE, -, Oct, Still Born, -
335, Hignut, Curtis, N., 42, M, W, 1, -, -, MD, DE, DE, Farmer, Aug, Consumption, -
353, Grayham, Kendal, 32, M, W, -, 1, -, DE, DE, DE, Teacher, Apr, Consumption, -
357, Culver, Martha, 1, F, W, 1, -, -, DE, DE, DE, -, May, Cholera, -
369, Patterson, Hary, 3/12, M, W, 1, -, -, DE, DE, DE, -, May, Inflammation of Brain, -
377, Muse, Lawrence, 32, M, W, -, 1, -, VA, VA, VA, Gentleman, Apr, Gun Shot Wound, -

387, Martin, Edwd. H., 4/12, M, W, 1, -, -, DE, DE, DE, Farmer, June, Blood Poison, -
399, Porter, Early W., 21, M, W, 1, -, -, CT, CT, CT, Farmer, June, Epilespy, -
415, Weatherby, Charles, 95, M, W, -, 1, -, DE, DE, DE, -, Jan, Dysentery, -
425, Neal, L___, 72, M, W, -, 1, -, DE, DE, DE, Farmer, Mar, Consumption, -
446, Hurst, Wilber, 4/12, M, W, 1, -, -, DE, Germany, Germany, -, May, Cholera, -
464, Nicholson, Henry B., 6/12, M, W, 1, -, -, PA, MD, DE, -, Jan, Cholera, -
416, Morrow, Annie M., 9/12, F, W, 1, -, -, DE, England DE, -, Sept, Cholera, -
416, Morrow, Arch, 3/12, M, W, 1, -, -, DE, England, DE, -, Jul, Cholera, -
416, Finlaw, Elizabeth, 73, F, W, -, -, 1, NJ, NJ, NJ, Nov, Consumption, -
494, Conaway, Louisa, 78, F, W, -, -, 1, DE, DE, DE, -, Mar, Heart Disease, -
494, Reed, Emelina, 54, F, W, -, -, 1, DE, DE, DE, -, Mar, Heart Disease, -
517, Scott, Infant, 1/30, M, W, -, -, -, DE, DE, DE, -, Jul, Consumption, -
545, McLain, Olson, -, M, W, 1, -, -, DE, MD, DE, -, Apr, Still Born -
562, Elliott, Author, 2, M, W, 1, -, -, DE, DE, DE, -, Oct, Epilepsy, -
563, Allen, Annie, 17, F, W, -, 1, -, DE, DE, DE, -, Nov, Burned to Death, -
571, Hatfield, Lemond, 52, M, W, -, 1, -, DE, DE, DE, Mason, Jan, Consumption, -
574, Florida, Rosa, 2, F, B, 1, -, -, DE, DE, DE, -, May, Inflammation of Brain, -
579, Collins, Elijah, 52, M, B, -, 1, -, DE, DE, DE, Cooper, Sept, Dropsy of Heart, -
581, Hitchens, John W., 4/12, M, W, 1, -, -, DE, DE, DE, -, Jan, Dysentery, -
582, Griffith, Margaret, 4/12, F, B, -, -, -, DE, DE, DE, -, Sept, Dysentery, -
584, Till, Andrew, 85, M, B, -, 1, -, MD, MD, MD, Minister, Oct, Heart Disease, -
584, Phillips, Rachel, 88, F, B, -, -, 1, DE, DE, DE, -, Sept, Old Age, -
601, Blackson(Blocksom), James, 1, M, B, 1, -, -, DE, DE, DE, -, Aug, Scrofula, -
462, Pennington, ___, 1, F, W, 1, -, -, MD, MD, MD, -, -, Cholera, -
PR, Swain, Eliza, 71, F, W, -, 1, -, DE, DE, DE, Housewife, Aug, Heart Disease, -
PR, Palmer, Wm. E., 1, M, B, 1, -, -, DE, DE, DE, -, Apr, Meningitis, -
PR, Freeney, Levi, 25, M B, -, 1, -, DE, DE, DE, Phosphate Grinder, Oct, Consumption, -

Sussex 1880 Index

Abbott, 247
Adams, 252, 256
Agroe, 249
Allen, 257-258
Andrews, 252
Bailey, 254
Baker, 245-246
Barker, 251
Beach, 246
Beebe, 253
Bennett, 252
Bennum, 251
Benson, 246
Betts, 249
Bishop, 245
Blackson, 258
Blades, 257
Blockson, 258
Boyer, 246
Bradly, 249
Brasure, 245
Bridgham, 248-249
Brigand, 256
Bulmer, 253
Bunting, 245, 250
Burbage, 244
Burrows, 248
Burton, 253-254
Callafield, 256
Callaway, 257
Caloway, 246
Campbell, 245
Campfield, 252
Canes, 256
Cannon, 247, 255-257
Cardy, 256
Carey, 247, 255
Carson, 254
Cary, 249
Chambers, 253-254
Chase, 246-247
Chipman, 247
Clagg, 244
Clift, 246
Collins, 254, 256, 258
Conaway, 246, 251, 258
Condley, 246
Connaway, 256
Connor, 253, 256
Conoway, 248
Cooper, 252, 254
Cordsy, 248
Cormeans, 252
Coverdale, 248, 255
Crairfield, 255
Culver, 246, 254, 257
Daisey, 250
Dasey, 243-244
Dashields, 257
Davidson, 245, 248, 250
Davis, 245, 252, 255
Debard, 250
Derickson, 250
Derland, 244
Dickerson, 251
Dingle, 244
Dodd, 251
Doncan, 255
Donlan, 255
Donovan, 251
Donoway, 250, 252
Downs, 252
Ellingsworth, 249
Elliott, 258
Ellis, 254, 257
English, 252
Evans, 244, 250
Finlaw, 258
Fisher, 245, 247
Fleetwood, 255
Florida, 258
Fooks, 249
Fosque, 255
Freeney, 258
Fulmer, 248
Furman, 244

Games, 246
Garretson, 256
Giles, 247
Given, 255
Gordy, 252, 254
Graham, 256
Grayham, 257
Griffith, 253, 255, 257-258
Groves, 249
Hall, 243-244, 248, 252, 255, 257
Halloway, 244
Hallswell, 256
Harman, 247
Harmon, 253
Harry, 249
Hastings, 245, 255
Hatfield, 258
Havelow, 247
Hazzard, 248, 253
Hearn, 245-246, 254
Henry, 249
Hickman, 250, 253, 256
Hignut, 257
Hill, 246-247
Hinson, 255
Hitchens, 249, 251, 254, 258
Holsoway, 244
Holt, 246
Hortin, 245
Houston, 250
Howard, 254
Hudson, 243-245, 250, 253
Hunting, 250
Hurly, 252
Hurst, 258
Hutchens, 246
Hutson, 244
INFANT, 246-247, 257
Ingraham, 248
Irons, 250
Isaacs, 249, 252, 255
Jacobs, 256
Jefferson, 244, 248
Jerman, 252
Jester, 247
Johnson, 243, 247, 249, 252-253

Jones, 251, 256
Joseph, 255
King, 251, 257
Kinny, 246
Knowles, 246
Kollack, 251
Lacey, 248
Landers, 246
Lankford, 257
Larks, 246
Laws, 246
Lawson, 252
LeCompt, 249
Lewis, 244, 252
Lingo, 255
Littleton, 255
Lockwood, 245
Lodge, 254
Lofland, 251
Long, 245, 250
Lord, 256
Low, 257
Loyed, 256
Lynch, 244, 245, 250
Manship, 256
Marsh, 247, 253
Marshall, 254
Marshell, 253
Martin, 248, 258
Matthews, 247
McCabe, 245
McCugat, 253
McDowell, 255
McGill, 253
McGuire, 253
McLain, 258
Mears, 251
Melser, 254
Messick, 247, 249, 253-254, 256
Miflin, 251
Mitchell, 247
Moore, 245-247, 250
Morrow, 258
Moseley, 248
Munford, 245
Murphy, 246

Murray, 243
Murrey, 243
Muse, 257
Mustard, 248
Neal, 257-258
Nelson, 252
Nicholson, 253, 258
Niven, 251
NO NAME, 256
Norcross, 249
Norwood, 253
NOT NAMED, 249
Oliver, 244
Olliver, 248
Otten, 253
Outten, 245
Owens, 254-255
Palmer, 252, 257-258
Parker, 251-252
Paswaters, 255
Patterson, 257
Pennington, 258
Penter, 245
Peppers, 251
Pettyjohn, 251
Phillips, 246-247, 250, 252, 254, 256-258
Phollips, 254
Porter, 258
Prettyman, 248-249, 255
Price, 256
Pusy, 244
Quillin, 244
Record, 254
Records, 254-255
Redden, 256
Reed, 257-258
Reynolds, 251
Rickets, 250
Riggin, 245
Ringold, 257
Roach, 247-248, 255, 257
Roberts, 248
Rogers, 248
Rowland, 253
Salmon, 250
Salmons, 250
Sandler, 256
Sceine, 249
Schallenger, 257
Scott, 258
Selby, 256
Shanklin, 248
Sherman, 248
Shiles, 245, 252, 256
Shockley, 249
Shockley, 249
Shockly, 249
Short, 250, 254-255, 257
Silivan, 246
Simpler, 244, 248
Sirman, 246
Smith, 249, 254, 257
Sommer, 254
Sorden, 248
Spicer, 251, 253
Springs, 254
Stanley, 251
Steel, 253
Stephens, 245
Stewart, 256
Sunnus, 256
Swain, 255, 258
Swayer, 250
Taylor, 250, 255-256
Thompson, 245-246, 250
Thoroughgood, 249
Till, 258
Timmons, 244, 249
Tindal, 255
Tingle, 247
Tompson, 244
Torbert, 249, 251-253
Truitt, 247, 249
Tuilford, 257
Tunnell, 252, 254
Tyndle, 250
Tyree, 244
Vandenberg, 256
Vanse, 256
Vincent, 247
Wainwright, 246

Waller, 246, 256
Walston, 254
Walter, 244, 246
Waples, 253
Ward, 254, 257
Warner, 253
Warren, 248-249
Warrington, 245, 247, 252, 255
Watson, 249, 252
Watts, 253
Weatherby, 258
Welch, 255
Welford, 252
West, 247, 251-252, 255-256

Whaley, 250
Wharton, 244, 250
White, 250-251, 254, 257
Williams, 244, 255
Wilson, 246, 251-253, 255
Wiltby, 248
Wimbrow, 249
Windsor, 251
Wingett, 250
Wolfe, 253
Workman, 252
Wortman, 247
Wright, 247, 257

DELAWARE 1880

INSANITY SCHEDULES

Delaware 1880 Insanity Schedule
Supplemental Schedules Nos. 1-7 for the Defective, Dependent and Delinquent
Classes June 1880.

This section consists of enumeration districts but pages are not otherwise numbered. There are A pages, B pages, C pages and D pages. Pages A include Insane and Idiots which I have abbreviated as IN and ID. Pages B include Deaf-Mutes and Blind which I have abbreviated as D and B. Pages C include Papuers and Indigents which also includes People in Poor Houses, Asylums, or Boarded at public expense which includes Homeless Children, and Inhabitants of Prisons. I have abbreviated those listed on Page C as HC for Homeless Children, P for Prisoners, and PI for Paupers and Indigents. The persons are listed in order of appearance on these pages within each county. However, for purposes of this transcription, all A Pages, all B Pages, all C Pages have been combined and County lettering Kent (K), New Castle (NC), and Sussex (SU) has been used. In some names appear in more than one place. Most entries had no other information. Some entries had other information. Be sure to consult actual schedules.

Stewart, James, IN, K
Boulden, Daniel, IN, K
Tilghman, George, ID, K
David, Reese, ID, K
Shorts, Oliver C., ID, K
Shorts, Asa A., ID, K
Marker, Wilbert, ID, K
Murphy, Susan, ID, K
Prattis, Robt. J., ID, K
Burton, Lena, ID, K
Clayton, Margaret, ID, K
Dill, Isaac, ID, K
Killin, Mary, ID, K
Stevens, Lydia, ID, K
Lane, James, ID, K
Gross, Celia, ID, K
Gales, Eliza, ID, K
Knorts (Knotts), Mary, ID, K
Satterfield, Louisa, ID, K
Morris, William V., ID, K
Fowler, Joseph, ID, K
Root, Christ__, IN, K
Holland, John, IN, K
Warson, Hannah, IN, K
Truitt, Annie, IN, K

Stapleford, James, IN, K
Carleton, Anne, IN, K
Clampet, Richard, IN, K
Denny, George, IN, K
Stevenson, M. A., IN, K
King, Charles W., IN, K
Jackson, Anthony, IN, K
Powell, John H., IN, K
Jump, Wm. E., IN, K
Graham, Mary, IN, K
Anthony, Eliza, IN, K
Howard, William, IN, K
Spencer, Lydie, IN, K
Houston, Robert, IN, K
Jones, Charles, IN, K
Talbot, Lewis, IN, K
Ralph, Mary, ID, K
Humphries, Elizabeth, ID, K
Brukens, Presly, ID, K
Hill, Arminta, ID, K
Johnson, Uncey, ID, K
Jackson, Walker, ID, K
Poor, Hester A., ID, K
Foreakers, Margaret, ID, K
Gibbs, Richard, ID, K

Moore, Mary, ID, K
Davis, Sallie, ID, K
Moore, Maria, ID, K
Bolden, ___, IN, K
Poor, Carrie, IN, K
Larramore, William H., IN, K
Webster, Daniel, IN, K
Rue, George, IN, K
Rue, Louisa, ID, K
Masten, Martha, ID, K
Polk, Rebecca, ID, K
Wilson, Joseph, ID, K
Samens, George, ID, K
Rash, William IN, K
Smith, Mary F., IN, K
Lawber, Mary, ID, K
Hubbard, Bryan, ID, K
Foreakers, William, ID, K
Emory, Harriet, IN, K
Emory, Rhoda A., IN, K
Leberman, Henry, IN, K
Fisher, John, IN, K
Jones, Charles, IN, K
Laws, Noah, IN, K
Tenant, James, IN, K
Barnes, William, ID, K
Reynolds, Catherine, ID, K
Waller, Howard, ID, K
Buckmaster, Mariah, IN, K
Flowers, John, IN, K
Maberry, Charles T., IN, K
Driggs, Samuel E., ID, K
Willy, Anne E., IN, K
Shull, Horace, ID, K
Wick, Maggie, ID, K
McGary, Elizabeth, IN, NC
Berry, Clarence, ID, NC
Bowen, James, ID, NC
Bartholomew, Jno. IN, NC
Peach, Wm., IN, NC
Hope, James, ID, NC
Getz, Jacob, ID, NC
Bacon, Lewis, ID, NC
Merritt, John, ID, NC
Janvier, Ellen, ID, NC
Eschell, Samil, ID, NC
Morrison, Joseph, ID, NC
Higgins, James, L., ID, NC
Geston, Robert, ID, NC
Truax, Jonathan, ID, NC
Gibbs, Elizabeth F., IN, NC
Taylor, Olive, IN, NC
Jefferson, Richard, IN, NC
Love, William ID, NC
Walker, Wellington, ID, NC
Reybold, Elizabeth, ID, NC
Sheldon, Andrew D., ID, NC
Wright, Caleb, ID, NC
Janvier, Estelle, ID, NC
Saunders, George, ID, NC
Lones (Jones), Hennie, ID, NC
Backus, Mindy, ID, NC
Walker, Elizabeth, IN, NC
Whitimer, Jacob, IN, NC
Collins, Selby, ID, NC
Bell, William ID, NC
McDermott, Jalk, IN, NC
Dolan, Mary, IN, NC
Curren, Catherine, IN, NC
Jefferson, Joshua, IN, NC
Monahan, Michael, IN, NC
McGee, Mary, IN, NC
Palmer, Bortram, IN, NC
Gilbert, Joseph, IN, NC
Veasey, Annie, IN, NC
Bennett, John, IN, NC
Sernur, Caroline, IN, NC
Grey, Wm., IN, NC
Shields, Geo., IN, NC
Lind, John, IN, NC
Burke, Martha, IN, NC
Wory, Robt., IN, NC
Greene, Wm. P., IN, NC
Ashton, Emaline L., IN, NC
Oper, Rachel, IN, NC
Curren, Daniel, IN, NC
O'Keefe, Kate, IN, NC
Russell, Geo., IN, NC
Gatling, Laura, IN, NC
Townsend, Benj., IN, NC
Frazer, Honora, IN, NC
Blackston, Chas., IN, NC

McDermott, P., IN, NC
Young, Betsy, IN, NC
Wilmer, Annie, IN, NC
Mathers, Chas, IN, NC
Daniel, Lynd, IN, NC
Mirian, Emma, IN, NC
Clayficker, John, IN, NC
Sowther, Sarah, IN, NC
Potter, Deborah, IN, NC
Holand, Margaret, IN, NC
Gallagher, IN, NC
Gragen, John, IN, NC
Wisas, Charles, IN, NC
Joy, Issac, IN, NC
Ellis, Samuel, IN, NC
Hendricson, Chas, IN, NC
Hendricson, Jackson, IN, NC
Wortman, Thos, IN, NC
Galvin, Mary A., IN, NC
Dick, Mary E., IN, NC
Ferguson, Clara, IN, NC
Davis, Clarence, IN, NC
Maloney, Lillie, IN, NC
Carr, Geo. W., IN, NC
Patterson, Susanna, IN, NC
Phipps, Elizabeth, IN, NC
Lindsay, Elizabeth, IN, NC
Douglas, James, IN, NC
Kearns, Elizabeth, IN, NC
McGinnis, Thos, IN, NC
Walraven, Joseph, IN, NC
Fisher, John, IN, NC
Thompson, Wm., IN, NC
Fisher, Thomas, IN, NC
Landerson, J. Grubb, IN, NC
Hide, John, IN, NC
Leverage, Sarah, IN, NC
Gallagher, Bernard, IN, NC
Lenderman, Caleb, IN, NC
Meacham, Ella, IN, NC
Davis, Kate, IN, NC
Gifford, Chas., IN, NC
Biddle,Chas., IN, NC
Sparks, Bennet, IN, NC
Kelly, Lewis, IN, NC
Bratton, Manetta, IN, NC

Martin, Annie, IN, NC
Dolen, Catherine, IN, NC
Morrison, Joseph, IN, NC
Burgoine, Elizabeth, IN, NC
Folaw, Ellen, IN, NC
Price, Alfonsa, IN, NC
Holt, Harriet, IN, NC
Lea, Leven, IN, NC
Lea, Mary, IN, NC
Naylor, Richard, IN, NC
Jordan, Patrick, IN, NC
Jordan, Mary, IN, NC
Mooney, Jane, IN, NC
Mooney, John B., IN, NC
Mooney, Sarah E., IN, NC
Ellsworth, William, IN, NC
Demby, Caleb, IN, NC
Thompson, Ann, IN, NC
Bradford, Carrie, ID, NC
Boyer, Ann, ID, NC
Merrick, Clara, IN, NC
Earle, Annie, S., ID, NC
Greenwood, Laura, ID, NC
Walberg, M, IN, NC
Daniels, Rebecca, ID, NC
Williams, James, ID, NC
Bennett, John, IN, NC
Frame, Caroline, IN, NC
Walker, Elizabeth, IN, NC
Ingram, Elizabeth, IN, NC
Karch, Jacob, ID, NC
Hamilton, Mary, ID, NC
Eocs, William, ID, NC
Mullen, Mary E., ID, NC
Deshane, Rebecca, IN, NC
Crawford, Eliza C., IN, NC
Cooper, William, IN, NC
Logan, Elizabeth, ID, NC
Metcalf, Emma L., ID, NC
Morrison, Joseph, ID, NC
Higgins, James L., ID, NC
Johnson, Mary C., IN, NC
Stout, Maria, IN, NC
Lafferty, Sarah, IN, NC
Hand, Rebecca, IN, NC
Dyer, Jonathan, IN, NC

Talley, Penrose, ID, NC
Phillips, Lewis, ID, NC
Weldin, Wesley C., ID, NC
Perkins, Jane, IN, SU
Turner, Rachel, IN, SU
Legate, Andrew, IN, SU
Miller, Kezziah A., IN, SU
Adams, Jacob, IN, SU
Nichols, M___, ID, SU
Nichols, Cora, ID, SU
Rlen (Rlew), Mary R., ID, SU
Short, Mary F., ID, SU
Layton, Ormand, ID, SU
Smith, Paderson, ID, SU
Woolford, John, ID, SU
Jacobs, Robt. C., IN, SU
Morris, Annie, IN, SU
Neal, Clara, IN, SU
Collison, Alex, IN, SU
Flavil, Jane, ID, SU
Bordad, Aaron, ID, SU
Cannon, Maia, ID, SU
Willey, Ettie, ID, SU
Foster, Clara, ID, SU
Sweeney, Margaret, IN, SU
Short, William, IN, SU
Turner, Priscilla, IN, SU
Crocket, Joseph, ID, SU
Crocket, William, ID, SU
Conaway, Louis, ID, SU
Messick, Albert, ID, SU
Smith, Brillaria, ID, SU
Hitchens, Hary, IN, SU
Watson, Selburn, IN, SU
Baker, Mary S., IN, SU
Studley, Washington, ID, SU
Callaway, Shoop, ID, SU
Callaway, Doughty, ID, SU
Thoroughgood, John B., IN, SU
Short, Louran, J., ID, SU
Savage, Jane, ID, SU
Mitchell, Hester A., ID, SU
Watson, George, ID, SU
Tilley, Sarah, ID, SU
Parsons, Lavinia, ID, SU
Hickman, Archa L., ID, SU

Baker, Annie C., ID, SU
Wells, John D., ID, SU
Cotman, John, ID, SU
Parsons, William C., ID, SU
Parsons, Noah S., ID, SU
Pepper, David M., IN, SU
Pepper, A. Burton, IN, SU
Dickerson, William, IN, SU
Chase, George W., IN, SU
Workman, Mary E., IN, SU
Day, Emma, ID, SU
Lynch, Greenbery Jr., ID, SU
Salmons, William, ID, SU
Benner, Arabell, ID, SU
Marvel, Thomas E., ID, SU
Workman, Mary E., ID, SU
Rhoads, Charles A., IN, SU
Morris, Andrew, IN, SU
Blocksom, Hester A., IN, SU
Sweeney, Margaret, IN, SU
Hearn, Cornelius, IN, SU
Baker, Margaret, IN, SU
Daisey, Cornelia, IN, SU
Baley, Mary, IN, SU
Polk, Bethaney, IN, SU
Collins, Amanda, IN, SU
McConaughey, Jno. B., IN, SU
Jones, Phoeba, IN, SU
Salmons, Caleb, ID, SU
Mosley, Joseph, ID, SU
Roaten, Thomas, ID, SU
Fooks, Mary, ID, SU
Harey, Wm. T., ID, SU
Moore, Eunice, ID, SU
Hitchens, Charles, SU
Bryan, Sarah J., ID, SU
Holland, Ailsey, ID, SU
Bowers, Frederick, ID, SU
Bartlett, Hettie, ID, SU
Mitchell, Louisa, ID, SU
Dickerson, Nancy J., IN, SU
Helerson, Kitany L., IN, SU
Thompson, Joshua S., ID, SU
Brasier, Bessie, ID, SU
Dingle, Nathaniel, ID, SU
Phillips, Alliston, ID, SU

Coffin, David, ID, SU
Burris, Gardner W., ID, SU
Jones, Burnell, IN, SU
Vauls, Nemiah, ID, SU
Clendaniel, John C., ID, SU
Deputy, John, ID, SU
Tatman, John, ID, SU
Turner, Joshua, ID, SU
Beardsley, Enos, ID, SU
Vauls, William, ID, SU
Slayton, Solomon, ID, SU
Carlisle, William, ID, SU
Hill, Joseph, ID, SU
Clendaniel, Walter, ID, SU
Russell, Samuel, ID, SU
Mason, Alice B., ID, SU
Loyd, Louisa, IN, SU
Lewis, Willey, IN, SU
Walker, Quinby, IN, SU
Lewis, Mary _., IN, SU
Long, Hester, IN, SU
Evans, Henry J., IN, SU
Townsend, Amanda, ID, SU
Williams, William D. T., ID, SU
Dasey, William, ID, SU
Calhoon, James, A., ID, SU
Aydelotte, Peter, ID, SU
Vincent, Arthur, ID, SU
McCabe, Willie M., ID, SU
Murray, Hester E., ID, SU
Benson, William Edward, D, K
Davis, Octavia, D, K
Dowing, D. J., D, K
Derickson, M. E., D, K
Ridgely, Eugene B., B, K
Caldwell, Palmer, B, K
Demby, Benj., B, K
Hollingsworth, Jasper, B, K
Supple, Matilda, B, K
Cantwell, William, B, K
Meredith, Alex F., B, K
Hamilton, Mary, D, K
Barker, Mary, B, K
Sharp, Mella A., B, K
Samons, Mary, B, K
Short, Jeremiah, B, K
Jefferson, Eliza, B, K
Dilaha, Sarah, B, K
Johnson, Mary, B, K
Porter, Sallie, B, K
Waters, Hannah, B, K
Waters, C., B, K
Lawber, Mary, D, K
Mitchell, Annie, D, K
Freeman, Mary, D, K
McClune, Abegail, B, K
Downing, Marylan, B, K
Fisher, John, B, K
Bennett, Charles, D, K
Denney, Frank, B, K
Cotton, John, D, K
Wells, Sophia, B, K
Hammell, Aggnes, B, K
Clark, John, B, K
Barrett, Susan, B, K
Dady, Elizabeth, B, K
Berry, William B, NC
Reybold, Elizabeth, B, NC
Getz, Jacob, D, NC
Stanton, Maria, B, NC
Booth, John, B, NC
Downey, John, B, NC
Cornoy, Alverdia, D, NC
Fagan, Elizabeth, D, NC
Nuhu, Alace, D, NC
Sheardon, Thomas, B, NC
Donohoe, Bartholomew, B, NC
Duncan, Francis, B, NC
St. Clair, John H., B, NC
Ames, Fisher, B, NC
Ames, Fisher, B, NC
Vandoer, Wm. L., B, NC
Ubleman, Marcus, B, NC
Hooper, Charles, B, NC
LaHamus, Joseph, D, NC
Jackson, ____, B, NC
Parker, Gertrude, D, NC
Clark, Susan, D, NC
Bryan, Michael, B. NC
Williams, Mary, B, NC
Dale, Harey, D, NC
Block, David W., B, NC

Graves, Henry A., D, NC
Mitchell, Margaret E., D, NC
Lobb, Mary, B, NC
Davis, Jeanetta, B, NC
Price, Ann, B, NC
Maguire, B, NC
Douglas, James, D, NC
Biddle, Chas., D, NC
Briggs, Geo., B, NC
Cassidy, Patrick, B, NC
Williams, Mary, B, NC
Turner, Julia, B, NC
Yearsley, Rebecca, B, NC
Baker, Francis, B, NC
McManus, Mary, B, NC
Gilbreth, Robt., B, NC
Hawthorne, Martha, B, NC
McGuire, Patrick, B, NC
Brown, Edward, D, NC
Riley, Louise, B, NC
Stevenbanks, C., B, NC
Sharon, T.F., B, NC
Stevenson, S., B, NC
Cooke, Robert, B, NC
O'Toole, Laura, D, NC
Lewis, Eliza, B, NC
Wiley, Lydia, B, NC
Harbeson, Letitia, B, NC
Schaffer, Frederica, D, NC
Kane, Stephen, B, NC
Boys, Mary, B, NC
Miers, Alexander, B, NC
Foster, Mary, B
McClure, Sarah J., D, NC
Banner, Wm., B, NC
Parker, Eliza, B, NC
Kellam, Issac, D, NC
Veasey, Eliza H., D, NC
Jones, John W., D, NC
Wells, Mary, D, NC
Pfeffer, David, B, NC
Shakespeare, Lizzie, B, NC
Whitting, Elizabeth, B, NC
Shakespeare, M., B, NC
Kyle, Rose Ann, D, NC
Erringer, Ellen, D, NC

Erringer, Jacob, D, NC
Watson, Eliza J., B, NC
Parry, Ida P., B, NC
Rooth, Titus, D, NC
Rooth, Sarah, D, NC
Stuart, Mary Emily, D, NC
Stuart, Amanda, D, NC
Moore, Hannah E., B, NC
Fell, Morris T., D, NC
Fell, Lyndell, D, NC
McCullough, Winfield, D, NC
VanLew, Amanda L., B, NC
Flinn, John, B, NC
Downing, William S., D, NC
Malone, Charles T., D, NC
Waples, Lea, D, NC
Denard, John N., D, NC
Denard, Louvinia, D, NC
Glisby, Martha, D, NC
Collins, Maria, D, NC
Jackson, Thomas, B, NC
Lewis, Elizabeth, B, NC
Pope, William, B, C
Wilson, James, B, NC
Brown, Wesly, B, NC
Holson, Francis, B, NC
Murphy, Michael, B, NC
Mitchel, Joseph, D, NC
Dougherty, James, B, NC
Talley, Thomas M., B, NC
Phillips, Elizabeth D., D, SU
Phillips, Eliza J., D, SU
Turner, Rachel, D, SU
Records, Emma, D, SU
Hudson, Margaret, D, SU
Hitchens, Cyrus W., D, SU
Sedgwick, Charlotta, D, SU
Legates, Andrew, D, SU
Messick, James, B, SU
Turner, Rachel, B, SU
Cannon, Ida, A., B, SU
Waller, Angie, B, SU
Alen, Betsy, B, SU
Wiley, James R., D, SU
Roberts, William, D, SU
Roberts, Nancy, D, SU

Willey, Catherine, D, SU
Tindal, Jordan, B, SU
Gallaway, Rena A., D, SU
Giles, Isaac, B, SU
White, Hannah, B, SU
Carty, Payter, B, SU
Baynum, Hannah, B, SU
Johnson, Laurence, D, SU
Joseph, Elizabeth, B, SU
West, Harry, B, SU
Tyre, William S., D, SU
Ward, Alena, D, SU
Downs, Mary, B, SU
Wilson, Hannah R., D. SU
Coffin, Margaret, B, SU
Donovan, Ida A., B, SU
Rogers, Sallie, B, SU
Draper, Jesse, D, SU
James, Phoeba, D, SU
Jacobs, Mary W., B, SU
Andre, John, B, SU
Stafford, Martha, B, SU
Norman, Sallie, B, SU
Hammond, Wm., B, SU
Records, Nancy, B, SU
Brookfield, Brister, B, SU
Braiser, Charles H., D, SU
Timmons, Elizabeth, B, SU
Lynch, John R., D, SU
Lynch, Nellie, D, SU
Deputy, John, D, SU
Turner, Joshua B, D, SU
Macklin, Tolbert, B, SU
Clendaniel, Wm., B, SU
Condon, John, B, SU
Fountain, Mathew, B, SU
Fountain, Elizabeth, B, SU
Salmons, Maria, B, SU
Collins, Eli, D, SU
Fields, Mary, D, SU
Holland, Henry, D, SU
Walker, Harrieet, B, SU
Hill, Sarah, B, SU
Walker, Elender, B, SU
Reynolds, Henry, B, SU
Vaughan, Charles, B, SU

Morgan, Anna E., D, SU
Carey, Henry D., D, SU
Loyd, Louisa, D, SU
Moore, George E., D, SU
Moore, Rachel A., D, SU
Conaway, Ann, B, SU
Brasure, Silas, D, SU
Clogg, John, D, SU
Hancock, Isaac H., D, SU
McGee, Mabel, D, SU
Dasey, Sallie, B, SU
Campbell, Sarah, B, SU
Flanagan, Wm., PI, K
Richardson, A., PI, K
Logan, William, PI, K
Dowing, D. J., PI, K
Cheeseman, Wm., PI, K
Rash, Thomas, PI, K
Collins, John, PI, K
Wheeler, John, PI, K
Root, Christine, PI, K
Cantwell, William, PI, K
Ralph, Mary, PI, K
Hammans, Eliza, PI, K
Rash, Annie, PI, K
Collina, Martha, PI, K
Collins, Katie, PI, K
Humphries, Elizabeth, PI, K
Bruker, Presly, PI, K
Stout, Charles, PI, K
Holland, John, PI, K
Wason, Hannah, PI, K
Adams, Annie, PI, K
Truitt, Annie, PI, K
Keith, William, PI, K
Leverage, Robt., PI, K
Freeman, Mary, PI, K
Hutt, David, PI, K
Prayer, Sibha, PI, K
Hill, Arminta, PI, K
Stapleford, James, PI, K
Stapleford, Joshua, PI, K
Freeman, Isaac, PI, K
Hollingsworth, Joseph, PI, K
Carlton, Annie, PI, K
Johnson, Elnecy, PI, K

Harrington, Robt., PI, K
Argoe, Elijah, PI, K
Brown, James, PI, K
Fisher, PI, K
Jackson, Walker, PI, K
Clifton, Maria, PI, K
Sipple, Matilda, PI, K
Clampitt, Richard, PI, K
Cooper, Perry, PI, K
Denney, George E., PI, K
Gorden, James, PI, K
Poor, Hester A., PI, K
Foreakers, Margaret, PI, K
Gibbs, Richard, PI, K
Johnson, P. R., PI, K
Stevenson, Mary A., PI, K
Johnson, Philemon, PI, K
Curtis, John, PI, K
Henney, Henry, PI, K
Dolb_, Edward, PI, K
Murphy, Edgar, PI, K
King, Charles W., PI, K
Muncey, Mary, PI, K
Moore, Mary, PI, K
Parvis, Sallie, PI, K
Murphy, Susan, PI, K
King, Sallie, PI, K
Jackson, Anthony, PI, K
Davis, Littleton, PI, K
Prattis, Robt., J, PI, K
Harris, Mary, PI, K
Burton, Lena, PI, K
Claxton, Margaret, PI, K
Harris, Mary, PI, K
Kelley, William, PI, K
Dill, Isaac, PI, K
Biddle, Augusta, PI, K
Ellis, Mary, PI, K
Willis, Annie, PI, K
Nellen, Mary, PI, K
Stevens, Lydia, PI, K
Laws, James, PI, K
Gross, Celia, PI, K
Gale, Eliza, PI, K
Knots, Mary, PI, K
Petterson, Betsey, PI, K

Powell, John H., PI, K
Jones, John, PI, K
Jump, Wm E., PI, K
Porter, Edward, PI, K
Graham, Mary, PI, K
Anthony, Eliza, PI, K
Elliott, Geo. B., PI, K
Smith, Mary E., PI, K
Pierce, Eugene, PI, K
Robinson, Nellie, PI, K
Howard, William, PI, K
Derickson, Mary E., PI, K
Satterfield, Louisa, PI, K
Gray, Annie C., PI, K
Watson, Emanuel, PI, K
Lester, Joseph, PI, K
Spencer, Lydia, PI, K
Houston, Robt. H., PI, K
Jones, Charles, PI, K
Talbot, Lewis, PI, K
Morrison, Joseph, PI, NC
Adams, Jacob, PI, NC
Roley, John, PI, NC
Hempel, James, PI, NC
Coniegs, Abraham, PI, NC
Veach, Ann, PI, NC
Mirian, Emma, PI, NC
Sparks, Bennet, PI, NC
Shulten, Margaret, PI, NC
Clayficker, John, PI, NC
Pyle, Lewis, PI, NC
Derickson, Eliza, PI, NC
Russell, Sarah, PI, NC
Lafferty, Joseph, PI, NC
Ewing, Martha, PI, NC
Cannon, Ann, PI, NC
Heeps, Mary J., PI, NC
Hayden, Betsey, PI, NC
Russell, Geo., PI, NC
Gallagher, Mary, PI, NC
Grogan, John, PI, NC
Wilson, Charles, PI, NC
Briggs, Geo., PI, NC
Greenfield, Stephen, PI, NC
Cassidy, Patrick, PI, NC
Jackson, Rebecca, PI, NC

Dolan, Mary, PI, NC
Joy, Isaac, PI, NC
Ellis, Samuel, PI, NC
Williams, Mary, PI, NC
Turner, Julia, PI, NC
Hendricson, Chas., PI, NC
Hendrickson, Jackson, PI, NC
Wortman, Thomas, PI, NC
Curren, Catherine, PI, NC
Jefferson, Joshua, PI, NC
Petterson, John, PI, NC
Yearsley, Rebecca, PI, NC
Galvin, Mary A., PI, NC
Johnson, Wm., PI, NC
Galbreth, Kate, PI, NC
Dick, Mary E., PI, NC
Fergurson, Clara, PI, NC
Davis, Clarance, PI, NC
Mabbury, Lillie, PI, NC
Carr, Geo. W., PI, NC
Patterson, Susanna, PI, NC
Phipps, Elizabeth, PI, NC
Lindsay, Elizabeth, PI, NC
Douglas, James, PI, NC
Baker, Francis, PI, NC
Botterill, Hannah, PI, NC
Monahan, Mary, PI, NC
Bratton, Manetta, PI, NC
Boice, John, PI, NC
Pugh, Andrew, PI, NC
Monahan, Michael, PI, NC
Thomas, Wm., PI, NC
McManus, Mary, PI, NC
Palmer, Bertran, PI, NC
Gilbert, Joseph, PI, NC
Brady, Bernard, PI, NC
Bordly, Lewis, PI, NC
Ritchie, Hannah, PI, NC
Ritchie, Elsie, PI, NC
Upton, Thomas, PI, NC
Harris, Rebecca, PI, NC
Brown, Stephen, PI, NC
Kearns, Elizabeth, PI, NC
Crookenback, Joshua, PI, NC
Veasey, Anne, PI, NC
Lermon, Elizabeth, PI, NC

Cannon, Annie, PI, NC
Getrick, Ellen, PI, NC
McGinnis, Thos., PI, NC
Gelbreth, Robt., PI, NC
Collins, John, PI, NC
Malraven, Joseph, PI, NC
Lemerick, Mary, PI, NC
Bennett, John, PI, NC
Fisher, John, PI, NC
Martie, Annie, PI, NC
Benson, Edward, PI, NC
Conner, James, PI, NC
Gardiner, James, PI, NC
Senir, Caroline, PI, NC
Thompson, Wm., PI, NC
Nugent, Peter, PI, NC
Bulon, Wesly, PI, NC
Fenniman, Joshua, PI, NC
Bogan, Dennis, PI, NC
Walker, Sallie, PI, NC
Russell, Charlotte, PI, NC
Grey, Wm., PI, NC
Foley, Mary, PI, NC
Richardson, Geo., PI, NC
Fisher, Thos., PI, NC
Shields, Geo., PI, NC
Harkens, H., PI, NC
Jarkins, Niel, PI, NC
Cox, Sarah, PI, NC
Knight, Margarett, PI, NC
Land, John, PI, NC
Dolon, Catherine, PI, NC
Burke, Martha, PI, NC
Brohl, Annie, PI, NC
Townsend, Delia, PI, NC
Williams, Dianh, PI, NC
Hart, Weldon, PI, NC
Thorp, Joseph, PI, NC
Wory, Robt., PI, NC
Colgan, Hugh, PI, NC
Greene, Wm. P., PI, NC
Ashton, Emaline, S., PI, NC
Lendaman, J. Grubb, PI, NC
Henny, Wm. H., PI, NC
Chambers, Martha, PI, NC
Chambers, Laura, PI, NC

Foot, Janetta, PI, NC
Townsend, Andia, PI, NC
Lockwood, Thos. E., PI, NC
Mason, Geo., PI, NC
Jamair, Lilly, PI, NC
Jemair, Catherine, PI, NC
Jemair, Catherine, PI, NC
Hide, John, PI, NC
Serige, Sarah, PI, NC
Hinson, Wesly, PI, NC
Guise (Ginse), Ruthy, PI, NC
Earle, Mary Jane, PI, NC
Muldoon, Patrick, PI, NC
Sholl, Carl, PI, NC
Reed, Sarah, PI, NC
Hageny, Elden, PI, NC
Brown, David, PI, NC
Spencer, Margaret, PI, NC
Grindige, Wm., PI, NC
Legue, Rebecca, PI, NC
Girvaser, Gideon, PI, NC
McKevelin, P., PI, NC
Smith, Phebe, PI, NC
Smith, Estella, PI, NC
Fagand, John, PI, NC
Lowther, Sarah, PI, NC
Potter, Deborah, PI, NC
Hiland, Margarett, PI, NC
Wilson, Wm., PI, NC
Monahan, Patrick, PI, NC
Loper, Rachel, PI, NC
Sampson, Thos., PI, NC
Curren, Daniel, PI, NC
O'Kiefe, Kate, PI, NC
Fenigan, Catharine, PI, NC
Gallagher, Bernard, PI, NC
Russell, Emma, PI, NC
Russell, Flora, PI, NC
Russell, William, PI, NC
Gatling, Laura, PI, NC
Hanson, Wm., PI, NC
Hawthorne, Martha, PI, NC
Lenderman, Caleb, PI, NC
Davidson, Thos., PI, NC
Casner, John, PI, NC
Fagan, John, PI, NC
Townsend, Benj., PI, NC
Brady, Martha, PI, NC
Brady, Florence, PI, NC
Newman, Mary, PI, NC
Bell, Mary J., PI, NC
Lucind, Bell, PI, NC
Myers, Henry, PI, NC
Frazer, Honora, PI, NC
Morrison, Joseph, PI, NC
Meacham, Ella, PI, NC
Burgone, Elizabeth, PI, NC
McLain, Emma, PI, NC
Blackstone, Chas., PI, NC
McDermott, P., PI, NC
Cook, Maria, PI, NC
Rogers, Mollie, PI, NC
McBride, Michael, PI, NC
Palmer, Lydia, PI, NC
Davis, Kate, PI, NC
Ferguson, Ann, PI, NC
Lewis, Mary, PI, NC
Lewis, Joseph E., PI, NC
Lewis, William F., PI, NC
Stafford, Wilkins, PI, NC
Young, Betsey, PI, NC
Wilmer, Annie, PI, NC
Gifford, Chas., PI, NC
Daniels, Lynd, PI, NC
Cooper, Wm., PI, NC
Kelly, Lewis, PI, NC
Flanery, Michael, PI, NC
Biddle, Chs., PI, NC
Mathers, Chas., PI, NC
Kemp, Elizabeth, PI, NC
Faucett, Jane, PI, NC
Lewis, Eliza, PI, NC
Wiley, Lydia, PI, NC
Harbinson, Letitia, PI, NC
Johnson, Lydia, PI, NC
Hunter, Elizabeth, PI, NC
Highland, Margaret, PI, NC
Carey, Mary Ann, PI, NC
Moore, Elizabeth, PI, NC
Harper, Eliza, PI, NC
Lukens, Mary, PI, NC
Vannerman, Mary, PI, NC

Brown, Mary, PI, NC
Hayes, Margaret, PI, NC
Livis, Frederica La Rue, PI, NC
Mekin, Sarah, PI, NC
Watson, Frazindy, PI, NC
Miller, Tamar, PI, NC
Bowman, Mary, PI, NC
Major, Sarah M., PI, NC
Pitner, Eliza N., PI, NC
Gaskill, Hester, PI, NC
Russell, George, PI, NC
Perkins, John, PI, NC
Salmons, Caleb, PI, SU
London, Joseph, PI, SU
Layton, Charles, PI, SU
Lonegan, James, PI, SU
Jones, James P., PI, SU
Pointer, William, PI, SU
Jacobs, Mary W., PI, SU
Watson, Eliza, PI, SU
Wise, Ann M., PI, SU
Prettyman, Wm. C., PI, SU
Barker, Samuel, PI, SU
Draper, John, PI, SU
Mosely, Joseph, PI, SU
Roaten, Thomas, PI, SU
Hamilton, Wm., PI, SU
Sweeney, Margaret, PI, SU
Fooks, Mary, PI, SU
Reynolds, Anthony, PI, SU
Sharp, Maria, PI, SU
Banning, Catharine, PI, SU
Adams, Ellen, PI, SU
Andrew, John, PI, SU
Haney, Wm. T., PI, SU
Tenant, Ann, PI, SU
Moore, Eunice, PI, SU
Smith, Julia, PI, SU
Nutter, Nutt, PI, SU
Rhoads, Charles, PI, SU
Hearn, Cornelius, PI, SU
Baker, Margaret, PI, SU
Hitchens, Charles, PI, SU
Morris, Andrew, PI, SU
Roe, Elizabeth, PI, SU
Bryan, Sarah J., PI, SU
Hamilton, Wm. T., PI, SU
Smallwood, Elizabeth, PI, SU
Stafford, Martin, PI, SU
Sullivan, Elizabeth, PI, SU
Mitchell, Louisa, PI, SU
Tingle, Arpoy, PI, SU
Daisey, Cornelia, PI, SU
Tracey, Rebecca, PI, SU
Lekites, Mary, PI, SU
Hickman, Mary, PI, SU
Benson, Margaret, PI, SU
Holland, Ailsey, PI, SU
Joseph, Edward D., PI, SU
Hanson, Mary, PI, SU
White, Eliza, PI, SU
Norman, Sallie, PI, SU
Hughey, Addie J., PI, SU
Swain, Sallie R., PI, SU
Bartlett, Hetty, PI, SU
Clifton, Matilda, PI, SU
Blocksom, Hester A., PI, SU
Hurdenbow, Sarah, PI, SU
Hammond, Wm., PI, SU
Powers, Frederick, PI, SU
Holland, Joseph, PI, SU
Whiteley, John, PI, SU
Cannon, Catharine, PI, SU
Draper, Jason, PI, SU
Polk, Bethany, PI, SU
Banning, Kitty, PI, SU
Blocksom, Adaline, PI, SU
Brookfield, Brister, PI, SU
Betts, Amanda, PI, SU
Collina, Amanda, PI, SU
Neal, Ridgeway, PI, SU
Jones, James, PI, SU
Jones, Thomas, PI, SU
McConaughey, Jonathan B., PI, SU
Records, Nancy, PI, SU
Jones, Phoeba, PI, SU
Cannon, Rebecca, PI, SU
Warren, John, PI, SU
Wilson, Sarah, PI, SU
Selbey, Maggie, PI, SU
Griffin, Maggie, PI, SU
Matthews, Samuel, PI, SU

Penney, George, HC, K
Johnson, Philip, HC, K
Harris, Mary C., HC, K
Pierce, Eugene, HC, K
Lewis, Robert, HC, K
Murphy, Eliza, HC, K
Dowing, D. J., HC, K
McCann, P., HC, NC
Gillem, Edward, HC, NC
McCluskey, M., HC, NC
McCrary, G., HC, NC
Gordon, W., HC, NC
Gordon, Michael, HC, NC
Dougherty, Chas., HC, NC
Maloney, W., HC, NC
Maloney, Joseph, HC, NC
Maloney, Clarence, HC, NC
Maloney, Robert, HC, NC
Kennedy, Thomas O., HC, NC
Ritchie, Essee, HC, NC
McGinnes, Thos, HC, NC
Lemerick, James M., HC, NC
Fennimore, Joshua, HC, NC
Walker, Marian, HC, NC
Russell, Charlott, HC, NC
Fisher, Thos., HC, NC
Harkins, Neil, HC, NC
Hart, Weldon, HC, NC
Chambers, Laura, HC, NC
Townsend, Amelia, HC, NC
Lockwood, Thos. E., HC, NC
Jamair, Lillie, HC, NC
Jamair, Catherine, HC, NC
Hide, John, HC, NC
Smith, Estelle, HC, NC
Russell, Flora, HC, NC
Russell, Wm., HC, NC
Brady, Florence, HC, NC
Newman, Mary, HC, NC
Lucind, Bell, HC, NC
Meacham, Ella, HC, NC
Lewis, Joseph E., HC, NC
Lewis, Wm. F., HC, NC
Stafford, Wilkins, HC, NC
McCann, P., HC, NC
Gillen, Edward, HC, NC

McCloskey, M., HC, NC
McCrary, G., HC, NC
Gordon, W., HC, NC
Gordon, Michael, HC, NC
Feeny, Joseph, HC, NC
Feeny, Michael, HC, NC
Daugherty, Chas., HC, NC
Maloney, W., HC, NC
Maloney, Joseph, HC, NC
Maloney, Clarence, HC, NC
Maoney, Robert, HC, NC
Kelly, George, HC, NC
Gallagher, James, HC, NC
Imhoff, Jacob O., HC, NC
Moore, George, HC, NC
Craig, William D., HC, NC
Jones, John R., HC, NC
Craig, Walter, HC, NC
Bloye, Ernest, HC, NC
Bloye, Frederick, HC, NC
Wilson, Jefferson, HC, NC
Whebbley, Harry, HC, NC
Haines, Charles, HC, NC
Murphy, William HC, NC
Pyle, Frank, HC, NC
Durham, James, HC, NC
Russell, Saml., HC, NC
Gbotts, Saml., HC, NC
Gbotts, Mary, HC, NC
Tolben, Mary, HC, NC
Guthrie, Annie, HC, NC
Johnson, Alinda, HC, NC
Johnson, Sarah, HC, NC
Davis, Alice, HC, NC
Jones, Ida M., HC, NC
Brooks, Sallie, HC, NC
Pauline, George K., HC, NC
Pauline, Florence, HC, NC
Gecker, James, HC, NC
Gecker, Annie, HC, NC
Thomas, Nellie, HC, NC
Thomas, Rose, HC, NC
McKelvey, Jane, HC, NC
McKelvey, Robert, HC, NC
Hamilton, Mary, HC, NC
Cummings, Mary, HC, NC

Cummings, Carrie, HC, NC
Briggs, George W., HC, NC
Peterson, Maggie, HC, NC
Hollingsworth, George, HC, NC
Allworth, Jane, HC, NC
Hfasenger, Kate, HC, NC
Mackeril, Julia, HC, NC
Kennedy, Thomas, HC, NC
Kennedy, Arthur, HC, NC
Veazey, Eliza F., HC, NC
Naylon, Sallie, HC, NC
Naylon, Mary, HC, NC
Naylon, Katie, HC, NC
McQuaid, Mary, HC, NC
MCQuaid, Katie, HC, NC
Duncan, Catherine, HC, NC
Hepburn, Mary, HC, NC
McCloskey, Ellie, HC, NC
Fisher, Katie, HC, NC
McGonigle, Isabella, HC, NC
McCulen, Margaret, HC, NC
Vaughn, Mary, HC, NC
O'Neal, Annie, HC, NC
Tole, Ellen, HC, NC
Tole, Wilhelmina, HC, NC
Neason, Mary, HC, NC
Strahan, Annie, HC, NC
Brown, Mary, HC, NC
Barsolia, Clara, HC, NC
Nelson, Ellen, HC, NC
Smith, Mary, HC, NC
Murray, Florence, HC, NC
Murray, Annie, HC, NC
Murray, Mary, HC, NC
O'Donnell, Ellen, HC, NC
O'Donnell, Mary, HC, NC
Haney, Susan, HC, NC
Lynch, Mary, HC, NC
Clarke, Mary, HC, NC
Prince, Mary, HC, NC
Whelas, Annie, HC, NC
Mahan, Annie, HC, NC
Mahan, Ellen, HC, NC
Haigerty, Katie, HC, NC
McCairn, Margaret, HC, NC
Burke, Mary, HC, NC
Burke, Katie, HC, NC
McCale, Annie, HC, NC
Dougherty, Mary, HC, NC
Maloney, Annie, HC, NC
Maloney, Winnie, HC, NC
Maloney, Emma, HC, NC
Maloney, Martha, HC, NC
Robinson, Ellie, HC, NC
Robinson, Mary, HC, NC
Long, Lizzie, HC, NC
Long, Annie, HC, NC
Richman, Emile, HC, NC
Richman, Louisa, HC, NC
Richman, Bessie, HC, NC
Bradly, Katie, HC, NC
Bradly, Mary, HC, NC
Kennedy, Thomas C., HC, NC
Wilson, James, P, K
Hyatt, Thos., P, K
Mories, John, P, K
Fisher, John, P, K
Lewis, Robert H., P, K
Jackson, Caleb, P, K
Hutchins, Jane, P, K
Lispernon, Henry, P, K
Farrow, John, P, K
Bishop, John, P, K
Fisher, Harriet, P, K
Brown, Rheba, P, K
Laws, Noah, P, K
Till, John, P, NC
Boyce, Alfred, P, NC
Matur, Mary E., P NC
Barrett, Frank, P, NC
Cosdon, William, P, NC
Draper, George, P, NC
Brown, Hurley G., P, NC
Hansley, James, P, NC
Benson, Eliza, P, NC
Rice, Evan, P, NC
Dugan, Hugh, P, NC
Brown, William, P, NC
Demby, Nathan, P, NC
Bamson, Hary D., P, NC
Price, Alexander, P, NC
Adams, Charles, P, NC

Eaton, Thomas, P, NC
Simmons, James T., P, NC
Moerigal, Peter, P, NC
Mundy, Patrick, P, NC
Boulden, James, P, NC
Cassady, Edward, P, NC
Rothwell, William, P, NC
Tobias, Lewis, P, NC
Murray, Catharine, P, NC
Neil, William, P NC
Henry, John, P, NC
Manlove, Eliza, P, NC
Canal, Joseph, P, NC
McGinnis, James, P, NC
Hamilton, Perry, P, NC
Gardner, John, P, NC
Wilson, Benj., P, NC
Blake, William, P, NC
Walker, George, P, NC
Delaney, John, P, NC
Lapierre, Ida, P, NC
Calloway, Edgar, P, NC
Rooley, Mary, P, NC
Jackson, John, P, NC
Nebith, Martin, P, NC
Carpenter, John, P, NC
McKegney, Peter, P, NC
Debir, Margaret, P, NC

Bickta, Frank, P, NC
Kair, Christopher, P, NC
Jones, Emma, P, NC
McLaughlin, Mary, P, NC
Parson, Mary, P, NC
Hunter, Susan, P, NC
Bower, William, P, NC
Bozer, James, P, NC
Butcher, James, P, NC
Collins, James, P, NC
Kennede, Erea, P, NC
Beaty, John, P, NC
Foster, George, P, NC
Keisler, John, A., P, NC
Dugan, Hugh, P, NC
Stockley, Sewell, P, NC
Harman, Andrew, P, NC
Dillina, Charles, P, NC
Williams, Chas., P, NC
Vance, James, P, NC
Benson, Eliza, P, NC
Andrew, John, P, SU
Hudson, John W., P, SU
Truitt, Theodore, P, SU
Mason, George, P, SU
Hudson, Burton, P, SU

Insanity Schedule Index

Adams, 267, 270-271, 274, 276
Alen, 269
Allworth, 276
Ames, 268
Andre, 270
Andrew, 274, 277
Anthony, 264, 271
Argoe, 271
Ashton, 265, 272
Aydelotte, 268
Backus, 265
Bacon, 265
Baker, 267, 269, 272, 274
Baley, 267
Banner, 269
Banning, 274
Banson, 276
Barker, 268, 274
Barnes, 265
Barrett, 268, 276
Barsolia, 276
Bartholomew, 265
Bartlett, 267, 274
Baynum, 270
Beardsley, 268
Beaty, 277
Bell, 265, 273
Benner, 267
Bennett, 265-266, 268, 272
Benson, 268, 272, 276-277
Berry, 265, 268
Betts, 274
Bickta, 277
Biddle, 266, 269, 271, 273
Bishop, 276
Blackston, 265
Blackstone, 273
Blake, 277
Block, 268
Blocksom, 267
Blocksom, 274
Bloye, 275
Bogan, 272
Boice, 272

Bolden, 265
Booth, 268
Bordad, 267
Bordly, 272
Botterill, 272
Boulden, 264, 277
Bowen, 265
Bower, 277
Bowers, 267
Boyce, 276
Boyer, 266
Boys, 269
Bozer, 277
Bradford, 266
Bradly, 276
Brady, 272-273, 275
Brasier, 267, 270
Brasure, 270
Bratton, 266, 272
Briggs, 269, 271, 276
Brohl, 272
Brookfield, 270, 274
Brooks, 275
Brown, 269, 271-274, 276
Brukens, 264
Bruker, 270
Bryan, 267-268, 274
Buckmaster, 265
Bulon, 272
Burgoine, 266
Burgone, 273
Burke, 265, 272, 276
Burris, 268
Burton, 264, 271
Butcher, 277
Caldwell, 268
Calhoon, 268
Callaway, 267
Calloway, 277
Campbell, 270
Canal, 277
Cannon, 267, 269, 271-272, 274
Cantwell, 268, 270
Carey, 270, 273

Carleton, 264
Carlisle, 268
Carlton, 270
Carpenter, 277
Carr, 266, 272
Carty, 270
Casner, 273
Cassady, 277
Cassidy, 269, 271
Chambers, 272, 275
Chase, 267
Cheeseman, 270
Clampet, 264
Clampitt, 271
Clark, 268
Clarke, 276
Claxton, 271
Clayficker, 266, 271
Clayton, 264
Clendaniel, 268, 270
Clifton, 271, 274
Clogg, 270
Coffin, 268, 270
Colgan, 272
Collina, 270, 274
Collins, 265, 267, 269-270, 277
Collison, 267, 272
Conaway, 267, 270
Condon, 270
Coniegs, 271
Conner, 272
Cook, 273
Cooke, 269
Cooper, 266, 271, 273
Cornoy, 268
Cosdon, 276
Cotman, 267
Cotton, 268
Cox, 272
Craig, 275
Crawford, 266
Crockenback, 272
Crocket, 267
Cummings, 275-276
Curren, 265, 272-273
Curtis, 271

Dady, 268
Daisey, 267, 274
Dale, 268
Daniel, 266
Daniels, 266, 273
Dasey, 268, 270
Daugherty, 275
David, 264
Davidson, 273
Davis, 265-266, 268-269, 271-273, 275
Day, 267
Debir, 277
Delaney, 277
Demby, 266, 268, 276
Denard, 269
Denney, 268, 271
Denny, 264
Deputy, 268, 270
Derickson, 268, 271
Deshane, 266
Dick, 266, 272
Dickerson, 267
Dilaha, 268
Dill, 264, 271
Dillina, 277
Dingle, 267
Dolan, 265, 272
Dolb_, 271
Dolen, 266
Dolon, 272
Donohoe, 268
Donovan, 270
Dougherty, 269, 275-276
Douglas, 266, 269, 272
Dowing, 268, 270, 275
Downey, 268
Downing, 268-269
Downs, 270
Draper, 270, 274, 276
Driggs, 265
Dugan, 276-277
Duncan, 268, 276
Durham, 275
Dyer, 266
Earle, 266, 273

Easton, 277
Elliott, 271
Ellis, 266, 271-272
Ellsworth, 266
Emory, 265
Eocs, 266
Erringer, 269
Eschell, 265
Evans, 268
Ewing, 271
Fagan, 268, 273
Fagand, 273
Farrow, 276
Faucett, 273
Feeny, 275
Fel, 269
Fenigan, 273
Fenniman, 272
Fennimore, 275
Ferguson, 266, 273
Fields, 270
Fisher, 265-266, 268, 271-272, 275-276
Flanagan, 270
Flanery, 273
Flavil, 267
Flinn, 269
Flowers, 265
Folaw, 266
Foley, 272
Fooks, 267, 274
Foot, 273
Foreakers, 264-265, 271
Foster, 267, 269
Fountain, 270
Fowler, 264
Frame, 266
Frazer, 265, 273
Freeman, 268, 270
Furgurson, 272
Galaway, 270
Galbreth, 272
Gale, 271
Gales, 264
Gallagher, 266, 271, 273, 275
Galvin, 266, 272

Gardiner, 272
Gardner, 277
Gaskill, 274
Gatling, 265, 273
Gbotts, 275
Gecker, 275
Gelbreth, 272
Geston, 265
Getrick, 272
Getz, 265, 268
Gibbs, 264-265, 271
Gifford, 266, 273
Gilbert, 265, 272
Gilbreth, 269
Giles, 270
Gillem, 275
Gillen, 275
Ginse, 273
Girvaser, 273
Glisby, 269
Gorden, 271
Gordon, 275
Gragen, 266
Graham, 264, 271
Graves, 269
Gray, 271
Greene, 265, 272
Greenfield, 271
Greenwood, 266
Grey, 265, 272
Griffin, 274
Grindige, 273
Grogan, 271
Gross, 264, 271
Guise, 273
Guthrie, 275
Hageny, 273
Haigerty, 276
Haines, 275
Hamilton, 266, 268, 274-275, 277
Hammans, 270
Hammell, 268
Hammond, 270, 274
Hancock, 270
Hand, 266
Haney, 274, 276

Hansley, 276
Hanson, 273-274
Harbeson, 269
Harbinson, 273
Harey, 267
Harkens, 272
Harkins, 275
Harman, 277
Harper, 273
Harrington, 271
Harris, 271-272, 275
Hart, 272, 275
Hawthorne, 269, 273
Hayden, 271
Hayes, 274
Hearn, 267
Hearn, 274
Heeps, 271
Helerson, 267
Hempel, 271
Hendrickson, 272
Hendricson, 266, 272
Henney, 271
Henny, 272
Henry, 277
Hepburn, 276
Hfasenger, 276
Hickman, 267, 274
Hide, 266, 273, 275
Higgins, 265-266
Highland, 273
Hiland, 273
Hill, 264, 268, 270
Hinson, 273
Hitchens, 267, 269, 274
Holand, 266
Holland, 264, 267, 270, 274
Hollingsworth, 268, 270, 276
Holson, 269
Holt, 266
Hooper, 268
Hope, 265
Houston, 264, 271
Howard, 264, 271
Hubbard, 265
Hudson, 269, 277

Hughey, 274
Humphries, 264, 270
Hunter, 273, 277
Hurdenbow, 274
Hutchins, 276
Hutt, 270
Hyatt, 276
Imhoff, 275
Ingram, 266
Jackson, 264, 268-269, 271, 276-277
Jacobs, 267, 270, 274
Jamair, 273, 275
James, 270
Janvier, 265
Jarkins, 272
Jefferson, 265, 268, 272
Jemair, 273
Joens, 277
Johnson, 264, 266, 268, 270-273, 275
Jones, 264-265, 267-269, 271, 274-275
Jordan, 266
Joseph, 270, 274
Joy, 266, 272
Jump, 264, 271
Kair, 277
Kane, 269
Karch, 266
Kearns, 266, 272
Keisler, 277
Keith, 270
Kellam, 269
Kelley, 271
Kelly, 266, 273, 275
Kemp, 273
Kennede, 277
Kennedy, 275-276
Killin, 264
King, 264, 271
Knight, 272
Knorts, 264
Knots, 271
Knotts, 264
Kyle, 269
Lafferty, 266, 271

Lagate, 267
LaHamus, 268
Land, 272
Landerson, 266
Lane, 264
Lapierre, 277
Larramore, 265
Lawber, 265, 268
Laws, 265, 271, 276
Layton, 267, 274
Lea, 266
Leberman, 265
Legates, 269
Legue, 273
Lekites, 274
Lemerick, 272, 275
Lendaman, 272
Lenderman, 273
Lendersman, 266
Lermon, 272
Lester, 271
Leverage, 266, 270
Lewis, 268-268, 273, 275-276
Lind, 265
Lindsay, 266, 272
Lispernon, 276
Livis, 274
Lobb, 269
Lockwood, 273, 275
Logan, 266, 270
London, 274
Lonegan, 274
Lones, 265
Long, 268, 276
Loper, 273
Love, 265
Lowether, 273
Loyd, 268, 270
Lucind, 273, 275
Lukens, 273
Lynch, 267, 270, 276
Mabbury, 272
Maberry, 265
Macham, 275
Mackeril, 276
Macklin, 270

Maguire, 269
Mahan, 276
Major, 274
Malone, 269, 276
Maloney, 266, 275-276
Malraven, 272
Manlove, 277
Marker, 264
Martie, 272
Martin, 266
Marvel, 267
Mason, 268, 273, 277
Masten, 265
Mathers, 266, 273
Matthews, 274
Matur, 276
McBride, 273
McCabe, 268
McCairn, 276
McCale, 276
McCann, 275
McCloskey, 275-276
McClune, 268
McClure, 269
McCluskey, 275
McConaughey, 267, 274
McCrary, 275
McCulen, 276
McCullough, 269
McDermott, 265-266, 273
McGary, 265
McGee, 265, 270
McGinnes, 275
McGinnis, 266, 272, 277
McGonigle, 276
McGuire, 269
McKegney, 277
McKelvey, 275
McKevelin, 273
McLain, 273
McLaughlin, 277
McManus, 269, 272
McQuaid, 276
Meacham, 273
Mecham, 266
Mekin, 274

Meredith, 268
Merrick, 266
Merritt, 265
Messick, 267, 269
Metcalf, 266
Miers, 269
Miller, 267, 274
Miriam, 266
Mirian, 271
Mitchel, 269
Mitchell, 267-269, 274
Moerigal, 277
Monahan, 265, 272-273
Mooney, 266
Moore, 265, 267, 269-275
Morgan, 270
Mories, 276
Morris, 264, 267, 275
Morrison, 265-266, 271, 273
Mosley, 267
Mossely, 274
Muldoon, 273
Mullen, 266
Muncey, 271
Mundy, 277
Murphy, 264, 269, 271, 275
Murray, 268, 276-277
Myers, 273
Naylon, 276
Naylor, 266
Neal, 267, 274
Neason, 276
Nebith, 277
Neil, 277
Nellen, 271
Nelson, 276
Newman, 273, 275
Nichols, 267
Norman, 270, 274
Nugent, 272
Nuhu, 268
Nutter, 274
O'Donnell, 276
O'Keefe, 265
O'Kiefe, 273
O'Neal, 276

O'Toole, 269
Oper, 265
Palmer, 265, 272-273
Parker, 268-269
Parry, 269
Parson, 277
Parsons, 267
Parvis, 271
Patterson, 266, 272
Pauline, 275
Peach, 265
Penney, 275
Pepper, 267
Perkins, 267, 274
Peterson, 276
Petterson, 271-272
Pfeffer, 269
Phillips, 267, 269
Phipps, 266, 272
Pierce, 271, 275
Pitner, 274
Pointer, 274
Polk, 265, 267, 274
Poor, 264-265, 271
Pope, 269
Porter, 268, 271
Potter, 266, 273
Powell, 264, 271
Powers, 274
Prattis, 264, 271
Prayer, 270
Prettyman, 274
Price, 266, 269, 276
Prince, 276
Pugh, 272
Pyle, 271, 275
Ralph, 270
Rash, 265, 270
Records, 269-270
Reed, 273
Reybold, 265, 268
Reynolds, 265, 270, 274
Rhoads, 267, 274
Rice, 276
Richardson, 270, 272
Richman, 276

Ridgely, 268
Riley, 269
Ritchie, 272, 275
Rlen, 267
Rlew, 267
Roaten, 267, 274
Roberts, 269
Robinson, 271, 276
Roe, 274
Rogers, 270, 273
Roley, 271
Rooley, 277
Root, 264, 270
Rooth, 269
Rothwell, 277
Rue, 265
Russell, 265, 268, 271-275
Salmons, 267, 270, 274
Sames, 265
Samons, 268
Sampson, 273
Satterfield, 264, 271
Saunders, 265
Savage, 267
Schaffer, 269
Sedgwick, 269
Selbey, 274
Senir, 272
Serige, 273
Sernur, 265
Shakespeare, 269
Sharon, 269
Sharp, 268, 274
Sheardon, 268
Sheldon, 265
Shields, 265, 272
Sholl, 273
Short, 267-268
Shorts, 264
Shull, 265
Shulten, 271
Simmons, 277
Sipple, 271
Slayton, 268
Smallwood, 274
Smith, 265, 267, 271, 273-276

Sowther, 266
Sparks, 266, 271
Spencer, 264, 271, 273
St. Clair, 268
Stafford, 270, 273-275
Stanton, 268
Stapleford, 264, 270
Stevenbanks, 269
Stevens, 264, 271
Stevenson, 264, 269, 271
Stewart, 264
Stockley, 277
Stout, 266, 270
Strahan, 276
Stuart, 269
Studley, 267
Sullivan, 274
Supple, 268
Swain, 274
Sweeney, 267, 274
Talbot, 264, 271
Talley, 267, 269
Tatman, 268
Taylor, 265
Tenant, 265, 274
Thomas, 272, 275
Thompson, 266-267, 272
Thoroughgood, 267
Thorp, 272
Tilghman, 264
Till, 276
Tilley, 267
Timmons, 270
Tindal, 270
Tingle, 274
Tobias, 277
Tolben, 275
Tole, 276
Townsend, 265, 268, 272-273, 275
Tracey, 274
Truax, 265
Truitt, 264, 270, 277
Turner, 267-270, 272
Tyre, 270
Ubleman, 268
Upton, 272

Vance, 277
Vandoer, 268
VanLew, 269
Vannerman, 273
Vaughan, 270
Vaughn, 276
Vauls, 268
Veach, 271
Veasey, 265
Veasey, 269
Veasey, 272
Veazey, 276
Vincent, 268
Walberg, 266
Walker, 265-266, 268, 270, 272, 275, 277
Waller, 265, 269
Walraven, 266
Waples, 269
Ward, 270
Warren, 274
Warson, 264
Wason, 270
Waters, 268
Watson, 267, 269, 271, 274
Webster, 265
Weldin, 267
Wells, 267-269
West, 270
Whebbley, 275
Wheeler, 270
Whelas, 276
White, 270, 274
Whiteley, 274
Whitimer, 265
Whitting, 269
Wick, 265
Wiley, 269, 273
Willey, 267, 270
Williams, 266, 268-269, 272, 277
Willis, 271
Willy, 265
Wilmer, 266, 273
Wilson, 265, 269-271, 273-277
Wisas, 266
Wise, 274
Woolford, 267
Workman, 267
Wortman, 266, 272
Wory, 265, 272
Wright, 265
Yearsley, 269, 272
Young, 266, 273

Other books by the author:

1890 Union Veterans Census: Special Enumeration Schedules Enumerating Union Veterans and Widows of the Civil War. Missouri Counties: Bollinger, Butler, Cape Girardeau, Carter, Dunklin, Iron, Madison, Mississippi, New Madrid, Oregon, Pemiscot, Petty, Reynolds, Ripley, St. Francois, St. Genevieve, Scott, Shannon Stoddard, Washington, and Wayne

Alabama 1850 Agricultural and Manufacturing Census: Volume 1 for Dale, Dallas, Dekalb, Fayette, Franklin, Greene, Hancock, and Henry Counties

Alabama 1850 Agricultural and Manufacturing Census: Volume 2 for Jackson, Jefferson, Lawrence, Limestone, Lowndes, Macon, Madison, and Marengo Counties

Alabama 1860 Agricultural and Manufacturing Census: Volume 1 for Dekalb, Fayette, Franklin, Greene, Henry, Jackson, Jefferson, Lawrence, Lauderdale, and Limestone Counties

Alabama 1860 Agricultural and Manufacturing Census: Volume 2 for Lowndes, Madison, Marengo, Marion, Marshall, Macon, Mobile, Montgomery, Monroe, and Morgan Counties

Delaware 1850-1860 Agricultural Census, Volume 1

Delaware 1870-1880 Agricultural Census, Volume 2

Delaware Mortality Schedules, 1850-1880; Delaware Insanity Schedule, 1880 Only

Dunklin County, Missouri Marriage Records: Volume 1, 1903-1916

Dunklin County, Missouri Marriage Records: Volume 2, 1916-1927

Florida 1860 Agricultural Census

Georgia 1860 Agricultural Census: Volume 1 Comprises the Counties of Appling, Baker, Baldwin, Banks, Berrien, Bibb, Brooks, Bryan, Bullock, Burke, Butts, Calhoun, Camden, Campbell, Carroll, Cass, Catoosa, Chatham, Charlton, Chattahooche, Chattooga, and Cherokee

Georgia 1860 Agricultural Census: Volume 2 Comprises the Counties of Clark, Clay, Clayton, Clinch, Cobb, Colquitt, Coffee, Columbia, Coweta, Crawford, Dade, Dawson, Decatur, Dekalb, Dooly, Dougherty, Early, Echols, Effingham, Elbert, Emanuel, Fannin, and Fayette

Kentucky 1850 Agricultural Census for Letcher, Lewis, Lincoln, Livingston, Logan, McCracken, Madison, Marion, Marshall, Mason, Meade, Mercer, Monroe, Montgomery, Morgan, Muhlenburg, and Nelson Counties

Kentucky 1860 Agricultural Census: Volume 1 for Floyd, Franklin, Fulton, Gallatin, Garrard, Grant, Graves, Grayson, Green, Greenup, Hancock, Hardin, and Harlin Counties

Kentucky 1860 Agricultural Census: Volume 2 for Harrison, Hart, Henderson, Henry, Hickman, Hopkins, Jackson, Jefferson, Jessamine, Johnson, Morgan, Muhlenburg, Nelson, and Nicholas Counties

Kentucky 1860 Agricultural Census: Volume 3 for Kenton, Knox, Larue, Laurel, Lawrence, Letcher, Lewis, Lincoln, Livingston, Logan, Lyon, and Madison

Kentucky 1860 Agricultural Census: Volume 4 for Mason, Marion, Magoffin, McCracken, McLean, Marshall, Meade, Mercer, Metcalfe, Monroe and Montgomery Counties

Louisiana 1860 Agricultural Census: Volume 1 Covers Parishes: Ascension, Assumption, Avoyelles, East Baton Rouge, West Baton Rouge, Boosier, Caddo, Calcasieu, Caldwell, Carroll, Catahoula, Clairborne, Concordia, Desoto, East Feliciana, West Feliciana, Franklin, Iberville, Jackson, Jefferson, Lafayette, Lafourche, Livingston, and Madison

Louisiana 1860 Agricultural Census: Volume 2

Maryland 1860 Agricultural Census: Volumes 1 and 2

Mississippi 1860 Agricultural Census: Volume 1 Comprises the Following Counties: Lowndes, Madison, Marion, Marshall, Monroe, Neshoba, Newton, Noxubee, Oktibbeha, Panola, Perry, Pike, and Pontotoc

Mississippi 1860 Agricultural Census: Volume 2 Comprises the Following Counties: Rankin, Scott, Simpson, Smith, Tallahatchie, Tippah, Tishomingo, Tunica, Warren, Wayne, Winston, Yalobusha, and Yazoo

Montgomery County, Tennessee 1850 Agricultural Census

New Madrid County, Missouri Marriage Records, 1899-1924

Pemiscot County, Missouri Marriage Records, January 26, 1898 to September 20, 1912: Volume 1

Pemiscot County, Missouri Marriage Records, November 1, 1911 to December 6, 1922: Volume 2

South Carolina 1860 Agricultural Census: Volumes 1-3

STennessee 1850 Agricultural Census for Robertson, Rutherford, Scott, Sevier, Shelby and Smith Counties: Volume 2

Tennessee 1860 Agricultural Census: Volumes 1 and 2

Texas 1850 Agricultural Census, Volume 1: Anderson through Hunt Counties

Texas 1850 Agricultural Census, Volume 2: Jackson through Williamson Counties

Virginia 1850 Agricultural Census, Volumes 1 and 2

Virginia 1860 Agricultural Census, Volumes 1 and 2

www.ingramcontent.com/pod-product-compliance
Lightning Source LLC
Chambersburg PA
CBHW080408300426
44113CB00015B/2444